신선과 불로장생 이야기

신선과 불로장생 이야기

최대우·이경환 지음

景仁文化社

인간은 먼 옛날부터 불로장생을 꿈꾸어 왔다. 고대 중국인들 가운데 일부 역시 불로장생의 꿈을 꾸었다. 중국 역사에서 불로장생의 꿈은 전국시대 중기에 형성되었지만 그 연원은 더 먼 원시 사회로까지 소급해 갈 수 있다. 그렇지만 이러한 논의가 활발하게 이루어진 것은 전국시대 중기 이후이다. 당시 중국인들은 '신선'(神仙)을 통해 영원한 삶을 추구하였다.

그렇다면 이처럼 전국시대 중기에는 왜 신선과 불로장생이라는 사상이 널리 유포되었고 또 받아들여졌을까? 그 원인은 기본적으로 두 가지 측면에서 고찰할 수 있을 것 같다.

첫째, 이 시대가 '전국'시대라는 이름에 걸맞게 '온 천하가 싸움'에 빠진 시기였기 때문이다. '전쟁'은 인간 존재의 가장 근원적인 기반을 무너뜨린다. 예를 들어 전국시대 중기에 살았던 장자는 자신이 처한 시대를 "다가올 시대는 기다릴 수 없고, 이미 지나가버린 시대는 다시 좇을 수 없다"(來世不可待, 往世不可追也. 『莊子』「人間世」)고 말하였고, 또 "천하에 올바른 도가 있으면 성인은 자신의 뜻을 이룬다. 천하에 올바른 도가 없으면 성인은 몸을 숨기고 자신의 삶을 살아간다. 그렇지만 지금 이 세상에서는 형벌이나 면하면 다행이다"(天下有道, 聖人成焉; 天下無道, 聖人生焉; 方今之時, 儘免刑矣)고 진단하였다. 이것은 인간의 실존적 상황과 매우 밀접한 관계를 가지고 있다.

우리가 삶을 살아간다는 것은 미래에 대한 희망이 있기 때문이다. 그런데 그 미래가 불확실한 불안으로 다가올 때 우리는 어떤 선택을 할 수 있을까? 아마도 가장 쉬운 선택은 '자살'일 것이다. 그러나 그것은 '삶'을 버리고 '죽음'을 선택하는 것으로 결코 '온전한 삶'(全生)을 사는 올바른 선택이라고 할 수 없다. 그렇다면 차선책은 '궁극적 관심'의 문제에 해당하는 선택으로 '종교'에 귀의하는 것이 가능할 것이다. 그러나 전국시대 중기에는 기독교/가톨릭과 같은 종교가 없었다. 고대 중국에서 이러한 점을 보완해주었던 것이 장생불사하는 신선이 산다는 삼신산(三神山)과 같은 이상향이다. 여기에 한 가지 덧붙여진 것이 바로 '우리가 만약 장생불사한다는 신선이 사는 곳에 가서 신선으로부터 불로초와 같은 것을 얻을 수만 있다면 우리 인간들 역시 장생불사가 가능하다'는 이야기가 널리 유포되었다는 점이다.

둘째, 전국시대 중기에 널리 논의되었던 기(氣)에 대한 사상이다. 춘추말기에 살았다고 하는 노자의 철학에서도 그 일단이 보이는데, 그는 "만물은 음을 등에 지고 양을 감싸고 있다"(萬物負陰而抱陽. 『道德經』 제42장)고 말하였다. 장자는 "천하를 통하여 하나의 기일 뿐이다"(通天下一氣耳. 「知北遊」)고 말하였다. 이것은 우리가 천지만물이라고 부르는 모든 것의 공통된 속성이 '기'라는 것을 말한다. 그런 까닭에 장자는 또 "사람이 태어난 것은 기가 모인 것으로 기가 모이면 생명이 되고 기가 흩어지면 죽음이 된다"(人之生, 氣之聚也, 聚則爲生, 散則爲死. 「知北遊」)고 한 것이다.

그런데 노자는 우주의 생성 과정을 "도가 하나를 낳고, 하나를 둘을 낳으며, 둘이 셋을 낳고, 셋은 만물을 낳는다"(道生一, 一生二, 二生三, 三生萬物. 『도덕경』 제42장)고 하였다. 노자의 논리에 의하면 도는 영원하고 도에서 생겨난 천지만물은 생멸하는 존재이다. 그리고 노자는 이러한 변화에 순응하는, 즉 순자연(順自然) 하는 것이 장생구시의 도(長生久視之道)라고 말하였다. 그렇지만 이와는 달리 신선과 불로장생을 믿었던 사람들은 만약 인간이 '만물'에서 '셋', '둘', '하나', '도'라는 상태로 역으로 돌아갈 수 있다면, 즉 역자연(逆自然) 할 수 있다면 도와 같이 영원히 죽지 않는 경지를 얻을 수 있지 않을까 생각하였다.

위에서 말한 두 가지 원인을 배경으로 하여 신선과 불로장생을 널리 유포한 사람들을 '방사'(方士) 집단이라고 한다. 이 방사 집단은 '기'론을 바탕으로 하여 당시 널리 유행하였던 음양설과 오행설을 결합함으로써 이제 신선이 되어 불로장생한다는 것은 결코 허황된 이야기가 아니라는 점을 힘써 선전하였다. 그러나 당연하게도 신선이 사는 곳을 찾아가 불로초를 구하고 단약(丹藥)을 구하는 것은 실패하였다. 그래서 뒤에 외단황백술(外丹黃白術)로 발전하게 되었는데, 이제 직접 단약을 만들려는 시도로 나타났다. 그렇지만 이 역시 실패로 끝났다.

오늘날에도 인간의 영원한 삶에 대한 꿈은 사라지지 않은 것 같다. 오늘날 의학의 발전은 마치 인간의 장생불사를 곧 이룰 것처럼 보인다. 그러나 그것이 과연 인간을 행복하게 해줄지 아니면 불행이 될지는 알 수 없다.

이 책에서 다루고 있는 '신선'과 '불로장생'이라는 개념은 인간의 영원한 숙명과도 같은 죽음과 고통의 문제를 그 핵심으로 한다. 서양사에서는 이 문제를 종교를 통해 극복하고자 하였다. 그러나 고대 중국인들은 자신의 노력을 통해 극복하고자 하였다. 이것은 고대 중국인의 현세주의적 사고를 잘 보여준다. 아무튼 현대를 살아가는 우리 역시 이러한 문제에서 자유롭지 못하다. 우리의 삶은 언젠가 죽음을 통해 마무리해야 하기 때문이다.

감사의 말씀을 전하고자 한다. 지금까지 필자가 살아오는 동안 알

게 모르게 많은 가르침을 주신 세상의 모든 나의 스승들께 감사의 말
씀을 전합니다.

2017년 10월
최대우·이경환 저자

|차 례|

제1장
존재의 모순 : 삶과 죽음의 이중주

　우리가 신선과 불로장생을 이해하려면 먼저 인간의 '삶'과 '죽음'에
대한 논의로부터 출발해야 한다. 왜냐하면 이 인간의 '삶'과 '죽음'이
라는 문제가 없다면 신선과 불로장생이라는 문제도 제기될 수 없기
때문이다. 특히 '죽음'의 문제가 더 핵심이다. 그런데 우리가 마주하고
있는 이 '죽음'은 매우 본질적/실존적인 문제이다. 김형효는 이 '죽음'
에 대하여 이렇게 말하였다.

　　죽음의 본질을 알 수 없기 때문에 죽음은 내용이 없는 공허한 관념
　이고 내용상 공허하지만 가장 확실하니, 인간은 누구나 죽음 앞에서 심
　적외상(心的外傷, le traumatisme)을 입게 된다. 이 심적외상은 죽음이
　생물학적인 생명의 종말이요, 개체존재의 상실이요, 고독하게 홀로 죽
　어야 한다는 적막감이요, 사랑하는 사람들을 두고 이승을 떠나야 한다
　는 이별감 이외에는 경험적으로 더 이상 알 수 없는 공허 때문이기에
　심각할 뿐만 아니라, 또한 사후의 삶의 연장에 대해서도 전적으로 불확
　실하기 때문에 그만큼 인간을 괴롭힌다.[1]

---

1) 김형효, 「자연적 죽음의 인간 동형론과 인간적 죽음의 인간 동형론」, 한국정신문
　화연구원 엮음, 『삶 그리고 죽음』, 대한교과서(주), 1995, 191쪽.

그 결과 인간에게 죽음은 알 수 없는 불안으로 다가온다.

제1절 불안, 그리고 인간의 죽음

우리에게 가장 오묘하고 신비롭게 생각되는 것은 바로 만물의 '생명' 활동이다. 생명은 어디에서 시작된 것일까? 생명의 본질은 무엇일까? 삶과 죽음은 무엇일까? 우리가 이러한 문제들에 대하여 깊은 관심을 갖는 것은 바로 우리 자신의 '생명', 즉 우리 자신의 삶과 죽음의 문제와 관련이 있기 때문이다. 사실 이 '생명'이라는 현상 그 자체는 매우 오묘한 것이다. 우리가 그것에 대하여 아무리 과학적으로 설명을 한다고 하더라도 여전히 그러하다.

오늘날 기술과학의 발전으로 인간의 생명 현상에 대하여 심도 있는 연구가 진행되고 있다. 그러나 우리는 아직 이 '생명'이라는 현상에 대하여 잘 알지 못한다. 또 기술 과학적 연구를 통하여 이 '생명' 현상에 대하여 이른바 '과학적' 설명을 한다고 하더라도 그것이 우리의 의문점을 모두 해결해 줄지는 의문이다. 왜냐하면 생명이 존재한다는 그 현상 자체, 또 이것을 '나'라고 감지하고 생각하는 그 자체가 신비하기 때문이다. 엘리아데는 "종교적 인간에게 생명의 출현은 가장 심오한 세계의 비밀이다"고 말하였다.[2] 그런 의미에서 볼 때, 죽음이라는 현상 자체 역시 하나의 신비이다. 따라서 이 죽음은 "'모든 존재하는 것의 본질'을 이해하는 핵심"이다.[3]

우리의 이 생명에는 몇 가지 특징이 있다. 첫째, 생명의 '일회성'이다. 우리가 부모로부터 이 생명을 받아 이 세상에 태어나면 언젠가는

---

2) M. 엘리아데, 『성(聖)과 속(俗)』, 이은봉 옮김, 한길사, 2000, 144쪽.
3) 유호종, 『떠남 혹은 없어짐 ─ 죽음의 철학적 의미』, 책세상, 2001, 16쪽.

반드시 한 번은 이 생명의 마감, 즉 죽음을 맞이해야만 한다. 어느 누구도 예외가 없다. 이 일회성의 삶이기에 생명이 그만큼 소중한 것이다. 만약 우리가 여러 번의 삶을 살 수 있다면 생명을 소중하게 생각할 필요가 없을 것이다. 둘째, 생명의 '허약성'이다. 첫 번째의 특징과도 연관이 있는 것이지만 생명은 매우 취약한 것이다. 만약 이 생명이 강철과 같이 단단한 것이라면 귀한 것으로 여길 필요가 없다. 왜냐하면 쉽게 부서지지 않으므로, 즉 쉽게 사라지지 않는 것은 그만큼 귀하게 여길 필요가 없기 때문이다. 그러나 우리의 생명은 그렇지가 않다. 한 번 죽으면 되돌아올 수가 없는 것이 삶이고, 그것이 우리 생명의 실존적 모습이다.

우리는 흔히 자연계 만물의 질서를 무생물계와 생물계로 나눈다. 또 생물계는 다시 식물계와 동물계로 분류된다. 동물계는 다시 하등 동물과 고등 동물로 구분하고, 그 중에서 가장 뛰어난 존재로 인간을 말한다. 그런 까닭에 인간을 만물의 영장이라고 부른다. 그러나 인간이 인간을 만물의 영장이라고 부르게 된 것은 결코 오래된 역사적 사실이 아니다.

인간의 선조가 되는 유인원의 탄생은 무려 2천 5백만 년 전으로 거슬러 올라간다고 한다. 동아프리카에서 발견된 화석은 원인(原人, Hominids)으로 진화가 약 1천 4백만 년 전에 일어났음을 보여 준다. 인간이라고 분류될 만한 최초의 유인원이 탄생한 후 약 1천 1백만 년이 지난 후의 일이다. 현생 인류와 가장 유사한 분류는 '오스트랄로피테쿠스'(Australopithecus)로 아프리카의 같은 지역에서 약 2백만 년 전부터 존재했다고 한다. 그 후 직립원인(Homo erectus)이 등장하기까지 다시 약 1백만 년이 흘러갔고, 다시 90만 년이 지난 후에 네안데르탈인(Neanderthal)으로 불리는 최초의 원시인이 나타났으며, 그러다가 갑자기 약 3만 5천 년 전에 현생 인류인 '지혜 있는 인간'(호모 사피엔

스)이 나타나 지구상에서 네안데르탈인들을 사라지게 하였다고 한
다.4) 이에 비하면 백 년도 안 되는 한 인간의 삶이란 참으로 허망하기
만 하다. 우리는 가끔 이런 공상을 하게 된다. 10만 년 전 혹은 1만 년
전 사람들은 무슨 생각을 하고 살았을까? 정말로 궁금하기만 하다.

　우리와 같은 현대인들은 흔히 과학적 사고(그것도 근대의 서양에서
발생한)에 근거해서 모든 문제를 판단하고 비판한다. 그러나 인류 역
사라는 긴 시간을 그 배경으로 하여 고찰해 보면 우리가 흔히 말하는
이른바 인간의 '과학적 사고'란 극히 최근의 사유 방식이고, 그 기간도
매우 짧다는 것을 알 수 있다. 뿐만 아니라 오늘날에도 그러한 사유
방식을 거부하는 사람들이 있다는 점을 간과해서는 안 된다. 그렇다고
해서 그들을 모두 미개인/야만인으로 치부할 수만은 없다. 그들의 사
유 방식에는 우리가 이미 잃어버린 소중한 유산을 담고 있기도 하다.
그러므로 '과학적 사고'라는 것도 그 영역을 제한할 필요가 있다. 모든
영역에서 '과학적 사고'가 적용될 수 있는 것은 아니다.5) 하긴 오늘날

---

4) 제카리아 시친, 『수메르, 혹은 신들의 고향』(1), 이근영 옮김, 이른아침, 2006,
　24~25쪽 참조 요약. 그런데 또 콜린 텃지는 이렇게 말하였다. "모든 호미니드 종
　들은 아프리카에서 발생했음이 확실시되고 있다. 아르디피테쿠스(Ardipithecus)
　는 약 5백만 년 전에 출현했으며 오스트랄로피테쿠스(Australopithecus)는 조금
　뒤에 나타났다. 최초의 호모속(屬)인 호모 하빌리스(Homo Habilis)는 2백만 년
　이전에 출현했다. 호모 에렉투스(Homo erectus)는 약 2백만 년 전에 나타나 약
　1백 5십만 전에 아프리카 밖으로 나갔다. 그와 비슷한 시기에 다른 호모족들의
　조상으로 생각되는 호모 에르가스터(Homo ergaster)가 나타났다. '고대의 호모
　사피엔스'로 알려진 호모 하에델베르겐시스(Homo heidelbergensis)는 호모 사피
　엔스(Homo sapiens)의 선조인데 약 1백만 년 전에 아프리카 밖으로 나갔다."(『다
　윈의 대답2 - 왜 인간은 농부가 되었는가?』, 김상인 옮김, 이음, 2007, 41쪽)
5) 예를 들어 이태하는 과학과 종교의 대립, 즉 진화론과 창조론의 대립에 대하여
　이렇게 설명한다. "'우주의 형성은 자연적인 과정의 결과이다'라는 진화론의 주장
　은 우주 창조의 기계적 원인을 설명하는 기계론적 설명에 해당하고, 반면에 '우주
　는 신에 의해 창조되었다'는 창조론의 주장은 우주 창조의 이유를 설명하는 목적

은 인간의 행복마저도 계량화하는 시대인데 하물며 그 무엇을 계산하지 못할까! 조세희의 소설 『난장이 마을의 유리 병정』에는 다음과 같은 내용이 나온다.

> ……우리 동네의 어른들은 한 사람 한 사람의 행복의 무게를 달아 더한 다음 전체 수로 나누어 행복의 평균치를 냈다.
>
> 질도 제쳐놓고 양만 문제 삼았다. 나는 깜짝 놀랐다. 내가 아는 난장이의 실질행복은 마이너스 1백 37킬로그램이었는데 동네 어른들이 발표한 우리 전체의 행복의 평균치는 66킬로그램이었다. 나는 난장이를 찾아가 물었다.
>
> "사람들이 행복을 달러 왔었습니까?"
>
> 난장이가 힘없이 대답했다.
>
> "왔었죠. 그렇지만 달아볼 필요도 없다면서 그냥 갔어요."
>
> "얼마라고 적지 않던가요?"
>
> "적었죠. 0이라고 적더군요."
>
> "아저씨의 행복이 어떻게 0이나 됩니까?"
>
> "마이너스는 인정하지 않는대요."[6]

계량화된 세계관은 모든 존재를 양적관계로 바라볼 뿐 그 질적 관계는 고려 대상이 되지 않는다. 그러나 우리가 한 번 생각해 볼 일은 과연 인간 자체를 계량화할 수 있을까 하는 것이다. 만약 인간을 단지 물질적 덩어리에 불과한 것으로 치부한다면 계량화가 전혀 불가능한 것은 아니다. 분명 인간은 몸이라는 물질과 비물질적인 것으로 정신이

론적인 설명에 해당한다. 따라서 이 두 가지 설명방식은 우주 창조를 바라보는 상보적 설명체계인 것이다.(…)이처럼 과학은 기계론적 설명을 통해 지식에 관여하고, 종교는 목적론적 설명을 통해 지혜에 관여하는 상보성을 가질 때 과학은 맹목적인 것이 되지 않으며 종교는 공허한 것이 되지 않는다."(『종교적 믿음에 대한 몇 가지 철학적 반성』, 책세상, 2000, 37쪽)

6) 조세희, 「부끄러움」, 『난장이 마을의 유리 병정』, 동서문화사, 1979, 118~119쪽.

있는 존재로 보는 것이 전통적 관점이다. 그런데 오늘날의 인간관은 완전히 물질적인 것에 바탕/근본을 하는 것으로 보는 관점이 지배적이다. 이 문제에 관한 철학적 논의는 뒤에(제5장) 자세히 살펴보기로 한다.

중국 고대철학에서 세상의 온갖 존재 사물을 만물이라고 표현하였다. 인간은 그러한 만물 가운데 하나에 불과하다. 물론 인간을 만물 가운데 가장 허령(虛靈)한 존재로 보기는 한다. 그렇지만 가장 본질적인 측면에서 말하자면 인간 역시 만물 가운데 하나일 뿐이다. 특별한 존재로 볼 수 없다.

인류의 정신문화는 신화의 세계에서 종교의 세계로, 종교의 세계에서 철학의 세계로, 철학의 세계에서 과학의 세계로 나갔다. 우리가 살아가는 현대사회는 과학의 세계이다. 과학의 세계는 또 수학을 중심으로 한 계량적 사고를 그 핵심으로 한다. 그러나 이러한 변화를 '진보'라고 말할 수는 없다.

우리의 일생은 삶[生]과 죽음[死]이라는 언 듯 보기에 모순관계인 것처럼 보이는 두 요소로 구성되어 있다. 다시 말해서 개체로서 인간의 일생은 삶과 죽음의 이중주이다. 김열규는 이렇게 말한다.

> 죽음은 삶이 끝나면서 시작되는 게 아니다. 삶과 함께 비롯해서 삶 속에서 삶과 함께 자란다. 죽음은 삶 속에 내재해 있다. 그것은 삶이 없이는 죽음이 있을 수 없다는 사실 하나만으로도 입증되고 남는다.7)

그는 또 이렇게 말한다.

> 사람들은 모든 목숨 있는 것과 마찬가지로 살아감으로써 죽는다. 삶

---

7) 김열규, 『메멘토 모리, 죽음을 기억하라』, 궁리, 2001, 60쪽.

과 죽음의 이 관계를 생각할 때, 삶 그 자체가 이미 큰 아이러니임을
알게 된다. 딱히 비극적이라고만 말할 수도 없고, 그렇다고 구태여 희
극적이라고만도 말하기 거북한 아이러니. 그래서 우리들은 죽음과 맺
어져 드러나는 삶의 아이러니를 천상 희비극적이라고 부를 수밖에 없
다.8)

삶과 죽음은 변증법적 운동을 한다. 사회 역시 마찬가지이다. 역사
의 주기성을 말하는 것처럼 한 체제의 성숙은 바로 파괴를 통하여 새
로운 체제의 잉태로 나아갈 뿐이다. 그런데 인간의 삶에 있어서 가장
근본적인 문제는 삶이 아니라 바로 '죽음'이다. 캠벨 역시 "바로 이 죽
음의 신비가 있어야 삶의 신비에 균형이 잡힙니다. 어떤 의미에서 두
신비는, 두 측면을 지닌 하나의 신비가 아니었을까 싶습니다"라고 말
한다.9)

일반적으로 말해서 인간은 영원한 삶을 꿈꾼다. 그러나 인간은, 아
니 모든 생명을 가진 존재는 언젠가는 죽음을 맞이할 수밖에 없는 '숙
명'을 가지고 태어났다. 그런데 일반적으로 인간은 이 죽음을 타자화
한다. 엘리자베스 쿠블러 로스 여사는 이렇게 말한다.

우리는 누구나 무의식중에 나만은, 나 자신에게만은 결코 죽음이란
것이 적용되지 않는다는 기본적인 지식을 안고 있다. 무의식적으로 받
아들인다면, 자신의 생명이 이 지상에서 끝난다는 건 상상조차 할 수
없는 일이다. 때문에 만약에 이 생명이 끝나게 되는 경우라면, 그것은
모름지기 다른 어떤 손에 의해 외부로부터 받게 되는 사악하고도 치명
적인 간섭에 의한 것이 된다.10)

---

8) 같은 책, 61쪽.
9) 조셉 캠벨·빌 모이어스 대담, 『신화의 힘』, 이윤기 옮김, 이끌리오, 2003, 164쪽.
10) 엘리자베스 쿠블러 로스, 『죽음의 시간』, 고계영 옮김, 宇石, 1998, 15쪽.

이어서 이렇게 말한다.

> 쉽게 말하면, 우리의 무의식적인 심상에서 볼 때, 우리는 죽임을 당하여 비로소 죽게 되는 것이다. 자연적인 원인으로나, 나이가 든 탓에 죽는다는 것은 생각할 수 없다. 때문에 죽음 하면, 예컨대 사악한 행위라든가, 공포의 사건이라든가, 그 자신 보복과 처벌을 자초하지 않을 수 없는 그 무엇과 관련시켜 생각하고 있다.11)

그렇지만 부처도 죽었고, 예수도 죽었다. 인간은 그 자신이 죽을 수밖에 없는 존재라는 것을 잘 알고 있다. 그런 까닭에 방향을 바꾸어 종교를 만들었다.12) 이태하는 『종교적 믿음에 대한 몇 가지 철학적

---

11) 위와 같음.

12) 그런데 존 바우커는 종교의 기원에 대하여 이렇게 말하였다. "종교를 고찰해 온 연구자들은 이미 오래전부터 종교의 기원에 관한 탐구를 그만두었다. 왜냐하면 종교의 기원을 밝혀 줄 만한 증거가 전혀 남아 있지 않아서(그런 증거가 남아 있을 리가 없다.) 종교적 신앙이 어떻게 시작되었는지를 추론할 수 없기 때문이다."(26쪽) 그는 또 인간의 죽음과 관련된 이른바 '보상이론'을 소개하면서 "예컨대 하느님 담론은 단순한 논쟁점 이상의 의미를 가지는 매우 중요한 현상이다. 그 이유는 이렇다. 즉 가장 오래된 초기의 종교사에 있어 장례 관행을 수반하는 신앙에 접근하고자 할 때(문헌 혹은 구전으로 전승된 증거를 통해) 우리는 하나의 역설에 직면하게 된다. 요컨대 모든 현존하는 주요 세계종교 전통의 뿌리에는 죽음에 관한 가장 오래된 사색이 포함되어 있는데, 거기서 우리는 현세의 삶을 넘어서서 하느님과 함께 하는 이상적인 삶이 사후에 존재한다는 신앙을 도무지 찾아볼 수가 없다. 그런데도 하느님 혹은 신적 존재에 대한 신앙은 막강한 영향력을 행사해 왔으며 지금까지도 여전히 많은 이들에게 오류 없는 사실로 받아들여지고 있다. 그들은 심지어 사후의 삶에 대해 특별히 진지한 신앙을 가지고 있지 않으면서도 그런 신적 존재에 봉헌한다"(62쪽)고 말한다. 그렇지만 "죽음의 의미를 탐구하는 가장 오래된 종교적 시도들이 보상 관념과는 전혀 관계가 없고 또한 죽음의 사실에 관한 현실주의적인 태도를 거절했다는 점"(71쪽)을 강조한다.(『죽음의 의미』, 박규태·유기쁨 옮김, 청년사, 2005).

반성』에서 "인간은 자신의 한계적인 생존적 상황을 극복하거나 그것
에 순응하기 위한 방법을 모색하게 되었으며 바로 그 방법이 오늘날
우리가 종교라고 부르는 것이다"고 말하였다.13) 그는 또 "따라서 종교
란 결국 '인간의 삶의 방향성을 결정해주는 세계관에 대한 믿음과 그
로부터 도출되는 의식과 행위의 총화"라고 보았다.14)

　죽음과 삶에 내재된 고통이 없다면 종교라는 현상은 나올 수 없었
을 것이다. 그렇지만 종교는 여전히 인간의 죽음 그 자체를 해결해 줄
수는 없고, 그런 까닭에 어디까지나 죽음 이후의 세계, 즉 피안(彼岸)
에 인간의 안식처를 마련할 수밖에 없다. 이러한 종교는 인간의 죽음
이라는 불안으로부터 마음의 평화를 얻도록 일정하게 긍정적인 역할
을 하기도 한다. 인간이 종교를 만든 원인은 죽음 이후의 '새로운 삶'
의 연속을 희망하였기 때문이다. 세계의 모든 종교는 천국과 지옥을
만들었다. 그 결과 '천국'에서의 '영원히 행복한 삶'을 꿈꾸었고, '지옥'
을 만들어 '영원히 불행한 삶'을 그에 대비시켰다. 종교에서는 인간의
죽음 이후의 세계를 환상적으로 그려놓았다. 이것을 오늘날의 용어로
만하자면 일종의 '고대인의 판타지'라고 할 수 있을 것이다.

　서양 근대철학은 인간의 '이성'에 대한 믿음을 바탕으로 '종교의 소
멸'을 자연스러운 현상으로 예견하였다. 그러나 현실은 그와 반대로
가고 있는 것 같다. 종교는 사라지지 않았고 오히려 더욱 막강한 영향
력을 행사하고 있다.

　과학의 시대에 살고 있는 우리는 물질적 풍요 속에 살아가지만 더
욱 고독해졌다. 인간의 정신 영역은 이제 무의미한 것으로 치부된다.
아무 것도 증명할 수 없는 공허한 영역이 된 것이다. 그러나 그렇다고
해서 우리는 더 행복해진 것일까?

---

13) 이태하, 『종교적 믿음에 대한 몇 가지 철학적 반성』, 17쪽.
14) 같은 책, 19쪽.

틸리히(P. Tillich, 1886~1965)는 인간의 정신생활에서 가장 중요한 문제를 "궁극적 관심"(ultimate concern)이라고 말한다. 그는 '불안'을 설명하면서 "유한성(有限性)을 자기 자신의 유한성으로 체험하는 것"이라고 정의하였다.15) 인간이 영원한 삶을 살고자 하는 것은 이 '불안'과 마주하였기 때문이다. 틸리히는 '불안'과 '공포'를 언급하면서 먼저 이 '공포'에 대하여 이렇게 말하였다.

> 불안과 대조되는 공포에는 일정한 대상이 있기 때문에 이 대상은 맞설 수도 있고 분석할 수도 있고 공격할 수도 있고 또 견딜 수도 있다. 우리는 그것에 대하여 행동을 취할 수 있으며 또 그렇게 행동을 취함으로써 그것에 참여할 수도 있다 - 비록 투쟁의 형식으로라도. 그리하여 그것을 우리 자신의 자아 긍정으로 포섭할 수 있다. 공포는 하나의 대상이며 따라서 참여를 가능하게 하기 때문에 용기는 공포의 대상이 무엇이든지 간에 그것과 맞설 수 있다. 용기는 일정상 대상이 빚어내는 공포를 자기 자신 안에 포섭(take into itself)할 수 있다.16)

그렇지만 '불안'은 그렇지가 않다. 우리는 이 '불안'과 투쟁할 수 없다. 왜냐하면 이 '불안'은 대상이 아니기 때문이다. 틸리히는 또 '불안'에 대하여 다음과 같이 말하였다.

> 그러나 불안은 그렇지 않다. 왜냐하면 불안에는 대상이 없기 때문이다. 역설적인 말로 표현한다면, 그 대상은 모든 대상의 부정을 의미하는 것이기 때문이다. 그러므로 그것에 참여한다든지 그것과 싸운다든지 혹은 그것을 사랑한다는 것은 불가능하다. 불안에 싸인 사람은 그것이 단순히 불안인 한, 아무 도움도 받을 수 없는 상태에 놓여 있는 것이다. 불안의 상태에 놓여진 무력함은 동물에게서나 인간에게서나 똑같

---

15) 폴 틸리히, 『存在에의 勇氣』, 玄永學 譯, 1980, 43쪽.
16) 같은 책, 43~44쪽.

이 볼 수 있다. 이것은 방향의 상실이나 부적당한 반응작용이나 "지향성"(志向性, intentionality)의 결핍에서 나타난다. 이와 같이 놀라운 행동이 때때로 나타나는 것은, (불안의 상태에 있는) 그 주체자가 집중할 수 있는 대상이 없기 때문이다. 여기에 나타나는 대상은 그 위협 자체뿐이며, 그 위협의 근원은 "무"(無, nothingness)이기 때문에 그 근원은 대상이 될 수 없다17)

틸리히에 의하면 이 '불안'이 마주하고 있는 그 대상은 '모든 대상의 부정'이 된다. 간단히 말해서 '불안'에는 마주할 수 있는 대상이 없다는 말이다. 틸리히는 이 '불안'에 대상이 없다고 말하였지만, 사실 그가 말한 것처럼 "무"는 '비존재'로의 가능성, 즉 우리 자신이 언젠가는 죽을 것이라는 이 '죽음'이 그 핵심이라고 말할 수 있다.

폴 틸리히는 또 불안의 세 가지 형태를 말하였다. 첫째, 운명과 죽음에 대한 불안이다. 둘째, 허무성과 의미의 상실에 대한 불안이다. 셋째, 죄책과 정죄에 대한 불안이다.18) 그는 또 불안이 가지는 세 가지 형태를 서양 문명사를 통하여 구별하였다. 그의 관점에 의하면 서양 문명사에서 이 '불안'은 고대 문명 말기에는 '존재적 불안'이 지배적이었고, 중세 말기에는 '도덕적 불안'이 지배적이었으며, 근대 말기에는 '정신적 불안'이 지배적이었다고 진단하였다.19) 이와 같이 틸리히는 역사적으로 서양은 고대의 '존재적 불안', 중세의 '도덕적 불안', 근대의 '정신적 불안'의 과정을 지나왔다고 하였다. 그는 고대의 '존재적 불안'에 대하여 이렇게 설명하였다.

제국(帝國)들 사이의 세력 다툼, 알렉산더의 동양 정복, 그의 뒤를

---

17) 같은 책, 44쪽.
18) 같은 책, 49쪽.
19) 같은 책, 65쪽.

계승한 사람들 사이의 전쟁, 로마 공화국의 동·서양 정복, 시저(Caesar)
와 아우구스투스(Augustus) 때에 일어난 로마 공화국으로부터 제국에
로의 변혁, 아우구스투스 이후의 황제들의 횡포, 독립한 도시국가와 민
족국가의 붕괴, 귀족적 민주사회 조직을 지탱하던 사람들의 소멸, 도저
히 지배할 수도 없고 예측할 수도 없는 자연의 힘과 정치적 세력의 손
아귀에 들어갔다고 하는 개인의 느낌 - 이 모든 사건들이 굉장한 불안
을 빚어내었고, 따라서 운명과 죽음의 위협에 대결할 수 있는 용기에
대한 욕구도 빚어내게 되었던 것이다.[20]

　서양의 문명사에서 고대인들이 겪었던 '존재적 불안'은 아마도 고대
중국 사회, 즉 선진시대에 살았던 장자(그 후학을 포함하여)가 겪었던
바로 그 불안이었을 것이다. 틸리히의 견해에 근거하여 살펴보면 장자
를 중심으로 한 일단의 인물들이 겪었던 것은 자신의 삶/생명의 존재
가 외적 폭력에 의하여 언제라도 무너질 수 있다는 바로 이 '존재적
불안'이다. 『장자』(莊子) 「인간세」(人間世)편에서 장자는 자신이 살
았던 시대를 이렇게 진단하였다.

　　　다가올 시대는 기다릴 수 없고, 이미 지나가버린 시대는 다시 좇을
　　수 없다.[21]

　이보다 더 '존재적 불안'을 분명하게 나타낸 표현도 없다고 생각한
다. 과거(아름다웠던 추억)는 이미 흘러간 시간이고 미래(아직 도래
하지 않은, 혹은 도래할지도 알 수 없는 먼 미래의 가능성)는 아직 도
래하지 않은 시간으로, 우리에게 주어진 시간은 바로 지금 이 순간뿐
이다. 다시 말해서, 우리에게는 실존적으로 언제나 이 '현존'(現存)만

20) 같은 책, 65~66쪽.
21) 『莊子』「人間世」: "來世不可待, 往世不可追也."

이 있을 뿐이다. 과거는 '기억'으로 남아 있을 뿐이고(그것도 불완전한 기억으로) 미래는 '가능성'에 불과한 '불확실'이다.

그런데 우리가 살아가는 이 시대마저도 '형벌'이라는 국가/사회폭력으로부터 자유롭지 못하다는 것이 바로 장자 자신이 살았던 시대에 대한 진단이었다.

> 천하에 올바른 도가 있으면 성인은 자신의 뜻을 이룬다. 천하에 올바른 도가 없으면 성인은 몸을 숨기고 자신의 삶을 살아간다. 그렇지만 지금 이 세상에서는 형벌이나 면하면 다행이다.22)

이러한 시대를 살아갔던 사람들에게 있어서 어떤 희망과 이상을 말한다는 것은 사치에 불과하다. 우리가 삶을 살아가면서 어떤 이상과 희망을 말할 수 있는 그 최소한의 토대가 되는 것은 나의 존재에 대한 긍정/믿음이 있어야만 가능하다.

폴 틸리히는 중세의 '도덕적 불안'에 대하여 다음과 같이 말하였다.

> 만일 "불안의 시대"라는 이름을 붙일 만한 시대가 있다면, 그것은 종교개혁 직전의 시대와 종교개혁의 시대일 것이다. 정죄에 대한 불안은 "하느님의 진노(震怒)"로 상징이 되고, 지옥과 연옥(煉獄)에 관한 상상화(imagery) 때문에 더 무섭게 나타났다. 그리하여 중세 말엽에 산 사람들은 그들의 불안을 무마시키기 위하여 여러 가지 방법을 사용하게 되었다. 성지(聖地) 순례, 금욕적인 훈련, 유물(遺物)의 숭배, 교회가 내리는 벌을 감수하는 것과 속죄 표를 원하는 마음, 지나친 미사 참여와 참회의 고행(苦行), 기도와 구제 사업을 많이 하는 것 등, 다시 말하면 그들은 끊임없이 묻기를 어떻게 하면 하나님의 진노를 무마시킬 수 있을까, 어떻게 하면 하나님의 자비와 죄에 대한 용서를 받을 수 있을까 한다.23)

---

22) 위와 같음 : "天下有道, 聖人成焉 ; 天下無道, 聖人生焉 ; 方今之時, 僅免刑矣."

우리는 흔히 서양의 중세기를 암흑기라고 부른다. 종교적 억압이 인간의 정신을 말살하였던 시대라고 생각한다. 이 중세의 '도덕적 불안'을 나타내는 가장 중요한 지표는 바로 유명한 '면죄부'이다. 서양 중세 역사를 연구한 학자들에 따르면 십자군 원정 역시 이 면죄부를 얻는 것과 관련이 있다고 한다. 이것은 당시 사람들이 얼마나 이 도덕적 불안 속에서 두려워했는지 알 수 있다.

그렇다면 종교는 인간의 죽음이라는 이 문제를 해결할 수 있는가? 그렇지 않다. 왜냐하면 종교를 가지고 있다고 하더라도 이 '죽음'이라는 숙명은 여전히 현재진행형이 될 수밖에 없기 때문이다. 그런 까닭에 죽음 이후의, 죽음 너머의 세계를 강조하는 종교에 만족할 수만은 없었던 사람들이 있었다. 그들은 죽음 자체를 자신들의 노력을 통하여 극복하고자 하였다. 그들은 육신을 그대로 간직한 채 살아갈 수 있는 이른바 '영원한 삶'을 추구하였다. 우리는 이들을 '신선'(神仙)이라고 부른다. 그들은 '장생불사'(長生不死)하고자 하였다.

그야말로 과학만능의 현대사회를 살아가는 우리 역시 '불안'으로부터 자유롭지 못하다. 틸리히는 근대의 '정신적 불안'을 이렇게 논의하였다. 그는 먼저 이 시대를 "불안의 시대"라 진단한다.

> 현세기에 대한 사회학적 분석은 집단 현상으로서의 불안의 중요성을 지적하였다. 문학과 미술에 있어서도 그 내용이나 형식에 있어서 불안을 그 작품의 주요 테마로 삼았다. 그 결과로 적어도 교육을 받은 사람들은 자기들 자신의 불안을 의식하게 되었고, 이 느낌은 또한 불안의 관념과 상징을 통하여 일반 대중의 의식 속으로도 파고 들어가게 되었다. 그리하여 오늘날에 와서는 누구나 다 이 시대를 "불안의 시대"라고 부르게 되었다.[24]

23) 폴 틸리히, 『存在에의 勇氣』, 67쪽.
24) 같은 책, 42쪽.

그리고 이어서 현대의 '정신적 불안'을 아래와 같이 설명하였다.

> 절대주의의 붕괴, 자유주의와 민주주의의 발전, 모든 적수(敵手)를
> 다 물리치고 승리한 기술문명의 형성과 또 그 자신의 붕괴의 시작 - 이
> 와 같은 것들은 다 세 번째로 주요한 불안의 시대를 낳게 한 전제조건
> 이다.25)

이 '정신적 불안'은 '허무'라는 '정신적 유령이 배회하는' 것을 의미
한다. 우리 현대인들은 허무에 빠졌다. 일본학자 다케무라 마키오(竹
村牧男)는 절대적인 것을 상실한 '현대인의 허무'를 이렇게 말하였다.

> 절대적인 것의 상실, 그것이 현대의 특징일 것이다. 그러한 징후는
> 이미 근대의 여명기에 발견되었다.(…)이전까지 존재하고 있던 세계관
> 과 세계상(像)이 붕괴하고, 그럼에도 아직 새로운 세계상은 발견되지
> 않고 있다. 역사는 애써 도달해야 할 그 행선지를 찾지 못하고, 사람들
> 은 스스로의 삶의 의미를 잃었다.(…)말하자면 현대는 허무주의가 시
> 대를 뒤덮고 있는 것이다. 가치의 상대화는 가치의 자기부정이고 가치
> 의 무가치화를 의미한다. 의지할 바 없는 무의미한 시간과 공간 속에서
> 사람들이 겨우 이룰 수 있는 것은 그날그날의 유희에 몸을 맡기는 것일
> 뿐이다. 관리(管理)사회란 사회의 유지를 위해 그 유희가 오로지 계산
> 되어 사람들에게 주어지는 것이며, 때에 따라서는 종교마저도 그 유희
> 를 위한 장대한 허구일 수 있다. 이리하여 지금이야말로 허무주의가 교
> 묘하게 은폐되어 있다고 하는 이중(二重)의 의미에서, 보다 심각한 허
> 무주의가 횡행하고 있는 것이다.26)

다케무라 마키오가 말하는 현대인의 허무 역시 틸리히의 '정신적

---

25) 같은 책, 70쪽.
26) 다케무라 마키오(竹村牧男), 『유식의 구조』, 정승석 옮김, 民族社, 1989, 12쪽.

불안'과 맥을 같이 한다. 이들의 관점에 의하면, 현대인은 '정신적 불안', '허무'를 아무렇지도 않은 척 가장하고 있다. 이러한 현대인의 '정신적 불안', '허무'는 특히 '죽음'의 문제에서 적나라하게 나타난다. 부위훈(傅偉勳)은 현대인의 '개별적인 죽음', '고독한 죽음'을 말한다.

> 현대인이 안고 있는 근본적인 죽음의 문제는 여전히 각 개인의 개별적인 죽음의 문제이다. 현대인은 이전 시대 사람들에 비해 더욱 고독한 가운데 죽음을 맞이하고 있으며, 가장 가까운 가족들을 포함한 어떤 사람들도 불치병 환자를 대신하여 정신적 위안을 줄 수 없고 오직 본인 스스로가 죽음을 껴안아야 하는 것이 현실이다. 실존주의가 서양 철학의 커다란 사조 가운데 하나로 자리 잡을 수 있었던 까닭도 바로 각 실존 주체의 소외감을 강조하며, 어떻게 죽음을 대할까 하는 문제는 각 개별자 자신의 실존적 태도에 달려 있다고 주장하는 데 있다. 실존주의의 이러한 관점은 현대 산업사회에서 개별자의 죽음이 직면하고 있는 고립성과 반인도적인 경향의 반영이라 할 수 있다.27)

부위훈의 말처럼 현대인은 '개별적인 죽음', '고독한 죽음'에 직면하게 되는데, 우리가 오늘날 흔히 접하게 되는 것도 바로 이 '홀로 죽음'이다. 그런 까닭에 현대인의 죽음의 특징을 한마디로 말하자면 '고독사'로 표현할 수 있다. 이 '고독사'는 일본에서 '홀로 고립되어 죽는' 사람들을 지칭하던 말인데, 보다 넓게는 우리 현대인들 모두 "고독한 가운데 죽음을 맞이하는" 존재라고 말 할 수 있다. 그 결과 "냉정히 죽음에 직면하지 못하고, 죽음으로부터 도피하려는 경향"을 나타낸다. "더군다나 중대한 사실 중의 하나는, 현대에서는 죽는다는 것은 여러 가지 점에서 이전보다 더욱 고독한, 기계적인, 비인간적인 과정이 되어버렸다"고 할 것이다.28) 뿐만 아니라 이제는 "기계적이고 비인도적

---

27) 傅偉勳, 『죽음, 그 마지막 성장』, 전병술 옮김, 청계, 2001, 41~42쪽.

인 죽음의 처리 방법"에29) 의해 한 인간의 죽음을 그저 처리할 뿐이다. 한 사람의 죽음에서 더 이상 인간적인 존엄과 존경도 나타나지 않는다. 오늘날 한 사람의 죽음은 전문화된 장례시스템에서 보여주는 것처럼 비즈니스일 뿐이다. 슬픔도 기쁨도 사라졌다. 오직 시신을 처리하는 업무만이 남아 있다.

에스터 하딩 역시 이렇게 지적하였다.

> 최근에는 살아간다는 행복과 기쁨이, 계속되는 일이나 새로운 에너지원의 발견에서 비롯하는 것이 아니라는 사실이 점점 더 확실해지고 있다. 이러한 불만은 모든 사람들이 느끼는 불안감 안에서만 나타나는 것이 아니라, 노이로제 증상, 그리고 우리가 시달리고 있는 절망과 좌절감, 이 열정의 부재 안에서도 나타나고 있다.(…)이 깊은 절망감과 노이로제 증상이 수많은 현대인들을 침범하고 있는, 삶에 대한 염증에서 상당부분 기인하고 있다는 것은 의심의 여지가 없는 사실이다. 오늘날의 삶은 공허하고 황량하며, 우리는 자신이 원하든 원하지 않든 우리 안에 숨겨져 있는 영적인 빛의 근원으로 거슬러 올라가려고 애쓰고 있다. 우리의 과학은 우리 문명의 임박한 실패 안에서 참으로 무력하다는 것이 증명되었기 때문이다.30)

인간의 죽음과 관련하여 문제는 이렇다. "사람은 평등하게 태어난다"는 명제는 사망학(死亡學)의 사실적 기점이고, "사람은 반드시 죽음을 극복해야 한다"는 명제는 사망학의 이상적인 종점이라 말할 수 있다. 문제는 우리가 "사람은 반드시 죽는다"는 불변의 사실에 직면하여, "어떻게 죽음을 극복하고 안신입명(安身立命)의 길을 획득할 수 있는가"라는 물음이다.31)

---

28) 엘리자베스 쿠블러 로스, 『죽음의 시간』, 23쪽.
29) 傅偉勳, 『죽음, 그 마지막 성장』, 42쪽.
30) 에스터 하딩, 『사랑의 이해』, 김정란 옮김, 문학동네, 1996, 29~30쪽.

오늘날 우리는 상대주의의 시대에 살고 있다. 그런데 문제는 이 상대주의로 표현되는 가치의 파괴이다. 물론 상대주의는 다양한 가치들을 긍정한다는 측면에서 긍정적 요소를 가지고 있다. 그러나 문제는 이른바 '가치서열'이다. 무엇이 더 중요하고 무엇이 덜 중요한지 이제 우리는 판단할 수 없게 되었다. 그 결과 외적으로는 화려하지만 내적으로는 공허한 불꽃놀이가 횡횡하고 있다. 마치 한 순간 화려하게 불타오르다가 심연의 어둠 속으로 시들어가는 불꽃처럼. 아폴리네르(1880~1918)는 <엽서>라는 시에서 이렇게 노래하였다.

엽서

천막을 치고 이 글을 적는다.
여름 하룻날 이미 기울어지고
아스라한 하늘 속에
터지는 포격
쉴새 없는 꽃시절
피었다고 하더니
금시 시들어 간다.[32]

우리의 삶은 마치 한밤의 불꽃놀이처럼 허망하기만 하다. 이 시를 쓴 시인 아폴리네르는 제1차 세계대전에 참천했다가 부상을 당했고, 그 후 그 부상으로 인하여 38세라는 젊은 나이에 죽음을 맞이한 인물이다.

이진우는 『도덕의 담론』에서 현대사회의 "도덕적 위기의 딜레마"를 다음과 같이 진단하였다.

---

31) 傅偉勳, 『죽음, 그 마지막 성장』, 40쪽.
32) 全鳳健, 『詩와 人生의 뒤안길에서』, 培材書館, 1977, 231쪽.

현대 사회에서 모든 사람은 자신만의 신을 가지고 있다고 해도 과언이 아니다. 우리가 직면하고 있는 도덕의 위기는 바로 이렇게 다양한 신들과 가치들을 통합할 수 있는 하나의 가치가 존재하지 않는다는 사실에 있다. 간단히 말해서 가치다신주의는 포스트모던 사회의 운명이다. 아무런 생각 없이 그저 살아가는 사람들만이 "이와 같은 과정의 다원주의에 영향을 받지 않고, 따라서 그들 자신의 신념의 진리를 의심치 않을 것이다." 생각하는 사람은 가치다원주의에 고통을 받고, 고통 받지 않으려면 – 생각 없이 자신의 가치를 추구하거나 습관적으로 규칙을 준수하는 – 무사유를 강요받는다. 이것이 현대의 바벨탑이 야기한 도덕적 위기의 딜레마이다.[33]

우리의 삶은 무엇을 위해 살아가는 것일까? 우리의 삶의 의미는 무엇일까? 우리의 삶은 본래 아무런 의미도 없이 그저 이렇게 주어진 것일까? 이 존재의 의미에 대하여 우리에게 주어진 대답은 무엇인가? 그리고 그러한 대답은 우리에게 어떤 의미를 갖는가? 또 그렇게 주어진 대답은 정말 하나의 해답으로 의미가 있을까?

서양철학의 아버지라 할 수 있는 소크라테스(약 기원전 470~기원전 399년)는 다른 신을 섬겼다는 것과 아테네의 청년들을 타락시켰다는 죄목으로 사형판결을 받고 독배를 마시게 되었는데, 그는 죽음에 대하여 이렇게 읊조렸다.

나는 죽음을 유익한 것이라고 생각하고 있으니까요. 나는 죽음이란 다음 두 가지 중의 하나라고 생각합니다. 죽음이란 완전히 무로 돌아가는 것, 즉 사람이 죽으면 모든 감각이 없어지는 것, 또는 전설에 나오는 것처럼 영혼이 이 세상에서 저승으로 주소를 옮기듯이 옮겨가는 것이 아닌가 합니다. 만일 무로 돌아가서 모든 감각이 사라진다면, 꿈도 꾸지 않을 정도로 깊이 잠든 것이나 다름없을 게 아닙니까? 그렇다면 죽

---

33) 이진우, 『도덕의 담론』, 문예출판사, 2003, 24쪽.

음이란 큰 소득이라고 하겠습니다. 꿈도 꾸지 않을 정도로 깊이 잠든 밤을 골라서 자기 생애의 다른 밤과 비교해 본다면, 그런 밤보다 더 즐거운 낮과 밤이 자기 생애에 얼마나 있었을까요?(…)그러므로 만일 죽음이 이런 것이라면, 그것을 어찌 형벌이라고 하겠습니까?(…)그리고 만일 죽음이라는 것이 이 세상에서 저승으로 가는 여정(旅程)과 같은 것이라면, 그리하여 전설에서처럼 죽는 사람은 누구나 그곳으로 가는 것이라면, 이것보다 더 좋은 일이 어디 있겠습니까?(…)만일 트로이 전쟁에서 대군을 이끌고 간 오디세우스나 시시포스나 그 밖의 많은 남녀들을 만날 수 있다면 그것을 위하여 어떤 물건을 다 바친대도 아깝지 않을 것입니다.[34)]

소크라테스의 대답처럼 죽음의 문제와 관련하여 우리에게 주어진 선택지는 일반적으로 죽음 이후에 영혼이 존재한다는 것과 아무 것도 존재하지 않는다는 두 가지의 해답이 주어져있다. 그런데 아이러니는 바로 여기에서 발생한다. 우리가 어떤 선택지를 선택하든 그에 대한 해답을 얻을 수 없다는 사실이다. 왜냐하면 반론이 전혀 불가능하기 때문이다. 그리고 무엇보다도 문제는 우리가 어떤 선택지를 선택하더라도 절대적 해답이 될 수 없다는 점이다. 우리는 우리가 선택한 선택지에 대하여 어떻게 확신할 수 있는가? 불행하게도 우리에게는 '죽음의 본질'이 주어져 있지 않다. 다만 '죽음의 현상'만이 있을 뿐이다.

에드가 모랭은 『인간과 죽음』에서 죽음에 대하여 이렇게 말하였다.

　　죽음의 '본질'에 대한 인식은 존재하지 않고, 죽음이란 '존재'를 갖지 않으므로 죽음의 본질은 결코 사람들에 의해 알게 되었던 적이 없고 앞으로도 그럴 것이다. 그러나 죽음의 실체는 존재하는데, 죽음은 '존재' 는 없지만 실제로 있는 것이고, 그리고 일어나고 있고, 이 실체는 곧 이

34) 플라톤, 『소크라테스의 변명』, 『플라톤전집』(3), 최민홍 역, 성창출판사, 1986, 56~57쪽.

어 죽음이라는 자신의 고유한 이름을 발견할 것이고, 그리고 곧 이어서
는 피할 수 없는 법으로 인식될 것이다. 인간은 자신을 불멸하다고 주
장함과 동시에, 자신을 죽을 수밖에 없는 존재라고 부를 것이다.[35]

유호종은 『떠남 혹은 없어짐 – 죽음의 철학적 의미』에서 이 점에 대
하여 이렇게 지적하였다.

> 하지만 만약 육체적인 죽음 이후 내가 더 이상 존재하지 않는다면
> 나의 죽음은 내가 경험할 수 없는 일이다. 나의 죽음은 곧 경험 주체의
> 소멸을 의미하기 때문이다. 그러나 나의 죽음을 내가 경험할 수 없는
> 이 경우에도 나의 죽음은 타인의 죽음과 마찬가지로 나와 어떤 관계가
> 있다.[36]

죽음에 대하여 우리는 부정/긍정이라는 모순된 상태에 처하게 된
다. 그런데 죽음에 대한 부정은 죽음을 '타자화된 죽음'으로 만들어버
리는 것으로 '죽음'으로부터 자신을 부정한다. 그러나 죽음에 대한 긍
정은 체념의 형태를 띠고 있는 것으로 그 결과는 외면, 즉 얼굴돌리기
이다.

> 이렇게 똑같은 인식이 죽음을 부정하고 인정한다. 그 인식은 소멸로
> 서의 죽음을 부정하고, 죽음을 사건으로서 인정한다.(…)그러나 이 본
> 래의 불가분성의 중심에서, 죽음의 발견과 불멸성에 대한 믿음 사이에
> 그만큼이나 본래적으로 불안과 공포의 영역이 없다면, 이 모순이 당장
> 은 우리를 가로막지 못했을 것이다.[37]

---

35) 에드가 모랭, 『인간과 죽음』, 김명숙 옮김, 동문선, 2000, 28쪽.
36) 유호종, 『떠남 혹은 없어짐 – 죽음의 철학적 의미』, 13쪽.
37) 에드가 모랭, 『인간과 죽음』, 28~29쪽.

우리가 삶을 살아가면서 죽음에서 얼굴돌리기를 하는 이유는 죽음의 불안과 공포로부터 어떤 탈출구를 발견할 수 없기 때문이다. 이 죽음이라는 문제는 우리에게 닫힌 구조로 다가온다. 다시 말해서 전혀 해답이 주어지지 않는, 혹은 주어질 수 없는 문제의 형태로 나타나기에 그 앞에서 아연실색할 뿐, 그것에 대하여 전혀 어떤 물음도 물을 수 없고, 또 어떤 대답도 준비되어 있지 않기 때문이다. 죽음에 대한 부정과 긍정 그 무엇도 우리에게는 해답이 될 수 없다. 그러나 문제는 이 죽음의 문제를 회피함으로써 그 문제가 해결될 수 있는가 하는 점이다.

고대 중국의 도가 철학의 창시자인 노자가 말하는 "도의 운동"은 바로 존재의 밑바탕에 모순이 존재한다는 점을 강조한 것이다. 음과 양이라는 개념을 통하여 추상적으로 표현된 모순적 관계는 모든 존재 영역의 궁극적 법칙이다. 음이 없는 양, 양이 없는 음은 이미 그 자체 음도 양도 아니다. 우리의 삶 역시 마찬가지이다. 삶은 죽음을 짝으로 하여 존재한다. 삶이 없는 죽음은 존재할 수 없고, 죽음이 없는 삶은 이미 삶이 아니다. 우리가 삶이라고 말하는 순간 그 짝으로 죽음이 맞서있다. 그런 까닭에 고대인들은 죽음의 세계를 다양한 형식으로 그려냈다.

제2절 죽음의 불안과 영원한 삶의 추구

우리는 흔히 "개똥밭에 굴러도 이승이 좋다"라는 말을 하고는 한다. 그런 까닭에 이승에서의 삶이 영원하기를 희망한다. 그러나 그것은 어디까지나 인간의 희망일 뿐, 죽음은 우리가 생각하지도 못한 사이에 우리 곁에 찾아오게 된다. 우리는 '삶'과 '죽음'에서 '삶'은 좋고 '죽음'

은 나쁜 것이라고 생각한다. 그런데 그것을 어떻게 판단할 수 있는가? 어떻게 확신할 수 있는가?『장자』는「제물론」(齊物論)편에서 이렇게 문제 제기를 한다.

> 삶을 좋아하는 것이 미혹된 것이 아님을 내 어찌 알겠는가? 죽음을 싫어하는 것이 어려서 고향을 떠나와 돌아갈 것을 알지 못하는 것이 아님을 내 어찌 알겠는가? 여희(麗之姬)는 애(艾)라는 곳을 지키는 자의 딸이었는데, 진(晉)나라가 처음 그녀를 얻었을 때 너무 슬퍼하여 울면서 눈물로 옷깃을 적셨다. 그런데 왕의 궁전에 이르러 왕과 함께 잠을 자고 맛있는 음식을 먹게 된 후에는 전에 울었던 것을 후회했다. 이미 죽은 자들이 처음에 삶을 바랐던 것을 후회하지 않는지를 내가 어찌 알겠는가?[38]

또 우리는 흔히 "태어난 것에는 순서가 있어도 죽는 데는 순서가 없다"라고 말한다. 사실 태어난 순서대로 사람이 죽는다면 이것도 큰 축복이라고 할 수 있다. 흔히 말하기를 "자식이 죽으면 부모의 가슴에 묻는다"고 말한다. 세상을 살아가면서 가장 큰 고통이 자식의 죽음을 보는 부모의 마음이라고 한다. 특히 어린 자식의 죽음은 그 무엇과도 비교할 수 없는 고통이라고 한다. 그런데 살고 죽는 것은 나의 마음대로 되는 일이 아니다.

시인 유치환(柳致環, 1908~1967)은 일제 강점기 때 만주로 이주하였다가 그곳에서 어린 자식을 잃고 말았다. 그런 일이 있은 후에 그는 어린 자식의 죽음을 다음과 같은 시로 남겼다.

---

38)『莊子』「齊物論」: "予惡乎知說生之非惑邪! 予惡乎知惡死之非弱喪而不知歸者邪! 麗之姬, 艾封人之子也. 晉國之始得之也, 涕泣沾襟; 及其至於王所, 與王同筐狀, 食芻豢, 而後悔其泣也. 予惡乎知夫死者不悔其始之蘄生乎!"

6년 후

세월은 진실로 복된 손길인양 스쳐 흘러 갔고나
세상에 허다한 어버이 그 쓰라림을 겪었었고
어려서 죽은 자 또한 너만이 아니련만
자칫하면 터지려는 짐승 같은 슬픔을 깨물고
어디다 터뜨릴 수 없는 분함으로
너의 적은 관에 두껑하여 못질하고
음한이 흐린 11月 북만주 벌 끝에
내 손으로 흙 덮어 너를 묻고 왔나니

그 때 엄마 무릎 위에 안기어
마지막 어린 임종의 하그리 고달픔에
엄마를 부르고
아빠를 부르고
누나 적은 누나 큰 누나를 부르고
아아 그리고 드디어 너는
그 괴론 육신을 육신으로만 남기고 갔나니

어느 가을날 저녁 처마의 제비
그의 집 비우고 돌아오지 않은 채 가버리듯
너는 그렇게 가고
세월은 진실로 복된 손길인양 스쳐 흘러갔건만
석양의 가늘고 외론 행인의 그림자 어린
이 먼 胡 나라 거리
강냉이 구워 파는 내음새 풍기는
늦은 가을이 오면
철 지운 새모양 너 생각 다시금
의지 없고나

무덤가에 적은 멧새 와서 울고
저녁놀이 누나 엄마가 사는 먼 세상을 물들일 때

아기야 너는 혼자 외로워 외로워
그 귀 익은 창가를 소리 높이 부르고
날마다 날마다 고아지는 좋은 백골이 되라[39]

6년이 지난 후에도 어린 자식의 죽음을 잊지 못하는 아버지의 마음
이 절절하다. 어찌 잊을 수가 있겠는가? 시인 자신이 죽는 날까지도
잊을 수 없는 고통이었을 것이다.

우리를 슬프게 하는 이 죽음에는 가족, 사랑하는 연인, 벗 등등 참
으로 많다. 18세기 영국의 시인 로버트 번즈(Robert Burns, 1759~
1796)는 약혼자 마리이의 죽음을 이렇게 노래하였다.

산골 마리이

몬토고메리성(城) 부근의
기슭이여 둔덕이여 시냇물이여
나무들 모두 푸르고……꽃들은 아름답고
물은 언제나 맑고 깨끗했었다.

거기 여름은 재빨리 긴 의상 벗어 놓고
거기 오래도록 머물러 있었다.
이 기슭이사 아름다운 산골 처녀 마리이에게
내가 마지막 작별을 고하던 곳이다.

오오, 지난날 뜨겁게 입맞추던
장미빛 그 입술 이제 낡았구나.
나를 저윽이 바라보던 상냥한 그 눈
빛나는 그 눈초리 영영 닫히었구나.
그 옛날 이 몸을 사랑하던 마음마저

---

39) 全鳳健, 『詩와 人生의 뒤안길에서』, 269~270쪽.

벌써 지금은 말 없는 흙덩이가 되었는가.
그러나 아직 내 가슴 속 깊이
나의 산골 마리이는 죽지 않고 살아 있다.[40]

번즈는 "그러나 아직 내 가슴 속 깊이 나의 산골 마리이는 죽지 않고 살아 있다"고 노래하였다. 그러나 그것은 어디까지나 번즈 자신을 위로하는 공허한 말에 불과하다. 이미 '산골 마리이의 죽음'은 어느 누구도 부정할 수 없는 사실이기 때문이다. 번즈의 "그러나 아직 내 가슴 속 깊이 나의 산골 마리이는 죽지 않고 살아 있다"는 말은 오히려 그의 고통의 크기를 증명할 따름이다.

우리의 삶은 시간과 공간을 좌표로 삼아 어느 한 시대에 어느 한 장소에 태어나 자신에게 주어진 삶을 살아간다. 그리고 죽음을 맞이하게 된다. 우리 "인간만이 오직 죽음을 맞이한다"고 할 것이다.[41] 그런데 이 모든 것들은 우리의 뜻/선택과는 상관이 없는 것이다. 삶을 우리가 선택하지 않았듯 죽음 역시 우리의 선택과는 무관하게 언젠가는 도래할 일이다. 물론 종교에서는 다른 관점을 제시한다. 그러나 어쨌든 다만 우리는 아직 죽지 않았을 뿐이다. 그리고 그 아직 도래하지 않은 죽음은 결코 먼 미래의 일, 이럴 수도 있고 저럴 수도 있는 불확실한 것이 아니라 언제라도 도래할 수 있는 객관적 사실로써 확실한 일이다. 우리가 그것을 부정하고 비판적이라고 하더라도 그것은 엄연한 객관적 사실이다.

서양의 고대철학자 에피쿠로스(Epicurus, 기원전 341~기원전 270)는 『쾌락』에서 인간의 죽음에 대하여 이렇게 말하였다.

---

40) 같은 책, 78쪽.
41) 김열규, 『메멘토 모리, 죽음을 기억하라』, 11쪽.

죽음은 우리에게 아무것도 아니다. 왜냐하면 분해된 것은 감각이 없기 때문이다. 감각이 없는 것은 우리에게 아무것도 아니다.[42]

또 『열자』「양주」(楊朱)편에서도 관중(管仲)과 안영(晏嬰)의 대화를 통해 비슷한 내용을 말한 것이 보인다.

안평중(安平仲 : 안영)이 말하였다. "이미 죽은 다음에야 어찌 나와 상관이 있겠습니까? 그를 태워도 좋고 물에 가라 앉혀도 좋고 땅에 묻어도 좋고 들에 내버려도 좋고 나뭇섶에 싸가지고 깊은 골짜기에 버려도 좋고 곤룡포에 수놓은 바지를 입혀 돌로 만든 덧관에 넣어도 좋습니다. 그저 되는 대로 하는 거지요."[43]

이 역시 '죽음'에 관한 한 관념/관점이 된다. 그러나 설령 이러한 관점이 사실이라고 하더라도 우리의 문제의식을 전혀 해소시켜주지 못한다. 우리가 설령 그러한 관점을 받아들인다고 하더라도 인간은 여전히 자신의 죽음을 죽을 수밖에 없다. 이것이 인간의 운명이다.

사실 우리에게 주어진 것은 지금 이 순간의 찰나적인 삶뿐이다. 또 이 찰나적인 삶에서 우리에게 주어진 것은 바로 '지금 이 순간'뿐이다. 그런데 이 '지금 이 순간'의 삶도 그렇게 말하는 순간 또 이미 지나간 과거가 되었다. 톨스토이는 이렇게 표현하였다.

"인간에게 가장 소중한 것이 무엇이냐?"
사랑이다.
"인간의 가장 소중한 사업이 무엇이냐?"
사랑이다.

---

42) 에피쿠로스, 『쾌락』, 오유석 옮김, 문학과지성사, 1998, 13쪽.
43) 『列子』「楊朱」: "旣死豈在我哉? 焚之亦可, 沈之亦可, 瘞之亦可, 露之亦可, 衣薪而棄諸溝壑亦可, 袞衣繡裳而納諸石槨亦可, 唯所遇焉."

"우리에게 가장 소중한 사람은 누구냐?"
이 순간에 우리가 접(接)하고 있는 사람이다.[44]

톨스토이는 먼저 자신의 생각을 이렇게 정리한다. 그러고 나서 세 번째 대답에 대한 그 이유를 이렇게 설명하였다. 시인 박목월은 이렇게 정리하였다.

> 톨스토이의 말을 빌면 과거는 이미 지나간 시간이요, 그것은 인간에서 벗어난 것이며, 미래는 아직 오지 않은 시간이므로 신의 영역에 속하는 것이라 한다. 미래가 우리에게 주어지게 될 것인지 아닌지 그것은 인간으로서는 헤아릴 수 없는 일이다. 다만 인간에게 허락된 시간은 바로 이 순간뿐이며, 인간이 자유롭게 다룰 수 있는 것도 현재라는 이 순간뿐이다. 그렇다면 아무리 우리가 부모를 사랑하고 자식을 소중히 생각한다 하더라도 현재 그들과 한 자리에 있지 않는 한 그들은 미래에 속하는 사람이요, 하느님이 허락하지 않으면 그들과 만날 수 없을 것이다. 그러므로 우리에게 가장 소중한 사람은 현재라는, 인간이 자유롭게 다룰 수 있는 이 순간에 만나는 사람이 아니냐—라는 것이 톨스토이의 주장이다.[45]

톨스토이의 말처럼, 우리에게 주어진 것은 '지금 이 순간'이라는 찰나(刹那)이다. 이 '지금 이 순간'이라는 찰나의 시간이 없다면 존재라는 말은 무의미하게 된다.

죽음을 대하는 방식은 삶을 성찰하는데 있어서 매우 중요한 의미를 갖는다. 우리가 죽음을 어떻게 바라보는가 하는 문제는 바로 우리 자신의 삶을 어떻게 이해하고 있는가 하는 문제와 짝을 이룬다. 다시 말해서, 죽음을 대하는 방식은 그가 삶을 대하는 방식을 이해할 수 있는

---

44) 박목월, 『밤에 쓴 인생론』, 三中堂, 1979, 11쪽.
45) 같은 책, 12쪽.

거울이다.

고대 중국인들은 이 지상에서 '영원하고 행복한 삶'을 추구하였다. 고대 중국인들이 추구하였던 이 지상에서 '영원하고 행복한 삶'은 이른바 '신선'(神仙)으로 형상화되었다. 이 신선의 형상화를 통하여 죽음과 맞서고 저항하였다. 마이클 로이의 『고대 중국인의 사생관』에 의하면 "한대인의 죽음에 대한 신앙과 부활을 보증하려는 의식"은 "그 목적에 따라 몇 가지 일반적인 구분이 가능"한데, 크게 세 가지로 나눌 수 있다. 첫째, 가능한 한 지상에서의 생활을 연장하려는 바람이다. 둘째, 사자(死者)의 영혼의 일부를 다른 세계(신선의 세계)로 보내려는 욕구이다. 셋째, 영혼의 또 다른 일부에 가능한 한 편익을 제공하려는 관념이다.46) 이 세 가지 모두 신선과 관계가 있다. 그러나 이 세 가지 유형에서 신선과 가장 관련이 깊은 것은 첫 번째이다. 어떻게 하면 지금 이 몸을 간직한 채 이 지상에서 영원히 살 수 있는가라는 문제이다.

앞에서 언급한 폴 틸리히의 관점에 의하면 고대 중국인들, 특히 선진시대 말기에 해당하는 전국시대에 살았던 사람들은 바로 '존재적 불안'을 경험하였던 세대이다. 그들이 겪었던 이 '존재적 불안'은 죽음과 국가/사회폭력이라는 두 가지 형태의 외재적 힘으로부터 발생한 것이다. 그런 까닭에 장자는 "인간의 삶이란 것이 본래 이처럼 허망한 것인가?"(人之生也 固若是芒乎?)라고 실존적 질문을 한 것이다.47) 고대 중국인 그들은 이 '존재의 불안'을 '신선'이라는 이미지를 통하여 극복하고자 한 것이다.

만약 이 신선이라는 이미지 혹은 판타지가 없었다면 아마도 그들에게 주어진 것은 굴원(屈原)이 그랬던 것처럼 자살이라는 비극적 결말

---

46) 마이클 로이, 『古代中國人의 死生觀』, 이성규 역, 지식산업사, 1987, 41~42쪽.
47) 『莊子』「齊物論」.

뿐이었을 것이다. 인간의 삶이 고통스러우면 고통스러울수록 필요한 것이 바로 이러한 환상(幻像 : 가치세계)이라고 할 수 있다. 이렇게 말하면 아마도 어떤 사람들은 그렇게 환상에 빠져서 살기 때문에(예를 들어 종교에 귀의하는 것처럼), 그렇기 때문에 부조리한 현실이 변하지 않는다고 비난할지도 모른다. 물론 이러한 비판도 일면 타당하다. 그러나 우리의 삶이 그리 녹녹치 않다는 것을 그 자신이 직접 체험하게 될 때 그들은 어떤 선택을 하게 될 지 되묻고 싶다.

어쨌든 이 환상이라는 것을 좀 더 고상하게 표현하면 아마도 '꿈'이라고 해야 할 것이다. 조세희는 그의 소설 『난장이가 쏘아 올린 작은 공』의 도입부에서 이렇게 말하였다.

> 천국에 사는 사람들은 지옥을 생각할 필요가 없다. 그러나 우리 다섯 식구는 지옥에 살면서 천국을 생각했다. 단 하루라도 천국을 생각해 보지 않은 날이 없다. 하루하루의 생활이 지겨웠기 때문이다. 우리의 생활은 전쟁과 같았다. 우리는 그 전쟁에서 날마다 지기만 했다.[48]

이 소설에 나오는 난장이 가족에게 '천국'을 꿈꾸는 삶이 불가능하였다면 과연 그런 고통스런 삶을 견뎌낼 수 있었을까? 현실의 고통을 환상/꿈이라는 방식을 통하여 일순간이나마 벗어나지 않는다면 우리는 자살을 선택하지 않고 삶을 어떻게 살아갈 수 있을까? 이것을 우리는 '비극적 실존' 혹은 '실존적 비극'이라고 부를 수 있다.

---

48) 조세희, 「난장이가 쏘아올린 작은 공」, 김승옥, 『서울의 달빛 0장』(1977년 이상 문학상 수상작품집), 문학사상사, 1989, 114쪽.

1. 죽음에 대한 사고와 태도

또 한 가지 우리가 주목해야 할 점은 인간의 죽음에 대한 사유의 변천사이다. 이 죽음이라는 현상이 과거로부터 오늘날까지 이어지고 있는 매우 보편적인 현상이지만, 그러나 이 보편적 현상에 대한 인류의 사고와 태도는 시대마다 각기 상이한 모습을 띠고 있었다.

> 사실 인간은 죽음에 관해 상상할 수 있는 모든 것을 상상해 왔다. 죽음에 관한 어떤 이론이든(…) 세계 제 종교에서 그 풍부한 사례와 예증들을 찾아볼 수 있다. 한편 어떤 이론이든 하나의 단일한 이론만으로는 모든 것을 충분하고 완전하게 설명할 수 없다는 것도 자명하다. 따라서 죽음과 관련된 신앙 및 관행들의 제 현상을 가령 소외, 보상, 투사, 사회질서, 개인의 공포, 죄의식, 감정전이(…) 등의 관점에서 설명하는 것은 상치되지 않는다. 그것들은 상호 보완적이다. 모든 복합적이고 우발적 사건들(…)은 단일하고 단순한 구속 요인이 아니라 많은 구속 요인들에 의해 그 결과가 좌우된다.[49]

오늘날 우리는 이 죽음을 당연한 것으로 받아들인다. 물론 일부의 사람들은 제외하고 말이다. 그런데 현대인들의 죽음에 대한 태도에는 기본적으로 물리적 죽음, 즉 육체의 죽음을 의미하는 것 같다. 예를 들어, 의학에서 의학적 죽음을 정의할 때 심장의 정지에서 이제는 뇌사를 죽음의 기준으로 판정하는 것과 같은 것이다. 물론 이런 의학적 죽음은 어디까지나 육체의 죽음을 정의하기 위한 하나의 기준으로 보인다.

그렇지만 역사적으로 볼 때 죽음에 대한 태도는 그렇지 않았다. "인류 초창기의 종교적 상상력에 있어 삶은 자연스러운 것이고 죽음은

---

49) 존 바우커, 『죽음의 의미』, 61쪽.

부자연스러운 것으로 간주되었다"고 한다.50) 즉 시몬 드 보부아르
(Simone de Beauvoir)의 말처럼 이른바 "자연스러운 죽음이란 존재하
지 않는다"는 것이다.51) 존 바우커는『죽음의 의미』에서 죽음의 기원
에 대해서 이렇게 설명하였다.

> 죽음의 의미에 대한 이와 같은 평가는 다양한 문화권의 수많은 신화
> 들이 죽음의 기원을 사소한 사건이나 혹은 겉보기에 중요하지 않은 선
> 택과 관련시켜 설명하고 있다는 사실에 의해 더욱 강화된다. 가령 에덴
> 동산에서 사과를 훔쳤기 때문이라든가, 나바호(Navajo)족의 경우 코요
> 테(Coyote)가 웅덩이에 막대기 대신 돌 하나를 던졌기 때문이라든가,
> 멜라네시아 신화의 경우 오형제가 집안싸움을 했기 때문이라든가, 길
> 버트 제도(Gilbert Islanders)의 경우, 어떤 사람들이 양자택일을 해야 했
> 을 때 무심코 나무를 잘못 선택했기 때문이라든가, 파리 한 마리가 윙
> 윙거리는 소리를 들었기 때문이라든가, 혹은 묻혀 있는 바나나 한 개의
> 교훈을 배우지 않았기 때문에 죽음이 생겨났다는 식의 설명 말이다.52)

이러한 설명은 이른바 '죽음'이란 본래부터 주어진 것이 아님을 의
미한다. 인간에게 있어서 이 '죽음'은 '어떤 계기'로 인하여 맞이하게
된 상황이라고 할 수 있다. 물론 당시에도 이 '육체적 죽음'은 언제나
일상적으로 존재했다.

이 인간의 죽음의 문제는 역사적 측면과 인식적 측면으로 나누어
고찰할 수 있다. 여기에서 역사적 측면은 인간이 죽음을 어떻게 이해
하였는가 하는 문제를 역사적으로 고찰하는 것이다. 인식적 측면은 죽
음 자체에 대한 이해, 그리고 인간이 태어난 후에 언제, 어떻게 어떤

50) 같은 책, 64쪽.
51) Simone de Beauvoir, *A Very Easy Death*, p.106(존 바우커,『죽음의 의미』, 65쪽.
　　재인용)
52) 같은 책, 65~66쪽.

계기로 죽음을 인식하게 되는가 하는 것에 대한 고찰이다.

죽음에 대한 사고와 그것을 대하는 태도의 문제는 먼저 고대인의 장례 문화에서 고찰해 볼 수 있다. 에드가 모랭은 "장례식(매장은 장례식의 귀결 중의 하나이다)은 죽음의 순간과 불멸성 획득의 사이에 위치하여 죽은 자의 상태의 변화를 확고히 하고, 또 확정짓는 관행의 총체를 구성함과 동시에 복합적인 감정의 동요를 제도화한다. 장례식은 하나의 죽음이 산 자들의 테두리 안에서 불러일으키는 혼란을 그대로 보여 주는 것이다"고 말한다.[53] 그런데 그는 또 "장례와 장례 후 관행들의 대부분은 비록 이 관행들이 산 자를 박해하는, 썩어가는 시신에 연결된 저주의 유령이 깃든 죽은 자로부터 자신을 보호하기만을 열망할 때에도 전염성을 가진 죽음으로부터 자신을 보호하기 위한 목적을 갖는다. 해체의 순간에 유령이 처해 있는 병적인 상태는 산 자들의 병적인 상태의 가상적인 이전(移轉)일 뿐이다"고 말한다.[54]

그러나 모랭의 이러한 설명은 단편적이다. 서러의 말에 의하면 모계사회에 해당하는 구석기 시대에는 결코 그렇지 않았다. 그녀는 이렇게 설명한다.

> 죽은 사람들은 태아와 같은 자세 즉 양팔은 가슴 위에 교차되어 있고, 몸에는 착색된 대지나 어쩌면 생명을 주는 자궁 속의 액체 또는 월경할 때에 나오는 피를 상징하는 듯한 빨간 오커(ocher)를 칠한 상태로 땅에 묻혔다. 결국 인간은 죽음과 동시에 대지의 자궁으로 되돌아가 계절의 순환에 따라 피고 지는 식물들처럼 다시 태어나는 것이다.[55]

서러의 설명에 의하면 구석기 시대 사람들의 죽음에는 오늘날과 같

53) 에드가 모랭, 『인간과 죽음』, 29쪽.
54) 같은 책, 31쪽.
55) 새리 엘 서러, 『어머니의 신화』, 박미경 옮김, 까치, 1995, 39쪽.

은 음침함은 보이지 않는다. 인간의 죽음은 태어남과 마찬가지로 대지의 여신 곁으로 되돌아가는 과정일 뿐이다. 중국 소수민족 가운데 하나로 모계사회 전통을 간직한 모쒀족(摩梭族) 역시 이와 비슷하다.

> 우리 집에서 창고는 엄마에게 사생활이 필요할 때 우리가 잠을 자는 공간이었지만, 일반적인 모쒀족의 집에서는 곡물을 비롯한 여러 물건을 보관하고, 여자들이 남자 친척들이 보지 못하게 아이를 낳는 곳이었다. 그리고 망자를 모시는 곳이기도 했다. 태어났던 바로 그곳에 죽은 몸을 놓음으로써 한 생애의 커다란 원이 완성되는 것이다.56)

『열자』「양주」편에 보면 장례 방식으로 '화장'(火葬), '수장'(水葬), '토장'(土葬) '풍장'(風葬) 등 여러 가지 형태가 언급되고 있다.57) 티베트에서는 또 시신을 동물의 먹이로 주는 장례 방식이 있다. 이집트 파라오의 장례는 미라를 만드는 것으로 유명하다. 이처럼 다양한 장례 방식은 결국 그들의 죽음에 대한 생각과 태도를 보여주는 지표가 된다. 캠벨은 이렇게 말한다.

> 많은 짐승들에게는 옆에서 동료가 죽어가는 것을 본 경험이 있을 것입니다. 그러나 우리가 아는 한, 짐승에게는 죽음에 대한 관념이 없습니다. 인간의 경우도 네안데르탈 시기에 이르러야 죽은 사람을 무기나 제물 같은 것과 합장하게 됩니다. 그러나 그전에 죽음을 의미심장하게 생각했을 것이라는 증거는 없어요.58)

그는 또 다음과 같이 말하였다.

---

56) 양얼처나무·크리스틴 매튜, 『아버지가 없는 나라』, 김영사, 2007, 56쪽.
57) 『列子』「楊朱」: "焚之……, 沈之……, 瘞之…, 露之……."
58) 조셉 캠벨·빌 모이어스 대담, 『신화의 힘』, 144쪽.

그럼에도 우리는 한 가지를 압니다. 즉 매장 의례(埋葬儀禮)는 가시
적인 삶 너머에 있는 다른 삶의 존재에 관한 관념, 가시적인 차원 너머
에 있는 다른 존재의 차원(우리가 사는 가시적인 삶의 버팀목 노릇을
하는)이라는 관념과 무관하지 않다는 점입니다. 어디에선가, 가시적인
우리 삶의 버팀목 노릇을 하는 불가시적인 삶이 있을 것이다…… 이것
은 신화의 기본적인 테마를 이루는 관념이라고 해도 좋을 것 같군요.59)

캠벨은 삶과 죽음, 이승과 저승의 관계를 이렇게 말한다.

보이지 않는 버팀목이라는 관념은 보이지 않는 사회(즉 저승)와도
밀접한 관계를 지닙니다. 그 사회는 우리 앞에 있습니다. 그것은 우리
가 이승을 떠나면 나타납니다. 그런데 우리는 그 사회의 일원이 됩니
다. 우리 자신과 사회를 연결시키는 신화, 다시 말해서 부족 신화는 우
리에게, 우리가 현실의 조직보다 훨씬 더 큰 조직의 한 기관에 지나지
않는다는 생각을 심습니다. 현실 사회는 그 부족의 목적지에 있는 큰
조직의 한 기관에 지나지 않지요. 의례의 중심적인 목적은 한 개인을,
그 개인의 육신보다 훨씬 큰 형태론적 구조에 귀속시키는 것입니다.60)

캠벨은 사람에 의한 살생행위와 그 죄책감을 이렇게 설명하고 있다.

사람은 죽임을 통하여 살아갑니다. 그래서 사람에게는 이러한 행위
와 관계있는 죄의식이 있지요. 매장에도, 친구는 죽었지만 다른 곳에서
계속해서 살 것이라는 의식이 반영됩니다. 이런 문맥에서 보면, 내가
죽인 짐승도 죽는 것이 아니고 계속해서 살아 있는 것으로 됩니다.61)

그렇다면 인간은 이 죽음을 언제, 어떻게 인식하게 되는가? 그 계기

59) 위와 같음.
60) 위와 같음.
61) 위와 같음.

는 무엇인가? 다시 말해서 "죽음의 정신적 충격"[62], "혼란스러운 사건으로서의 죽음"을[63] 인간은 언제 인식하게 되는가? 여기에서 중요한 요소는 먼저 "개체성"의 발견이다. "죽음 너머에서 자신의 개체성을 구원하고자 하는 인간의 애타는 마음"이[64] 없다면 사실 죽음은 인식될 수 없을 것이다. "죽음에 반발하는 개체성은 죽음에 반대하여 표명되는 개체성"인 것이다.[65]

> …불멸성 표명의 단호하고 보편적인 특징은, 개체성 표명의 단호하고 보편적인 특성에 딱 맞는다. 그러므로 바로 이 개체성의 표명이 죽음의 인식, 죽음의 정신적 충격, 불멸성의 믿음을 총체적이고 동시에 변증법적인 방식으로 지휘한다. 변증법적이라는 것은, 죽음의 인식이 불멸을 불러오는 죽음의 정신적 충격을 불러오기 때문이고, 죽음의 정신적 충격이 죽음의 인식을 더 실제적으로 만들고 불멸성에 대한 호소를 더 실제적으로 만들기 때문이며, 불멸의 열망의 힘이 죽음의 인식과 죽음의 정신적 충격의 기능이기 때문이다.[66]

이것은 "죽음에 대한 인간적 인식"이다.[67] 그렇다면 문제는 인간이 이런 "개체성"의 인식을 언제하게 되고 그 계기는 무엇인가 하는 것이다. 그 한 가지 사례로 다음과 같은 것이 있다.

> 모르겐슈테른은 4세짜리 여자아이가 모든 살아 있는 것들은 죽게 마련이라는 것을 알고는 24시간 동안 울었다는 것을 상세히 이야기한다. 아이의 어머니는 "넌 죽지 않을 거야"라는 엄숙한 약속을 하고서야 그

---

62) 에드가 모랭, 『인간과 죽음』, 36쪽.
63) 같은 책, 37쪽.
64) 같은 책, 35쪽.
65) 같은 책, 37쪽.
66) 같은 책, 38쪽.
67) 위와 같음.

아이를 진정시킬 수 있었다.[68]

앤소니는 "죽음을 그 고유의 개념으로 받아들이는 7, 8세 때부터 죽음이 어린아이에게 유발시키는 감정들의 힘과 습관의 굴레들을 이끌어 내고 있다고 말한다.[69]

앞에서 우리는 현대인의 특징을 '정신적 불안', '허무'로 설명하였다. 그런데 이것은 인간의 죽음에 대한 태도 문제에서도 매우 중요한 의미를 갖는다. 이 문제는 이른바 '공동체', 그리고 그 공동체의 해체와도 연관이 있기 때문이다. 사회학자이며 인류학자인 레비-브릴은 고대사회에서 삶은 철두철미하게 집단적인 생활방식을 취하였고 개인의 자기 자신에 대한 감정, 생각도 집단의 다른 구성원들과 공생관계의 성격을 반영하고 있다고 한다. 그러므로 그런 집단적 생활이 우위를 차지하였던 고대사회에서 죽음에 대한 공포는 훨씬 적었다.[70] 달리 말하면 "죽음에 대한 두려움은 인간이 개체로 환원되면 될수록 예리해진다"는 것이다.[71]

이처럼 인간의 죽음에 대한 사고와 태도 역시 많은 시대적 변화를 겪어왔다.

2. 영원한 삶의 추구

생명을 가진 존재는 기본적으로 가능하다면 고통을 멀리하고 편안함을 추구할 것이다. 흔히 인간의 삶에서 세속적으로 추구하게 되는

---

68) 같은 책, 33쪽.
69) 위와 같음.
70) 김형효, 「자연적 죽음의 인간 동형론과 인간적 죽음의 인간 동형론」, 193쪽 참조 요약.
71) 위와 같음.

것은 부귀(富貴)이다. 부유함과 귀함을 제외하면 세속적 삶에서 남는 것은 무엇이 있을까? 오직하면 공자도 이렇게 말하지 않았던가!

> 부유함(富)을 구하여 얻을 수 있는 것이라면 비록 말을 모는 사람이라도 하겠지만 만약 구하여 얻을 수 없는 것이라면 내가 좋아하는 바를 하겠다.[72]

이 말을 가볍게 들어서는 안 된다. 공자는 그래도 비교적 정직하게 자신의 생각을 말했다고 판단된다. 또 이렇게 말하였다.

> 부유함과 귀함[富貴]는 사람이 바라는 것이지만 그 도로써 얻은 것이 아니면 처하지 않는다. 가난함과 천함[貧賤]은 사람이 싫어하는 바이지만 그 도로써 얻은 것이 아니면 (억지로) 버리려고 하지 않는다.[73]

이러한 말은 공자의 도덕적 자각에서 나온 것이다. 그런데 우리가 잘 알고 있듯이 공자 자신은 가난한 집안 출신으로 가난이 무엇인지 잘 알았던 인물이다.

> 나는 젊어서 빈천했기 때문에 천한 일도 많이 할 줄 안다.[74]

가난과 현실적인 삶에서 약자의 입장을 이해하지 못하는 사람들은 이 말을 가볍게 생각할 것이다. 그러나 이 문제는 결코 쉽게 이해하고 해결할 수 있는 성격의 문제가 아니다.

---

72) 『論語』「述而」: "富而可求也, 雖執鞭之士, 吾亦爲之; 如不可求, 從吾所好."
73) 같은 책, 「里仁」: "富與貴, 是人之所欲也, 不以其道得之, 不處也. 貧與賤, 是人之所惡也, 不以其道得之, 不去也."
74) 같은 책, 「子罕」: "吾少也賤, 故多能鄙事."

공자는 자신의 삶의 완성을 도덕적 인격의 완성을 통하여 실현하고
자 하였다. 공자는 말년에 자신의 삶을 되돌아보는 자리에서 자신의
일생을 다음과 같이 개괄하여 평가하였다.

> 공자가 말하였다. "나는 열다섯에 학문에 뜻을 두었고, 서른에 (학문
> 에서) 얻은 바가 있었고, 사십에 의혹하지 않게 되었으며, 오십에 천명
> 을 알았고, 육십에 이순하게 되었으며(다른 사람의 말이 귀에 거슬리지
> 않았고), 칠십에는 마음이 하고자 하는 바를 하여도 법도에 어긋나지
> 않았다."75)

공자가 일생을 통하여 개인적으로 추구하였던 것은 "하늘을 우러러
부끄럽지 않은 도덕적인 삶"이 아니었을까? 공자는 자신의 도덕적 삶의
완성을 통하여 천명(天命 : 하늘의 뜻)을 완성하고자 하였다고 평가할
수 있다.

공맹철학으로 대표되는 유학의 형이상학적 근거는 무엇인가? 유학
은 그것을 천명(天命)이라고 말한다. 그런데 과연 이 '천명'을 아는 사
람이 얼마나 될까? 공자는 50세에 "천명을 알았다"(知天命)고 하였지
만, 우리처럼 평범한 사람들의 입장에서 볼 때 그 '천명'이라는 것은
도대체 알 수가 없는 것이다.

그러나 어찌되었든 이 부유함과 귀함이라는 것도 최소한의 삶의 조
건이 주어졌을 때에나 의미가 있는 것이다. 이 최소한의 삶의 조건은
바로 나의 생명 존재가 보장되는 것이다.

이 세상에서 가장 소중한 것은 이 세계도, 부모형제도 아닌 바로
'나의 생명', 즉 '나 자신'이다. 이점은 어느 누구도 부정할 수 없다. 그

---

75) 같은 책, 「爲政」 : "子曰 : "吾十有五而志於學, 三十而立, 四十而不惑, 五十而
    知天命, 六十而耳順, 七十而從心所欲不踰矩.""

렇기 때문에 양주(楊朱)는 자신의 털을 하나 뽑아 천하를 구할 수 있어도 하지 않는다고 말한 것이다.

> 양주(楊朱)가 말하였다. "백성자고(伯成子高)는 한 개의 터럭으로서도 남을 이롭게 하지 않고, 나라를 버리고 숨어서 밭을 갈았다. 우(禹)임금은 한 몸을 가지고 스스로를 이롭게 하지 않고 그의 몸을 지치고 깡마르게 만들었다. 옛날 사람들은 한 개의 터럭을 뽑음으로써 천하가 이롭게 된다고 하여도 뽑아주지 않았고, 천하를 다 들어 자기 한 사람에게 바친다 하더라도 받지 않았다. 사람마다 한 개의 터럭도 뽑지 않고, 사람마다 천하를 이롭게도 하지 않는다면 천하는 다스려질 것이다.[76]

양주의 이러한 말을 가지고서 맹자는 마치 양주가 그야말로 부모도 모르는 상놈인 것처럼 비난하였다.

> 성왕이 나타나지 아니하므로 제후들이 방자하게 되고 처사(處士)들도 망령되게 논의를 일삼으므로 양주와 묵적의 학설이 천하에 가득 차게 되었다. (그리하여) 천하의 말은 양주에게 돌아가지 않으면 묵적에게 돌아가게 되었다.(…)양주와 묵적의 도가 (천하에) 그치지 아니하면 공자의 도가 드러나지 않을 것이다.(…) 능히 양주와 묵적의 무리를 물리칠 수 있는 사람은 성인(공자를 말함)의 도를 따르는 무리일 것이다.[77]

---

76) 『列子』「楊朱」: "楊朱曰: '伯成子高, 不以一毫利物, 舍國而隱耕. 大禹不以一身自利, 一體偏枯. 古之人損一毫利天下, 不與也. 悉天下奉一身, 不取也. 人人不損一毫, 人人不利天下, 天下治矣.'"

77) 『孟子』「滕文公 下」: "聖王不作, 諸侯放恣, 處士橫議. 楊朱、墨翟之言盈天下, 天下之言不歸楊則歸墨.(…)楊墨之道不息, 孔子之道不著.(…)能言距楊、墨者, 聖人之徒也."

　　맹자는 양주와 묵적의 학설을 임금과 아버지를 업신여기는 학설이
라고 비판하면서 그들은 금수와 같다고 하였다.

　　　양주는 나를 위한다는 것(爲我)을 주장하는데, 이것은 임금을 없는
　　것과 같이 여기는 것이다. 묵적은 두루 사랑할 것(兼愛)을 주장하는데,
　　이것은 아버지가 없는 것과 같이 여기는 것이다. 아비가 없고 임금이
　　없는 것은 금수와 같은 것이다.[78]

　　그렇지만 양주가 말하고자 하는 뜻을 맹자는 의도적으로 곡해하였
다. 『열자』 「양주」편에서는 이렇게 말하였다.

　　　금자(禽子)가 양주에게 물었다.
　　　"선생님 몸에서 한 개의 터럭을 뽑음으로써 온 세상을 구제할 수 있
　　다면 선생님은 그런 행동을 하시겠습니까?"
　　　양자가 말하였다.
　　　"세상은 본래 한 개의 터럭으로 구제될 수 있는 게 아닙니다."
　　　금자가 말하였다.
　　　"가령 구제될 수 있다면 하시겠습니까?"
　　　양자가 대답하지 않았다.
　　　금자가 나와서 맹손양(孟孫陽)에게 말하자 맹손양이 말하였다.
　　　"선생은 우리 선생님 마음에 통달하지 못하셨습니다. 제가 그에 대하
　　여 말씀드리지요. 선생의 살갗을 손상시킴으로써 만금(萬金)을 얻을 수
　　가 있다면 선생은 그 일을 하겠습니까?"
　　　"하지요."
　　　맹손양이 말하였다.
　　　"선생의 몸 한 마디를 끊음으로써 한 나라를 얻을 수가 있다면 선생
　　은 그 짓을 하겠습니까?"
　　　금자는 한 동안 말을 못하고 가만히 있었다.

---

78) 위와 같음 : "楊氏爲我, 是無君也 ; 墨翟兼愛, 是無父也. 無父無君, 是禽獸也."

맹손양이 말하였다.

"한 개의 터럭은 살갗보다 경미(輕微)하고 살갗은 몸의 한 마디보다
도 경미한 것이 분명합니다. 그러나 한 개의 터럭이 쌓여서 살갗을 이
루고 살갗이 쌓여서 몸의 한 마디를 이루게 됩니다. 한 개의 터럭은 본
래 한 몸의 만분의 일에 해당하는 것이지만 어찌 그것을 가벼이 여길
수 있겠습니까?"79)

또 맹자는 양주철학을 위아(爲我)주의라고 평가하면서 이것이 마치
이기주의(利己主義)와 같은 것이라고 생각하고서는 이렇게 비판한다.

양주는 자기를 위하기에 자신의 터럭 하나를 뽑아 천하를 이롭게 할
수 있다고 하더라도 하지 않는다.80)

그러나 우리가 생각하기에 그것은 맹자의 지극히 주관적인 편견에
불과하다. 김병환은 "자신의 삶을 사회 전체나 구성원의 이익 혹은 이
념 때문에 희생시킬 수 있다는 묵학(墨學)의 집단주의적 사고가 개체
를 전체보다 소중히 여기지 않는 경향으로 흐를 수 있다는 점을 고려
한다면 양학(楊學)의 기반이 되는 생명 존중의 사고가 얼마나 개개인
에게 소중한 것인지 알 수 있다"고 말하였다.81) 그러므로 양주의 "자
기를 귀하게 여기는 것"(貴己)과 "자기 자신을 위하는 것"(爲我)을 극

79) 『列子』「楊朱」: "禽子問楊朱曰: '去子體之一毛, 以濟一世, 汝爲之乎?' 楊子
曰: '世固非一毛之所濟.' 禽子曰: '假濟, 爲之乎?' 楊子弗應. 禽子出語孟孫
陽. 孟孫陽曰: '子不達夫子之心. 吾請言之. 有侵若肌膚, 獲黃金者, 若爲之
乎?' 曰: '爲之.' 孟孫陽曰: '有斷若一節, 得一國, 子爲之乎?' 禽子默然有間.
孟孫陽曰: '一毛微於肌膚, 肌膚微於一節, 省矣. 然則積一毛以成肌膚, 積肌膚
以成一節. 一毛固一體萬分中之一物, 奈何輕之乎?'"
80) 『孟子』「盡心 上」: "楊子取爲我, 拔一毛而利天下, 不爲也."
81) 김병환, 「양주－나의 생명은 천하보다 소중하다」, 중국철학회 지음, 『중국철학
의 이단자들』, 예문서원, 2000, 24쪽.

단적 이기주의로 이해할 수는 없고 인간의 자연본성을 중시하는 자연
주의라고 할 수 있다.[82] 양주는 세상 사람들에게 이렇게 말한쪽.

> 사람들이 휴식을 취하지 못하는 것은 다음 네 가지 일 때문이다. 첫
> 째는 수명(壽), 둘째는 명예(名), 셋째는 지위(位), 넷째는 재물(貨)이
> 다. 이 네 가지에 얽매인 사람은 귀신을 두려워하고 사람을 두려워하게
> 되며, 위세를 두려워하고 형벌을 두려워하게 된다. 이런 사람을 두고서
> '자연의 이치로부터 도망치려는 사람'[遁人]이라 말하는 것이다.[83]

사실 도가에서 말하는 "자기를 귀하게 여기는 것"과 "자기 자신을
위하는 것"이라는 사상은 중국문화 및 사상사에서 개체주의(個體主
義) 이론을 대표하는 것이다.[84] 이것은 "개인의 발견"이라고 평가할
수 있다. 관봉(關鋒)은[85] 양주가 주장하는 위아주의는 적극적으로 세
상을 구하고자 하는 것(救世)이지 소극적인 것이 아니라고 말한다.
'위아'와 '귀기'를 통하여 자신의 생명의 소중함을 아는 사람은 외물에
의하여 다투지 않게 되어, 그 결과 세상은 잘 다스려질 것이라고 말한
다. 다시 말해서 이것은 바로 각 개인의 생명의 소중함의 자각에서 나
올 수 있는 것이다. 이택후(李澤厚)도[86] 장자철학의 특징을 설명하면
서 "개체 존재"를 강조하는 점에 있다고 말한다. 그러므로 "양학의 입
장을 맹자는 자신만을 위한다고 이해했지만 사실 이는 생명 그 자체
를 무한한 경외의 눈으로 바라보고 모든 가치 판단의 중심으로 삼는
것 이외의 것이 아니다"고 말할 수 있다.[87]

---

82) 吳光, 『黃老之學通論』, 浙江人民出版社, 1985, 19쪽.
83) 『列子』「楊朱」: "生民之不得休息, 爲四事故. 一爲壽, 二爲名, 三爲位, 四爲
貨. 有此四者, 畏鬼畏人, 畏威畏刑, 此謂之遁人也."
84) 朱哲, 『先秦道家哲學硏究』, 上海人民出版社, 2000, 3쪽.
85) 關鋒, 「莊子《外雜篇》初探」, 『莊子哲學討論集』, 中華書局, 1962, 92쪽.
86) 李澤厚, 「莊玄禪宗漫述」, 『中國古代思想史論』, 人民出版社, 1986, 181쪽.

이처럼 양주학파 뿐만 아니라 도학에서 언제나 이 '생명'을 가장 소중한 것으로 여긴 까닭은 세속적 부귀보다도, 아니 그 무엇보다도 이 개인 생명의 소중함을 인식하였기 때문이다. 그런데 우리 인간에게, 아니 생명을 가진 모든 존재에게 숙명적으로 주어진 것은 무엇보다도 죽음이다. 이 죽음과 더불어 인간이 만들어 놓은 사회라는 또 다른 외재적 힘/폭력 앞에서 인간, 개인으로서의 인간은 무력하기만 하다. 따라서 이 문제를 어떻게 극복할 것인가가 삶에서 핵심문제로 다가온 것이다.

또 우리가 살아가는 삶은 고상한 이론의 세계가 아니다. 그런 까닭에 관념적으로 이해하고 정의할 수 있는 세계가 아니다. 현실은 언제나 이론을 넘어선 그 어떤 세계이다. 죽음의 불안과 내 힘으로 어찌해 볼 수 없는 현실적 고통이 우리에게 주어졌을 때 우리는 어떤 선택을 할 수 있을까? 이 지점에서 우리 인간은 현실을 초월하고, 죽음을 극복해야만 하는 과제를 앞에 마주하게 된다.

---

87) 김병환, 「양주-나의 생명은 천하보다 소중하다」, 26쪽.

제2장
중국 신화 이야기
– 중국 신화 속의 여신들

제1절 신화에 대한 일반적 이해

1. 신화의 의미

신화란 무엇인가? 신화의 의미는 무엇인가? 신화는 인류 정신문화의 모태이자 근원이다.[1] 또 신화는 이미 존재하는 기존의 질서를 해명하는 수단이기도 한다.[2] 라이스는 "신화는 삶의 과정에서 사람들을 당혹하게 만드는 온갖 사건들을 설명해 주며, 통념적인 윤리나 가치 체계를 넘어선 행동의 지표를 마련해 주기도 한다"고 하면서 또 "신화는 어떻게 세상이 이루어졌는지를 추측할 수 있게 해 주며, 인간에게 영감을 주고 감정을 격앙시켜 주는 이야기"라고 말한다.[3] 캠벨은 "신

---

1) 王孝廉, 『神話與小說』(臺北 : 時報文化出版社, 1986) 13쪽.(선정규, 『중국신화
   연구』, 고려원, 1996, 13쪽 재인용)
2) 김화경, 『세계 신화 속의 여성들』, 도원미디어, 2003, 51쪽.
3) 베티 본햄 라이스, 『여신들로 본 그리스 로마 신화』, 김대웅 옮김, 두레, 2007,
   12쪽.

화는 인류 안에 있는 영적 잠재력을 비유적으로 나타낸 것"이라고 말한다.[4] 그는 또 이렇게 말하였다.

> 신화는 거짓말이 아니에요. 신화는 시, 신화는 메타포일 뿐이에요. 신화가 궁극적 진리에 버금가는 진리라는 말은 신화를 정말 잘 나타낸 말입니다. 이게 왜 '버금'이냐 하면, 궁극적인 것은 결국 언어로 드러날 수 없기 때문입니다. 그러므로 언어로 드러난 진리 중에는 으뜸이라는 뜻이지요.[5]

볼린은 신화를 '원형'으로 이해한다.

> 신화와 옛날 얘기들은 원형의 다양한 표현들이다. 모든 사람에게 공동으로 있는 원형의 유형을 설명하므로 각기 다른 문화에서 나타나는 신화들이 공통점을 갖는 것이다. 선존하는 유형들로서, 원형은 우리가 행동하는 양식과 인간관계를 맺는 방식에 영향을 끼친다.[6]

정재서 역시 이런 관점을 제시한다. 그는 『이야기 동양신화』(중국편)에서 이렇게 말하였다.

> 신화는 문화의 원형이다. 그래서 동양신화를 읽으면 우리는 동양 문화의 원형을 알게 된다. 문화의 원형을 알게 되면 오늘의 문화 현상을 더 쉽게 잘 이해할 수 있다.[7]

---

4) 조셉 캠벨·빌 모이어스 대담, 『신화의 힘』, 이윤기 옮김, 이끌리오, 2003, 61쪽.
5) 같은 책, 303쪽.
6) 진 시노다 볼린, 『우리 속에 있는 여신들』, 조주현·조명덕 옮김, 또 하나의 문화, 2001, 28쪽.
7) 정재서, 『이야기 동양신화』(중국편), 황금부엉이, 2004, 14쪽.

"신화시대는 다른 시대의 근원"이다.[8] 이 신화는 고대인들이 이 세계를 이해하고 해명하던 한 가지 방식이다. 뿐만 아니라 고대인의 이러한 사유 방식은 현대인의 사유의 원형이다. 그리고 그 과정에서 변형이 이루어졌다. 전인초 역시 "신화가 고대인의 상상력의 산물이자 그들의 우주관이나 인간관을 반영하고 있는 것"이면서[9] "실제로 신화는 인류 역사와 함께 꾸준히 변해왔고 또한 새롭게 만들어지고 있는 것"이라고 말한다.[10] 전인초는 신화를 이렇게 정의한다.

> 신화의 사전적 정의를 살펴보자면 일반적으로 신화란 신(神)이나 신 같은 존재에 대한 신비롭고 환상적인 이야기, 우주나 민족의 시작에 대한 초인적(超人的)인 내용, 그리고 많은 사람들이 믿는, 지어내거나 전해지는 이야기를 의미한다.[11]

캠벨은 또 아래와 같이 말하였다.

> 신화와 꿈은 같은 곳에서 옵니다. 이 양자는 상징적인 형태로 나타내어야겠다는 일종의 깨달음에서 옵니다. 미래를 생각하게 하는 신화 중에서 가치 있는 신화는(…) 이 땅에 관한 신화입니다. 모든 인류가 사는 이 땅에 관한 신화여야 합니다.[12]

볼린은 "신화는 마치 꿈처럼 우리가 그 뜻을 알지 못해도 그것이 상징적인 의미를 갖기 때문에 회상하게 되는 그런 것"이라고 말한다.[13]

---

8) 조제 카이유와, 『인간과 聖』, 권은미 옮김, 문학동네, 1996, 154쪽.
9) 전인초·정재서·김선자·이인택, 『중국신화의 이해』, 아카넷, 2002, 13쪽.
10) 위와 같음.
11) 같은 책, 14쪽.
12) 조셉 캠벨·빌 모이어스 대담, 『신화의 힘』, 77쪽.
13) 진 시노다 볼린, 『우리 속에 있는 여신들』, 22쪽.

캠벨은 『세계의 영웅 신화』에서 이렇게 말하였다.

> 어느 시대 어떤 상황을 막론하고 사람이 사는 곳이면 어디에서든 인간의 신화에는 끊임없이 살이 붙어 왔고, 이러한 신화는 인간의 육체와 정신의 활동에서 나타날 수 있는 모든 것에 대해 살아 있는 영감을 불어넣었다. 신화는, 다함없는 우주 에너지가 인류의 문화로 발로하는 은밀한 통로라고 말해도 지나친 말은 아닐 것이다.[14]

좀 더 구체화하면, 신화는 신과 반신성(半神性)의 영웅에 관한 것이다.[15] 종합하면, "신화에는 기억, 전통, 관습 등과 같은 문화 전반이 표현"된 것이다.[16] 따라서 신화를 이해하는 것은 인류의 전반적인 사유의 원형을 이해하는 틀이라고 할 수 있다. 뿐만 아니라 현대인의 삶을 이해하는 근원적 틀이 된다. 뽈 디엘은 이렇게 말한다.

> 신화의 비전은 지각 있는 정신의 형성과 지각없는 정신의 손상의 원인과 결과를 상징한다. 그러나 상징적으로 말하면 창조의 신화, 그러므로 창조자의 신화인 생명의 근원, 근원적 원인에 대한 의미를 밝히지 않고는 인생의 의미 즉 인생의 규범을 정립할 수 없다.[17]

디엘의 말처럼, "인생의 의미 즉 인생의 규범을 정립"할 때 신화는 매우 중요한 의미를 갖는다. 그는 또 이어서 아래와 같이 말하였다.

> 신화 속에 감추어진 의미에 따르면 신화는 두 가지 주제 즉 인생의

---

14) 조셉 캠벨, 『세계의 영웅 신화』, 이윤기 옮김, 대원사, 1996, 10쪽.
15) 재클린 심슨, 『유럽신화』, 이석연 옮김, 범우사, 2003, 13쪽.
16) 게롤트 돔머무트 구드리히, 『신화』, 안성찬 옮김, 해냄, 2001, 9쪽.
17) 뽈 디엘, 『그리스 신화의 상징성 — 인간의 욕망과 그 변형』, 안용철 편역, 공동체, 1994, 28쪽.

근원적 원인(형이상학적 주제)과 인생의 지각 있는 행위(윤리적 주제)를 취급하고 있다.18)

디엘에 의하면, 우리는 신화를 통하여 "인생의 근원적 원인(형이상학적 주제)"과 "인생의 지각 있는 행위(윤리적 주제)"를 고찰할 수 있다. 사실 과학적 사유의 시대라 말할 수 있는 현대사회에서도 형이상학과 윤리학 문제는 여전히 과학을 통하여 해결할 수는 없다.

우리는 인류의 사유방식은 신화에서 종교로, 종교에서 철학으로, 철학에서 과학으로 변화해왔다고 생각한다. 따라서 신화적 사유에 대한 고찰은 인류 문명의 여명기를 밝히는 것이고, 인류정신의 고향에 대한 탐구라고 할 수 있다.

이미 고대 그리스인들은 옛날부터 전해져온 신성한 이야기를 신화, 즉 '뮈토스'(Mythos)와 명료한 이성의 언어인 '로고스'(Logos)를 구분하였다.19) 신화를 뜻하는 그리스어 '뮈토스'는 구전에 그 토대를 두고 있다. 신화가 종종 애매하고 모순적인 이유이기도 하다.20) 그렇지만 그렇다고 해서 신화가 모두 이른바 '거짓된 것'은 아니다.

여기에서 주의해야 할 점은 이러한 사유형태의 '변화'를 이른바 '발전'이라는 틀로 이해해서는 안 된다는 점이다. 만약 신화, 종교, 철학, 과학이라는 형식적 변화를 이른바 '진보'라는 이름으로 평가한다면 우리는 언제나 시대적 우월주의에 빠져 과거를 왜곡해서 보게 될 것이다. 이러한 문제점은 우리가 고대 문화를 연구함에 있어서 빠지기 쉬운 함정이다. 갈조광(葛兆光)은 『도교와 중국문화』에서 이렇게 지적하였다.

---

18) 위와 같음.
19) 게롤트 돔머무트 구드리히, 『신화』, 10쪽.
20) 같은 책, 11쪽.

고대문화를 연구하는 이들은 때로 다음 두 가지 고질적인 함정에 빠지곤 한다. 우선 그들은 존재의 합리성에 관한 헤겔의 충고를 잊어버리고 끝내 현대에 살고 있는 자신들의 안목에서 고대 사람들의 결점을 들추어내거나, 오늘날의 기준으로 고대의 문화현상(특히 현대 사람들이 혐오하는 문화현상)을 하등의 가치조차 존재치 않는 것으로 평가하는 등 판단기준에 오류를 범하고 있다. 다음으로 그들은 때로 고대문화도 현대 문화와 마찬가지로 생생했었던 지난 시대의 사회적 분위기를 지니고 있을뿐더러 풍부한 내용을 갖추고 있었음을 망각하기도 한다. 그래서 고대의 문화현상을 자신들이 나름으로 마련한 몇 가지 기본공식에 짜 맞춘다. 따라서 고대 사람들은 이 공식에 따라 운용되는 판에 박힌 부호로 처리될 수밖에 없다.[21]

우리가 고대문화를 고찰할 때에는 현대적 관점을 판단기준으로 삼아서 가치 평가적 진단을 내리는 것은 옳지도 않고 정당하지도 않다.

칼 야스퍼스는 기원전 5세기 무렵을 '축심시대'(軸心時代)라고 평가하였다. 이 말은 현대인의 사유의 원형이 기원전 5세기에 형성되었고, 또 그러한 사유방식을 벗어나지 못하였다는 의미이다. 그런 까닭에 A. N. 화이트헤드는 "서양철학은 플라톤철학의 각주이다"고 말한 것이다. 이 말 역시 서양철학은 플라톤철학의 형식에서 벗어나지 못하였음을 의미한다.

레비 브륄(Lévy‒Bruhl, Lucien)의 말처럼 고대인들 역시 그들 "나름의 제도와 풍속을 가지고 있는 일정한 유형의 사회에는 필연적으로 고유한 사유방식이 존재하기 마련이다"는 점을 이해해야 한다.[22] 앞으로 이러한 점은 우리가 신화를 이해하는데 있어서 매우 중요한 전제조건이 된다. 우리는 신화, 전설, 설화 등과 같은 이야기 형식 역시

---

21) 葛兆光, 『道敎와 中國文化』, 심규호 옮김, 東文選, 1993, 16쪽.
22) 같은 책, 18쪽.

고대인들이 이 세계를 이해하고 설명하던 하나의 방식이었다는 점을 받아들여야 한다. 만약 우리가 그것은 미개한 원시인들이 세계를 이해하였던 잘못된 방식이라고 하는 가치 평가적 기준에 서서 그것을 이해하려고 한다면 우리는 그 속에 들어있는 풍요로운 세계를 파악할 수 없게 될 것이다.

이 '신화'에 대한 고찰은 그리 간단하지도 않고, 결코 원시 인류의 유치한 사유방식이라고만 치부할 수도 없다. 신화는 인류가 세계를 이해하는 과정에서 발생한 초기의 소박한 세계관이라고 말할 수 있다. 그러나 '초기의 소박한 세계관'이라고 해서 틀렸다고 평가할 수는 없는 것이다.

'과학'과 '신화'의 분리는 그리 오래된 일이 아니다. 클로드 레비 스트로스는 『신화와 의미』에서 이렇게 말한다.

　　과학과 신화적인 사고―편의상 '신화적인 사고'라고는 하지만 반드시 그런 것만은 아닌―사이의 진정한 간극과 분리는 17세기와 18세기에 이르러 일어났습니다.[23]

뿐만 아니라 과학과 신화의 구분은 서구라는 어느 한정된 지역에서 발생한 일에 불과하다. 예를 들어 역사적으로 볼 때 중국에서는 철학과 종교의 구분은 발생하지 않았다.

선정규는 『중국신화연구』에서 신과 신화의 기원을 이렇게 설명하였다.

　　즉 원시사회의 선민들은 저급한 생산력으로 말미암아 어떠한 자연 현상이나 사회 현상들이 보이지 않는 모종의 신비적인 힘으로 이루어지는

---

23) 클로드 레비 스트로스, 『신화와 의미』, 임옥희 옮김, 이끌리오, 2000, 22쪽.

것이라고 생각하였다. 선민들은 이러한 무형의 신비적 힘을 그저 감지할 수 있었을 따름이지 볼 수는 없어, 오로지 자신들의 생활 경험에 근거하여 형상과 활동을 구상하였는데, 이것이 신과 신화의 기원이다.[24]

그는 또 "신화는 바로 원시인들의 자연 현상과 사건에 대한 원시인들의 사유(思惟)로부터 탄생한 것"이라고 하였다.[25] 캠벨은 신화의 기능을 네 가지로 말한다. 첫째, 신비주의와 관련된 기능이다. 둘째, 우주론적 차원을 연다는 것이다. 셋째, 사회적 기능이다. 넷째, 교육적 기능이다.[26] 그리고 이어서 신화의 이러한 기능에 대하여 설명을 하였다. 그 내용을 요약하면 다음과 같다.

[첫 번째 기능] 우주라는 것이 얼마나 신비스러운지를 아는 순간, 우리 인간이라는 것이 얼마나 신비스러운 존재인지를 아는 순간, 우리는 이 엄청난 신비 앞에서 이미 경이를 경험합니다. 신화는 신비의 차원, 만물의 신비를 깨닫는 세계의 문을 엽니다.(…)만물에서 신비를 읽을 때, 우주는 한 폭의 거룩한 그림이 됩니다. 그러면 우리의 몸은 비록 이 땅에 발을 붙이고 살아도 초월의 신비로부터 끊임없이 메시지를 받으면서 살 수 있게 됩니다.
[두 번째 기능] 그러나 과학은 우주의 모습을 보여주지만, 신화는 신비의 샘으로서의 우주를 보여줍니다.
[세 번째 기능] 신화는 한 사회의 질서를 일으키고 그 질서를 유효하게 합니다. 신화가 곳에 따라 많이 다른 것은 바로 이 기능 때문입니다.(…)신화의 기능 중에서 우리 세계를 가장 폭넓게 지배하고 있는 기능이 바로 이 사회적 기능입니다.
[네 번째 기능] 그것은 우리에게 주어진 이 삶을 특정한 상황에서 어떻게 살아낼 것인가 하는 문제와 관련된 교육적 기능이다.[27]

---

24) 선정규, 『중국신화연구』, 16쪽.
25) 위와 같음.
26) 조셉 캠벨·빌 모이어스 대담, 『신화의 힘』, 74~75쪽.

우리가 고대인의 관념세계를 이해하기 위해서는 먼저 몇 가지 개념을 정리할 필요가 있다. 예를 들어 신화(神話), 전설(傳說), 설화(說話), 선화(仙話) 등등과 같은 것들이다.

선정규는 『중국신화연구』에서 또 이러한 개념들에 대하여 설명을 하였는데, 신화에 대하여 이렇게 정의하였다.

> 신화는 현재세계가 형성되기 전, 즉 원초 신화시대에 단 한 번 일어나 현재세계의 존재방식을 무엇인가의 형태로 결정한 어떤 사건에 대한 설화이다.[28]

그는 또 "전형적이며 본격적인 신화가 사물의 기원에 관한 기원신화"라고 하였다.[29] 따라서 이 신화는 이른바 '창조신화'가 그 핵심 내용이라고 할 수 있다.

김화경은 『세계 신화 속의 여성들』에서 아래와 같이 정의한다.

> 세계와 인간 문화의 기원을 서술하는 것으로, 오늘날 존재하는 세계에 근거를 부여하여 사람들에게 삶의 모델을 제공하는 신성한 이야기.[30]

그는 또 신화가 만들어진 배경으로 "지배 계층이 자기들의 기득권을 보호하기 위하여, 신들이 질서란 것을 만들었으므로 그것을 지켜야 한다고 강요했다"고 해석한다.[31] 그러나 이러한 관점은 비교적 후대에 발생한 신화에 적용될 수 있을 것으로 보인다. 특히 부계사회에서

---

27) 위와 같음.
28) 선정규, 『중국신화연구』, 20쪽.
29) 같은 책, 21쪽.
30) 김화경, 『세계 신화 속의 여성들』, 20쪽.
31) 같은 책, 24쪽.

발생한 신화와 직접적인 관계가 있다고 하겠다. 이 문제는 뒤에 다시 논의하기로 한다.

다음은 전설·민담에 관한 것이다.

> ……전설이나 민담은 모두 신화가 종교적으로 퇴화되어 속화(俗化) 된 것이거나, 혹은 신화가 전승되면서 신앙적 기반과 기능을 잃고 전설 혹은 민담으로 변모된 것으로 볼 수 있다.[32]

그런데 이 신화는 현대를 살아가는 우리에게도 여전히 영향을 주고 있다.

> 의식의 심연을 파헤쳐봄으로써 우리는 현대인의 인상과 기분 아래에 서 원시인의 신화와 흡사한 생각들을 발견해 낼 수 있다. 현대인의 망 상, 꿈, 시와 몽상 속에서 이러한 조상들의 반응이 일정한 역할을 수행 하고 있다는 사실은 의심의 여지가 없다.[33]

사실 신화는 우리가 꾸는 꿈이라고 말할 수 있다.

> 꿈은 우리 의식적인 삶을 지탱시키는 깊고 어두운 심층에 대한 개인 적인 체험입니다. 반면 신화는 사회가 꾸는 집단적인 꿈입니다. 그러니 까 신화는 공적인 꿈이요, 꿈은 사적인 신화라고 할 수 있겠지요.[34]

따라서 신화에 대한 이해는 우리의 삶/생명의 원형을 이해하는 가 장 근원적인 방식인 동시에, 지금 우리가 되돌아보아야 할 사유의 원

---

32) 선정규, 『중국신화연구』, 22쪽.
33) 에스터 하딩, 『사랑의 이해-달 신화와 여성의 신비』, 김정란 옮김, 문학동네, 1996, 23~24쪽.
34) 조셉 캠벨·빌 모이어스 대담, 『신화의 힘』, 89쪽.

형인 것이다.

2. 신화의 분류

비록 신화라고 해서 그 모든 것이 동일한 형태를 하고 있는 것은 아니다. 인간의 역사만큼이나 신화 역시 복잡한 이야기 구조를 갖고 있다.

신화의 분류는 크게 신화의 유형에 따른 분류, 신화의 기원에 따른 분류 등으로 나눌 수 있다.

(1) 유형

신화는 인류 정신의 뿌리이다. 이러한 신화는 간단히 유형적으로 분류하면 우주 기원 신화, 인류 기원 신화, 문화 기원 신화 등으로 나누어진다.[35] 또 창세 신화, 자연 신화, 영웅 신화, 유명 신화, 신괴 신화 등으로 크게 나누어 볼 수도 있다.[36] 사실 논리적으로 볼 때, 우주, 인류, 문화의 발생은 순차적이다. 우주가 있어야 인류가 있게 되고, 인류가 있어야 이른바 문화가 있게 된다. 아래에서는 신화의 유형을 우주 기원 신화, 인류 기원 신화, 문화 기원 신화의 분류법에 따라서 고찰하기로 한다.

1) 우주 기원 신화

여름밤 풀밭에 누워 하늘을 바라보면 헤아릴 수 없이 많은 별들이

---

35) 김화경, 『세계 신화 속의 여성들』, 41쪽.
36) 선정규는 『중국신화연구』에서 이 분류법에 따라서 설명하고 있다. 이 책의 목차 참조.

쏟아져 내린다. 마치 손을 뻗으면 그 수많은 별들을 만질 수 있을 것 같은 착각이 들기도 한다. 그런데 그 수많은 별들은 너무도 먼 곳에 있기에 아득하기만 하다.

과학자들의 말에 의하면 그 수많은 별들 가운데 우리에게 가까운 별이라고 하더라도 몇 광년 심지어는 몇 십 몇 백 광년의 아득히 먼 곳에 있다고 한다. 뿐만 아니라 우리가 지금 눈으로 별빛을 보고 있지만 그 별빛 가운데에는 이미 사라지고 없는 별들도 있다고 한다. 참으로 신비하고 놀라운 일이다. 이처럼 우주는 우리에게 하나의 '신비'로 다가온다. 우리가 아무리 그것에 대하여 과학적인 설명을 한다고 하더라도 우주의 신비는 언제나 남아있을 것이다. 어떤 면에서 그러한 우주의 신비가 우리의 삶을 더욱 풍요롭게 해준다고 할 수 있다.

아인슈타인의 이론에 의하면 우주의 시공간은 휘어진다고 한다. 아인슈타인의 이러한 과학 이론을 듣게 되면 우리는 먼 옛날 할아버지와 할머니로부터 들었던 나무꾼 이야기가 생각난다. 어느 날 한 나무꾼이 산속으로 나무를 하러 갔다가 하얀 머리에 하얀 수염이 난 두 노인이 하얀 도포를 입고 넓은 바위 위에 앉아 바둑을 두고 있더라고 한다. 그는 호기심에 두 노인의 곁으로 다가가 바둑 두는 것을 한 동안 보고나서 나무를 하여 마을로 내려갔더니 이미 백 년의 세월이 흘렀다. 그 두 노인은 알고 보니 신선이었다고 한다. 이런 이야기를 들으면 참으로 기이하다는 생각을 하게 된다. 그런데 만약 이 나무꾼의 이야기를 시공간의 휨, 다시 말해서 '스페이스 - 워프'(space - warp) 혹은 '타임 - 워프'(time - warp)라는 개념으로 이해한다면 전혀 기이한 이야기가 아닌 것 같다.[37] 참으로 신비하고 놀라운 이야기이다.

---

37) 미치오 가쿠(Michio Kaku)는 『초공간』(최성진·한용진 옮김, 김영사, 1997)에서 '스페이스 - 워프'와 '타임 - 워프'를 소개하고 있다. 그 내용을 요약하면 이렇다. 혹성이 태양 주위를 돈다면, 그것은 혹성이 태양에 의해 휘어진 공간 속을 움직이

최근에는 다차원 우주론이 유행하고 있다. 이 이론에 의하면 우리가 사는 세상은 이 3차원/4차원의 우주만이 있는 것이 아니라 11차원의 우주가 있다고 한다. 이것을 평행이론이라고 한다. 평행이론에 의하면 이 우주에는 우리가 사는 우주와는 정반대의 형태를 띤 우주가 공존한다고 말한다.

아인슈타인의 우주론에 의하면 우리는 빛의 속도를 넘어설 수가 없다. 그렇지만 최근에 어떤 학자는 빛보다 빠른 것이 있다고 말한다.[38] 물론 인류가 그런 기술을 갖게 되는 것은 다른 차원의 문제이다. 어쨌든 만약 빛보다 빠른 것이 가능하다면 우리의 시간여행은 가능하게

───────────

고 있기 때문이다. 그는 "우리 우주가 공간적 인식력 한계를 뛰어넘는 보이지 않는 차원에서 휘어져 있다는 사실이 엄밀하게 수행된 많은 실험에서 입증되고 있다"(38쪽)고 말하였다. 그러면서 그는 "우리 우주는 보이지 않는 또 하나의 차원 안에서 구부러져 있다는 사실은 실험적으로 측정되긴 하였지만, 벌레구멍이 존재하는지 어떤지, 그리고 우리의 우주가 다중 연결되어 있는지 어떤지는 아직까지도 과학적 논쟁거리이다"(38쪽)고 말하였다. 그는 또 "1988년, 캘리포니아 공과대학의 물리학자 킵 손(Kip Thorne)과 그의 공동연구자들은 놀라움을 금치 못할 (그리고 위험천만한) 주장을 하였는데, 그것은 시간여행은 실제로 가능할 뿐만 아니라, 어떤 조건하에서도 조금씩의 가능성이 있다는 것이다.(…)그들의 발표는 벌레구멍이 다른 시간 주기를 가진 두 개의 영역을 연결한다는 단순한 관찰에 근거를 두고 있다"(41쪽)고 소개하고 있다.

38) 주앙 마게이주(João Magueijo)는 『빛보다 더 빠른 것』(김성원 옮김, 까치, 2005)에서 이렇게 말하였다. "1905년에 나온 아인슈타인의 특수 상대성 이론은 부분적으로는 이러한 놀라운 결과를 설명해준다. 그리고 아인슈타인이 깨달았던 것은 광속이 변하지 않는다면, 다른 것이 변해야 한다는 사실이었다.(…)아인슈타인은 관측자와 피관측 물체들의 운동에 따라서 공간과 시간(시공간)이 휘어지고 변하고 팽창하고 수축하는 것으로 이해했다."(14쪽) 그런데 마게이주는 "변하는 빛의 속도, 즉 가변 광속 이론"(14쪽)을 제기한다. "나는 특히 초기 우주에서 빛이 지금보다 더 빠르게 움직였으리라는 가능성에 대해서 깊이 생각하기 시작했다"(14쪽)고 말한다. 그 결과 그는 "VSL(varying speed of light, 가변 광속) 이론"(15쪽)을 제기하였다.

된다. 즉 서로 다른 시간들이 존재하게 되고, 그에 따라서 다양한 차원
의 세계가 공존할 수 있게 된다. 그렇다면 앞에서 말한 나무꾼 이야기
는 이전과는 전혀 다른 해석이 가능하게 된다.

　과학자들은 이 우주가 탄생한 그 출발점을 빅뱅(Big－bang), 즉 우
주대폭발이라고 부른다. 이 이론에 의하면 우리가 사는 이 우주는 127
억 년 전에 우주대폭발로 탄생했다고 한다. 그런데 여기에서 문제가
발생한다. 이 '우주대폭발' 그 자체는 어떻게 발생한 것인가? 다시 말
해서 이 우주대폭발 이전의 상태는 무엇인가? 이때에는 시간과 공간
이 모두 없었던 상태일 것인데, 시간과 공간이 없었던 그 상태는 도대
체 어떤 모습이고, 시간과 공간이 없는 상태에서 어떻게 시간과 공간
이 생겨날 수 있는가? 그 때에는 '무엇'이 존재했던 것일까? 사실 이
러한 문제들에 대한 답을 해야만 '우주대폭발'은 설명이 가능할 것이
다. 그리고 만약 이런 방식으로 우주대폭발을 설명할 수 있게 된다면
또 우주대폭발 이전의 상태라는 문제가 제기될 수밖에 없다. 어떤 면
에서 이러한 질문은 인간의 사유에서 매우 자연스러운 현상이다. 그러
나 우주대폭발 바로 이전에는 시간과 공간이 없었다고 한다. 그러므로
무엇이 존재했는가라고 질문하는 것 자체가 성립되지 않는다.

　이와 더불어 한 가지 다른 이론이 있다. K. C. 콜(Cole)은 『우주의
구멍』에서 '무'(無)를 언급하고 있다.

　　　모든 것은 없음, 즉 무라는 바탕 위에 존재한다.[39]

　그녀는 이 '무'에 대하여 다양하게 말한다. 그 몇 가지 내용을 소개
하면 이렇다.

---

39) K. C. 콜, 『우주의 구멍』, 김희봉 옮김, 해냄, 2002, 13쪽.

무는 모든 창조의 근원이다.[40]

무는 절대 직접 본색을 드러내지 않는다.[41]

잠재성은 무의 성질 중에서도 가장 인상적인 것이다.[42]

무가 산산이 흩어질 때 모든 것이 탄생한다.[43]

'없음'은 실제로 있는 것을 뜻하기도 하고 없는 것을 뜻하기도 하는 이중성을 가진다.[44]

무는 그 불변성으로 인해 우주를 만드는 가장 근본적인 재료가 된다. 무가 변하면, 우리는 금방 알 수 있다. 무가 변했을 때, 우주가 탄생했다.[45]

세상에 완벽한 것은 없다. 그러나 없는 것이 무이므로, 무는 완벽하다.[46]

무 없이 만들 수 있는 것은 아무것도 없다. 또한 유가 없다면 우리는 무를 알 수도 없다.[47]

이상의 내용은 잘 이해가 되지는 않지만 오늘날 우리에게 비교적 익숙한 과학적 설명이다. 그런데 이러한 설명 방식은 어디까지나 현대인의 사유 방식을 나타내는 것에 불과하다. 그렇지만 과학에서 말하는 127억 년은 백 년도 살기 힘든 인간에게는 참으로 아득하기만 한 시간이다. 현대 과학의 이론 역시 빅뱅 이전의 상황에 대해서는 전혀 설명을 하지 못하고 있다.

중국 고대 철학자 노자 역시 이 '무'를 존재의 근거로 말하였다.

---

40) 같은 책, 14쪽.
41) 같은 책, 15쪽.
42) 같은 책, 16쪽.
43) 위와 같음.
44) 같은 책, 23쪽.
45) 같은 책, 28~29쪽.
46) 같은 책, 29쪽.
47) 같은 책, 32쪽.

> 천하의 만물(天下萬物)은 유(有)에서 생겨나고, 유는 무(無)에서 생
> 겨난다.[48]

그러나 그 이전 상고시대 고대인들의 이 세계에 대한 이해는 다르
다. 그렇다면 고대인들은 이 우주가 존재하게 된 원인을 어떻게 설명
하고 있을까?

종교적 관점을 살펴보면 『성경』 「창세기」에서는 이렇게 설명하였다.

> 태초에 하나님이 천지를 창조하시니라.[49]

하느님에 의한 천지창조는 종교적 맥락에서의 논의이다. 이어서 다
음과 같은 이야기가 전개된다.

> 땅이 혼돈하고 공허하며 흑암이 깊음 위에 있고 하나님의 신은 수면
> 에 운행하시니라. 하나님이 가라사대 빛이 있으라 하시매 빛이 있었고
> 그 빛이 하나님의 보시기에 좋았더라. 하나님이 빛과 어두움을 나누사
> 빛을 낮이라 칭하시고 어두움을 밤이라 칭하시니라.[50]

윗글의 맥락으로 볼 때, "땅이 혼돈하고 공허하며 흑암이 깊음 위에
있"을 때 이른바 하나님에 의해 "빛이 있으라 하시매 빛이 있었고" "빛
과 어두움을 나누사" 낮과 밤이 생겨났다는 것이다. 이처럼 『성경』에
서는 하느님에 의한 천지창조를 강조한다. 이것은 전형적인 유신론
적 창조론(有神論的 創造論)이다. 신에 의한 천지창조를 정당화하고
있다.

---

48) 『老子』 제40장 : "天下萬物生於有, 有生於無."
49) 대한성서공회 발행, 『성경전서』(개역한글판), 「창세기」, 대한성서공회, 1991, 1쪽.
50) 위와 같음.

불교 역시 '시방세계'(十方世界)를 말한다. 물론 석가모니 부처는 우주의 기원, 영혼의 존재 여부, 세계의 끝이 있는지 여부 등과 같은 질문들을 '희론'(戲論)이라 평가하고서 대답하지 않았다. 석가모니 부처가 이런 문제에 대해 '희론'이라고 평가한 것은 인생의 문제에서 결코 절박한 질문이라 여기지 않았기 때문이다. 따라서 어떤 면에서 우주론의 각도에서 '시방세계'를 말하는 것은 무의미하다.

종교적 관점에 의한 우주 기원은 그 논증과 반박이 불가능하다. 왜냐하면 종교적 관점이란 어디까지나 믿음이라는 신앙에 기반을 한 것이기 때문이다. 그런 까닭에 우리는 하느님의 천지창조에 대해서 그 진실 여부를 확인할 수 없다.

이상의 내용은 현대 과학과 종교에서 말하는 우주 창조에 관한 이론이다.

창조 신화(creation myth)와 관련하여 재클린 심슨은 『유럽신화』에서 프랑스 전설의 가르강튀아 이야기를 소개하고 있다.

> 전형적인 예로 프랑스 전설들에 전하는 가르강튀아 이야기가 있다. (…) 이 이야기에서는 여러 곳의 지형적 특징이 가르강튀아의 행위에서 비롯된 것으로 설명된다. 몽생미셸 산과 통블렌느의 섬들은 가르강튀아가 바다로 던져 넣은 몇 줌의 흙이라고 한다. 그가 오줌을 누어서 강이 여러 개 만들어졌다고 하고, 제네바 호수의 바닥에서 흙을 퍼내 쌓은 것이 몽살레브 산이라고 한다. 또한 그의 신발에서 떨어진 돌 부수러기, 또는 고리 던지기 놀이를 하며 던진 고리들, 그리고 그가 토한 음식물 찌꺼기 등이 몇몇 거대한 바위가 되었다고 한다. 그가 흙으로 산을 높이거나 낮추려고 애쓰다가 우연히 떨어뜨린 흙더미로 만들어졌다는 언덕도 여러 개 있다.[51]

---

51) 재클린 심슨, 『유럽신화』, 45쪽.

그런데 이 가르강튀아 이야기는 그 구도가 강과 땅, 산, 바위 등의
창조를 보여주고 있을 뿐이다. 즉 천지창조, 우주 기원과는 약간 다른
구조를 보여준다.

인도신화에서 우주창조 신화는 생식적인 창조, 희생제에 의한 자기
해체적인 창조, 철학적/관념적인 창조로 나누어진다. 그 공통점은 창
조가 창조주 자신의 자기분화에서 비롯된다는 점이다. 인도의 창조신
화는 프라자파티(Prajapati)의 창조, 푸루샤의 창조, 아트만의 창조, 브
라흐마의 창조 등으로 구분된다.[52]

그리스 로마 신화에서는 '가이아'(Gaia)가 있다. 혼돈 속에서 '모든
것의 어머니'인 가이아가 탄생한 것이다.

> 옛날 이 세상에는 안개가 자욱하게 흐르는 무한한 혼돈(混沌) 밖에
> 없었다. 긴 시간이 흐른 후에 이 혼돈 속에서 '모든 것의 어머니'인 가
> 이아(Gaia)가 탄생했다. 그녀는 자신의 힘으로 지상과 땅 밑의 두 신을
> 창조했다.[53]

중국 신화에서는 "여와가 오색(五色)의 돌을 다듬어 창천(蒼天)을
깁고 큰 거북의 다리를 잘라 사극을 세웠다"(女媧鍊五色石以補蒼天,
斷鼇足以立極)고 하였다.[54] 또 『장자』「응제왕」(應帝王)편에서는 남
쪽 바다(南海)의 임금 숙(儵)과 북쪽 바다의 임금 홀(忽)에 의한 중앙
(中央)의 임금 혼돈(混沌)의 죽음이라는 이야기가 나온다.[55] 이 혼돈

52) 김형준 엮음, 『이야기 인도신화』, 청아출판사, 1998, 13쪽.
53) 김화경, 『세계 신화 속의 여성들』, 88쪽.
54) 『淮南子』「覽冥訓」.
55) "남쪽 바다(南海)의 임금을 숙(儵)이라 하고 북쪽 바다의 임금을 홀(忽)이라 하
   며, 중앙(中央)의 임금을 혼돈(混沌)이라고 한다. 숙과 홀이 마침 혼돈의 땅에서
   만났다. 혼돈은 그들을 매우 융숭하게 대접하였다. 숙과 홀은 혼돈의 은혜에 보답
   할 것을 의논하였다. '사람은 누구나 일곱 구멍이 있어서 그것으로 보고 듣고 먹

의 뒤를 이어 질서 정연한 우주와 세계가 탄생한 것이다. 이 이야기 속에는 천지개벽에 관한 신화적 개념들이 있다.56) 이 혼돈의 죽음은 철학적으로 자연적 질서가 인위적 질서에 의하여 대체된 것을 의미한다. 그러나 신화적으로는 '혼돈'(카오스)에서 '질서'(코스모스)로 나가는 우주창조 신화가 된다.

2) 인류 기원 신화

인류의 기원에 대한 설은 신화적 설명, 종교적 설명과 과학적 설명으로 구분할 수 있다.

먼저 신화적 설명을 살펴보기로 한다. 신화적 설명은 다양하면서 보편적이라는 특징을 가지고 있다.

인도신화에서 프라자파티는 고행을 통해 그의 몸에서 불, 바람, 해, 달과 여성인 새벽을 창조하였다. 그런데 불, 바람, 해, 달은 새벽의 아름다움에 빠져 육체적 욕망에 사로잡히게 되었다. 그 결과 그들은 씨앗을 흘리게 되었는데, 아버지 프라자파티에게 씨앗을 잃지 않도록 간청하였다. 아버지 프라자파티는 씨앗을 황금주발에 담았다. 그리고 그 속에서 일천 개의 눈, 일천 개의 발, 일천 개의 적중하는 화살을 가진 신이 나타났다. 프라자파티는 그를 브하바(Bhava : 존재)라 이름하였다.57)

푸루샤는 일천 개의 손, 일천 개의 눈, 일천 개의 다리를 가신 신이

고 숨을 쉬는데 이 혼돈에게만은 없다. 그에게 일곱 구멍을 뚫어주기로 합시다.' 그래서 날마다 한 개의 구멍을 뚫어주었다. 그러나 7일이 지나자 혼돈은 그만 죽고 말았다."(『莊子』「應帝王」: "南海之帝爲儵, 北海之帝爲忽, 中央之帝爲混沌. 儵與忽時相與遇混沌之地, 混沌待之甚善. 儵與忽謀報混沌之德, 曰: '人皆有七竅, 以視聽食息. 此獨無有, 嘗試鑿之.' 一鑿一竅, 七日而混沌死.")

56) 김영구 편역, 『중국의 신화』, 고려원, 1987, 12~13쪽.
57) 같은 책, 15~16쪽.

다. 그는 인류의 조상이다. 모든 생명체는 푸루샤의 1/4로 만들어지고 3/4은 천상에 있는 불사의 세계이다. 그는 3/4을 가지고 위로 올라가고 1/4은 땅에 남아 있다. 신들이 푸루샤를 희생의 제물로 삼아 제를 올렸다. 그가 조각이 되어 그의 입은 브라흐만(사제), 팔은 크샤트리아(무사), 넓적다리는 바이샤(상인), 발은 수드라(노예)가 되었다.58)

태초에 아트만(Atman)이 인간의 형태로 존재했다. 아트만은 자신을 두 조각으로 나누어 남편과 아내가 태어났다. 그들로부터 인류가 태어났다.59)

브라흐마는 스스로 존재하는 자로 다크샤(Daksa)에게 자손을 창조하도록 가르쳤다. 다크샤는 네 가지 형태로 자손을 창조하였다. 첫째, 허물을 벗으면서 태어나는 존재이다. 둘째, 알에서 태어나는 존재이다. 셋째, 싹에서 나오는 존재이다. 넷째, 습기에서 나오는 존재이다.60)

그리스 로마 신화에서 여자는 제우스(Zeus)신이 올림포스(Olympos)의 장인(匠人) 헤파이스토스(Hephaistos)에게 진흙으로 만들도록 하여 탄생하였다. 또 가이아 신화가 있다. 그녀는 지상의 에로스(Eros)와 지하의 타르타로스(Tartanos)라는 두 신을 낳았다. 이후의 과정은 이러하다.

지상에 태어난 것은 탄생의 힘을 가진 아름다운 신 에로스(Eros)였으며, 땅 밑에 태어난 것은 타르타로스(Tartanos)라는 신이었다. 그 후 세계에는 차례로 신들이 탄생하였다. 우선 혼돈에서 에레보스(Erebos : 지하의 어둠)와 닉스(Nyx : 지상의 밤)가 태어났다. 에로스는 이 둘을 맺어주어 하늘의 빛 아이테르(Aiter : 정기)와 지상의 빛 헤메라(Hemer

---

58) 같은 책, 18~19쪽.
59) 같은 책, 19~20쪽.
60) 같은 책, 22쪽.

a : 낮)를 탄생시켰다. 그리고 에로스는 가이아와 결합하여 거대한 산과 폰토스(Pontos : 거친 바다)와 우라노스(Ouranos : 별과 하늘)를 낳았다.[61]

종교적 설명은 『성경』이 그 대표적이다. 『성경』의 「창세기」편 1장에서는 신에 의한 인류의 창조를 다음과 같이 그리고 있다.

> (…)하나님이 가라사대 우리의 형상을 따라 우리의 모양대로 우리가 사람을 만들고 그로 바다의 고기와 공중의 새와 육축과 온 땅과 땅에 기는 모든 것을 다스리게 하자하시고 하나님이 자기 형상 곧 하나님의 형상대로 사람을 창조하시되 남자와 여자를 창조하시고 하나님이 그들에게 복을 주시며 그들에게 이르시되 생육하고 번성하여 땅에 충만하라, 땅을 정복하라, 바다의 고기와 공중의 새와 땅에 움직이는 모든 생물을 다스리라 하시니라.[62]

다음은 2장의 기록이다.

> 여호와 하나님이 흙으로 사람을 지으시고 생기를 그 코에 불어 넣으시니 사람이 생령이 된지라(…) 아담이 돕는 배필이 없으므로 여호와 하나님이 아담을 깊이 잠들게 하시니 잠들매 그가 그 갈빗대 하나를 취하고 살로 대신 채우시고 여호와 하나님이 아담에게서 취하신 그 갈빗대로 여자를 만드시고 그를 아담에게로 이끌어 오시니 아담이 가로되 이는 내 뼈 중의 뼈요 살 중의 살이라 이것을 남자에게서 취하였은즉 여자라 칭하리라 하니라.[63]

그런데 1장과 2장의 기록에는 차이가 보인다. 이 둘은 "본래 서로

---

61) 김화경, 『세계 신화 속의 여성들』, 88~89쪽.
62) 『성경전서』, 「창세기」, 1~2쪽.
63) 같은 책, 같은 편, 2~3쪽.

독립된 두 개의 다른 문서에서 유래된 것"이다. 1장은 '제사장 자료'(Priestly Document, P자료)에서 기원한 것으로 바빌론 포로 기간 중(기원전 587~537년)이나 그 이후에 제사장이 쓴 기록들 가운데에서 편집된 것이고, 2장은 '여호와 자료'(Jehovistic Document, J자료)에서 유래한 것으로 아마도 기원전 9~8세기 문헌일 것이다.[64] 그런 까닭에 1장과 2장에서 여성의 지위가 매우 다르게 나타난다. 1장에서는 하느님이 "자기 형상 곧 하나님의 형상대로 사람을 창조하시되 남자와 여자를 창조"하였지만, 2장에서는 "여호와 하나님이 아담에게서 취하신 그 갈빗대로 여자를 만드"신 것이다. 이러한 차이는 P자료와 J자료의 유래가 다른 것임을 나타낸다.

이와 같은 종교적 설명의 변형된 한 형태로, 오늘날 논의가 분분한 이론 가운데 하나가 바로 이른바 '지적설계론'(智的設計論)이다. 이것은 신에 의한 우주 창조라는 우주 창조 기원 신화와 관계가 있다. 이 설을 주장하는 사람들은 '지적설계론'이 마치 하나의 과학적 주장인 것처럼 말하지만 이것은 어디까지나 기독교 창조론의 변형된 형태일 뿐이다. 미국 대법원은 이 이론을 기독교 창조론이라고 판결하였다.

오늘날 널리 받아들여지고 있는 과학적 설명의 대표적 이론은 찰스 다윈(Charles Darwin, 1809~1882)의 진화론이다. 다윈의 진화론에 의하면 생명의 탄생은 진화의 결과이다. 그는 『종의 기원』(Origin of Species by Means of Natural Selection)에서 "인류의 기원과 인류 역사는 재조명될 것이다"고만 말하였지만, 1930년대 후반의 『M과 N 노트북』에서 이미 사람은 단지 매우 진보한 동물에 불과하다는 점을 받아들이고 있다.[65]

제카리아 시친은 『수메르, 혹은 신들의 고향』(1권)에서 "여러 면에

---

64) J. G. 프레이저, 『문명과 야만1』, 이양구 옮김, 강천, 1996, 47쪽.

65) 피터 J. 보울러, 『찰스 다윈』, 한국동물학회 옮김, 전파과학사, 2007, 225쪽.

서 현재의 인간(호모 사피엔스Homo sapiens)은 지구와 도무지 어울리지 않는 매우 이상한 존재"라고 말하였다.[66] 그는 현재의 인간은 외계의 지적 생명과 연관이 있다고 주장한다. 그러나 이러한 관점 역시 아직은 아무런 증명의 방법이 없기는 마찬가지이다.

사실 신화적 전통에 의하면 인간의 탄생은 땅에서 나온 것으로, '돌'이라는 모티브가 중요하다. 엘리아데는 『대장장이와 연금술사』에서 이 문제와 관련하여 아래와 같이 말하였다.

> 많은 신화가 최초의 인간이 돌에서 나왔다고 얘기한다. 이 모티브는 중앙아메리카의 위대한 문명(잉카, 마야)뿐만 아니라 남아메리카의 몇몇 부족의 전승, 그리스인과 세 족, 코카사스 산맥 지역, 그리고 일반적으로는 소아시아에서 오세아니아에 걸쳐 입증된다. 데우칼리온은 인간이 세상에 다시 살 수 있도록 등 뒤로 '그 어머니의 뼈'를 던졌다. 대지모의 이 뼈들은 곧 돌이었으며, 근원, 불멸의 실재, 그리고 새로운 인류를 출현시킬 모태를 표현하고 있었다. 돌이 절대적 실재, 생명, 신성성을 표현하는 원형적 이미지라는 점은 세계의 모태인 대여신(大女神)과 동일시된 생식석으로부터 태어난 신들에 관한 수많은 신화를 통해서 증명된다.[67]

그렇다면 중국 신화 속에서는 이 인류 기원을 어떻게 설명하고 있을까? 옛 기록에 의하면 이 역시 "여와가 황토로 인간을 만들었다"고 말한다. 동한(東漢) 시대의 인물 응소(應劭)의 『풍속통의』(風俗通義)에서는 이렇게 설명하고 있다.

> 속설에 따르면 천지가 개벽할 때, 아직 사람이 없어서 여와가 황토

---

[66] 제카리아 시친, 『수메르, 혹은 신들의 고향』(1), 이근영 옮김, 이른아침, 2006, 23쪽.

[67] 미르치아 엘리아데, 『대장장이와 연금술사』, 이재실 옮김, 문학동네, 2003, 46~47쪽.

(黃土)를 가지고 사람을 만들었다고 한다. 열심히 일을 하다가 다 만들 여력(餘力)이 없게 되자, 노끈을 진흙 속에 넣었다가 휘둘러서 사람을 만들었다. 그래서 부귀한 사람은 황토로 만든 것이고, 빈천한 사람은 끈을 휘둘러서 만든 것이다.[68]

우리가 생각하기에 응소의 관점에서 '부귀한 사람'과 '빈천한 사람'은 한대인의 관념을 반영한 것이다.

한대에 오면 인간을 9등급으로 구분하게 된다. 『한서』(漢書) 권20 「고금인표제팔」(古今人表第八)에 의하면 인간은 상상(上上：聖人), 상중(上中：仁人), 상하(上下：智人), 중상(中上), 중중(中中), 중하(中下), 하상(下上), 하중(下中), 하하(下下)로 나뉜다. 이 분류표에 보이는 인물들의 몇 가지 사례를 살펴보면 이렇다. 상상의 성인에 해당하는 인물들을 말하면서 먼저 신화적인 존재 태호제(太昊帝) 복희씨(宓羲氏)를 첫 번째 인물로 내세운다. 그 다음을 잇는 인물들은 염제(炎帝) 신농씨(神農氏), 황제(黃帝) 헌원씨(軒轅氏), 소호제(少昊帝) 금천씨(金天氏), 전욱제(顓頊帝) 고양씨(高陽氏), 제곡(帝嚳) 고신씨(高辛氏), 제요(帝堯) 도당씨(陶唐氏), 제순(帝舜) 유우씨(有虞氏), 제우(帝禹) 하후씨(夏后氏), 제탕(帝湯) 은상씨(殷商氏), 문왕(文王) 주씨(周氏), 무왕(武王), 주공(周公), 중니(仲尼：孔子)이다. 그 이후로 성인은 없다. 상중의 인인에 해당하는 인물로 첫 번째는 여와씨를 두고 있다. 이제 우주를 창조한 여와는 공자보다 못한 부류의 존재가 된 것이다. 또 도가의 창시자 노자는 중상의 인물이 되어 공자의 제자들보다 못한 인물이 되었다. 이렇게 분류하는 하나의 근거로 이런 말을 인용하고 있다.

---

68) 김화경, 『세계 신화 속의 여성들』, 102쪽.

태어나면서 아는 자가 최상이다. 배워서 아는 자가 그 다음이다. 괴
롭게 힘써 익혀서 아는 자가 또 그 다음이다. 부족하면서도 배우지 않
는 자가 백성인데 아래가 된다.[69]

공자 자신도 "태어나면서 아는 자"(生而知之)를 자임하지 않았다.
그것이 공자의 겸손함이라 말할 수도 있지만 어디 세상에 배우지도
않고 아는 사람이 있다는 말인가!

당나라 때 유학자 한유(韓愈, 768~824)는 성삼품설(性三品說)을 제
기한다. 한유는 인간의 성(性)은 상품·중품·하품으로 나눌 수 있다고
말한다. 그리고 상품은 선이 있을 뿐이고, 중품은 교육에 따라서 상품
과 하품으로 될 수 있고, 하품은 악이 있을 뿐이다. 그는 인간의 정
(情)도 삼품으로 나눈다. 상품인 인간은 칠정(七情)이 동(動)하여 그
중(中)을 유지하고, 중품인 인간은 지나치고 부족함이 있지만 언제나
중을 추구하며, 하품인 인간은 결핍된 것을 채우려고 하지도 않고, 지
나친 것을 절제하려고 하지도 않는다고 말한다. 이것은 인간의 차별을
정당화하는 논리이다.

그런데 그 연원은 맹자(孟子), 순자(荀子), 양웅(揚雄) 등에게까지
소급해 갈 수 있다. 물론 그 근원을 더 소급해 간다면 공자와 주대 예
악까지도 가능하다. 이러한 설들은 모두 인간의 신분적 차별, 남성과
여성의 성차별, 인간과 다른 동물과의 차별 등 한마디로 차별을 정당
화하는 이론이다. 송(宋)대 유학자들이 인성론을 논의하면서 천연지
성(天然之性)과 기질지성(氣質之性)으로 나누는 것 역시 차별을 정당
화할 수 있다.

그밖에 황제(黃帝)가 사람의 몸을 음양에 따라 구분하여 여러 기관

---

69) 『漢書』 권20 「古今人表第八」 : "生而知之者, 上也; 學而知之者, 次也; 困而
學之, 又其次也; 困而不學, 民斯爲下矣."

들을 만들었고, 상변(上騈)이 귀·눈·코·입을 만들었으며, 상림(桑林)
이 사람의 손과 발을 만들었다고 한다.[70]

3) 문화 기원 신화

인류는 자연 상태에서 삶을 영위하기가 어렵다. 그러므로 끊임없이
자연 상태에 변화를 주었다. 그 결과 인류는 다른 존재들과는 달리 문
화를 창조하였다. 세계 곳곳에는 인류의 문화 창조에 관한 신화가 존
재한다.

그리스 로마 신화에서 프로메테우스(Prometheus)는 인류에게 불을
전해준 신이다. 여신 아테나(Athena)는 판도라에게 베를 짜는 기술을
전해주었다. 데메테르는 메타네이라(Metaneira)의 아들 트립톨레모스
(Triptolemos)에게 날개가 달린 용이 끄는 수레를 주면서 밀의 씨앗과
농사법을 가르쳐 전 세계에 전하라고 했다. 또 하늘에서 곡식의 씨앗
을 훔쳐왔다.[71]

고대 중국의 여러 가지 신화 형태 중에서 문화 기원에 관한 신화로
는 신농(神農)에 관한 이야기가 있다. 『회남자』(淮南子)「수무훈」(修
務訓)편의 내용이다.

> 옛날에는 백성들이 풀을 뜯어먹고 물을 마시며, 나무의 열매를 따먹
> 고 조갯살을 먹었으므로 때때로 질병이나 독상(毒傷)의 해가 많았다.
> 이에 신농이 비로소 백성에게 오곡의 파종법을 가르쳤고, 토지의 양부
> (良否), 건습(乾濕), 비요(肥墝), 고하(高下)를 헤아리게 하였으며, 온
> 갖 종류의 풀 맛과 샘물의 감미로움을 맛보게 하였고, 피하고 나아갈
> 곳을 알게 하였다. 이때 (신농은) 하루에 70 차례나 중독되었다.[72]

---

70) 김영구 편역, 『중국의 신화』, 21쪽.
71) 김화경, 『세계 신화 속의 여성들』, 201쪽.
72) 『淮南子』「修務訓」: "古者, 民茹草飲水, 采樹木之實, 食蠃蛖之肉, 時多疾病

중국의 신화 체계에서 염제(炎帝) 신농은 인류에게 오곡의 파종법, 즉 농경을 가르친 인물이다. 그는 태양의 신, 농업의 신이다. 뿐만 아니라 의약(醫藥)의 신이기도 하다. 신농이 온갖 약초를 맛보다 단장초(斷腸草)라는 지독한 풀을 맛본 뒤 내장이 모두 녹아 죽었다고 한다.[73] 중국 신화에서 신농은 그야말로 전형적인 인류 문명의 발명자라고 말할 수 있다. 서양 신화에서는 오히려 데메테르가 곡식의 성장과 농업 기술을 주관하는 여신이다.[74]

복희(伏戲)는 불의 사용법을 가르쳐준 인물이다. 불과 관련하여 또 수인씨(燧人氏)라는 인물이 있다. 따라서 복희가 불의 사용법을 가르쳐준 인물이라면 수인씨는 인공적인 불의 발명자이다. 복희가 뇌신(雷神)의 아들이라는 점을 고려하면 그와 불의 밀접한 관계를 알 수 있다.[75] 인류가 불을 사용한 것과 관련하여 콜린 텃지는 고고학적으로 이렇게 설명한다.

> 인간은 최소한 50만 년 전부터 불을 사용해왔다.(…) 불은 단순히 요리를 통해 먹을 수 있는 음식의 범위를 확대시킨 것뿐만 아니라 사냥감 통제를 가능케 함으로써 인간의 성공에 중요한 역할을 했다. 사냥감 통제는 원시 목축농의 중요한 한 형태이다.[76]

복희는 또 『주역』의 팔괘(八卦)를 만든 인물로 유명하다. 『장자』「대종사」(大宗師)편에서는 "복희가 도를 터득하여 만물 생성의 기운

毒傷之害. 於是神農乃始敎民播種五穀, 相土地宜燥濕肥墝高下; 嘗百草之滋味, 水泉之甘苦, 令民知所辟就. 當此之時, 一日而遇七十毒."

73) 김영구 편역, 『중국의 신화』, 46쪽.
74) 게롤트 돔머무트 구드리히, 『신화』, 66쪽.
75) 김영구 편역, 『중국의 신화』, 41쪽.
76) 콜린 텃지, 『다윈의 대답2 - 왜 인간은 농부가 되었는다?』, 김상인 옮김, 이음, 2007, 32쪽.

속에 들어갔다"(伏戲得之, 以襲氣母)고 하였다.

황제는 사람을 만든 인물인데, 또 배를 발명한 인물이기도 하다. 『장자』에 의하면 황제는 세속의 지혜를 잊은 인물이면서 동시에 인의(仁義)로 사람들의 마음을 어지럽게 한 인물이기도 한 매우 모순적인 모습을 하고 있다.77) 『장자』 「대종사」(大宗師)편에서 "황제는 도를 터득하여 하늘에 올랐다"(黃帝得之, 以登雲天)고 한다. 이것은 황제를 신선과 같은 이미지로 그린 것이다.

사마천의 『사기』는 「오제본기」(五帝本紀)로 시작한다. 중국의 신화적 구조로 볼 때 원래는 앞에 삼황(三皇)이 있어 삼황오제(三皇五帝)로 하는 것이 타당하다. 그러나 사마천은 그렇게 하지 않고 이 오제로 시작하였다.78) 이것은 사마천이 삼황을 역사로 보지 않았음을 의미한다.

어쨌든 신농, 수인씨, 황제 등과 같은 인물들은 모두 인류 문명을 세운 자들이다.

(2) 기원

본래 신화에 나타난 인물들은 성을 초월한 중성, 여성, 남성의 이미지로 그려진다. 이러한 구분/분류는 그 신화의 기원과 깊은 연관이 있다. 배진영은 이렇게 말한다.

---

77) 『莊子』 「大宗師」 : "黃帝之亡其知.";「在宥」 : "黃帝立爲天子十九年, 令行天下.(…);「在宥」 : "昔者, 黃帝始以仁義攖人之心."

78) 삼황오제에 대해서는 각기 설이 다르다. 삼황은 천황(天皇), 지황(地皇), 인황(人黃) 또는 복희, 신농, 황제를 말한다. 오제는 복희, 신농, 황제, 요, 순 또는 소호(少昊), 전욱(顓頊), 고신(高辛), 요, 순이라고 한다.(안동림 역주, 『장자』, 현암사, 2005, 382쪽.)

초기 신화의 주인공은 여성신·남성신의 대별적인 존재를 초월한 복합체이거나 대부분 여신으로 추정된다. 반고 역시 초기 인물 묘사를 본다면 여성도 아니고 남성도 아닌 실체로 볼 수 있다. 현대 고고 발굴은 초기 신들이 여성이었음을 증명하고 있다. 그런데 어느 순간 여신은 대부분 남신의 종속된 존재로 전락했다. 그리고 남신은 영웅 같은 위대한 신으로 격상되었다. 반고 역시 남신이라는 인식이 당연시되었고, 독신인 인류 창조의 여신 '여와'는 어느 순간 '복희'와 남매 또는 부부사이로 변했다. 이러한 예는 여신에게 많이 나타나는 현상이다. 여신의 변모상은 사회 변화와 이에 따른 의식 변화를 반영한다고 할 수 있다.79)

배진영의 말은 바로 신화의 변형 과정을 나타낸다.

신화의 기원은 무엇인가? 오늘날 우리가 만나는 신화들은 그 시대적 기원을 기준으로 분류하면 모계사회형, 혼합형, 부계사회형으로 나눌 수 있다. 아래에서는 이 기준에 근거하여 나누어 설명하기로 한다.

1) 모계사회형

일반적으로 학자들은 부계사회 이전에 모계사회가 있었다고 말한다.80) 이 모계사회는 구석기 시대의 어느 한 시기에 해당한다. 그런데

---

79) 배진영, 「백호에서 아름다운 여신으로, 중국 여신 서왕모」, 이화여자대학교 중국여성사연구실 엮음, 『중국 여성, 신화에서 혁명까지』, 서해문집, 2005, 35쪽.

80) 여기에서 '모계사회'와 '부계사회'라고 말하는 의미는 상대적인 개념이다. '모계사회'라고 해서 그 사회의 전반적인 문제를 부계사회에서 남성이 주도권을 갖는 것처럼 여성이 전적으로 담당했다는 의미는 아니다. "그리스인들이 발칸 반도에 진출하기 전인 신석기시대에 이 지역의 농경 사회는 당시의 다른 지역들과 마찬가지로 씨족의 구성원들이 큰 움막에 모여 살면서 함께 농사를 지었던 것으로 보인다. 어떤 사람이 씨족 구성원에 속하는가의 기준은 모계 혈통에 따랐다. 이에 있어 부계 혈통은 아무런 역할을 하지 못했다. 인류학자들은 이를 '모권' 혹은 '모계'사회라고 부른다. 하지만 이러한 모권이 실제로 여자들이 '지배'하는 사회, 즉 가모장(家母長) 사회를 의미하였다는 증거는 발견되지 않았다."(게롤트 돔머무

이 구석기 시대는 여성 상위가 아니라 양성 사이의 평등에 근거한 사회조직일 가능성이 높다.[81] 서러는 이 구석기 시대의 상황을 이렇게 추측한다.

최근의 고고인류학적 연구 성과에 따르면, 사람이 살기에는 구석기 시대가 상당히 쾌적했을지도 모른다고 한다. 음식물의 공급이 충분했고 자원에 대한 경쟁도 거의 없었으므로, 스트레스는 물론 지나친 경쟁심과 탐욕 그리고 착취도 지금보다 훨씬 적었으리라는 것이다.[82]

이처럼 부계사회와 모계사회로 구분하는 것은 두 유형의 사회구조가 매우 달랐음을 의미한다. 예를 들어 캠벨은 부계사회의 '부권적인 관점'을 이렇게 말한다.

부권적인 관점은 모든 대립물의 쌍들에서 두 대립물이 보다 큰 삶의 실체의 두 측면에 불과한 것이 아니라 그 자체로 절대적인 것처럼 나누어 놓는다. 가령 남성과 여성, 삶과 죽음, 참과 거짓, 선과 악처럼 말이다. 이러한 점에서 그 이전의 관점과는 구별된다. 이것을 우리는 달의 신화적 관점과 대립되는 해의 신화적 관점에 비유할 수 있다.[83]

트 구드리히, 『신화』, 64쪽.) 그런데 메리자 김버터스(Merija Gimbutas)는 고대 그리스를 설명하면서 이렇게 지적한다. "먼저 살던 집단은 어머니 중심적이고 정착 생활을 영위하였으며, 평화롭고 예술을 사랑하며, '위대한 여신'(The Great Mother)을 숭배하는 농경문화 혹은 해양문화를 가지고 있었다는 것이다. 그리고 그 뒤에 들어온 인도·유러피언 계통의 기마민족(騎馬民族)은 아버지 중심적이고 전쟁을 좋아하며, 하늘 지향적이고 예술에는 무관심한 종족이었다고 한다."(김화경, 『세계 신화 속의 여성들』, 139쪽)

81) 섀리 엘 서러, 『어머니의 신화』, 박미경 옮김, 까치, 1995, 36쪽.
82) 같은 책, 37쪽.
83) 조지프 캠벨, 『신의 가면Ⅲ - 서양신화』, 정영목 옮김, 까치, 1999, 38쪽.

캠벨에 의하면 부계사회는 '해의 신화적 관점'이고 그 이전의 모계
사회는 '달의 신화적 관점'이라고 말할 수 있다. 그는 이에 대하여 이
렇게 말한다.

> 어둠은 해의 대립물로서 해로부터 달아나지만, 달에서는 어둠과 빛
> 이 하나의 구(球) 안에서 상호 작용을 하기 때문이다.(…) 그것은 햇빛
> 이 비치는 세계, 즉 모든 대립물의 쌍들이 구별된 것으로 나타나는 세
> 계에 대해서만 눈이 멀어버리는 것이다. 그리고 예언의 재능은 두 대립
> 물을 연관시켜 볼 수 있는 내적인 눈의 능력으로서, 이것으로는 존재의
> 어둠을 꿰뚫어 볼 수 있다.[84]

즉 '달의 신화적 관점'에서는 '어둠과 빛'이 하나로 존재하는 세계이
다. 따라서 남성과 여성, 삶과 죽음, 참과 거짓, 선과 악이 대립되지 않
는다.

우리는 기독교 『성경』에 나타난 '처녀수태'에서도 그 일단을 살필
수 있다. 『성경』의 기록은 이렇다.

> 예수 그리스도의 나심은 이러하니라. 그 모친 마리아가 요셉과 정혼
> 하고 동거하기 전에 성령으로 잉태된 것이 나타났더니 그 남편 요셉은
> 의로운 사람이라 저를 드러내지 아니하고 가만히 끊고자하여 이 일을
> 생각할 때에 주의 사자가 현몽하여 가로되 "다윗의 자손 요셉아, 네 아
> 내 마리아 데려오기를 무서워 말라. 저에게 잉태된 자는 성령으로 된
> 것이라. 아들을 낳으리니 이름을 예수라 하라. 이는 그가 자기 백성을
> 저희 죄에서 구원할 자이심이라" 하니라.[85]

예수의 수태와 출생에서 요셉의 역할은 전무하다. 이런 예수 탄생

---

84) 같은 책, 38~39쪽.
85) 『성경』 「마태복음」 1 : 18~21.(『성경전서』, 대한성서공회, 1991, 1쪽.)

의 이야기 구도가 단순히 예수 탄생에 신성함을 주기 위한 작업으로
만 보이지 않는다. 예수의 탄생은 구약의 내용과도 일치한다. 구약에
는 이런 내용이 있다.

　　　보라, 처녀가 잉태하여 아들을 낳을 것이요. 그 이름을 임마누엘이라
　　하리라.[86]

　이것을 기독교에서는 예수 탄생을 예비한 것이라고 해석하지만 전
혀 그렇지 않다. 그 단락은 본래 "젊은 여자가 잉태하여 아이를 낳을
것이다"인데 그리스어로 "처녀가 잉태하여 아이를 낳을 것이다"로 잘
못 번역된 것이다.[87] 이것은 반대로 해석할 수 있다. 즉 신약의 내용
을 구약의 내용에 맞춰 만들어낸 것이라고. 이것은 『성경』의 구약과
신약의 성립에 관한 문제이다. 이 문제는 우리의 주제와 관련이 없으
므로 더 논의하지 않는다. 아무튼 게롤트 돔머무트 구드리히는 『신화』
라는 책에서 <아기 예수를 안고 있는 성모>(비잔틴시대, 1120년경, 이
스탄불, 소피아성당)라는 그림을 소개하면서 "기독교의 성모 마리아
상은 고대 모신상의 전통과 닿아 있다"고 말한다.[88]
　성경에 나타난 이야기들 가운데 많은 내용들이 수메르의 전설과 연
관이 있다. 몇 가지 사례를 들면 다음과 같다. ①제사장 지우수드라가
엔키 신에게 임박한 대홍수에 대한 계시를 받고 커다란 배(노아의 방
주 이전의 형태)를 만들었다.[89] ②사르곤이 아이일 때 파피루스의 궤

---

86) 『성경』「이사야」7 : 14.

87) 티모시 프리크·피터 갠디, 『예수는 神話다』, 승영조 옮김, 동아일보사, 2002, 341쪽.

88) 게롤트 돔머무트 구드리히, 『신화』, 70쪽.

89) 이와 비슷한 내용이 중국 신화에서 복희와 여와 남매 이야기에도 보인다. "세상
　　에 가뭄이 들자 사람들이 여와의 아버지 장보복(張寶卜)을 찾아 가 그들을 구해
　　주도록 호소하였다. 장보복이 하늘을 향해 말하기를 '사흘 안에 비를 내려주지 않

(an ark of bulrushes) 속에 놓여 있었는데 구조되어 왕이 되었다. ③동산, 금지된 과일, 생명의 나무 등 비슷한 구도가 있다.[90]

수메르의 전설은 기독교『성경』이 탄생하게 된 배경 가운데 하나라고 할 수 있다. 또『성서』에 보이는 세계의 기원, 대홍수와 방주, 낙원 혹은 황금시대에 대한 이야기 등은 그리스 신화에 흘러들어 갔다.[91]

모계사회형 신화에서 여신들은 주체적인 인물로 그려지고 있다. 그들은 세계를 창조하고, 만물을 만들어 낸 자들이다. 이들은 만물에 생명을 주고 빼앗는 인물이다. 후대와 같이 남성에게 의존하는 인물이 아니다. 그런 까닭에 당시 여성들의 삶 역시 이와 비슷하였다. 이 여성들은 "자식들을 낳는 존재"이고, "식량의 주된 생산자"였으며, "경제적이고 사회적인 권력과 위엄"이 있었다. 뿐만 아니라 땅은 일반적으로

으면 벼락의 신[雷神]을 잡아 죽이겠소'라고 하였다. 과연 3일 만에 비가 내렸다. 그러나 벼락의 신은 오만한 장보복을 미워하였다. 그래서 언젠가는 그를 죽이겠다고 마음을 먹었다. 이것을 알아차린 장보복은 큰 쇠광주리를 처마 밑에 놓고, 손에는 호랑이를 잡는 삼지창(三枝槍)을 들고 기다렸다. 벼락의 신이 큰 소리를 치고, 두 눈에서 푸른빛을 내뿜으며 도끼를 들고 내려왔다. 이때 장보복이 쇠광주리로 벼락의 신을 가두었다. 장보복이 집을 나서며 오누이에게 말하기를 '저놈에게 물을 줘서는 안 된다'고 하였다. 그런데 벼락의 신이 물 한 모금만 주기를 간청하자 복희는 거절했지만 여와는 몰래 물 한 바가지를 떠다 주고 말았다. 벼락의 신은 힘을 얻어 쇠광주리를 부수고 하늘로 올라갔다. 벼락의 신이 하늘로 올라가기 전에 이빨 한 개를 뽑아 주면서 '이것을 땅에 심어라. 만일 큰 비가 내리면 너희는 그 껍질 속으로 들어가 비를 피하라'고 일러주었다. 며칠 뒤 하늘에서 큰 비가 내려 온 땅을 삼켜버렸다. 그러나 복희와 여와 오누이만은 호리병박 속에 들어가 살아남았다."(趙一文 編著, 『中國說話』, 건국대학교출판부, 1995, 19~20쪽 참조 요약.)

90) 새리 엘 서러, 『어머니의 신화』, 79쪽.
91) "그리스 신화에는 성서를 연상시키는 일련의 이야기들이 있다. 세계의 기원, 대홍수와 방주, 낙원 혹은 황금시대에 대한 이야기 등이 그것이다. 이는 그리스 신화의 많은 부분이 이스라엘이 속해 있는 중동 지방의 문화권에서 흘러 들어왔다는 사실에 의해 입증된다."(게롤트 돔머무트 구드리히, 『신화』, 13쪽.)

"여성의 혈통을 통해 상속"되었다.[92]

2) 혼합형

혼합형은 여신과 남신이 혼재하는 형태이다. 때때로 신은 중성적 성격을 갖는다. 이것은 기본적으로 모계사회형에서 부계사회형으로 넘어가는 과도기 형태이다.

종교에서는 역시 기독교의 『성경』에 나타난 하느님이 대표적이다. 오늘날 우리는 흰 수염을 하고 있는 하느님의 모습에 익숙하다. 그러나 그 이전의 하느님은 중성(中性)적 성격을 갖는 존재였다. 그리고 더 오래 전에는 여성이었다. 그런 까닭에 멀린 스톤은 하느님 역시 여성이었다고 지적한다.

하느님이 남성으로 그려진 것이 부계사회형이라면 동정녀 마리아가 요셉과의 성적 관계없이 어린 예수를 낳은 것(물론 이것은 그리스어 『성경』의 오역, 의도적 조작으로 만들어진 것이기는 하지만), 어린 예수를 안고 있는 형상은 모계사회형을 나타낸다. 그러므로 사실 『성경』에는 이 두 가지 유형이 혼재한다고 말할 수 있다. 물론 오늘날 우리에게는 남신으로서의 하느님이 익숙하다.

그리스로마 신화에서 올림포스 산의 열두 신은 ①제우스 ②포세이돈 ③하데스 ④아폴로 ⑤아레스 ⑥헤파이스토스 ⑦헤스티아 ⑧데미테르 ⑨헤라 ⑩아르테미스 ⑪아테나 ⑫아프로디테이다. 앞의 6명은 남신이고, 뒤의 6명은 여신이다. 이 열두 신들의 성격을 살펴보면 다음과 같다. ①제우스 : 최고 통치자이다. ②포세이돈 : 제우스의 형제로 바다의 신이다. ③하데스 : 제우스의 형제로 지하세계의 신이다. ④아폴로 : 제우스의 아들로 음악과 의술의 신이다. 태양의 신이기도

---

92) 멀린 스톤, 『하느님이 여자였던 시절』, 정영목 옮김, 뿌리와이파리, 2005, 62쪽.

하다. ⑤아레스 : 전쟁의 신이다. ⑥헤파이스토스 : 불의 신이다. ⑦헤스티아 : 화로의 신이다. 가정이나 신전의 불길이다. ⑧데미테르 : 곡식의 수호신이다. 가장 중요한 역할은 어머니이다. 그녀의 딸이 페르세포네이다. ⑨헤라 : 제우스의 아내로 결혼의 수호신이다. ⑩아르테미스 : 사냥의 달의 수호신이다. ⑪아테나 : 지혜와 공예의 수호신이다. 아테나의 보호자이며 모든 영웅들의 수호신이다. ⑫아프로디테 : 사랑과 미의 여신으로 창조적인 여신이다. 그녀는 사랑과 미를 만들고, 성적 매력과 관능미를 지녔으며, 창조적인 생활을 만들었다. 이중에서 여신 헤스티아는 후대에 남신 디오니소스로 교체되었다.[93] 볼린은 이 여신들을 처녀 여신들, 상처받기 쉬운 여신들, 창조하는 여신으로 분류한다.[94] "데미테르는 어머니 원형을 구현하고 있고, 페르세포네는 딸을, 헤라는 아내를, 아테나는 전략가를, 헤스티아는 집안을 지키는 사람의 원형을 구현하고 있다."[95]

또 그 밖의 중요한 신들로 사랑의 신 에로스, 지하세계의 여왕 페르세포네, 술의 신 디오니소스, 출생의 여신 리티아, 젊음의 여신 헤베, 무지개의 여신 이리스, 마법의 여신 헤카테, 공정의 여신 데미스, 자연의 신 판 등이 있다.[96]

라이스에 의하면 그리스로마 신화 속에서 남성과 여성은 흥미로운 차이점이 나타난다. "남자는 개개인으로 묘사되는데, 끊임없이 자신의 힘을 시험하려 하고 타인에게는 대담성을 보여준다. 동료의식은 무척

---

93) 진 시노다 볼린, 『우리 속에 있는 여신들』, 29~31쪽 참조 요약. 그런데 라이스는 올림포스의 12신으로 제우스, 헤라, 포세이돈, 하데스, 아테나, 아폴론, 아르테미스, 아프로디테, 헤르메스, 아레스, 헤파이스토스, 헤스티아를 들고 있다.(베티 본햄 라이스, 『여신들로 본 그리스 로마 신화』, 18쪽.)
94) 같은 책, 29쪽.
95) 같은 책, 28쪽.
96) 베티 본햄 라이스, 『여신들로 본 그리스 로마 신화』, 18쪽.

이나 중요하지만, 오랜 시간이 흐르면 자신의 역할에 충실하고 홀로 우뚝 선다." 그런데 여성은 이와 다르다. "여성 역시 개인적으로는 두드러진 존재이다. 하지만 여성은 종종 무리로 등장하며, 인간일 때도 있지만 여신이나 반신반인(半神半人)인 경우가 더 많다."[97]

그리스로마 신화에 나타난 여신들의 특징을 살펴보면 다음과 같다. 시렌(Siren), 영어로는 사이렌인 이 여신은 사람을 유혹하는 요부(妖婦)와 같은 존재로 새와 비슷한 모습이다. 그녀는 선박이 지나갈 때 아름다운 노래를 불러 사람들을 유혹하는데, 이 유혹에 빠진 선원들은 결국 죽음을 맞게 된다.[98] 하르피아이(Harpies)는 날개가 달린 무서운 괴물들로 몸뚱이의 반은 새이고 나머지 반은 여자이다. 그들은 날카로운 발톱과 갈고리 모양의 부리로 속수무책인 희생자들을 공격한다.[99] 고르곤(Gorgon)은 무시무시한 세 명의 자매로 머리카락은 뱀이고, 번득이는 눈과 끔찍스러운 혀, 거친 털과 발톱, 그리고 멧돼지의 어금니를 가진 괴물이다. 이들을 쳐다보기만 해도 살아 있는 생명체는 모두 돌로 변해 버린다.[100] 그라이아이(graiae)는 "잿빛 머리와 깊은 주름을 가지고 태어난 흉칙한 노파들이다."[101]

혼합형에서 여신들은 끔직한 모습을 한 여신들과 아름다운 모습을 한 여신들로 나누어진다. 여신들이 반인반수의 모습을 하고 있는 것은 전적으로 그들의 특이한 권능을 표현한 것으로 보인다. 그런데 이러한 권능이 아름다운 모습을 한 여신들에게서는 다른 신들에 대한 질투, 배신, 음모 등(흔히 여자들의 일반적인 특성이라고 말하는)의 모습으로 나타난다.

---

97) 같은 책, 21쪽.
98) 같은 책, 29쪽.
99) 같은 책, 28쪽.
100) 같은 책, 31쪽.
101) 같은 책, 32쪽.

그렇다면 한 가지 의문이 드는 것은 그리스로마 신화 속에는 왜 이 토록 많은 여신들이 존재하는 것일까? 또 성격은 각양각색이지만 대부분 매우 아름다운 여인들로 그려지고 있다. 이런 여신들의 원형은 무엇일까? 그리스로마 신화에서 여신들이 남신들과 동격으로 등장하면서도 그의 배우자, 딸의 모습으로 그려진 것은 모계형에서 혼합형으로 변형된 것을 나타내는데, 이것은 모계형에 나타난 여신들의 권능은 제거되고 아름다운 여신들이 되어 질투하는 여성의 형상화가 이루어진 것이다.

우리는 이러한 유형의 신화 변형 과정을 중국신화에서는 여와와 서왕모의 사례에서 고찰할 수 있다. 먼저 여와의 변형 과정을 고찰하면 ①우주창조의 여신 ②복희의 여동생, 아내 ③아름다운 여인이다. 여기에서 '우주창조의 여신' → '복희의 여동생, 아내' → '아름다운 여인'으로의 변형은 신격의 말살과 함께 남성들이 연모하는 아름다운 모습의 대상으로 바뀐다. 서왕모의 변형 과정은 ①반인반수의 기이한 모습을 한 여신 ②황제들의 연인으로 그들을 그리워하는 존재 ③아름다운 여인이다. 서왕모 역시 '반인반수의 기이한 모습을 한 여신'에서 '황제의 연인'으로, 그리고 다시 '아름다운 여인'으로 그려진다. 이처럼 마지막에는 '아름다운 여인'으로의 변신은 남성들의 성적 이미지를 만족시켜주는 대상으로 추락한 것을 나타낸다.

따라서 혼합형의 의미는 남성 신에 짝이 되는 여성 신의 이미지로 그 신분이 남성 신보다는 아래에 있는 존재가 된다. 즉 남성 신에 덧붙여진, 그래서 어디까지나 보조적인 역할을 담당하게 된다. 이런 과정 후에 점차 아래로 내려가 철저하게 남성 신에게 예속되거나 신격을 완전히 잃게 된다.

3) 부계사회형

오늘날 우리가 흔히 보게 되는 신화는 기본적으로 부계사회형에 해당한다. 부계사회형 신화의 탄생은 당연히 '모계사회에서 부계사회로'라는 시대적 변화에 따른 것이다. 그러나 앞의 혼합형에서 말한 것처럼 오늘날 우리가 만나게 되는 모든 유형의 신화가 부계사회형인 것은 아니다. 어떤 신화에는 여전히 모계사회형이 있고, 혼합형이 존재한다. 부계사회형 신화의 등장은 여신의 몰락을 의미한다.

> 여성으로부터 남성으로의 권력이동이, 모신들이 차례로 권력을 물려주었던 것과 마찬가지로, 사실상 고대의 모든 신화들에 반영되었다는 사실을 살펴보는 일은 매우 흥미롭다. 그런 일은 여성들이 실질적으로 종속된 뒤에 나타났고, 대략적으로 볼 때 양상은 비슷했다. 처음에는 대지의 중심인 모신이 우위였다. 모신은 세계를 창조했고(말하자면 처녀수태에 의해서) 원하는 만큼의 자녀를 가졌다. 남성은 전혀 필요가 없었던 것이다! 그 다음으로 모신의 남자 아이 중에서 한 명이 연인 겸 배우자의 지위에 오르게 되었고, 결국 모신은 자신의 권력을 아들과 공유한다. 그리고 이제 그의 정체성은 창조자인 하늘의 신의 정체성과 하나가 되었다. 그 뒤에 잇달아 나타나는 그와 여신 사이의 권력투쟁에서 그는 화려한 신들의 모임과 더불어 처음으로 승리를 거머쥐었고, 통치자의 지위에 올라섰다. 여신의 지위는 강등되었다. 그 후 그는 최고 통치권자가 되었고 하늘이 내린 군주처럼 통치했으며, 이로써 창조에 대한 여신에게서 남신으로의 권력이동은 완결된다.[102]

이것은 결국 여신들의 죽음을 의미한다.

> (여)신들은 대략 3,000~4,000년 전에 권좌에서 물러난 뒤 사람들에게 어떤 영향력도 발휘할 수 없을 만큼 세력이 충분히 약화되었다. 따

---

102) 새리 엘 서러, 『어머니의 신화』, 67~68쪽.

라서 새로이 권좌에 오른 힘 있는 남신들의 아내나 어머니의 지위로 강등된 여신들은 이전과는 달리 대부분의 문제에 관여할 수 없게 되었다. 이 여신들은 결국 죽을 수밖에 없는 유한한 존재인 다른 많은 여성들과 마찬가지로 그 뒤로 결코 회복될 수 없는 역할 범위의 축소 때문에 괴로워했다. 여신들은 자신의 자녀들로 대체되었다![103]

그 결과 "남신들은 모신 또는 여성 그 자체를 숭배하는 종교를 상징하는 것으로 보이는 여성 괴물들을 죽이는 것으로 심심찮게 묘사되었다."[104]

우리가 생각하기에 부계사회형 신화는 "지배계층이 자기들의 기득권을 보호하기 위하여, 신들이 질서란 것을 만들었으므로 그것을 지켜야 한다고 강요했다"고 할 수 있다.[105] 왜냐하면 오늘날 우리가 만나게 되는 대부분의 신화는 "남성들이 지배 계층으로 군림하기 시작한 가부장제사회(家父長制社會)에서 만들어졌다는 사실" 때문이다.[106] 이러한 유형이 바로 부계사회형 신화에 해당한다. 그렇지만 모든 신화가 이렇다고 보는 것은 무리이다. 앞에서 설명한 모계사회형, 혼합형은 다르기 때문이다.

이제 신들은 당연히 남성이라는 성 정체성을 강조한다. 따라서 여성이라는 성 정체성을 가진 여신들은 이제 신이라는 자격을 가질 수 없는 존재가 된다.

부계사회형 신화의 전형적인 형태가 『성경』에 나타난 아버지 하느님이라는 남성 이미지이다. 그런데 재미있게도 구약에서 그려지고 있는 하느님은 스스로를 "매일 분노하는 하나님"(「시」7 : 8~9)이라고

---

103) 같은 책, 71쪽.
104) 같은 책, 72쪽.
105) 김화경, 『세계 신화 속의 여성들』, 24쪽.
106) 같은 책, 30쪽.

말하고 있다. 하느님의 분노는 구약『성경』곳곳에 보인다.

> 보라, 나의 진노와 분한을 이곳에 붓되 사람과 짐승과 들나무와 땅의
> 소산에 부으리니 불 같이 살라지고 꺼지지 아니하리라 하시니라.[107]
> 내가 너희를 모으고 내 분노의 불을 너희에게 분즉 너희가 그 가운
> 데서 녹으리니. 나 여호와가 분노를 너희 위에 쏟은 줄을 너희가 알리
> 라.[108]

김화경은『세계 신화 속의 여성들』에서 인도네시아 자바 섬의 신화
를 소개하고 있다. 이 신화의 내용은 이렇다. 신이 인간(남자)을 만들
고 나서 그를 위해 아내를 만들고자 하였는데 점토가 남아있지 않아
난처하게 되었다. 그래서 창조신은 "달의 둥근 모습과 뱀의 꾸불꾸불
한 모습, 칡의 넝쿨이 엉킨 모양, 풀의 흔들리는 모습, 보리의 날씬한
모습, 꽃의 향기, 나뭇잎의 경쾌함, 사슴의 눈길, 햇빛의 상쾌함과 즐
거움, 바람의 민첩성, 구름의 눈물, 솜털의 연약함, 잘 놀라는 새의 모
습, 꿀의 달콤함, 공작의 허영심, 제비의 가는 허리, 다이아몬드의 아
름다움과 산비둘기의 울음소리를 가지고 여자를 만들어 남자에게 주
었다"고 한다. 그런데 며칠 후에 남자가 창조신을 찾아가 불평하기 시
작했다. 남자는 신에게 "신이시여, 당신이 저에게 주신 여자는 저의 인
생을 망치게 하고 있습니다. 그녀는 늘 수다를 떨고 저의 모든 시간을
요구하며, 사소한 일에도 불평을 하고, 게다가 늘 병에 걸려 있습니다"
라고 투덜거렸다. 신은 남자의 불평을 듣고서 어쩔 수 없이 여자를 데
리고 왔다. 그런데 며칠이 지나자 남자가 다시 신을 찾아왔다. 그리고
는 창조신에게 "신이시여, 당신이 저의 아내를 데리고 간 다음, 저는

---

107)『성경』「예레미야」20.
108)『성경』「에스겔」22.

쓸쓸해서 전혀 견딜 수가 없습니다. 그녀는 제 곁에서 노래하기도 하고, 춤을 추기도 하였습니다. 그녀가 얼마나 사랑스럽게 저를 바라보고 저를 애무하였는가, 또 얼마나 저와 재미있게 놀았으며, 저의 보호를 구하였는가를 생각하지 않을 수가 없었습니다"라고 말하였다. 창조신은 다시 남자에게 여자를 돌려주었다. 이런 과정이 몇 차례 반복된 뒤에 결국 남자는 이렇게 말한다. "아아, 괴롭습니다. 저는 아내와 같이 생활할 수도 없지만, 그렇다고 아내 없이 생활할 수도 없습니다."[109]

여기서도 남자를 만들고 남은 찌꺼기로 여자를 만들었다는 구조가 나온다. 그리고 여성에 대한 폄하, 아니 불평이라고 하는 것이 정확할 것 같은데, 아무튼 원망이 나타난다. 그래도 여기에서 그려지고 있는 여성은 차라리 애교가 있다. 그야말로 달덩이 같은 얼굴, 날씬한 몸매, 향기로움, 사랑스런 눈 등 참으로 아름다운 모습이 아닌가? 또 남자의 여자에 대한 불만 역시 수다스러움, 함께 있을 것을 요구함, 연약함 정도에 불과하다. 사실 남자도 여자에게 그런 비슷한 요구를 하지 않는가? 여성의 아름다움에 비하면 이런 정도의 불평은 참아줄 수 있는 것이 아닐까? 이 이야기에서 남자의 여자에 대한 불평은 그저 투정으로 보일 뿐이다. 사실 이 이야기에서는 새침데기처럼 그려진 여자보다도 그런 여자로 인하여 이러지도 저러지도 못하는 남자의 입장이 오히려 눈물겹다는 생각이 들 정도이다. 어쨌든 여기에서는 여성을 인류 타락의 원인, 인류 죽음의 원인이라는 것과 같은 무시무시한 말은 하고 있지 않다.

『성경』에서 하느님은 '아버지'로 나타난다. 「창세기」에서부터 하느님은 '아버지'로 그려지고 있다. 여기에 나타난 하느님은 말투부터 고

---

109) 김화경, 『세계 신화 속의 여성들』, 31~32쪽 참조 요약.

상한 것과는 거리가 멀다. 전혀 인간적인 감정이 있는 인물로 보이지 않는다. 어떤 면에서 오히려 그저 분노하기를 좋아하는 인물이다. 아담과 이브를 만들었다가 후에는 홍수로 인류를 멸하는 하느님이다. 그 야말로 하느님에 의한 대량학살이 자행되었다. 하느님에게는 인류를 멸망시킬 권리가 있을까?

멀린 스톤은 구약에 보이는 여신에 대해 이렇게 소개한다.

> 구약에서 '이교도'의 신으로 경멸하는 아스다롯(Ashtoreth : 성경의 기록자들이 남성형을 사용하여 계속 그녀의 정체를 가리려고 노력했지만)은 사실은 아스타르테(Astarte)였다. 가나안에서 그녀는 '위대한 여신'으로 알려졌으며, 근동의 '하늘의 여왕'이었다. 성경에 나오는 이방의 우상 숭배자들은 여자 신인 거룩한 여자 조상에게 기도를 드렸다. 이 여자 신은 인닌(Innin), 이난나(Inanna), 나나(Nana), 누트, 아나트(Anath), 아나히타(Anahita), 이슈타르, 이시스, 이우 세트(Au Set), 이샤라(Ishara), 아세라(Asherah), 아슈타르트(Ashtart), 아토레트(Attoret), 아타르(Attar), 하토르 등 많은 이름을 가지고 있었다. 그러나 이 이름은 모두 그녀를 섬기는 각 땅의 언어나 방언으로 '위대한 여신'이라는 의미였다.[110]

하느님이 '남성신'이 된 것은 후대의 일이다.

제2절 신화 속의 여신들

이 단락에서 우리는 신화 속에 나타난 여신들의 모습을 살펴보기로 한다. 왜냐하면 오늘날 우리가 만나게 되는 남신들 이전에 여신들이

---

110) 멀린 스톤, 『하느님이 여자였던 시절』, 51쪽.

존재하였고, 그 속에 신화의 원형이 자리를 잡고 있기 때문이다. 남신들의 신화들 가운데에서 많은 부분들은 이미 여신들을 변형시켜 버린, 즉 신화의 원형이 변형된 것이 많다. 또 한 가지 이유는 고대 중국의 신선 이야기를 고찰함에 있어서 이 여신들이 중요한 역할을 담당하고 있기 때문이다.

학자들의 견해에 의하면 인류사회는 모계사회에서 부계사회로 넘어왔다고 한다. 그 시기는 각 지역마다 편차를 보이고 있다.

오늘날 중국에 남아 있는 소수민족 가운데 모계적 전통을 이어가고 있는 민족이 있다. 이들이 모쒀족(摩梭族)이다. 양얼처나무와 크리스틴 매튜의 『아버지가 없는 나라』에서 이렇게 말하였다.

> 내가(양얼처나무 - 인용자) 태어났다고 엄마가 그렇게 실망한 것은 의외였다. 우리 모쒀족(摩梭族)은 아들보다 딸을 선호하는 편이기 때문이다. 중국에서 우리를 '딸들의 나라'라고 부르는 것도 그런 연유에서이다. 대를 잇고 집을 다스리는 건 남자가 아닌 여자다.111)

이 모쒀족은 평생 모계 가족을 중심으로 살아간다.

> 전통적으로 가족은 갈라지는 법이 없었다. 딸이건 아들이건 어머니, 그러니까 모계 쪽 친척들과 평생을 함께 살았다. 그러다가 태어난 집, 할머니에게서 어머니로 대를 물려가는 그 집에서 숨을 거둔다면 더욱 이상적이었다.112)

여신이 숭배되는 사회는 여성들이 중심적인 역할을 수행했던 모계사회였을 가능성이 높다.113) 멀린 스톤은 『하느님이 여자였던 시절』

---

111) 양얼처나무·크리스틴 매튜, 『아버지가 없는 나라』, 김영사, 2007, 13쪽.
112) 같은 책, 14쪽.

에서 이렇게 말하였다.

> 인간의 발전에서 선사 시대와 역사 시대 초기에는 최고의 창조주를 여성으로 섬기는 종교들이 있었다. '위대한 여신'-'거룩한 여성 조상'은 기원전 7000년 신석기 시대 초기부터 서기 50년경 마지막 남은 여신 신전들이 폐쇄될 때까지 예배의 대상이었다. 어떤 학자들은 여신숭배가 후기 구석기 시대인 기원전 25000년경까지 거슬러 올라간다고 추정하기도 한다.114)

세계적으로 여신들을 대표하는 인물은 아마도 대지모신일 것이다. 이 대지모신은 대지의 여신이다.

1. 대지모신

모계사회의 특징을 가장 잘 보여주는 것은 '대지모신'(Great Mother)에 대한 신앙이다. "대지모신 가이아 혹은 게(Ge)에 대한 신화는 모신들이 남신들보다 더 먼저 있었다는 인식이 신화의 심층에 자리 잡고 있음을 보여준다. 가이아는 사랑이 지닌 생산력을 뜻하는 에로스와 더불어 태초에 카오스로부터 가장 먼저 생겨난 신이다. 가이아는 하늘 우라노스를 만들어내고 또 그와 결합하여 괴물들과 거인들, 그리고 티탄들을 낳았다."115) 이 '대지모신'은 대지의 모든 생명의 근원이다.

구석기 시대의 인간들에게는 동물이 주식(主食)이었다. 말하자면 사

---

113) 김화경, 『세계 신화 속의 여성들』, 86쪽.
114) 멀린 스톤, 『하느님이 여자였던 시절』, 15쪽.
115) 게롤트 돔머무트 구드리히, 『신화』, 65쪽.

냥을 하여 잡을 수 있는 동물이 그들의 주된 음식이었다. 그러므로 동물들을 충분히 확보하는 부(富)야말로 그들이 추구하는 최선의 선택이었다. 그러나 당시에는 출산이 생명의 탄생이라고 하는 아날로지로, 이러한 부는 여성, 곧 어머니가 만들어내는 것이라고 하는 관념이 일반적이었을 것으로 추정된다. 그리하여 자연에 의존하는 것은 어머니인 자연에 대한 숭배라는 관념을 낳았으며, 자연의 부를 가져다주는 자로서 대지모신(大地母神)에 대한 신앙이 종교의 중심이 되지 않을 수 없었다.116)

섀리 엘 서러는 『어머니의 신화』에서 또 이렇게 말하였다.

신은 가정 밖에서 작용하는 일종의 어머니였다. 신은 구석기 시대부터 마지막 여신을 위한 신전의 종말기였던 서기 500년 즈음까지의 수천 년 동안 그 모든 일을 다 해내었다. 오늘날 위대한 어머니(the Great Mother)로 부르는 그 여신은 출산을 할 뿐만 아니라 변화, 죽음, 부활 그리고 그 사이에 있는 모든 것들을 경험하였으며, 인간들도 똑같은 일을 하도록 만들었다. 이 어머니 여신은 모든 신들 중에서 가장 오래된 신으로, 최초의 신성을 지녔으며 전지전능했다.117)

서러는 이어서 그 당시의 어머니들은 "오늘날의 어머니들보다 자유와 위엄 그리고 자아실현의 기회를 더 많이 가졌었다"고 말한다.118) 그리고 그녀는 "구석기 시대의 정신 속에서, 위대한 어머니는 당시의 사람들이 생명 유지를 위해서 전적으로 의존하던 대지와 연관을 맺게 되었다"고 덧붙여 말하고 있다.119)

---

116) 김화경, 『세계 신화 속의 여성들』, 110쪽.
117) 섀리 엘 서러, 『어머니의 신화』, 29쪽.
118) 위와 같음.
119) 위와 같음.

여신은 초월적인 존재가 아니라 내재적인 존재였다. 여신은 각 개인은 물론 실재하는 모든 것들의 위에 존재하는 것이 아니라 모든 것의 내면에 위치하였다. 구석기 시대의 남성과 여성들은 월경, 임신, 출산, 수유 등 여성의 몸에서 일어나는 자연적인 과정들을 지켜본 결과, 대지 역시 모든 생명을 품고 있는 커다란 자궁과 유사한 것으로 받아들였다.120)

당연히 이 "여신은 초월적 존재가 아니라 내재적인 존재"일 수밖에 없다. 왜냐하면 우리 인류는, 아니 대지 위에 살아가는 모든 존재, 즉 천지만물은 모두 대지에서 태어나 살다가 다시 죽어서 대지의 품으로 돌아가기 때문이다. 그러므로 인간의 일생은 이 대지의 품에서 떠난 적이 없고, 떠날 수도 없다. 마치 어린 아이가 엄마의 치맛자락을 붙잡고 있는 것처럼, 우리 인류는 대지라는 어머니의 품에서 벗어난 적이 없다. 그러므로 인간의 죽음 역시 여성의 자궁과 의미 연관이 있게 된 것이다.

죽은 사람들은 태아와 같은 자세 즉 양팔은 가슴 위에 교차되어 있고, 몸에는 착색된 대지나 어쩌면 생명을 주는 자궁 속의 액체 또는 월경할 때에 나오는 피를 상징하는 듯한 빨간 오커(ocher)를 칠한 상태로 땅에 묻혔다. 결국 인간은 죽음과 동시에 대지의 자궁으로 되돌아가 계절의 순환에 따라 피고 지는 식물들처럼 다시 태어나는 것이다.121)

그렇다면 이러한 사유는 어떻게 발생한 것일까? 캠벨 역시 여신 숭배와 농경문화의 관계에 주목한다.

여신 숭배는 주로 농경문화, 농경 사회와 밀접한 관계를 맺고 있어

---

120) 위와 같음.
121) 위와 같음.

요. 즉 대지와 아주 밀접합니다. 대지가 식물을 낳듯 인류의 여성은 인간을 낳지요. 대지가 그 식물을 기르듯 인류의 여성도 인간을 기릅니다. 따라서 여성이 지니는 마력은 대지가 지니는 마력과 같은 것이지요. 따라서 그 둘은 상화 관계 아래에 있어요. 그래서 만물을 낳고 기르는 에너지의 화신은 당연히 여성의 모습을 지니지요. 여신이 가장 중요한 신화 이미지가 되는 곳은 메소포타미아 문화권, 이집트의 나일강 문화권 같은 고대의 농경 문화권입니다.[122]

콜린 턱지에 의하면 농업이라는 '신석기 혁명'은 1만 년 전 중동에서 시작되었다.[123] 그런데 그는 또 "사람들은 농업을 발명하지도 환호하지도 않았다. 거부하면서도 결국 그 속으로 자신도 모르게 혹은 떠밀려서 들어간 것이다"고 말한다.[124] 이어서 그는 "신석기 이전에 이미 농사가 정착되어 있었다"고 가정한다.[125]

캠벨은 또 이렇게 언급하고 있다.

여신이 창조신일 때 이 여신의 몸은 곧 우주가 됩니다. 이 여신은 바로 우주와 동일시됩니다.[126]
여성은 시공 그 자체인데, 이 여성 너머에 있는 신비는 곧 한 쌍의 대극(對極)을 초월하는 신비인 것입니다. 이 신비의 형상에 이르면, 그것은 남성도 아니요, 여성도 아닙니다. 존재하는 것도 아니고 존재하지 않는 것도 아닙니다. 그러나 '만물'은 이 안에 있지요. 그래서 여성은 그 여성이 낳는 자식이기도 한 것입니다. 그러니까 우리가 생각할 수 있는 모든 것, 우리가 볼 수 있는 모든 것은 여신이 낳은 것입니다.[127]

---

122) 조셉 캠벨·빌 모이어스 대담, 『신화의 힘』, 308쪽.
123) 콜린 턱지, 『다윈의 대답2―왜 인간은 농부가 되었는가?』, 11쪽.
124) 같은 책, 13~14쪽.
125) 같은 책, 15쪽.
126) 조셉 캠벨·빌 모이어스 대담, 『신화의 힘』, 308쪽.
127) 같은 책, 309쪽.

대지모신 이야기와 관련하여 재미있는 두 가지 유형의 신화가 있는데 '돌에서 태어난 인간에 관한 신화'와 '대지의 태내에서 돌과 광석이 발생하고 성숙했다는 신앙'이다.[128] 앞에서 말한 이 농업과 관련하여 놀라운 사실은 '살육'과 연계된다는 것이다. 텃지에 의하면 "살육의 규모는 전 세계적이었"는데,[129] 사냥이 "남성의 지위 과시"와[130] 연관되어 있을 뿐만 아니라 "농업은 신석기혁명 이전부터 오랫동안 수행되었다. 그리고 호모 사피엔스의 생태적 성공과 다른 대형 포유류의 생태적 종말 – 아마 호모 네안데르탈렌시스(Homo neanderthalensis)의 종말도 포함하여 – 에 큰 기여를 하였다"고 한다.[131]

그러나 기독교 역사에서는 이 여신에 대한 남신, 즉 유일신 숭배의 다툼이 나타난다. 캠벨은 이에 대하여 아래와 같이 말하였다.

> 히브리인들이 가나안 땅으로 이주하면서 가나안 백성을 정복한 것과 관련된 역사적인 설명이 있어요. 가나안 백성에게 가장 중요한 신은 여신이었어요, 그런데 이 여신은 뱀과 밀접한 관계를 맺고 있어요. 바로 삶의 신비를 상징하는 존재인 것이지요. 남성신(男性神) 지향적인 민족이 이런 신관(神觀)을 거부하지 않을리 없어요. 달리 말하자면 에덴동

---

128) 미르치아 엘리아데, 『대장장이와 연금술사』, 46쪽.
129) 콜린 텃지, 『다윈의 대답2 – 왜 인간은 농부가 되었는가?』, 43쪽.
130) 같은 책, 40쪽. "사실 인간뿐 아니라 다른 육식동물들도 살육을 통해 자신의 용맹성을 자랑하는데, 암컷에게 잡아온 먹이를 선물함으로써 짝짓기 기회를 얻고자 하는 수컷 새가 그런 경우이다. 인간 사냥꾼은 살육의 위업을 통해 잠재적 짝과 부족 전체에 강한 인상을 줄 수 있으며 그 동물이 희귀한 것이거나 크고 위험하며 잡기 어려운 것일수록 그에 대한 찬사는 커질 것이다. 인간 남성들은 사냥으로 한 종을 멸종시킨 것을 업적으로 생각할지도 모른다. 비록 작은 규모라도 농사를 지은 인류는 어떤 동물의 수가 상당히 감소한 후에도 계속 그들을 사냥하여 멸종시키기 쉽다. 하지만 풀타임 사냥꾼은 이렇게 할 수 없다. 사냥만 하는 포식자는 피식자가 줄어들수록 스스로도 멸종의 위기에 처하기 때문이다."
131) 같은 책, 55쪽

산 이야기에는 역사적으로 모신(母神)을 거부하는 태도가 반영되어 있는 것이지요.132)

그렇다면 모세의 시기에는 여성신을 숭배하던 전통이 여전히 남아 있었고, 이 여성신 숭배 전통과 남성신 숭배의 전통 사이에 충돌이 발생했을 것이라고 추정해 볼 수 있다.

우리는 먼저 '자연'에 대한 관념을 회복할 필요가 있다. 캠벨은 이른바 '모신(母神)을 섬기는 종교'에 대하여 이렇게 언급하고 있다.

> 정신이라는 것은 삶의 향연입니다. 그것은 삶으로 들어가는 것이 아니라 삶에서 나오는 것입니다. 모신(母神)을 섬기는 종교에서는 세상이 곧 여신의 몸이자 여신 자체이지요. 이 여신의 신성(神性)이라는 것은 타락한 자연 위에 군림하는 그런 신성이 아니었다고요. 중세의 성모 숭배 신앙 체계에도 이 정신이 있었어요.133)

그런 다음 그는 또 기독교에 대하여 아래와 같이 비판을 한다.

> 그러나 에덴동산에서의 인류의 타락을 다룬 우리 이야기는 자연을 부패한 것으로 보고 있어요. 바로 이러한 신화가 우리를 대신해서 이 세계를 부패시키고 있는 겁니다. 자연 자체를 부패의 상징으로 보고 있기 때문에 여기에서 비롯되는 모든 것은 죄악이고, 따라서 타기되어 마땅한 것으로 전락합니다. 신화가 자연을 타락한 것으로 보느냐, 아니면 자연 자체를 신의 현현으로, 정신을 자연의 본성인 신의 드러남으로 보느냐에 따라 문화나 삶의 양식은 확연하게 달라집니다.134)

---

132) 조셉 캠벨·빌 모이어스 대담, 『신화의 힘』, 98~100쪽.
133) 같은 책, 189쪽.
134) 위와 같음.

기독교적 시각에 의하면 자연은 언제나 저급한 대상으로 등장한다. 그러나 캠벨은 이렇게 말한다.

　　하지만 우리를 어딘가에서 이쪽으로 던져진 존재가 아니고, 이 땅에서 나온 존재라고 생각해보세요. 그러면 우리가 곧 이 땅이요, 우리가 곧 이 땅의 의식이라는 인식에 도달하기가 쉬울 것입니다. 이것이 곧 이 땅의 눈이요, 이것이 곧 이 땅의 음성입니다.[135]

파울 프리샤우어(Paul Prischauer)는 모계사회의 특징을 이렇게 말하였다.

　　아버지가 없는 사회에서 어머니가 자식들에게 대해 차지하는 지위는 집단의 우두머리가 그 성원들에게 갖는 것과 동일한 것이었다. 여자들이 낳고 기른 자식들은 그들 스스로 생활해 나갈 수 있게 되기까지 어머니에게 구속되었다. 자식에게 자신의 젖과 풀과 식물들을 줄 뿐만 아니라, 남자들이 잡아온 사냥감 중에서 분배된 몫을 먹었다. 이러한 어머니와 함께 하는 안락한 보금자리 속에서 최초의 가족이 탄생하였다. 남자가 그 안에 받아들여지는 것은 어머니와 자식이 만든 집단에 순응하는 경우에 한해서였다.[136]

그런데 인류의 역사에서 "구석기 시대 즉 호모 에렉투스와 이후의 호모 사피엔스가 사냥을 위해서 작은 유목민 집단을 이루어 살면서 도구들을 발전시키고 동굴에 거처를 마련했던 그 시기는 어머니들의 위상이 최고조에 달했던 시기"였다.[137] 일본의 민족학자 오바야시 타료(大林太郎)는 모권제의 특징으로 "아버지 쪽을 배제하고 어머니 쪽

---

135) 같은 책, 77쪽.
136) 김화경, 『세계 신화 속의 여성들』, 92쪽.
137) 섀리 엘 서러, 『어머니의 신화』, 32쪽.

만의 혈통을 이어가는 모계출계(母系出系), 지위와 관직, 칭호를 어머니 쪽으로부터 이어받는 모계계승(母系繼承), 재산을 어머니 쪽에서 물려받는 모계 상속, 결혼 후에 부부가 아내의 집에 사는 처가 거주 등을 들고 있다."138) 여기에서 주목할 만한 점은 바로 섀리 엘 서러가 『어머니의 신화』에서 말하였던 다음과 같은 내용이다.

> 여성들은 생물학적 제약(또는 기회!) 때문에 항상 자녀를 낳고 기르는 역할을 담당해왔다. 핵심은 모유이다. 모유는 가장 초기의 노동 분업을 설명하는데 상당히 유용하다. 그 당시 남성들은 사냥을 담당했고, 여성들은 음식물을 채집했다. 이때 식량채집과 동시에 육아를 담당하는 편이 훨씬 더 쉽기 때문에 육아 역시 명백히 여성의 통제 아래 놓이게 되었다. 지속적인 육아는 점차 양육으로 발전했다.(…)당시의 어머니들이 생명을 지속시키는 데에 가장 중요한 두 가지 업무를 동시에 수행했다는 사실을 인정해야 할 것이다. 아이들을 돌보는 일은 종족의 생존을 보장해주었고, 먹을 수 있는 식물, 알, 벌레 등을 채집하는 일은 영양분의 80퍼센트를 제공했다.139)

이처럼 절대적인 비중을 차지하는 여성의 노동과 육아에 비하여 당시 남성들의 역할은 상대적으로 미미하였다. 서러는 이어서 이렇게 말하였다.

> 사냥을 통해서 획득된 칼로리의 양은 그보다 더 적었다. 게다가 그나마 항상 얻을 수 있다는 보장도 훨씬 적었다.140)

엘리아데는 『대장장이와 연금술사』에서 대지의 여성적 이미지를 이렇게 설명하였다.

---

138) 김화경, 『세계 신화 속의 여성들』, 97쪽.
139) 섀리 엘 서러, 『어머니의 신화』, 32~33쪽.
140) 같은 책, 33쪽.

고대 그리스에서 가장 유명한 계곡인 델포이는 신화적 이미지에서 이름을 따왔는데, 델피(delphi)는 사실상 여성의 생식기관을 의미한다.……다른 수많은 상징과 명칭이 대지와 여자를 동일시하고 있었다. 그러나 이러한 상동관계는 표본적 가치를 지니고 있었으므로, 우선권은 당연히 우주에 주어졌다. 즉, 수태에 있어서 여자가 대지를 모방하는 것이지, 대지가 여자를 모방하는 것은 아니라는 점을 플라톤도 상기시키고 있다.[141]

선민(先民)들의 대지에 대한 제사의 기록에서 우리는 그들이 여성의 음부를 숭배한 자취를 볼 수 있다.[142] 그들의 "여성의 음부에 대한 신비감이 불러일으킨 여신숭배는 애초에 자연적인 속성을 갖추고 있었으므로, 이것과 일월성신(日月星辰)·대지산천(大地山川)·동식물 등과 같은 자연물 숭배는 본질상 같은 것이었다. 또한 여신숭배의 사회적 속성이 형성되어 모계씨족 여성의 숭고한 지위로 결정되었다"고 할 것이다.[143] 잔 스츄앙(詹石窓)은 『여성과 도교 - 여성숭배의 숨겨진 역사』에서 이렇게 말하였다.

모계씨족으로 말하자면 가장 먼저 숭배 받은 여신은 단 하나였다. 그러나 여아가 어머니가 있던 곳으로부터 분리되어 나감에 따라 여아는 다시 어머니로 승격되고, 그녀들은 새로운 씨족 안에서 예전대로 권력의 상징이 되고 예전대로 신격화의 가능성과 조건을 갖추게 되었다. 전통적인 계승에 따라서 새로운 씨족의 어머니가 죽으면 그녀는 신의 행렬에 편입된다. 이와 같은 규율과 순서에 따라 여신은 점차 증가하게 되고, 그리하여 여러 층 차로 나타나는 모계씨족의 여신계통을 구성하게 되었다.[144]

---

141) 미르치아 엘리아데, 『대장장이와 연금술사』, 21~22쪽.
142) 잔 스츄앙(詹石窓), 『여성과 도교 - 여성숭배의 숨겨진 역사』, 안동준·김영수 옮김, 여강, 1993, 35쪽.
143) 같은 책, 35쪽.

섀리 엘 서러는 『어머니의 신화』에서 이렇게 말하였다.

> 실제로 맨 처음에 숭배를 받게 된 신은 바로 위대한 어머니였다. 그
> 들은 여성을 생명의 신비와 연결하는 종교적 테마를 발전시켰다.(…)
> 구석기 시대 사람들에게 종교는 평범한 일상과 분리된 경험의 차원이
> 아니었다. 모든 생명은 신성했으며, 위대한 어머니가 그 모든 생명을
> 창조했던 것이다.[145]

문제는 여기에서 우리가 주의할 점으로, 오늘날 우리가 접하게 되
는 신화들은 "분명한 것은 신화가 남성들이 지배 계층으로 군림하기
시작한 가부장제사회(家父長制社會)에서 만들어졌다는 사실이다"는
것이다.[146] 그런데 이 말을 좀 더 분석해보면 다음과 같은 가설을 세
울 수 있다. 첫째, 신화는 부계사회에서 만들어졌다. 둘째, 신화는 모
계사회에서 만들어졌다. 셋째, 신화는 모계사회에서 만들어졌고 부계
사회를 지나오면서 변형되었다. 넷째, 신화는 모계사회에서 만들어진
것도 있고, 부계사회에서 만들어진 것도 있다. 우리가 생각하기에 첫
번째와 두 번째는 둘 다 문제가 있다고 생각한다. 모든 신화가 모계사
회 혹은 부계사회에서 만들어졌다고 단정하는 것은 너무 단순한 가정
이라고 생각한다. 좀 더 현실적인 것은 세 번째와 네 번째의 경우라고
할 수 있다. 우리가 오늘날 접할 수 있는 신화들 중에서 어떤 것은 모
계사회에서 발생하여 그 원형을 비교적 잘 간직하고 있는 것이 있고,
또 어떤 것은 부계사회를 경과하면서 변형이 가해졌을 것이고, 또 어
떤 것은 전적으로 부계사회의 산물일 것이라고 생각한다.

모계사회에서 부계사회로의 변화라는 이러한 과도기를 보여주는

---

144) 같은 책, 37쪽.
145) 섀리 엘 서러, 『어머니의 신화』, 38쪽.
146) 김화경, 『세계 신화 속의 여성들』, 30쪽.

형식이 감생신화이다.

> 감생 여신은 모계씨족에서 부계씨족으로 넘어가는 최초 단계의 산물
> 일 것이다. 감생 여신에 관한 종종의 전설 중으로부터 남성 권리의 관
> 념이 이미 발생하여 사회의 권력 중심이 남성으로 넘어 가고 있음을 어
> 렵지 않게 볼 수 있다. 그러나 성씨는 여전히 어머니를 따랐고 그러므
> 로 감생 여신도 대단히 높은 지위를 유지했다.[147]

그런데 문제는 이 감생신화에서 여성의 독자적 지위에 변화가 발생
하였다는 점이다.

감생신화 이전의 신화에서 여성은 모든 생명의 근원, 삶의 근원이
었다.

> 결국 여자가 이 세상에 삶을 일군 겁니다. 이브는 이 속세의 어머니
> 입니다. 인류가 에덴동산에서 살던 꿈같은 낙원은 시간도 없고 탄생도
> 없고 죽음도 없는 곳입니다. 그것만 없습니까? 삶도 없어요. 죽어서 부
> 활하고 허물을 벗음으로써 그 삶을 새롭게 하는 뱀은 시간과 영원히 만
> 나는, 이 세계의 중심에 서 있는 세계수(世界樹)입니다. 결국 뱀은 에덴
> 동산의 실절적인 신이었던 것입니다. 시원한 석양의 바람을 쏘이다가
> 그곳에 들른 야훼는 나그네에 지나지 않아요. 동산은 뱀의 본거지였으
> 니까요.[148]

그런 까닭에 여성은 삶, 생명을 상징하는 존재이다.

> 여성은 삶을 상징하거든요. 남성은 여성을 통해야만 삶의 장으로 나
> 올 수 있어요. 따라서 대극(對極)하는 것과 고통이 있는 이 세상으로

---

147) 잔 스츄앙(詹石窓), 『여성과 도교 - 여성숭배의 숨겨진 역사』, 42쪽.
148) 조셉 캠벨·빌 모이어스 대담, 『신화의 힘』, 98쪽.

우리를 나오게 한 것은 여성인 셈이지요.[149]

그렇다면 앞에서 말한 여성과 남성의 이러한 분업과 노동력의 차이를 어떻게 이해해야만 하는 것일까? 이러한 상황에서 여성과 남성의 역할은 어떤 차이가 있었을까? 이후에 남성과 여성의 역할은 어떤 원인으로 인하여 역전되게 되었는가? 아마도 경제적 생산 구조의 변화에 그 핵심 원인이 있을 것으로 추측된다.

중국 고대 문화는 앙소문화(仰韶文化), 용산문화(龍山文化), 이리두문화(二里頭文化)로 발전하였다. 앙소문화는 기원전 5000년경에 시작하여 기원전 2500년경에 종식된 것으로 추정되는데, 채도문화(彩陶文化 : The Red Pottery Culture)이다. 이들은 농경 이외 가축을 사용하였고 수렵과 채집에도 종사하였다. 앙소시대는 농업이 주된 경제활동이었고 수렵과 채집은 부수적인 활동이었다. 용산문화는 기원전 2300년경에서 기원전 1800년경까지 지속된 것으로 추정되는데, 흑도문화(黑陶文化 : The Black Pottery Culture)이다. 그들은 앙소문화의 농경을 이어받은 농경문화였다.[150]

중국 고고학 성과에 의하면 "앙소문화(仰韶文化)로 대표되는 채도문화는 황제씨(黃帝氏), 도당씨(陶唐氏), 하후씨(夏后氏)로 이어지는 중국 신석기시대의 농업문화이다."[151] 중원의 용산문화는 앙소문화와 이리두문화 중간 시기로 씨족사회시기에 해당한다. 그리고 이리두문화는 문명 시기로 진입한 시기이다. 용산문화 시기는 사회 대변혁의 시기이다. "씨족제의 공동 노동, 평균 분배의 원칙은 이미 타파되고,

---

149) 같은 책, 100쪽.

150) 이춘식, 『중국 고대사의 전개』, 신서원, 1992, 18~20쪽 참조 요약.

151) 김선주, 「신화 속의 여성상, 아황과 여영」, 이화여자대학교 중국여성사연구실 엮음, 『중국 여성, 신화에서 혁명까지』, 서해문집, 2005, 19쪽.

권력, 문화 등이 소수의 상층에 집중되었다. 사유제의 출현으로 씨족 간의 공동 이익 관념은 점차 사라지고 대항과 반목을 하는 현상이 나타나게 되었다"는 것이다.[152]

이 여신들의 몰락을 나타내는 중요한 상징은 여성이 인류의 타락의 기원이고 인류의 죽음의 기원이라는 점이다.

2. 여신의 몰락

위에서 논의한 것처럼, 이 '여성성'이라고 명명할 수 있는 요소는 만물의 가장 본질적인 것이라고 말할 수 있다. 그에 비하여 이 '남성성'의 바탕도 이 '여성성'이다. 하딩은 이렇게 말한다.

> 우리는 보다 더 멀리까지 논의를 진행시켜서, 남성들 역시 여성 원칙에 대하여 신경을 쓰고 있다고 말할 수 있다. 그것은 다만 여성을 보다 더 잘 이해하기 위해서일 뿐만 아니라, 남성이 그의 내면세계, 또는 영적 세계와 맺는 관계가 남성적인 법칙에 의해서가 아니라, (…) 여성적인 법칙에 의해서 지배되고 있기 때문이다.[153]

이 '여성성'은 '내재적'이다. 그에 비하여 '남성성'은 '초월적'이다.

인류 역사에서 여성은 언제부터인가 비극의 근원이 되었다. 다시 말해서 타락/죽음의 근원이 되었다. "성적 평등과 평화의 시대라고 생각되는 신석기 시대의 전원생활은 대략 기원전 3100년경부터 기원전 600년경에 이르는 2500여 년에 걸쳐 천천히 사라져 갔다."[154] 그 뒤의 시대는 우리가 익히 잘 알고 있는 것처럼 "가부장제의 확립", 즉 "남성

152) 같은 책, 21~22쪽 참조 요약.
153) 에스터 하딩, 『사랑의 이해』, 김정란 옮김, 문학동네, 1996, 43쪽.
154) 섀리 엘 서러, 『어머니의 신화』, 61쪽.

들에 의한 보편적인 여성지배 체제"가 이루어졌다.[155]

먼저 『성경』에 나타난 여성의 모습을 살펴보기로 한다. 앞에서 이미 언급했지만, 하느님이 인간을 창조하는 과정에 대한 「창세기」의 기록은 1장(제사장 자료 : P)과 2장(여호와 자료 : J)에서 차이가 나타난다. 먼저 1장의 기록이다.

> (…) 하나님이 자기 형상 곧 하나님의 형상대로 사람을 창조하시되 남자와 여자를 창조하시고(…)[156]

다음은 2장의 기록이다.

> 아담이 돕는 배필이 없으므로 여호와 하나님이 아담을 깊이 잠들게 하시니 잠들매 그가 그 갈빗대 하나를 취하고 살로 대신 채우시고 여호와 하나님이 아담에게서 취하신 그 갈빗대로 여자를 만드시고 (…)[157]

1장에서는 남성과 여성을 모두 '하나님의 형상대로 사람을 창조'한 것으로 나타난다. 그런데 2장에서는 먼저 아담을 창조한 뒤에 잠든 아담의 갈빗대 하나를 취하여 이브를 만든 것으로 나타난다. 이 문제에 대해 J. G. 프레이저(Frazer, 1854~1941)는 다음과 같이 말하였다.

> 무엇보다도 J자료의 저자는 여성에 대한 자신의 깊은 멸시감을 감추려고 거의 아무 시도도 하지 않는다. 여성은 새나 들짐승보다도 나중에, 만물 중에서 맨 나중에 창조되었다고 기록한 것, 하등동물들도 모두 남자와 똑같은 재료인 흙으로 곧 정규적이고 고상한 방식으로 창조

---

155) 위와 같음.
156) 대한성서공회 발행, 『성경전서』(개역한글판), 「창세기」 1장, 2쪽.
157) 같은 책, 「창세기」 2장, 3쪽.

되었으나, 여자만은 그런 것들이 모두 지어진 다음에 비로소 자신의 주인과 지배자가 될 남자의 일부를 가지고 만들어지는데, 이런 특징들이 모두 여성의 본질을 낮게 평가하는 J자료의 저자의 견해를 표출시켜 주기에 충분하다. 그래서 결국에는 저자의 여성에 대한 입장이 혐오적으로 분명히 나타난다. 우리는 이것을 그의 '여성 혐오주의'(misogynism)라고 불러도 정당할 것인데, 이것은 마침내 그의 화폭에서 더 어두운 색채를 띠고 있다. 여기서 그는 인류의 모든 불행과 슬픔의 원인을 인류의 첫 어머니의 속성인 '잘 믿는 어리석음'과 '억제할 줄 모르는 식욕'에 돌리고 있다.158)

여성에 대한 이러한 관념은 오늘날 세계 종교 안에도 그대로 전승되었다. 기 베슈텔은 『신의 네 여자』에서 이렇게 비판하였다.

가톨릭이 여성을 높이 산 일은 일찍이 없었다. (…) 가톨릭은 줄곧 여성을 온갖 잡다한 결함을 지닌 존재로 의심해 왔다. 가톨릭 고위층에서는 여성을 탕녀, 악마의 동반자, 깍도요와 같은 미련한 계집, 그리고 아주 드물게 성녀—그것도 처치 곤란한 성녀—이렇게 네 부류로만 보아 왔다.159)

그리스 로마 신화에서도 "사람들이 서로 다투는 것은 불화의 여신 에리스가 싸움을 부추기기 때문이다"고 말한다.160) 이제 세상의 모든 잘못된 것은 여자 탓인 것이다. 캠벨은 모권적 신화와 부권적 신화 사이의 차이 혹은 갈등을 아래와 같이 설명한다.

그 이전 어머니 신화의 제의에서는 삶이라는 복잡한 것의 밝은 측면

---

158) J. G. 프레이저, 『문명과 야만1』, 이양구 옮김, 강천, 1996, 48쪽.
159) 기 베슈텔, 『신의 네 여자』, 전혜정 옮김, 여성신문사, 2004, 16쪽.
160) 게롤트 돔머무트 구드리히, 『신화』, 9쪽.

과 어두운 측면을 똑같이 존중하였다. 그러나 남성 지향적이고 부권적인 신화들에서는, 선하고 고귀한 것은 모두 새로 주인이 된 영웅적인 신들의 것이 되고, 토착적인 자연의 힘들에게는 오직 어둠의 성격만 남겨졌다. 나아가 부정적인 도덕적 판단마저 덧붙여졌다. 왜냐하면(…) 이 두 대조적인 삶의 방식에서는 신화적 질서만이 아니라 사회적 질서도 대립을 하였기 때문이다.161)

이것은 모권 질서와 부권 질서 사이에서 모권 질서가 점차 쇠퇴하고 그 자리를 부권 질서가 차지해 가는 과정이기도 하다. 그 결과 여신의 몰락은 여성의 몰락으로 나타난다.

여신이 죽은 자들을 삼키는 존재로서만이 아니라 삶을 주고 지탱하는 존재로서 숭배 받던 곳에서는 숭배의식만이 아니라 사회에서도 여성들에게 중요한 지위가 주어졌다. 여자들이 여신을 대리하였기 때문이다. 이렇게 여성이 지배하는 사회적이고 제의적인 관습의 질서를 일반적인 넓은 의미에서 모권 질서라고 부른다. 이와는 완전히 대립하는 것이 부권 질서로서, 여기에는 의로운 웅변의 열정 그리고 불과 검의 진노가 있다.162)

여신의 몰락은 크게 두 가지 측면에서 고찰할 수 있다. 첫째, 인류의 타락이다. 둘째, 인류의 죽음이다. 고대 신화에서는 인류가 타락하게 된 원인으로 여성을 지목하고 있다. 뿐만 아니라 인류의 타락은 결국 인간의 죽음으로 이어진다.

(1) 여성과 인류의 타락

신화에서는 여성을 타락의 기원으로 설정하고 있다.

---

161) 조지프 캠벨, 『신의 가면Ⅲ -서양 신화』, 정영목 옮김, 까치, 1999, 32쪽.
162) 같은 책, 33쪽.

먼저 『성경』 「창세기」편에 보이는 아담과 이브의 이야기를 살펴
보자.

여호와 하나님의 지으신 들짐승 중에 뱀이 가장 간교하더라. 뱀이 여
자에게 물어 가로되 "하나님이 참으로 너희더러 동산 모든 나무의 실과
를 먹지 말라 하시더냐?" 여자가 뱀에게 말하되 "동산 나무의 실과를
우리가 먹을 수 있으나, 동산 중앙에 있는 나무의 실과는 하나님의 말
씀에 너희는 먹지도 말고 만지지도 말라" 하셨느니라. 뱀이 여자에게
이르되 "너희가 결코 죽지 아니하리라. 너희가 그것을 먹는 날에는 너
희 눈이 밝아 하나님과 같이 되어 선악을 알줄을 하나님이 아심이니
라." 여자가 그 나무를 본즉 먹음직도 하고 보암직도 하고 지혜롭게 할
만큼 탐스럽기도 한 나무인지라 여자가 그 실과를 따먹고 자기와 함께
한 남편에게도 주매 그도 먹은지라 이에 그들의 눈이 밝아 자기들의 몸
이 벗은 줄을 알고 무화과나무 잎을 엮어 치마를 하였더라. 그들이 날
이 서늘할 때에 동산에 거니시는 여호와 하나님의 음성을 듣고 아담과
그 아내가 여호와 하나님의 낯을 피하여 동산 나무 사이에 숨은지라 여
호와 하나님이 아담을 부르시며 그에게 이르시되 "네가 어디 있느냐?"
가로되 "내가 동산에서 하나님의 소리를 듣고 내가 벗었으므로 두려워
하여 숨었나이다." 가라사대 "누가 너의 벗었음을 네게 고하였느냐? 내
가 너더러 먹지 말라 명한 그 나무 실과를 네가 먹었느냐?" 아담이 가
로되 "하나님이 주셔서 나와 함께하게 하신 여자 그가 그 나무 실과를
내게 주므로 내가 먹었나이다." 여호와 하나님이 여자에게 이르시되
"네가 어찌하여 이리하였느냐?" 여자가 가로되 "뱀이 나를 꾀므로 내가
먹었나이다." 여호와 하나님이 뱀에게 이르시되 "네가 이렇게 하였으니
네가 모든 육축과 들의 모든 짐승보다 더욱 저주를 받아 배로 다니고
종신토록 흙을 먹을지니라. 내가 너로 여자와 원수가 되게 하고 너의
후손도 여자의 후손과 원수가 되게 하리니 여자의 후손은 네 머리를 상
하게 할 것이요, 너는 그의 발꿈치를 상하게 할 것이니라." 하시고 또
여자에게 이르시되 "내가 네게 잉태하는 고통을 크게 더하리니 네가 수
고하고 자식을 낳을 것이며 너는 남편을 사모하고 남편은 너를 다스릴

것이니라." 하시고 아담에게 이르시되 "네가 네 아내의 말을 듣고 내가
너더러 먹지 말라한 나무 실과를 먹었은즉 땅은 너로 인하여 저주를 받
고 너는 종신토록 수고하여야 그 소산을 먹으리라. 땅이 네게 가시덤불
과 엉겅퀴를 낼 것이라. 너의 먹을 것은 밭의 채소인즉 네가 얼굴에 땀
이 흘러야 식물을 먹고 필경은 흙으로 돌아가리니 그 속에서 네가 취함
을 입었음이라. 너는 흙이니 흙으로 돌아갈 것이니라." 하시니라. 아담
이 그 아내를 하와라 이름 하였으니 그는 모든 산 자의 어미가 됨이더
라. 여호와 하나님이 아담과 그 아내를 위하여 가죽옷을 지어 입히시니
라. 163)

「창세기」편의 이야기 구도에서 등장하는 대상은 아담, 이브, 뱀, 그
리고 하느님이다. 그런데 이 「창세기」의 서사구조는 매우 복잡한 문
제를 담고 있다. 이 이야기의 구조에서 타락의 출발점을 어떻게 볼 것
인가에 따라서 매우 재미있는 결과가 도출된다.

먼저 이 이야기 구조에서 등장하는 대상들을 하나하나 나누어 분석
하기로 한다.

우리가 먼저 분석할 대상은 뱀이다. 즉 여기에서 나타나고 있는 뱀
의 이미지이다. 섀리 엘 서러는 이렇게 지적하였다.

구약성서에서 뱀은 이브를 유혹한 악마였으며, 그때 이후로 우리는
뱀을 남성의 성적 특질, 부도덕한 섹스, 사악함, 배신 등에 대한 경멸적
인 상징으로 받아들이고 있다.164)

그리고 이어서 서러는 뱀이 고대에 어떤 상징이었는가를 다음과 같
이 말하였다.

---

163) 「창세기」 3 : 1~3 : 24.
164) 섀리 엘 서러, 『어머니의 신화』, 53쪽.

그러나 신석기 시대에 뱀은 영원한 삶을 상징하는 동물이었다. 허물을 벗을 때마다 다시 태어나는 것처럼 생각되었기 때문이다. 아이러니컬하게도 뱀은 일종의 여성으로서 기본적으로 공경 받았으며, 일반적으로 지혜와 미래에 대한 전조 등과 관련을 맺고 있었다. 뱀의 지위는 청동기 시대 크레타에서 절정에 달했다. 청동기 시대 크레타에서는 뱀을 휘감은 여사제의 화려한 상들이 풍부하게 널려 있었으며, 그 섬에서 가장 성스러운 장소인 크레타 여신들의 성역에는 "뱀관"(snake tubes) 즉 성스러운 뱀들이 머무르거나 지나다니는 데에 사용되는 찰흙으로 만든 원통형의 관들이 자리 잡고 있었다.165)

캠벨 역시 '뱀'의 이미지에 대하여 이렇게 말하였다.

생명력은 뱀으로 하여금 허물을 벗게 합니다. 흡사 달이 그 그늘을 벗듯이 말이지요. 달이 다시 차기 위해서 그 그늘을 벗듯, 뱀은 거듭나기 위해서 그 허물을 벗지요. 이 양자는 대응하는 상징입니다. 때로 뱀은 제 꼬리를 물고 있는 동그라미 꼴로 그려지기도 합니다. 이게 바로 삶의 이미지이지요. 삶 역시 한 세대에서 이울면서 다음 세대로 넘겨져 거듭납니다. 뱀은 끊임없이 죽고 죽어서 다시 태어나는 영원한 에너지와 의식을 상징합니다. 끊임없이 죽어서 다시 태어나는 삶을 가만히 보고 있노라면 문득 섬뜩하다는 생각이 들고는 합니다. 뱀 역시 삶에 대한 놀라움과 섬뜩함 같은 이미지를 지닙니다.166)

캠벨은 또 『신의 가면Ⅲ - 서양신화』에서 이렇게 말한다.

「창세기」의 하와가 나무 옆에 있는 장면에서, 나무에서 나타나 하와에게 말을 거는 뱀이 어엿한 신임을 암시하는 대목은 전혀 찾아볼 수 없다. 그러나 이 뱀은 「창세기」가 쓰여지기 적어도 7천 년 전에 레바트

---

165) 같은 책, 53쪽.
166) 조셉 캠벨·빌 모이어스 대담, 『신화의 힘』, 96쪽.

에서 섬기던 신이었다.167)

또 이렇게 보충하여 말한다.

　　뱀은 허물을 벗고 새롭게 젊음을 얻는 놀라운 능력을 지니었기 때문
에 세계 전역에서 재탄생의 신비를 관장하는 존재로 자리를 잡게 되었
다. (…) 그러나 뱀은 또 물의 주관자이다. 뱀은 흙 속의 나무뿌리 사이
에 살면서 샘, 늪, 수로를 찾아가며, 파도와 같은 동작으로 미끄러지면
서 움직인다.168)

　그런데 『성경』 「창세기」에서는 뱀의 이러한 이미지는 사라지고 단
지 인류에게 타락을 제공한 자가 되고 말았다. 그렇다면 이처럼 뱀의
이미지의 변형/변화는 무엇을 의미하는가? "성경에 나오는 야훼의 원
시의 뱀 정복에 대한 묘사는 이제는 익숙해진 인도유럽계 남성 신
이 어둠의 뱀, 즉 여신을 물리치는 이야기의 또 다른 변형에 불과하
다."169) 뱀의 유혹을 받아 죄를 짓게 된 이브는 자신의 '타락'을 뱀이
유혹하였다고 말한다. 또 아담은 이브에 의해 죄를 짓게 된 순진한 인
물로 그려지고 있다. 그렇지만 원래 "뱀은, 과거를 벗어던지고 계속해
서 새 삶을 사는 생명의 상징으로 등장"한다.170) 그런데 「창세기」에
서 '뱀의 유혹'이란 서사 구조에서는 그와 정반대로 나타났고, 그 결과
사실 "성서에서는 영원은 물러나고, 자연은 부패하고 타락"한 것으로
나타났으며, 그 결과 "성서적 사고방식으로 보면 우리는 추방된 채"
살아가는 존재가 된다.171)

---

167) 조지프 캠벨, 『신의가면Ⅲ -서양 신화』, 18쪽.
168) 같은 책, 19쪽.
169) 멀린 스톤, 『하느님이 여자였던 시절』, 187쪽.
170) 조셉 캠벨·빌 모이어스 대담, 『신화의 힘』, 96쪽.
171) 같은 책, 63쪽.

성서적 전승에 나오는 인류의 타락이라고 하는 관점에서 보면, 우리
가 아는 자연은 썩은 것, 섹스도 썩은 것, 섹스의 덩어리라고 할 수 있
는 여자는 더욱 썩은 것입니다. 선악을 아는 것이 아담과 이브에게 왜
금지되어야 했던가요? 그것을 모르고 있었더라면 인류는 삶의 조건에
동참하지 못한 채 아직도 에덴동산에서 멍청한 아이처럼 살고 있을 테
지요.172)

그런데 이러한 여성은 뒤에 남성과 서로 대극(對極)이 되는 존재로
부각된다. 그리고 여성은 죄악의 존재, 즉 죄악을 낳게 된 근원으로 자
리를 잡게 된다.

대극이라는 것은 죄악에서 비롯되지요. 다른 말로 하면, 죄악으로 인
하여 인류는 낙원의 동산이라는 신화적인 꿈의 시간대에서 쫓겨납니
다. 초시간대(超時間帶)인 이 시간대에는 시간이 없는 곳, 남성과 여성
이 저희가 서로 다르다는 것을 모르는 곳입니다. 이 낙원에서 남성과
여성은 그저 피조물에 지나지 않습니다. 뿐만 아니라 하느님과 인간도
실제로는 같습니다. 하느님은 석양의 서늘한 바람을 쏘이려고 이 남성
과 여성이 있는 곳으로 터벅터벅 걸어 들어옵니다. 그런데 이 남성과
여성이 사과를 먹습니다. 이 사과가 바로 대극에 관한 인식입니다. 이
사과를 먹음으로써 둘은 대극을 인식하게 되는 것이지요. 대극을 인식
할 수 있게 되고 보니, 저희가 서로 다르다는 것도 인식하게 되었지
요.173)

위에 인용한 단락에서 중요한 의미를 담고 있는 말은 "남성과 여성
이 저희가 서로 다르다는 것을 모르는 곳"이라는 표현이다. 그런데
'나무의 실과'라는 매개물을 통하여 하느님과 인간 사이에 대극이 발

---

172) 같은 책, 97~98쪽.
173) 같은 책, 100쪽.

생하고, 다시 여성과 남성 사이에 대극이 발생하다. 그런 까닭에 이 대극은 초월할 수 없는 어떤 원형으로 자리 잡게 된다.

이 '대극'을 중국 도가철학의 관점에서 살펴보면 바로 '음양의 대립'으로 표현할 수 있다. 우리 인류가 살아가는 이 세상은 언제나 두 개의 짝으로 이루어져 있다. 하늘과 땅, 밤과 낮, 삶과 죽음, 여성과 남성, 아름다움과 추함 등등과 같은 것이다. 그런 까닭에 우리는 이 짝 개념의 세계에서 벗어나지 못하고 있고, 그 결과 이 둘의 대립이라는 시각에서 천지만물을 바라보게 된 것이다. 그렇지만 이것은 잘못된 시각, 인류의 타락된 시각을 보여줄 뿐이다. 그러므로 노자 역시 이런 대립적 세계라는 타락된 시각을 벗어나야만 인간이 자유로울 수 있다고 말한 것이다. 그 대표적인 표현이 바로 '몸'(身)의 존재로 나타났다.

나에게 큰 근심이 있는 까닭은 내가 몸을 가지고 있기 때문이다. 내게 몸이 없게 된다면 나에게 무슨 걱정이 있겠는가![174]

노자의 말에 의하면, 우리는 이 '몸'을 통하여, '몸'이 있음으로 해서 이와 대립적인 세계를 이른바 '대상'으로 갖게 된 것이다. 그런데 이러한 대립적인 세계를 벗어나지 않는 한 그 혼란, 다툼은 영원히 계속될 것이다. 달리 말하면, 노자가 생각하기에 이 대립적인 세계를 벗어나야만 우리는 전체가 하나인 세계(一)를 회복할 수 있다.

옛날은 하나를 얻었었다. 하늘은 하나를 얻어 맑고, 땅은 하나를 얻어 안정되고, 신은 하나를 얻어 영험하고, 계곡은 하나를 얻어 가득차고, 만물은 하나를 얻어 생겨났다.[175]

---

174) 『老子』제13장 : "吾所以有大患者, 爲吾有身, 及吾無身, 吾有何患!"
175) 같은 책, 제39장 : "昔之得一者 : 天得一以淸, 地得一以寧, 神得一以靈, 谷得一以盈, 萬物得一以生."

이러한 맥락에서 세계를 이해한 인물이 장자이다. 장자는 이것을 '혼돈'(混沌)이이라고 말하였다.

남쪽 바다(南海)의 임금을 숙(儵)이라 하고 북쪽 바다의 임금을 홀 (忽)이라 하며, 중앙(中央)의 임금을 혼돈(混沌)이라고 한다. 숙과 홀 이 마침 혼돈의 땅에서 만났다. 혼돈은 그들을 매우 융숭하게 대접하였 다. 숙과 홀은 혼돈의 은혜에 보답할 것을 의논하였다. "사람은 누구나 일곱 구멍이 있어서 그것으로 보고 듣고 먹고 숨을 쉬는데 이 혼돈에게 만은 없다. 그에게 일곱 구멍을 뚫어주기로 합시다." 그래서 날마다 한 개의 구멍을 뚫어주었다. 그러나 7일이 지나자 혼돈은 그만 죽고 말았 다.176)

그러나 장자에 의하면 이제 이 '혼돈'은 이미 죽어서 세상에는 더 이상 존재하지 않는다. 장자가 말하는 '혼돈'은 고대 사회의 자연적 질 서를 의미한다. 그런데 이러한 고대 사회의 자연적 질서는 인위적 질 서에 의하여 사라지게 되었다는 말이다.

섭서헌(葉舒憲)은 『노자와 신화』에서 '혼돈'의 의미를 이렇게 지적 하였다.

간단히 말해서 노자와 장자의 안목에서 구멍이 뚫리지 않은 혼돈은 가장 완전무결한 이상적인 상태를 대표한다. 우주론의 측면에서 말하 면 그것은 세계가 창조되기 이전의 나누어지지 않은 혼돈된 하나의 상 태를 가리키며, 심리학의 측면에서 말하면 그것은 신비한 체험상태를 가리킨다. 여기에서 우리는 중국 도가 형식의 이상적인 황금시대는 원 래 혼돈을 원형으로 하고 있음을 보았다.177)

---

176) 『莊子』「應帝王」: "南海之帝爲儵, 北海之帝爲忽, 中央之帝爲混沌. 儵與忽 時相與遇混沌之地, 混沌待之甚善. 儵與忽謀報混沌之德, 曰: '人皆有七竅, 以視聽食息. 此獨無有, 嘗試鑿之.' 一鑿一竅, 七日而混沌死."

노장철학에서 말하는 '하나'(일)의 파괴/분열, '혼돈'의 죽음은 여성적 질서의 파괴/분열/죽음을 의미한다.

(2) 여성과 죽음의 기원

고대 이스라엘에서만이 아니라 수많은 문화권의 신화에서 죽음은 인류가 신으로부터 소외당하면서부터 세상에 나타난 것으로 나온다. 따라서 소외는 죽음을 통해서만 극복될 수 있는 것이라고 생각되었다.178) 그런데 세계의 신화에 나타나는 중요한 특징 가운데 하나는 죽음의 기원을 여성에게 둔다는 점이다.

앞에서 살펴본 것처럼, 신화 구조에서 죽음은 인간의 타락의 결과이고, 이러한 인간의 타락은 여성에 의한 것이다. 그 결과 인간은 죽음을 맞이하는 존재가 되었다. 그러므로 그 논리적 구조는 여성의 타락 → 인간의 죽음으로 이어진다.

> 여호와 하나님이 가라사대 "보라 이 사람이 선악을 아는 일에 우리 중 하나 같이 되었으니 그가 그 손을 들어 생명나무 실과도 따먹고 영생할까 하노라." 하시고 여호와 하나님이 에덴동산에서 그 사람을 내어 보내어 그의 근본 된 토지를 갈게 하시니라. 이같이 하나님이 그 사람을 쫓아내시고 에덴동상 동편에 그룹들과 두루 도는 화염검을 두어 생명나무의 길을 지키게 하시니라.179)

위의 이야기 구조에서 물론 여성의 타락에 원인을 두고 있는데, 즉 『성경』에 나타난 논리에 의하면 인류의 타락, 죽음은 모두 여성의 책임이다. 그러나 어쨌든 『성경』에 의하면 인간이 '영원한 생명'을 얻지

---

177) 葉舒憲, 『노자와 신화』, 노승현 옮김, 문학동네, 2003, 207~208쪽.
178) J. F. 비얼레인, 『살아있는 신화』, 배경화 옮김, 세종서적, 2000, 43쪽.
179) 창세기 3 : 1~3 : 24, 1991, 5쪽.

못한 것, 즉 죽을 수밖에 없는 존재가 된 것은 하느님의 결정에 의한 것이다. 하느님에 의하여 에덴동산에서 쫓겨난 아담과 이브는, 즉 "인간은 영원한 생명이 있는 곳으로부터 추방당했다"고 할 수 있다.[180]

우리가 이 문제와 관련하여 먼저 살펴볼 내용은 그리스 로마신화에 보이는 '판도라(Pandora)의 상자' 이야기이다.

제우스(Zeus)는 프로메테우스(Prometheus)가 천상의 불을 훔쳐갔다는 사실을 알고 대단히 분노했다. 그래서 그는 불에 상응하는 불행 – 이것은 불행한 것이기는 하지만, 남자들이 애지중지(愛之重之)하며 대단히 즐거워하는 것이었다 – 을 인간들에게 주기로 하였다. 제우스는 올림포스(Olympos)의 장인(匠人) 헤파이토스(Hephaistos)를 불러서, 그에게 진흙으로 반죽을 하여 아름다운 여자를 만들게 했다.

그리고 제우스는 이 처녀에게 아름다운 목소리와 참을성을 주었다. 여신 아테나(Athena)는 그녀에게 베를 짜는 방직 기술을 가르쳤다. 아프로디테(Aphrodite)는 얼굴에 매력과 교태를, 가슴에는 격렬한 욕망을, 그리고 몸을 나른하게 하는 생각을 주었다. 헤르메스(Hermes)는 그녀에게 도둑질과 거짓말을 하는 성질을 불어넣어 주었다.

신들로부터 온갖 선물들을 받은, 인류 최초의 여성 판도라(Pandora)는 매력의 여신 카리테스(Charites)의 호위를 받으며 헤르메스에게 인도되어 에피메테우스(Epimetheus)에게로 보내졌다. 에피메테우스는 그의 형 프로메테우스로부터 제우스와 그의 선물을 경계하라는 주의를 받았다. 그런데도 그는 판도라의 아름다움에 반해서, 앞뒤를 살필 겨를 없이 얼른 이 선물을 받았다. 에피메테우스의 경박한 행동 때문에 남자들은 자신의 불행을 품에 안고, 매일 속으며 마음을 애태우고 살아가게 되었다.

그런데 에피메테우스의 집에는 뚜껑이 단단하게 닫힌 항아리가 하나 있었다. 거기에는 인간의 죽음과 고통의 원인이 되는 병을 비롯하여 온갖 재앙들이 들어 있었다. 프로메테우스는 절대로 항아리를 열어서는

---

180) 제카리아 시친, 『틸문, 그리고 하늘에 이르는 계단』(1), 15쪽.

안 된다고 하였다. 하지만 호기심이 많은 판도라는 이 상자의 뚜껑을 열어 보았다. 그러자 그것들이 한꺼번에 항아리 바깥으로 뛰어나와서 온 세상에 퍼져 나갔다. 이로 인해서 인간은 언제 어디에 있더라도 그 재앙들에 의해 끊임없이 위협을 받고 괴로워하며 살아야만 하였다. 그리하여 깜짝 놀라 황급히 상자의 뚜껑을 닫았을 때는 이미 다른 모든 것들은 다 빠져나가고 희망만이 남아 있었다. 그래서 인간은 희망을 버리지 않고 살게 되었다.181)

판도라 역시 최초의 여성이다. 그런데 이 이야기에서 에피테메우스의 집에 있는 상자 안에는 이미 '인간의 죽음', '고통의 원인이 되는 병', '온갖 재앙'이 들어있었다. 그렇다면 이 세 가지는 어디에서 근원하는가? 판도라의 행위가 문제인 것이 아니라 이미 이런 것들을 만들어 놓은, 즉 이미 주어진 사실이 더 문제가 아닌가? 마치 에덴동산에 '실과'를 만들어 놓은 하느님처럼. 어린 아이에게 이것은 매우 위험하니까 가지고 놀아서는 안 된다고 말하고서 그 위험한 것을 어린 아이 옆에 두는 것처럼 말이다.

사실 에덴동산 이야기와 '판도라 상자 이야기'는 동일한 구조이다. 하느님 - 에피테메우스, 실과 - 상자, 이브 - 판도라의 구조이다. 또 상자 안에는 앞에서 말한 재앙들과 함께 희망이 들어 있었다. 이 이야기 구조에서 상자 안에 가두고자 한 것은 온갖 재앙들(죽음, 병을 포함한)일 텐데, 그렇다면 희망은 상자 안에 가두어 둘 것이 아니라 상자 밖으로 내보내는 것이 논리적으로 합당한 것이 아닐까? 만약 온갖 재앙들이 상자 안에 남고 희망이 밖으로 나갔다면 상황은 어떻게 될까? 상자 안에 갇힌 희망은 어떻게 되는가?

새리 엘 서러는 『어머니 신화』에서 '모성적 여신'의 이중적 성격을 다음과 같이 말하였다.

---

181) 김화경, 『세계 신화 속의 여성들』, 43~44쪽.

모성적 여신은 이중적인 속성을 지녔다. 다시 말하면, 그 여신은 생명을 주는 동시에 생명을 앗아가는 존재였다. 초기 문명들은 신성한 여성과 죽음의 미스터리들과의 강한 결합력을 상당히 잘 이해했다.[182]

서리의 관점에 의하면 이른바 '모성적 여신'은 본래 생명을 주고 앗아가는 이중적 성격의 존재이다.

본래 우리의 삶은 삶과 죽음이라는 이중적 구조로 이루어져 있다. 그런데 기독교에서는 삶을 부정한다.

기독교는 삶을 인정하기를 거부하지요. 우리가 이어받은 성서 문화를 보면, 할례나 세례를 받지 않은 한 사람이라고 하는 것은 썩은 것, 아주 자연스러운 충동은 죄악입니다. 뱀은 이 세상에 죄악을 비롯되게 한 아주 못된 것, 여자는 사과를 남자에게 건네준 장본인이지요. 이런 식으로 여성과 죄악, 뱀과 죄악, 결국은 삶과 죄악을 동일시하는 것은 대단한 왜곡입니다. 그런데 성서적인 신화와 타락의 교리 전반에 걸쳐 이런 왜곡이 생기고 있어요.[183]

캠벨의 말처럼, '할례나 세례를 받지 않은 한 사람'을 부정하는 것은 자연적 질서에 대한 모종의 부정을 의미한다고 볼 수 있다. 다시 말해서 '할례나 세례'를 통한 '자기 정화'를 하지 않는다면 그것은 부패이고 더러운 것, 곧 부정적인 그 무엇으로 남아있을 수밖에 없다. 그런데 이런 사유 뒤에는 앞에서 말한 것처럼 자연적 질서에 대한 부정이라는 이미지가 없으면 나올 수 없는 사유이다.

고대 그리스의 철학자 피타고라스(기원전 580~500년 경)는 선의 원리가 "질서와 빛 그리고 인간"을 창조하는 반면 악의 원리는 "혼돈

---

182) 섀리 엘 서러, 『어머니의 신화』, 40쪽.
183) 조셉 캠벨·빌 모이어스 대담, 『신화의 힘』, 97쪽.

과 어둠 그리고 여자"를 만든다고 생각했다.[184] 이러한 피타고라스의
관점에 의하면 "여자"는 "인간"의 범주에 포함되지 않는다. 따라서 "여
자"는 "인간"보다 열등한 그 무엇이 된다. 그리고 그런 까닭에 이 '인
간'보다 열등한 여성과 관계된 일은 무엇이든지 부정한 것이 된다. 그
결과 심지어 "몇몇 위태로운 순간에 처한 여자, 즉 그녀가 피를 흘리
고 상처를 입은 존재로 나타나게 되는 월경시(특히 초경인 경우)나
출산 후 정결의식을 치르기 전까지의 출산기간(특히 초산인 경우)에
있는 여자"는 불순함의 근원이 된다.[185] 그래서 "사춘기에 이른 소녀
들과 월경기간을 맞은 여자들은 마음에서 떨어진 외딴 오두막에서 격
리되어 지내게 된다."[186] 그리고 "이 세상에 죽음을 들여온 이브"이기
에[187] "모든 종교들이 예배의식에서 기꺼이 제외시키며 죄악이나 마
법과 동일시시키는 것은 바로 최초의 여자로, 이는 수동적이고도 불길
한 종(種)의 전형으로 병들고 한없이 불순한 아이이다."[188] 결국 이러
한 내용들은 모두 한마디로 여신/여성의 몰락을 의미한다.

제3절 고대 중국의 신화 이야기

중국의 신화 전설은 중국 문명의 원형으로 중국 역사의 발자취를
돌이켜 볼 수 있는 근거가 된다.[189] 고대 중국인의 종교적 사유의 원
형에는 여러 가지 요소들이 있겠지만 일반적으로 조상신 숭배와 자연

---

184) 기 베슈텔, 『신의 네 여자』, 전혜정 옮김, 해냄, 2004, 60쪽.
185) 로제 카이유와, 『인간과 聖』, 권은미 옮김, 문학동네, 1996, 55쪽.
186) 같은 책, 56쪽.
187) 같은 책, 60쪽.
188) 위와 같음.
189) 김선주, 「신화 속의 여성상, 아황과 여영」, 12쪽.

신 숭배가 중요한 내용을 차지한다. 또 고대 중국인들 역시 다른 지역과 마찬가지로 토템신앙을 가지고 있었다.

그런데 중국의 고대문헌에서 신화학의 자료로 이용할 때에는 많은 문제점이 있다. 왜냐하면 왕실 도서관이 만들어지고 그 목록이 작성되었을 때 이미 중국 관리들이 세련된 지적 문화의 가치를 의도적으로 고취시키고 자연발생적인 종교적 충동의 영향을 평가절하하려고 하였기 때문이다.[190] 그런 까닭에 우리가 오늘날 중국의 고대문헌에 나타난 신화를 이해할 때에는 그 신화가 가지고 있었던 본래의 의미를 밝혀내고 후대에 덧붙여진 내용을 구별할 필요가 있다. 그런데 이러한 작업은 결코 간단한 일이 아니다.

1. 중국 신화의 특징

신화를 전설, 민담과 함께 설화의 범주에 넣어 설명하는 것이 일반적 통례이다. 그러나 중국의 설화에는 신화, 전설, 민담과 함께 선화(仙話)라는 다른 민족에게서는 찾아볼 수 없는 독특한 장르가 있다.[191]

여기에서는 중국신화의 특징을 선정규의 관점을 중심으로 정리한다.

첫째, 내용이 광범위하다. 세계 각 민족 신화에 나타난 중요한 신화 유형들이 거의 모두 망라되었다.

둘째, 중심이 되는 신이 없다. 즉 "완전한 신화 계통을 가지고 있지 않다." 그 원인을 이렇게 말하고 있다.

---

190) 마이클 로이, 『古代中國人의 生死觀』, 이성규 역, 지식산업사, 1987, 19쪽.
191) 선정규, 『중국신화연구』, 20쪽.

중국의 상고 신화에 주신이 없는 것은 중국 민족이 원래 여러 부족으로 구성되어 부족 사이의 전쟁과 접촉을 통해 타부족을 흡수하거나 융합하여 형성된 데서 원인을 찾을 수 있다. 각 부족의 신 또한 모두 중국의 상고 신화에 혼입되었던 것이다.[192]

셋째, 신의 성격이 원시성을 갖고 있다. 중국 신화의 개념신(槪念神)은 단지 생명 혹은 죽음의 신인 대사명(大司命)·소사명(小司命) 등 극소수에 지나지 않으며, 대다수는 모두 자연신(自然神), 씨족신(氏族神), 영웅신들이다.

넷째, 신의 형상은 완전한 사람의 모습이 아니다. "중국 신화의 신은 순수한 사람 모습을 한 것이 비교적 적고, 대다수가 짐승 모습을 하고 있거나 반인반수(半人半獸)의 형상을 하고 있다."[193]

중국 신화 역시 세계 신화가 갖고 있는 보편적인 특징을 갖고 있다. 그러나 중국적인 특징을 나타내는 것은 바로 선화, 즉 신선 이야기이다. 우리가 이 책에서 고찰하고자 하는 주제는 바로 이 선화에 대한 것이다.

2. 중국 신화와 여신들

중국의 신화에 등장하는 인물 가운데에서 유명한 여신으로는 여와(女媧)와 서왕모(西王母)가 있다.

(1) 여와

고대 중국의 신화에서 이 신선사상과 중요한 연관성을 갖는 인물로

---

192) 같은 책, 30쪽.
193) 같은 책, 31~32쪽.

는 무엇보다도 먼저 여와(女媧)가 있다. 『설문해자』(說文解字)에서는 와(媧)자를 설명하는 대목에서 "(여와는) 옛날의 신성한 여성으로 만물을 변화시키는 자이다"(古之神聖女, 化萬物之者也)고 하였다. "여와의 가장 중요한 신화상 직분은 역시 인류 창조이며, 이 인류 창조야말로 바로 여와 신화의 최초의 형태이자 원형"이다.194) 일반적으로 여와가 모 종족의 토템신앙의 산물이라는 점은 이설이 없는 가장 보편적인 견해이다.195)

먼저 여와의 역할에 대한 기록을 살펴보기로 한다. 선진시대의 기록에 해당하는 굴원(屈原)의 『초사』(楚辭) 「천문」(天問)의 내용을 살펴보자.

여와는 몸이 있는데 누가 그를 만들었는가?196)

이 단락의 구체적인 내용은 이렇다. 여와가 이 세상을 창조한 신이라고 하는데, 그렇다면 여와의 몸은 또 누가 만들었는가?

『회남자』(淮南子) 「남명훈」(覽冥訓)편에서는 다음과 같이 그리고 있다.

옛날에 사극(四極)이 무너지고 구주(九州)가 쪼개져 하늘은 널리 가리지 못하고, 땅은 두루 싣지 못하며 불은 훨훨 타며 꺼지지 않고, 물은 철철 넘쳐 줄지 않으며, 맹수는 착한 인민을 잡아먹고 날쌘 새는 노약(老弱)한 것을 잡아먹었다. 이에 여와가 오색(五色)의 돌을 다듬어 창천(蒼天)을 깁고 큰 거북의 다리를 잘라 사극을 세우며 흑룡(黑龍)을 죽여 기주(冀州)를 건지고 갈대의 재를 쌓아 홍수를 막았다.197)

---

194) 같은 책, 76쪽.
195) 같은 책, 71쪽.
196) 『楚辭』 「天問」 : "女媧有體, 孰制匠之?"

위의 기록에서 "여와가 오색(五色)의 돌을 다듬어 창천(蒼天)을 깁었다"(女媧鍊五色石以補蒼天)고 하였는데, 이것은 여성음부숭배의 흔적을 남긴 것으로, 천지창조나 흙으로 빚어 인간을 만드는 것과 같은 것들은 여성음부가 갖는 자연적 기능의 과장이다.[198]

정재서는 『이야기 동양신화』(중국편)에서 3세기경 한나라 때 인물 응소(應邵)가 지은 『풍속통의』(風俗通義)에 보이는 고대 중국의 신화에서 가장 중요한 여신인 이 여와가 인간을 창조하는 신화를 소개하였다.

하늘과 땅이 처음으로 생겨나고 이어 세상 만물이 처음 그 모습을 지상에 드러냈다. 세상 모든 것이 처음 생겼을 때, 아직까지 땅 위에는 사람이 없었다.

이때 여신 여와는 황토를 뭉쳐 사람을 만들었다. 여와는 손으로 직접 황토를 뭉쳐 사람을 하나하나 만들었는데, 그러다보니 너무 힘이 들어서 많이 만들어낼 수가 없었다.

그래서 그녀는 슬슬 꾀가 났다.

"아아, 고단해. 이건 너무 지루하기 짝이 없군. 어느 세월에 사람들을 많이 만들지? 아무래도 좀 더 쉬운 방법을 찾아야겠어."하고는 주위를 두리번거리기 시작했다.

이리저리 궁리를 하며 사방을 살피던 그녀의 눈에 조금 떨어진 곳에 놓여 있는 노끈 한 가닥이 눈에 띄었다. 그 순간 여와의 머리에는 한 가지 묘안이 떠올랐다.

잠시 후 여와는 황토를 물에 푼 뒤 긴 노끈을 그 진흙탕 속에 푹 담갔다가 꺼내 사방으로 휙휙 흩뿌리기 시작했다.

---

197) 『淮南子』「覽冥訓」: "往古之時, 四極廢, 九州裂, 天不兼覆, 地不周載, 火爁炎而不滅, 水浩洋而不息, 猛獸食顓氏, 鷙鳥攫老弱. 於是女媧鍊五色石以補蒼天, 斷鼇足以立極, 殺黑龍以濟冀州, 積蘆灰以止淫水."[한글 번역은 이석호 역, 『회남자』(乙酉文化社, 1974), 104쪽 참조. 아래도 같다.]

198) 잔 스츄앙(詹石窓), 『여성과 도교 - 여성숭배의 숨겨진 역사』, 39쪽.

그랬더니 이게 원일인가. 여기저기 흩어진 진흙들이 모두 제각기 꿈틀꿈틀 움직이며 스스로 사람의 형상으로 변하는 것이 아닌가.

여와는 더욱 신이 났다.

"이거, 정말 재미있는 걸. 이제야 일할 맛이 나는군." 하고 뛰어다니며 진흙을 사방으로 뿌려댔다.

이런 식으로 세상 곳곳에 흩어진 진흙들은 모두 사람의 모습으로 다시 태어났다.

그러나 이렇게 만드는 방법이 달라지니 사람도 모두 똑같을 수는 없었다.

처음에 정성껏 손으로 빚었던 것들은 귀하고 똑똑한 사람이 되었지만 나중에 노끈에 묻은 진흙을 사방에 제멋대로 뿌려 생겨난 것들은 천하고 어리석은 사람이 되고 말았다.199)

『열자』(列子) 「탕문」(湯問)편에 보이는 여와의 이야기는 다음과 같다.

그러므로 하늘과 땅도 역시 물건입니다. 물건에는 부족함이 있습니다. 그러므로 옛날에 여와씨(女媧氏)는 다섯 가지 색깔의 돌(五色石)을 개어 가지고서 그 결함을 보충하고 큰 거북의 다리를 잘라가지고 사방 끝에 기둥을 세웠습니다. 그 뒤에 공공씨(共工氏)와 전욱(顓頊)이 임금 자리를 놓고 다투다가 성난 김에 불주산(不周山)을 건드리고 하늘의 기둥을 분질렀으며 땅의 끈을 끊었습니다. 그래서 하늘은 서북쪽으로 기울어져 해와 달과 별들이 쏠리었고 땅은 동남쪽이 차지 않게 되어 모든 냇물과 물이 모여들게 되었던 것입니다.200)

---

199) 정재서, 『이야기 동양신화』(중국편), 49~51쪽.

200) 楊伯峻 撰, 『列子集釋』「湯問」: "然則天地亦物也. 物有不足, 故昔者女媧氏, 煉五色石, 以補其闕, 斷鰲之足, 以立四極. 其後共工氏, 與顓頊爭爲帝, 怒而觸不周之山. 折天柱, 絶地維. 故天傾西北, 日月星辰就焉, 地不滿東南, 故百川水潦歸焉."(中華書局, 1996), 150~151쪽. [한글 번역은 김학주의 『열자』(을유문화사, 2000), 177~178쪽 참조. 아래도 같다.]

「탕문」편의 기록에 의하면, 여와가 오색 돌로 결함을 보완하고 거북의 다리로 사방의 기둥을 세웠는데 공공씨와 전욱의 다툼으로 하늘이 기울게 된 것이다. 정재서는 "동양 신화에서 인류의 창조는 이처럼 여신 여와에 의해 이루어진다. 남성 신이 아니라 여신의 손으로 진흙을 뭉쳐 사람을 만들었다는 점에서 여와는 인간을 낳은 태초의 '위대한 어머니' 즉 대모신(大母神)이다"고 말하였다.[201]

그런데 이 여신 여와는 후에는 복희(伏羲)와 이른바 '조롱박' 남매로 등장하게 된다.

하늘까지 차오르던 홍수가 한바탕 휩쓸고 지나가자 대지 위에 살던 인류는 모두 죽어버리고 두 아이만 남게 되었으니 그들이 인류의 유일한 생존자였던 것이다. 그들 둘에게는 본래 이름이 없었는데 조롱박 속에서 살아남았다고 하여 이름을 <복희>(伏羲)라 하게 되었다. <복희>란 <포희>(匏瓠), 즉 <호로>(葫蘆)를 뜻한다. 그래서 남자아이는 <복희가>(伏羲哥), 여자아이는 <복희매>(伏羲妹)라 했으니, 바로 <조롱박 오빠>, <조롱박 누이>라는 뜻이다.[202]

또 이 둘은 서로 결혼을 한 것으로 나타난다.

시간은 유수같이 흘러 어느덧 그들은 모두 어른이 되었다. 오빠는 동생과 결혼하고 싶어 했으나 동생은 원하지 않았다.
"우리가 어떻게 결혼을 해요? 우리는 친형제잖아요."
동생은 늘 이렇게 말했다. 그러나 오빠가 자꾸자꾸 원하니까 동생도 거절만 할 수가 없어서 오빠에게 말했다.
"오빠, 저를 쫓아오세요, 저를 잡을 수 있다면 오빠와 결혼하겠어요."
그래서 오빠와 동생은 큰 나무를 가운데에 두고 빙빙 돌며 도망치고

---

201) 정재서, 『이야기 동양신화』(중국편), 51쪽.
202) 위앤커, 『중국신화전설1』, 전인초·김선자 옮김, 민음사, 1999, 46쪽.

쫓아가고 하게 되었다. 동생은 민첩하고 재빨라 오빠가 아무리 쫓아가
도 잡을 수가 없었다. 그러나 오빠는 꾀를 내었다. 동생을 쫓아가는 척
하다가 갑자기 몸을 돌리니 무방비 상태에서 숨만 몰아쉬던 동생은 그
만 오빠의 품 안으로 들어오게 되었다. 그리하여 둘은 결국 결혼하여
부부가 되었다.203)

그런데 조일문(趙一文)은 『중국설화』(中國說話)에서 약간 다른 구
조로 말하고 있다.

> (홍수가 내린 후에) 비가 그친 대지 위에 살아남은 생명은 오직 복
> 희·여왜[와] 남매뿐이었다. 태백금성은 복희 남매를 불러서 타일렀다.
> "너희는 부부가 되어 이 땅 위에 다시 인류 사회를 넓혀 나가야 한
> 다.
> "저희는 친남매이온데 어떻게 부부가 됩니까?"
> "그것은 천명(天命)이다. 이 세상에서 인류가 절멸(絶滅)하지 않고
> 생존 번영하기 위해서는 그 길밖에 없다."
> "태백금성님, 저희는 한 뿌리에서 난 대나무와 같습니다. 대나무는
> 쪼개지기는 해도 다시 붙기는 어려운 줄 압니다. 만일 떨어진 대나무가
> 다시 붙을 수 있다면, 저희도 부부로서 결합하겠습니다."204)

위의 두 기록에서와 같이 상황 설정 자체가 약간 다르다. 첫 번째는
오빠인 복희가 여동생 여와와 결혼하기를 원하였고, 두 번째는 태백금
성의 요청에 의하여 어쩔 수 없이 그렇게 된 것으로 그려지고 있다. 또
조일문은 그들이 결혼한 이후의 상황을 아래와 같이 설명하였다.

> 복희 남매가 부부 결연한 지 2년 만에, 여왜[와]는 어떤 괴상한 물체

---

203) 같은 책, 46~47쪽.
204) 趙一文 編著, 『中國說話』, 21쪽.

를 낳았다. 그것은 한 덩어리의 숫돌[磨刀石]이었다. 두 사람은 몹시 언
짢았다. 둘은 그 숫돌을 들고 벼랑에 올라가 멀리 내던졌다. 숫돌은 여
기저기에 부딪히면서 산산조각이 났다. 그 중 냇물에 떨어진 것은 물고
기로 변하고, 산에 떨어진 것은 새와 짐승이 되고, 논밭과 집터에 떨어
진 것은 사람이 됐다.205)

복희 부부는 인류를 다시 만든 시조가 되었다. 그렇다면 이런 변화
는 무엇을 의미할까? 이 문제와 관련하여 한 가지 중요한 사실은 진
한시대 이전의 기록에는 복희와 여와가 아무런 관련이 없었다는 사실
이다. 김영구는 이와 관련하여 다음과 같이 말한다.

> 고대 한(漢)족의 신화에서는 두 사람은 전혀 별개의 신으로 이야기
> 되고 있다. 여와가 천지와 인류의 창조에 관계되는 신으로 이야기되고
> 있다면 복희는 창조가 일단 마무리 지어진 다음 세상을 다스린 하느님
> 으로 이야기되고 있는 것이다.206)

이러한 말은 먼저 여와라는 여신과 복희라는 남신(본래 복희는 남
녀라는 성이 불분명한 인물이다)이 동격의 존재가 아님을 나타낸다.
이처럼 여와의 위치는 천지를 창조한 여신에서 복희의 여동생으로,
그리고 다시 복희의 배우자로 변하게 되었다. 그 지위가 점차 하락하
게 된 것이다. 정재서는 그 의미를 이렇게 설명한다.

> 여신 여와가 황토를 뭉쳐 인간을 만드는 이야기가 여성이 중심이 되
> 었던 모계 사회적인 전통을 보여준다면 복희와 여와의 이야기는 남성
> 과 여성이 일부일처를 이룬 가부장적 사회의 인식을 담고 있다. 모계
> 사회에서 차츰 남성 중심의 가부장적 사회가 성립되면서 태고시절의

---

205) 위와 같음.
206) 김영구 편역, 『중국의 신화』, 35쪽.

독립적인 여신이었던 여와가 한 남성의 동생 혹은 배우자로 위치가 격하된 것이다.[207]

그렇지만 중국의 고대 신화 체계에서 여와는 본래 매우 중요한 지위를 차지한다. 그녀는 중국 민족의 여시조일 뿐만 아니라 세상을 창조하고 구제하는 여신이다.

여와는 공적이 뛰어날 뿐만 아니라 덕행과 성격이 완벽한 인물이다. 이것은 여와신화가 모계 원시 씨족 사회에서 나왔고, 여와는 모계 씨족 사회의 여성 지도자의 형상의 화신(化身) 혹은 예술적 추상(抽象)이라는 것이 분명하다. 모계사회 시대에 여성은 경제생활과 사회활동에서 주도적 지위를 차지하였는데, 그 작용은 남성을 크게 뛰어 넘는 것으로 여성 지도자가 전체 씨족 구성원의 존경과 사랑을 받는 것이 자연스러운 일로, 그녀의 업적은 세세로 전하여지고 칭송되어 최종적으로 여와라는 전형적인 예술형상을 형성하였고, 또 구두(口頭)문학의 형식으로 널리 전해졌다.[208]

이처럼 여와의 이야기는 시간이 흘러가면서 변천을 겪게 된다. 선정규는 여와 신화의 원형은 인류 창조이고, 뒤에 변천 과정을 겪게 되었는데 이러한 변천은 제1 변천 여와보천(女媧補天), 제2 변천 문명 창조, 제3 변천 역사화 <복희 신화와의 융합>이라고 설명한다.[209] 그리고 이렇게 말하였다.

여와는 중국 신화의 명실상부한 창조 여신이다. 그녀는 인류 창조라는 위대한 공적 외에도 파괴된 천체를 보수하고, 인류에게 해를 끼치는

207) 정재서, 『이야기 동양신화』(중국편), 61~62쪽.
208) 陳顧應·白奚, 『老子評傳』, 南京大學出版社, 2001, 43쪽.
209) 선정규, 『중국신화연구』, 75~91쪽.

괴물을 살육하였으며, 홍수를 평정하였을 뿐만 아니라 인류의 혼인제
도를 처음으로 만든 문화 창조자이기도 하여 중국 신화의 창조여신으
로서의 자격에 손색 없는 혁혁한 공을 가지고 있다.210)

다음으로 여와의 형상에 대한 설명이다.

　　전하는 말에 의하면 여와는 사람의 머리에 뱀의 몸을 하고 있다고
한다.211)
　　여와는 소의 머리에 뱀의 몸을 하고 하얀 머리카락에 가운데는 검은
데 하루에 70번 화육한다.212)
　　여와는 뱀의 몸에 소의 머리 호랑이의 코를 하고 있다.213)

위에 인용한 기록들을 종합하면 여와의 모습은 '사람의 머리에 뱀
의 몸', '소의 머리에 뱀의 몸', '뱀의 몸에 소의 머리, 호랑이의 코' 등
으로 표현된다. 여기에서 우리가 알 수 있는 것으로 다음과 같은 점들
이다. 첫째, 여와는 특정한 동물 토템의 산물이다. 둘째, 특정 종족의
신화였던 여와 신화가 기타 종족의 다른 신화와 혼합되는 과정을 겪
었다.214) 이 밖의 문헌으로 『문선』(文選)에서는 "여와는 뱀의 몸을
하고 있다"(女媧蛇軀), 『초사』「천문」의 왕일(王逸)의 주에서 "여와는
뱀의 몸에 사람의 머리이다"(女媧人頭蛇身), 『태평어람』(太平御覽)
권78에서 인용한 『제왕세기』(帝王世紀)에서는 "여와는 뱀의 몸에 사
람의 머리이다"(女媧, 蛇身, 人首), 『노사』(路史) 후기 2에서는 "여와
는 뱀의 몸에 소의 머리이고 머리카락은 하얗다"(女媧, 蛇身, 牛首, 宣

---

210) 같은 책, 75쪽.
211) 『山海經』郭璞 注 :"傳言, 女媧人頭蛇身."
212) 『河圖廷佐補』:"女媧, 牛首, 蛇身, 宣髮, 玄中, 一日七十化."
213) 『路史』의 주에 인용한 『列子』:"女媧, 蛇身, 牛首, 虎鼻."
214) 선정규, 『중국신화연구』, 73쪽.

發)라고 하였다. 여기에서도 여와 이미지의 주된 모습은 '뱀'의 형상
이다.

선정규는『중국신화연구』에서 여와 이야기에 대하여 이렇게 말하
였다.

> 먼저 여와의 신체가 모두 '사신'(蛇身)이라는 것은, 여와가 의심할
> 나위 없이 '뱀' 혹은 '뱀'과 유사한 특질을 가진 모종의 동물을 토템으
> 로 한, 씨족이나 부족의 시조신이거나 상징임을 말해 준다. 다시 말해
> 서 여와는 뱀을 중심으로 한 토테미즘의 시조신이거나 시조모이다. 왜
> 냐하면 경작을 알지 못하는 민족 중에 존재하고 있는 가장 오래된 신화
> 계통 속에서도 뱀과 흙과 물은 함께 결합되어 있으며 뱀의 숭배는 모계
> 씨족 시기에 소지하고 있었던 시조모에 대한 숭배와 밀접한 관계가 있
> 고, 또 사형(蛇形)은 언제나 토지와 밀접한 관계가 있으며, 토지를 운용
> 하는 힘을 표시하고 있기 때문이다. 이는 여와의 출생을 언급한 유일한
> 기록인『포박자』(抱朴子)가 '여와지출'(女媧地出)이라고 하여 여와를
> 땅(地)에서 태어났다고 언급하고 있는 것과도 무관하지 않다고 생각된
> 다.215)

뱀의 이미지는 재생, 지혜 등을 상징한다. 결코 타락한 유혹자가 아
니다.

중국에서 주나라의 등장은 단순히 왕조 교체를 의미하는 것은 아니
다. 주왕조의 등장은 가부장적 종법제도의 확립으로 인하여 여성이 사
적 영역은 물론이고 공적 영역에서도 타자화된 시기이다. 이 때 창조
신 여와 역시 더 이상 독립적인 최고 신격으로 존재하지 못하고 복희
의 배우자나 여동생으로 변모하여 태양신의 아내인 달의 신으로 설정
되었다.

---

215) 위와 같음.

(2) 서왕모

또 하나의 중요한 인물로는 서왕모(西王母)가 있다. 『장자』(莊子) 「대종사」(大宗師)편에서 "서왕모는 도를 터득하여 소광산(少廣山)에 있는데 (언제나 젊어) 태어난 때도 죽을 때도 알지 못한다"(西王母得之, 坐乎少廣, 莫知其始, 莫之其終)고 말하였다.

서왕모가 중국 문헌에 나타난 것은 기원전 4세기부터이다. 서왕모에 대한 기록으로는 『죽서기년』(竹書紀年), 『목천자전』(穆天子傳), 『산해경』(山海經), 『한무제내전』(漢武帝內傳), 『회남자』(淮南子) 「남명훈」(覽冥訓) 및 장형(張衡)의 『영헌』(靈憲) 등이 있다.

기원전 2세기 때 인물 사마상여(司馬相如, 기원전 179~기원전 117)는 「대인부」(大人賦)에서 서왕모를 영약을 주는 인물로 그리고 있다. 서왕모에 관한 신화 이야기는 여와에 대한 기록처럼 시대적으로 변천의 과정을 겪어왔다. 마이클 로이는 『고대 중국인의 생사관』에서 이렇게 말하였다.

> 서왕모의 신화와 제의(祭儀)에는 많은 요소들이 뒤섞였으며, 한대 이후에는 훨씬 더 많은 내용으로 불어났다. 그러나 초기 단계에서는 그녀는 해가 지는 곳에 있는 선향(仙鄉)을 주재하였으며, 특별한 행운을 얻은 속세 왕들의 상대역을 하다가 후에는 동왕공(東王公)을 자신의 배우자로 삼았다. (…) 서왕모는 불로(不老) 또는 불사(不死)의 영약을 주는 이로 그려졌으며, 성상화에서는 어떤 특유의 치장 및 시종들이 함께 묘사되어 있다.[216]

또 이어서 이렇게 말하였다.

---

216) 마이클 로이, 『古代中國人의 生死觀』, 47~48쪽.

가장 오래된 문헌에서 서왕모가 복희(伏羲)나 황제(黃帝)처럼 우주와 인간의 창조와 관련된 태고적의 존재들과 함께 언급되어 있다. 그녀는 시작도 끝도 모르는 무시간(無時間)적인 존재였고, 때로는 표범의 꼬리와 호랑이의 이빨을 가진 인수잡형(人獸雜型)으로 묘사되고도 한다. 그녀는 우주만물의 순환을 계속 유지시키는 힘을 상징하는 왕관을 쓰고 있으며, 몇 개의 별자리를 지배한다. 서왕모의 세계는 '옥산'(玉山) 또는 '귀산'(龜山) 같은 생생한 형상으로 묘사되고 영소(靈所)인 곤륜(昆侖)과 결부되어 있다.217)

『죽서기년』의 기록을 살펴보면 다음과 같다.

[목왕(穆王)] 17년 서쪽으로 곤륜구(崑崙邱)를 쳐들어가 서왕모와 회견하였다. 서왕모가 주나라 군대를 서쪽으로 진격하지 말 것을 권하면서 말하였다. "사람을 매우 두렵게 하는 새가 있습니다." 서왕모국(西王母國)은 사자(使者)를 보내 조견(朝見)하고 소궁(昭宮)에서 접견하는 의식을 진행하였다.218)

다음으로 『목천자전』의 기록이다.

(천자가) 서쪽으로 가서 계해(癸亥)일에 서왕모(西王母)의 나라에 이르렀다.219)
길일(吉日) 갑자(甲子)일에 천자가 서왕모를 찾아갔다. 이에 흰 규(白圭)와 검은 벽(玄璧)을 가지고 서왕모를 만나 꽃무늬 비단끈 400장과 □ 비단 끈 1,200장을 즐거이 바쳤다. 서왕모는 두 번 절하고 그것을

---

217) 같은 책, 48쪽.
218) 『竹書紀年』穆王 17년 : "(穆王)十七年, 西征崑崙邱, 見西王母, 西王母止之, 曰 : '有鳥谷罞 人.' 西王母來見, 賓于昭宮."
219) 『穆天子傳』권2 : "癸亥, 至于西王母之邦."(郭璞 注, 『목천자전』송정화 역주, 살림, 1997 참조. 아래도 같다.)

받았다. □. 을축(乙丑)일에 천자가 요지(瑤池)의 가에서 서왕모에게
술을 대접했다. 서왕모는 천자를 위해 노래하기를 "흰 구름은 하늘에
떠있고 산언덕은 절로 솟아 있습니다. 길은 아득히 멀어 산과 내가 그
사이에 있습니다. 그대가 죽지 말고 돌아오실 수 있기를 바랍니다." 천
자가 대답하여 말하기를 "나는 동쪽 땅으로 돌아가 화하(華夏)를 조화
롭게 다스리고 모든 백성들이 편안해지면, 나는 그대를 보러 돌아올 것
입니다. 3년이 되면 다시 (황야로) 돌아올 것입니다." 서왕모가 또 천자
를 위해 읊조리면서 "(저는) 저 서쪽 땅으로 가서 그 황야에서 삽니다.
호랑이와 표범이 무리를 이루고 까마귀와 까치가 함께 살지요. (천자께
서) 황야를 떠나지 말라고 명령하셨습니다. 저는 하느님의 딸이요, 그
대는 어떤 속세 사람이길래 또 저를 떠나려 하십니까. 생(笙)을 불어
혀를 울리니 마음이 홀가분해집니다. 속세 사람인 그대는 하늘만 바라
보시는군요." 천자는 말을 몰아 엄산(弇山)에 올라 엄산의 돌에 이름과
공적을 기록하고 괴(槐)나무를 심었다. (비석 상단에) 서왕모의 산(西
王母之山)이라고 적었다.220)

그런데 여기에서 천자와 서왕모의 관계가 매우 모호하다. 한편으로
자신은 하느님이 딸이라고 하면서도 글의 전체적인 흐름은 마치 천자
를 그리워하는 인물로 그려지고 있다. 또 천자는 "서왕모의 산"이라는
글이 새겨진 비석을 세우고 있는데, 이것은 마치 천자가 서왕모의 권
위를 지켜주는 보호자라는 인상을 준다.

---

220) 같은 책, 권3 : "吉日甲子, 天子賓于西王母, 乃執白圭玄璧以見西王母, 好獻
錦組百純, □組三百純. 西王母再拜受之. 乙丑, 天子觴西王母于瑤池之上. 西
王母爲天子謠曰 : '白雲在天, 山陵自出, 道里悠遠, 山川間之, 將子無死, 尚
能復來.' 天子答之曰 : '予歸東土, 和治諸夏, 萬民平均, 吾顧見汝. 比及三年,
將復而野.' 西王母又爲天子吟曰 : '徂彼西土, 爰居其野, 虎豹爲群, 於鵲與處,
嘉命不遷, 我惟帝女, 彼何世民, 又將去子. 吹笙鼓簧, 中心翔翔, 世民之子, 唯
天之望.' 天子遂驅升于弇山, 乃紀名迹于弇山之石, 而樹之槐, 眉曰西王母之
山."

다음은 『신이경』(神異經)의 기록이다.

　　[곤륜산(崑崙山)] 이곳에 있는 남녀의 이름을 옥인(玉人)이라고 하
는데[남자는 옥동(玉童)이고 여자는 옥녀(玉女)이다] 서로 배필을 짓
지 않음으로써 선도(仙道)를 체득한다. 그 위에는 이름을 희유(希有)라
고 하는 큰 새가 있는데 머리는 남쪽으로 향하여 왼쪽 날개로는 동왕공
(東王公)을, 오른쪽 날개로는 서왕모(西王母)를 펼쳐 덮는다. 등 위의
조그마한 부분에는 깃이 없다. (서왕모는 동왕공과) 19,000리나 (떨어
져 있지만) 해마다 희유의 날개를 타고 동왕공을 만나러 간다. 새의 부
리는 붉고 눈은 황금같이 누렇다. 그 살은 맛이 쓰고 짜나 신선들에게
는 달게 느껴진다. (이 새는) 하늘을 왕래하며 신선이 되지 못한 사람
이 이 새를 먹으면 매장(梅漿)과 같이 쓰다. 옛 부터 구리기둥의 명문
에는 다음과 같이 새겨져 있다. "곤륜산의 구리기둥은 높아서 하늘을
뚫고 들어간다. 옆면은 깎아지른 듯하며 가에는 아름답게 장식되어 있
다." 또 희유에 대한 명문에는 다음과 같이 새겨져 있다. "희유라는 새
는 부리가 붉게 빛나고 울지도 먹지도 않는다. (날개로) 동쪽으로는 동
왕공을 덮고 서쪽으로는 서왕모를 덮고 있다. 서왕모가 동쪽으로 가고
싶을 때 새 위로 오르면 저절로 만나게 되는데, 음양이 서로 간절히 원
할 때만 더욱 정교해질 수 있다."221)

　한대의 인물 회남왕(淮南王) 유안(劉安, 기원전 179~기원전 122)과
그 식객들이 편찬한 『회남자』에서는 서왕모, 예(羿), 항아(姮娥)의 관
계를 그리고 있다. 「남명훈」(覽冥訓)편에서는 이렇게 말하였다.

---

221) 『神異經』「中荒經」: "(崑崙山)男女名曰玉人[男卽玉童, 女卽玉女], 無爲配
匹, 而仙道成也. 上有大鳥, 名曰希有. 南向, 張左翼覆東王公, 右翼覆西王母.
背上小處無羽, 一萬九千里, 西王母歲登翼上之東王公也. 其喙赤, 目黃如金.
其肉苦鹹, 仙人甘之, 與天消息. 不仙者食之, 其肉苦如醬. 故其柱銘曰 : '崑
崙銅柱, 其高入天, 員周如削, 膚體美焉.' 其鳥銘曰 : '有鳥希有, 喙赤煌煌, 不
鳴不飮.' 東覆東王公, 西覆西王母. 王母欲東, 登之自通. 陰陽相須, 唯會益
工."[한글 번역은 김지선의 『신이경』(살림, 1997), 321쪽 참조. 아래도 같다.]

　　예(羿)가 불사약(不死藥)을 서왕모(西王母)에게 얻었다.222)

　한대에 오면 「남명훈」편의 기록처럼 서왕모는 불사약을 가지고 있
는 여선의 모습으로 나타난다.
　다음으로 『산해경』이라는 문헌이 있다. "중국 최고(最古)의 신화집
인 『산해경』은 (…) 중원문화보다 변방문화를 대변하는 작품"223)으
로 "대부분의 연구자들은 『산해경』이 무당 및 방사계층에 의해 성립
된 동방 이역(異域)문화의 고전"이라고 생각한다.224) 『산해경』에 보
이는 서왕모에 관한 기록은 모두 3곳이 있다. 그 내용을 차례대로 살
펴보자. 다음은 「서산경」(西山經) 「서차삼경」(西次三經)의 기록이다.

　　다시 서쪽으로 350리를 가면 옥산이라는 곳인데 이곳은 서왕모가 살
　고 있는 곳이다. 서왕모는 그 형상이 사람 같지만 표범의 꼬리에 호랑
　이 이빨을 하고 휘파람을 잘 불며 더부룩한 머리에 머리꾸미개를 꽂고
　있다. 그녀는 하늘의 재앙과 오형(五刑)을 주관하고 있다.225)

　다음은 「해내북경」(海內北經)의 기록이다.

　　서왕모가 책상에 기대어 있는데 머리꾸미개를 꽂고 있다. 그 남쪽에
　세 마리의 파랑새가 있어 서왕모를 위해 음식을 나른다. 곤륜허의 북쪽
　에 있다.226)

---

222) 『淮南子』 「覽冥訓」 : "羿請不死之藥於西王母."
223) 정재서, 『불사의 신화와 사상』, 20쪽.
224) 위와 같음.
225) 『山海經』 「西山經」 「西次三經」 : "又西三百五十里, 曰玉山, 是西王母所居
　　也. 西王母其狀如人, 豹尾虎齒而善嘯, 蓬勃戴勝, 是司天之厲及五殘."[한글
　　번역은 정재서 역주, 『산해경』(민음사, 1997), 93~94쪽 참조. 아래도 같다]
226) 같은 책, 「海內北經」 : "西王母梯几而戴勝杖, 其南有三靑鳥, 爲西王母取食,

다음은 「대황서경」(大荒西經)의 기록이다.

　　어떤 사람이 머리꾸미개를 꽂고 호랑이 이빨에 표범의 꼬리를 하고
동굴에 사는데 이름을 서왕모라 한다.[227]

　도교에서 가장 일찍이 보이는 신선 서왕모(西王母)는 세습 모계 부
족의 여추장이다. 『죽서기년』, 『목천자전』, 『산해경』, 『한무제내전』,
『회남자』「남명훈」 및 장형의 『영헌』등의 서적에서 수렵 부족의 추
장 후예(后羿)와 상제(商帝) 태무(太戊)가 일찍이 서왕모에게 선약
(仙藥)에 대하여 논하였고, 주나라 목왕(穆王)이 직접 곤륜산(崑崙山)
에 가서 서왕모를 배견(拜見)하였으며, 한 무제도 서왕모에게 선술(仙
術)을 구하였다는 기록이 있다. 그 뒤 도교는 서왕모를 여선(女仙)의
머리로 삼고, 그녀를 중심으로 한 방대한 여선의 계보가 형성되었
다. 『용성집선록』(墉城集仙錄), 『역대진선체도통감후집』(歷代眞仙體
道通鑑後集), 『역대선사』(歷代仙史) 권8에 130여명의 여선의 전기(傳
記)와 고사(故事)가 기록되어 있다. 민간의 제사 활동에서 도교에는
북쪽에는 벽하원군(碧霞元君), 남쪽에는 천비마조(天妃媽祖)가 있어
전국적으로 향을 사르고 참배하는 사람이 가장 많은 두 여선이다.[228]
　마이클 로이는 "3세기로 추정되는 중국 동북의 한 무덤에서 나온
조각은 서왕모에 대한 보다 자세한 자료를 제공"한다고 말하고서는
그 의도를 두 가지로 해석한다.[229] 첫째, 그것은 기둥이 보통 방법으
로는 쉽게 올라갈 수 없는 형상을 하고 있기 때문에 이들이 속세로부

在昆侖虛北."(271쪽)

227) 같은 책, 「大荒西經」: "有人, 戴勝, 虎齒, 有豹尾, 穴處, 名曰西王母."(312쪽)

228) 胡孚琛·呂錫琛, 『道學通論 ─ 道家·道敎·仙學』, 社會科學文獻出版社, 1999,
　　11쪽.

229) 마이클 로이, 『古代中國人의 生死觀』, 49쪽.

터 멀리 떨어진 존재이고, 따라서 접근하기 어렵다는 것을 강조하려는 것 같다. 둘째, 그 표현은 세계의 중심인 곤륜에서 솟아오른 나무, 즉 하늘과 땅을 연결하는 축목(軸木)을 상징하는 것인지도 모른다.230) 『현녀병법』(玄女兵法)에서는 "황제(黃帝)가 치우(蚩尤)를 토벌할 때 서왕모가 그에게 부적[符]을 주었다"(黃帝討蚩尤, 西王母以符授之)고 하였다.

이상의 논의를 종합하면, 여와와 서왕모라는 여신들은 우주를 창조한 여신과 반인반수의 여신의 이미지로 나타난다.

3. 중국 신화에 등장한 여신들의 몰락과 부활

고대의 중국역사에서 은·주교체기는 단순히 하나의 왕조의 몰락과 새로운 왕조의 등장이라는 평면적인 의미만을 갖는 것이 아니라 더 중요한 의미를 갖고 있다. 이 문제에 대하여 중국학자 왕국유(王國維, 1877~1927)는 이렇게 평가하였다.

은나라와 주나라의 교체기는 표면적으로 말하자면 일성일가(一姓一家)의 흥망과 도읍을 옮긴 것에 불과하지만 그 속 내용으로 말하자면 구제도가 폐지되고 신제도가 흥성하여 구문화가 폐지되고 신문화가 흥성하게 된 것이다.231)

그는 또 이렇게 말하였다.

주나라가 천하를 평정한 것을 살펴보고자 한다면 반드시 그 제도에서 시작해야 한다. 주나라 사람의 제도가 상(商)나라와 다른 점은 다음

---

230) 위와 같음.
231) 王國維, 「殷周制度論」, 『王國維全集』(제4권), 中國文史出版社, 1997, 43쪽.

과 같다. 첫째, 입자입적(立子立嫡)이라는 제도이다. 이것으로부터 종법(宗法)과 상복(喪服)의 제도가 생겨났고, 또 이것으로부터 자제(子弟)를 봉건(封建)하는 제도, 군주가 천자가 되고 신하가 제후가 되는(君天子臣諸侯) 제도가 생겨났다. 둘째 묘수(廟數)의 제도이다. 셋째 동성불혼(同姓不婚)의 제도이다.[232]

왕국유는 은나라, 주나라 교체기의 상황을 매우 중요하게 생각하였다. 그 중요한 특징은 부계사회(父系社會)로의 변화와 장자상속제(長子相續制)의 출현이다. 이것은 현실적으로는 여성의 몰락을 의미하지만, 신화적으로는 여신의 몰락을 의미한다. 섀리 엘 서러는 '위대한 어머니'의 몰락을 "그것은 하룻밤 사이에 갑자기 일어난 일이 아니었다"[233], "기원전 600년경에 이르면 유럽과 아시아 그리고 아프리카의 대부분의 지역에 걸쳐 가부장제가 확립된다"고[234] 말하고는 아래와 같이 그리고 있다.

성적 평등과 평화의 시대라고 생각되는 신석기 시대의 전원생활은 대략 기원전 3100년경부터 기원전 600년경에 이르는 2,500여 년에 걸쳐 천천히 사라져갔다.[235]

이어서 '가부장제의 확립'에 대하여 말하였다.

그 사이에 생긴 일이 바로 가부장제의 확립 즉 그 뒤에 여러 가지 형태로 계속되어온 남성들에 의한 보편적인 여성지배 체제였다. (…) 역사적인 사건들과 사회적 동력들이 서로 맞부딪치면서 남성과 여성 사

---

232) 위와 같음.
233) 섀리 엘 서러, 『어머니의 신화』, 61쪽.
234) 같은 책, 62쪽.
235) 같은 책, 61쪽.

이에 변화무쌍한 권력이동이 일어났고, 가족의 동력과 정서적인 결합
이 영원히 변화하게 되었다.236)

　그 결과 여성은 몰락의 길을 가게 되었다고 한다. 그 의미는 '혈연'
과 '재산'에서 나타났다.

　　재산은 아버지에게서 아들에게로 상속되었으며, 여성들과 아이들의
　노동에 대한 모든 대가는 그들의 아버지에게 귀속되었다. 따라서 재화
　가 다른 사람에게 상속되지 않도록 하기 위해서 아버지의 정확한 정체
　성을 세우는 것이 상당히 중요해졌다. 남성들은 경제적으로 이성 배우
　자들에 대한 성적 접근을 줄이도록 강요받았는데, 그것은 처녀성, 정절,
　성적 독점 등을 향한 맹목적 숭배를 설명하는 데에 도움이 된다. 고대
　에 여성들의 성행위를 통제하기 위해서 개발된 법들은 어떤 의미에서
　는 본질적으로 아버지들과 남편들 사이의 경제적인 거래를 위한 보호
　책으로 이해될 수도 있을 것이다.237)

　중국에서 주왕조의 등장은 가부장적 종법제도의 확립으로 인하여
여성이 사적 영역은 물론이고 공적 영역에서도 타자화된 시기이다. 이
때 창조신 여와 역시 더 이상 독립적인 최고 신격으로 존재하지 못하
고 복희의 배우자나 여동생으로 변모하여 태양신의 아내인 달의 신으
로 설정되었다. 그러므로 이 시기에 인류는 여신들의 죽음, 달의 몰락
을 경험하게 되었다.238)
　그렇다면 이처럼 중국의 창조여신이었던 여와의 지위가 점차 하락
하게 된 것은 무엇을 의미할까? 바로 '여성의 몰락', 즉 모계적 전통의

---

236) 위와 같음.
237) 같은 책, 62쪽.
238) 김종미, 「곡신(谷神)과 코라(Chora)를 통해 본 탈중심의 여성원리」, 한국중어
　　중문학회, 『중국문화』(제34집), 2000, 172쪽.

몰락과 부계적 전통의 등장/강화를 의미하는 것으로 남성적 신들의 지배를 상징한다. J. F. 비얼레인 역시 "모권 사회의 두드러진 특징은 여신들에 대한 숭배인데, 부계 사회로 이어지면서 남신들이 그 자리를 빼앗게 되었다"고 하였다.[239] 데메테르(케레스, Ceres)는 농경의 여신인데 로마의 시인 오비디오스는 『변신』에서 "케레스는 이 세상에서 최초로 쟁기로 땅을 간 여신이었다"고 하였다. 이 데메테르와 제우스 사이에 태어난 딸이 코레(Kore)이다. 뒤에 페르세포네로 알려지게 된다.[240] 비얼레인은 그리스 '코레(페르세포네)의 신화'를 설명하는 부분에서 이렇게 말하였다.

> 코레는 나중에 '파괴의 전달자'라는 뜻의 페르세포네라는 이름을 얻게 되는데, 이것은 단지 그녀가 생물의 생육기가 끝나는 것을 알리는 전조였기 때문만이 아니라, 안정된 사회의 종말을 알리는 전조이기도 했기 때문이다.[241]

여신들의 몰락은 여와의 이야기, 서왕모의 이야기에서 살펴본 것처럼 그들의 지위가 점차 하락하는 것에서 알 수 있다. 또 이러한 여신들의 몰락을 나타내는 신화로는 앞에서 간략히 소개한 '항아(姮娥)의 이야기'가 있다. 항아에 관한 기록은 『회남자』「남명훈」편에 보인다. 이 '항아의 이야기'는 '달로 달아난 항아 이야기'(姮娥奔月)로 그의 남편 예(羿)가 곤륜산에서 서왕모로부터 구한 불사약을 항아가 모두 삼켜 버리고 월궁(月宮)으로 달아나 버렸다는 것이다. 이 '항아분월' 역시 여성의 타락을 나타내는 신화이다.

그렇지만 이처럼 여신들의 몰락으로 인하여 여성숭배사상이 완전

---

239) J. F. 비얼레인, 『살아있는 신화』, 148쪽.
240) 같은 책, 141~142쪽
241) 같은 책, 148쪽.

히 사라진 것은 아니다. 고대 중국에서는 먼저 노자를 중심으로 한 도
가철학에 의하여 여성숭배사상이 전해졌다. 노자철학에서 중음(重
陰), 상유(尙柔), 수자(守雌), 숭검(崇儉), 상자(尙慈), 겸하(謙下) 등
의 기본적인 특징은 모두 여성 특유의 도덕적 덕목의 철학적 추상화
이다. 이것들은 모두 여성의 처세 태도와 경험의 개괄과 승화로 여성
특유의 온유(溫柔)와 지혜를 표현한 것이다.[242]

　만약 중국의 신화에 나타나는 신들의 형상이 그대로 신들의 형상에
불과한 것이라면, 즉 우리들 인간이 추구할 수 없는 절대적인 그 무엇
이었다면 중국의 고대인들에게 신선이라는 그들이 말하는 이상적 인
간은 출현하지 못하였을 것이다. 고대 중국인들이 신선을 추구하게 된
계기는 중국의 신화에 나타난 신들이 인간화되었기 때문에 가능한 일
이었다.

　고대 중국의 여신들에 관한 이야기는 전국시대 중기 무렵 방사집단
에 의하여 신선의 이미지로 변형된다. 물론 이 과정에는 남성신들 역
시 그 변화 과정에 포함된다. 그리고 이러한 관념은 도학(道學) 속에
흡수된다.

　이러한 일련의 과정은 한 무제 이후의 상황과는 매우 다르다. 한 무
제 때 통치자 집단이 동중서의 건의를 받아들여 유학을 통치이념으로
삼게 되면서 여신들, 여성성은 점차 부차적인 요소로 취급된다. 그 결
과 여성의 이미지 역시 큰 변화를 겪게 된다. 잔 스츄앙은 전설 중의
많은 여성들이 신격화되어 새로운 숭배의 대상이 되었는데, 이러한 숭
배의 대상을 '영렬여신'(英烈女神)이라고 부르면서, 이 '영렬여신'을
숭배하는 풍습은 전국시대에 가장 왕성했다고 말한다.[243] 그는 또 이
'영렬여신'이 숭배된 데에는 두 가지 중요한 원인이 있다고 말한다. 첫

---

242) 陳顧應·白奚, 『老子評傳』, 43쪽.
243) 잔 스츄앙, 『여성과 도교』, 43쪽.

째, 통치자의 여성 도덕교육의 필요성이다. 둘째, 이 '영렬여신'이 전설 중에서 대부분 감동적이고 눈물겨운 사연을 갖는다.[244]

그런데 이러한 '영렬여신'은 도학에서 말하는 주체적인 여성들과는 그 모습이 매우 다르다. 이 '영렬여신'들의 모습은 유가적 가치관을 수용한 여성으로 그려지고 있다. 이러한 변형을 가장 잘 보여주는 그 대표적인 문헌이 유향(劉向, 기원전 66년~기원전 6년)의 『열녀전』(列女傳)이다. 유향은 그의 아들 유흠(劉歆, ?~23)과 함께 한대에 문헌을 정리한 인물이다. 그가 편찬한 『열녀전』에는 106명의 역사적인 여성들을 소개하고 있다. 이들을 몇 가지 범주로 구분하고 있는데, 이숙인의 번역에 따르면 훌륭한 어머니들(母儀傳), 현명한 부인들(賢明傳), 지혜로운 여인들(仁智傳), 예의와 신의를 지킨 여인들(貞順傳), 도리를 실행에 옮긴 여인들(節義傳), 지식과 사리에 밝은 여인들(辯通傳), 나라와 가문을 망친 여인들(孽嬖傳) 등으로 나누어진다.[245] 「모의전」은 어머니로서 모범이 된 여성들의 이야기, 「현명전」은 현명함을 드러낸 여성들의 이야기, 「인지전」은 지혜로운 여성들의 이야기, 「정순전」은 예(禮)와 신의를 중시한 여성들의 이야기, 「절의전」은 인간으로서 지켜야 할 마땅한 도리를 실천한 여성들의 이야기, 「변통전」은 고전에 관한 지식과 사리에 밝은 여성들의 이야기, 「얼폐전」은 나라 또는 가문을 망친 여인들의 이야기이다.[246] 이숙인은 먼저 『열녀전』은 "'열녀'(烈女)들의 전기가 아니라 '열녀'(列女), 즉 많은 여성들에 관한 전기"라고 말한다. 그녀는 이어서 「얼폐전」을 소개한 부분에서 이렇게 말하였다.

---

244) 같은 책, 44쪽.
245) 유향, 『열녀전』, 이숙인 옮김, 예문서원, 1997. 목차 참조.
246) 같은 책, 24~26쪽 참조 요약.

「얼폐전」(孽嬖傳)은 나라 또는 가문을 망친 여인들의 전기이다. 하(夏), 은(殷), 주(周) 고대 왕국을 멸망으로 이끌었던 말희, 달기, 포사의 전기가 실려 있다. 이 편에 실린 15명의 여성들은 음행과 권력욕으로 당시의 예적 질서에 도전장을 던진 사람들이다. 『열녀전』의 일곱 편 중 이 편만이 사악한 행적을 남긴 여성들의 기록이다. 여자가 똑똑하면 나라를 망친다는 여와(女媧) 이데올로기는 제왕을 위한 교육 프로그램 중 단연 수위를 차지한다. 혁명에 의해 새로운 왕조가 들어설 때마다 앞 왕조 정복의 첫째 이유가, 왕이 여자에게 빠져서 정사를 돌보지 않았다는 것이다. 앞 왕조 멸망의 교훈이 된 '여자 망국론'은 역사 발전 법칙의 필연성을 무시한 정치적 이데올로기의 색채가 짙다 하겠다.[247]

그러나 『열녀전』의 「얼폐전」에서만 '여자 망국론'과 같은 내용이 나타나는 것은 아니다. 예를 들어 「모의전」의 첫머리에 나오는 '순 임금의 두 부인'(有虞二妃) 이야기가 있다. 이 이야기에서는 '아황'(娥皇)과 '여영'(女英)이라는 자매가 순임금의 부인으로 나오는데, 남성과 여성의 관계에서 여성은 어디까지나 남성의 보조적 역할에 만족해야만 하는 존재로 그려지고 있다. "아황과 여영에 대한 고사를 통해서 당시 여성에 대한 이미지는 남성 우위의 역사세계 속에서 남성 중심적으로 이루어졌음을 볼 수 있다. 이는 춘추전국시대 유교적 관념에 의해 요순선양을 이상화하고 그 주인공을 미화하는 가운데, 그의 배우자들은 유교적 관념에 어울리는 부도를 갖춘 양처의 이미지로 보이게 된 것이다."[248]

중국신화에서 특히 여성신과 관계가 있는 것들은 대부분 도학(道學 : 道家, 道敎, 丹道)에 흡수되었다. 그것은 특히 노자철학에서 두드러진다. 노자는 도를 여성과 관계가 있는 사상으로 나타낸다. 이것은

---

247) 같은 책, 26쪽.
248) 김선주, 「신화 속의 여성상, 아황과 여영」, 30~31쪽.

도학이 원시 모계사회 문화 전통을 이어받았음을 나타낸다. 김경방 (金景芳)은 『고사논집』(古史論集)에서 "공자는 『주역』 사상의 영향이 매우 깊고, 노자는 『귀장』(歸藏)사상의 영향을 받았다"고 평가한 다.[249] 공자가 영향을 받은 『주역』은 주나라 역이고, 노자가 영향을 받은 『귀장』은 은나라 역이다. 주나라 역이 건괘(乾卦)를 첫머리에 두 고 있는 것에 비하여 은나라 역은 곤괘(坤卦)를 첫머리에 두고 있다. 그러므로 주나라 역은 '건곤'(乾坤)이 되고, 은나라 역은 곤건(坤乾)이 된다. 건은 하늘을 의미하고, 곤은 땅을 의미한다. 이러한 변화는 모계 사회에서 부계사회로의 변화를 의미한다. 이원(李元)은 "공자는 주나 라 도(周道)를 따르므로 부권(父權)을 중시하고 강건함(剛健)을 주된 것으로 삼으며, 진취적이다. 노자는 상나라 도(商道)를 따르므로 모권 (母權)을 중시하고 음유(陰柔)를 주된 것으로 삼으며 물러남[退遁]을 추구한다"고 말하였다.[250]

호부침(胡孚琛)·여석침(呂錫琛)은 『도학통론 – 도가·도교·선학』(道 學通論 – 道家·道敎·仙學)에서 모계사회와의 관계를 다음과 같이 말 한다.

　　도가, 도교와 선학의 문화적 연원은 원시 모계 씨족 공동체 사회 시 기의 원시 종교 전통에까지 소급된다. 모계 씨족 사회가 형성되기 이전 에는 종교가 생겨날 수 없었고, 이른바 철학사상이란 것은 더욱 더 생 길 수 없었다. 그러므로 모계 씨족 사회의 원시 종교를 중국 문명의 시 작으로 하는 것이 타당하다. 원시 모계 씨족의 원시 종교는 자생한 것 으로, 이런 종류의 종교는 당시 사람들이 공동으로 생존 투쟁을 하는 가운데 형성된 집단적 사유의 산물이다. 그러나 원시 종교가 형성된 뒤

249) 金景芳, 『古史論集』, 281쪽.(李元, 「 論老子與傳統文化」, 中國孔子基金會, 『孔子硏究』, 1989년 제2기, 50쪽. 재인용.)
250) 李元, 「論老子與傳統文化」, 50쪽.

에는 전체 씨족의 집단적 신앙으로 변하였고, 씨족 생활의 여러 영역에 침투되었다. 각 씨족 구성원은 모두 집단적으로 종교 의식에 참여해야 하였으며, 종교적 행위규범을 엄격하게 준수하여야 하였다. 만약 종교 규범을 위반한다는 것은 바로 씨족 집단에서 벗어난다는 것을 의미하고, 씨족을 벗어나서는 생존할 방법이 없었다. 이러한 까닭에 원시 종교는 씨족 사회에서 모든 영역에 걸쳐 상층구조를 이루었으며, 각 씨족 구성원은 모두 충실한 신도들이었다. 이 원시 종교는 자연 숭배(自然崇拜), 생식 숭배(生殖崇拜), 토템 숭배, 천신 숭배(天神崇拜), 조상신 숭배(祖上神崇拜) 등을 포괄하는 것으로, 그 중에서 가장 모계 씨족제의 특징을 가지고 있는 것은 여시조 숭배(女始祖崇拜), 여음 숭배(女陰崇拜)와 여성 생식기 숭배(女性生殖器崇拜)를 포함하는 여성 숭배(女性崇拜)이다.251)

장지언(張智彦)도 이것과 유사한 관점을 제시한다. 그녀 역시 노자 철학의 연원을 원시 씨족 공동체 사회, 특히 원시 모계 사회에서 찾는다.

어떤 사상이 되었든 그 발생은 모두 역사적 연원을 찾을 수 있다. 노자의 "낳아도 자신의 것으로 소유하지 않는다."(生而不有)라는 사상은 분명 원시 사회의 사상적 침전물과 관계가 있다. 고고학적 발굴 유적과 유물을 살펴보면 우리나라 원시 씨족 사회는 오랜 역사적 시기와 완비한 형태를 가지고 있다. 모계 씨족 사회이든 부계 씨족 사회이든 그 유산은 모두 풍부하다. 특히 모계 씨족 사회는 더욱 더 휘황찬란한 발전 시기가 있다. 씨족 사회에서 생산물은 모두 공동체 사회의 공동 소유로 씨족 성원의 집체 노동, 공동 분배의 노동 생산물이다. 씨족의 지도자는 비록 공공 생산물을 관리하지만 모두들 노동의 생산물을 사적으로 소유하지 않는다. 이러한 상황은 노자가 말한 "낳아도 자신의 것으로 소유하지 않는다."라는 사상과 매우 흡사하다. 노자는 상고 문화의 유

251) 胡孚琛·呂錫琛, 『道學通論-道家·道敎·仙學』, 9쪽.

풍(遺風), 특히 원시 씨족 사회의 생산물을 공동 노동, 공동 분배와 사회 구성원이 평등하게 상존하던 것의 이상화를 보편적 도의 특징, 즉 "낳아도 자신의 것으로 소유하지 않는다."라는 것으로 승화시켰다. 그러므로 노자의 "낳아도 자신의 것으로 소유하지 않는다."라는 사상은 아주 오래된 것으로 상고 문화의 원류 – 원시 씨족 사회, 특히 모계 씨족 사회에까지 소급해갈 수 있다.[252]

모계 원시 사회에서 사람들은 이미 암컷과 수컷으로 사물을 분별하는 습관이 있었다. 원시 종교의 여성숭배는 또 원시 민족 사회에 여성의 음유(陰柔), 겸양(謙讓), 허정(虛靜) 등의 품덕(品德)을 존중하는 전통을 형성하였다. 귀음상유(貴陰尙柔)의 도가철학은 이러한 전통의 묘사와 개괄이라고 할 수 있다.[253] 『노자』에는 여성성과 관련이 있는 내용이 매우 많다. 『노자』에서 여러 차례 모(母) 자를 언급하였다. 노자는 "도"를 여성으로 표현하였다.

> 계곡의 신(谷神)은 죽지 않으니 이것을 '검은 암컷'(玄牝)이라고 한다. '검은 암컷'의 문 이것을 천지의 뿌리라고 한다. 이것은 이어지고 이어져서 마치 (무엇인가) 있는 듯하고, 그것을 써도 다 마르지 않는다.[254]

또 그는 도(道) 자를 "현빈지문(玄牝之門, 女陰)과 곡신(谷神, 生殖神)이라 부르고 "천하의 어미가 된다"(可以爲天下母)고 하였다. 이것들은 모두 원시 종교 중의 여성 생식기 숭배의 흔적이다.[255] 여사면

---

252) 張智彦, 『老子與中國文化』, 貴州人民出版社, 1996, 22~23쪽.
253) 陳顧應·白奚, 『老子評傳』, 43쪽.
254) 『老子』 제6장 : "谷神不死, 是謂玄牝. 玄牝之門, 是謂天地根. 綿綿若存, 用之不勤."
255) 胡孚琛·呂錫琛, 『道學通論－道家·道教·仙學』, 11쪽.

(呂思勉)은 『노자』라는 책 전체에서 여권(女權)이 남권(男權)보다 우월하여 후에 귀남천여(貴男賤女)하던 것과는 확연히 다르다고 말한다.[256] 중국의 고대 신화 체계에서 여와(女媧)는 매우 중요한 지위를 차지한다. 그녀는 중국 민족의 여시조일 뿐만 아니라 세상을 창조하고 구제하는 여신이다.

> 여와는 공적이 뛰어날 뿐만 아니라 덕행과 성격이 완벽한 인물이다. 이것은 여와신화가 모계 원시 씨족 사회에서 나왔고, 여와는 모계 씨족 사회의 여성 지도자의 형상의 화신(化身) 혹은 예술적 추상(抽象)이라는 것이 분명하다. 모계사회 시대에 여성은 경제생활과 사회활동에서 주도적 지위를 차지하였는데, 그 작용은 남성을 크게 뛰어 넘는 것으로 여성 지도자는 전체 씨족 구성원의 존경과 사랑을 받는 것이 자연스러운 일로, 그녀의 업적은 세세로 전하여지고 칭송되어 최종적으로 여와라는 전형적인 예술형상을 형성하였고, 또 구두(口頭)문학의 형식으로 널리 전하여졌다.[257]

도학의 연원은 다양하다. 그 가운데에서 가장 핵심이 되는 것은 바로 여성숭배이다.

J. 니담 박사도 도가철학의 한 특징으로 여성성을 강조한다.

> 그래서 도가가 고대 중국의 원시 모성(原始母性) 위에 창조 여성 신화(創造女性神話)를 만들어 냈다는 것이 사실임에도 불구하고, 그러한 논증은 어떠한 사태의 핵심에 도달하지 못한다. (…) 유가와 법가의 사회 윤리적 사상 복합은 남성적이고 관리적(管理的)이고 견고하고 제압적이며 공격적이요 합리적이며 직수적(直授的)이었다. 도가는 여성적,

---

256) 呂思勉, 「辨梁任公 <陰陽五行說之來歷>」, 顧頡剛 主編, 『古史辨』(제5책), 藍燈, 民國76.

257) 陳顧應·白奚, 『老子評傳』, 43쪽.

관용적, 유약적, 비강제적, 철수적(撤收的), 신비적이며 더구나 수용적인 모든 것을 강조함으로써 근본적이고 완전하게 유가와 법가사상을 부수어 버렸다.[258]

『장자』에서도 유사한 내용들이 많이 보인다.

옛날에는 새나 짐승이 많고 사람이 적었다. 그래서 사람은 모두 나무 위에 집을 짓고 살며 짐승의 해를 피했고 낮에 상수리나 밤을 줍고 밤에는 나무 위에 깃들여 쉰다. 그래서 이들을 유소씨(有巢氏)의 백성이라 불렀다. 또 옛날 사람은 옷이라는 것을 몰랐고 여름에 장작을 많이 쌓아 두었다가 겨울에 땠다. 그래서 이들을 지생(知生)의 백성이라 불렀다. 신농씨(神農氏)의 시대에는 누우면 편안하고 일어나면 자득(自得)하는 한가한 생활을 누렸고 사람들은 자기의 어머니는 알아도 아비지를 몰랐으며 사슴 따위 동물과 함께 살고 스스로 논밭을 갈아서는 곡식을 거두어 먹으며 옷감을 짜서 옷을 지어 입으면서 서로 해치는 마음을 지니지 않고 있었다. 이것이 바로 지극한 덕이 한창 성(盛)한 세상이었다.[259]

도가의 이러한 모계 씨족 원시 종교의 특징들은 뒤에 모두 도교에 전해져서 도교의 여성 숭배 원시 종교 유습이 더욱 풍부하게 되었다. 도교에서 가장 일찍이 보이는 신선 서왕모(西王母)는 세습 모계 부족의 여추장이다.

앞에서 언급한 것처럼, 이 신선사상은 전국시대 중기에 널리 유포되어 유행하였다. 중국에서 발생하고 성장한 도교가 다른 종교와 극명

---

258) J. 니담, 『中國의 科學과 文明』(Ⅱ), 이석호 외2 역, 을유문화사, 1988, 84~85쪽.
259) 『莊子』 「盜跖」 : "古者禽獸多而人少, 于是民皆巢居以避之. 晝拾橡栗, 暮棲木上, 故命之曰 : '有巢氏之民'. 古者民不知衣服, 夏多積薪, 冬則煬之, 故命之曰 : '知生之民'. 神農之世, 臥則居居, 起則于于. 民知其母, 不知其父, 與麋鹿共處, 耕而食, 織而衣, 無有相害之心. 此至德之隆也."

한 차이점을 드러내는 것은 인간의 욕망에 대한 태도에서 나타난다. 일반적으로 종교에서는 인간의 욕망에 대하여 부정적 시각을 드러낸다. 욕망은 인간을 자유롭지 못하게 만드는 것으로 언제나 제거되어야만 하는 그 무엇으로 인식되고 있다. 인간의 역사에서 욕망에 대한 부정은 인간의 몸에 대한 부정이었고 이 세계에 대한 부정이었다.

그러나 도교에서는 무엇보다도 먼저 인간의 욕망을 긍정하는 것으로 출발한다. 갈조광은 『도교와 중국문화』에서 도교의 욕망에 대한 태도를 아래와 같이 말하였다.

> 아마도 도교보다 더 노골적으로 '인간의 생리적 욕망'에 영합하는 종교는 없을 것이다. 도교는 오로지 인간들의 삶에 대한 욕망에 부합하기 위해 '도 - 기 - 음양 - 오행 - 만물'이라는 우주계통이론에서, 소박한 본성으로 되돌아가고 생명의 근원으로 돌아가야 한다는 '양기건신술'(養氣健身術)을 찾아냈고, 아울러 건신술과 비슷한 '방중어녀술'(房中御女術)까지 동일한 영역으로 끌어들였다. 그리고 무격(巫覡)의 신에 대한 의식(儀式)을 도교의 재초(齋醮)의식으로 발전시켰으며, 부적·주술·법기(法器) 등 구체적으로 생존의 문제를 해결하는 무술(巫術)을 마련하였다.[260]

역사적으로 볼 때, 인간은 일반적으로 인간의 욕망에 대하여 부정적 태도를 취하였음을 알 수 있다. 그렇지만 인간의 욕망에 대한 부정은 그것이 일정한 긍정적인 의미를 갖는다고 하더라도 언제나 위선을 낳을 위험성을 내포하고 있다. 그런데 이러한 '인간의 생리적 욕망'의 긍정의 그 대표적인 것은 아마도 인간의 죽음에 대한 부정일 것이다.

인간은 생존에 대한 욕구와 아울러 죽음에 대한 공포에서 벗어나기

---

260) 葛兆光, 『道敎와 中國文化』, 20~21쪽.

위해 장생불사와 우화등선을 애오라지 희구하고, 악귀를 쫓아내고 행복한 삶을 영위하기를 바라고 있었기 때문에 도교의 이론과 신의 계보·의식·방법 등을 무조건적으로 신봉할 수 있었던 것이다.261)

현대인에게 있어서도 이 '죽음'이라는 문제는 여전히 골칫거리이다. 그런데 현대인은 이 욕망의 문제에 있어서만큼은 대체로 긍정적 입장을 취한다고 할 수 있다. 오늘날 성형술을 비롯하여 인간 생명에 관한 의학기술의 발전은 현대인에게 이른바 영원한 삶을 보장해 줄 수 있을 듯 보인다. 최근의 한 보도에 의하면 인간의 의학기술은 이미 노쇠의 원인을 규명할 수 있는 단계에 도달하였고, 또 노쇠를 막을 수 있는 방법까지 쥐를 통한 임상실험에서 성공하였다고 한다. 이제 이론적으로 뿐만 아니라 의학적으로도 장생불사의 가능성이 현실화되고 있는 것이다. 그야말로 우리는 고대 중국인들이 오매불망 추구하였던 장생불사의 꿈을 현실로 이루게 된 시대에 살고 있다고 할 것이다. 그러나 만약 이 불로장생이 실현된다고 할 때 우리는 과연 행복할 수 있을까?

유학을 남성철학이라고 한다면 도학은 여성철학이라고 말할 수 있다. 유학이 강건함을 강조하지만 도학은 유약함을 강조한다. 그 사상적 연원 가운데 하나는 여성숭배(女性崇拜)사상이다.

역사적으로 여신들이 몰락하면서 그 자리를 채운 것은 남신들이다. 그런데 고대 중국의 역사에서 이들 여신들은 비록 신화 속에서 몰락의 길을 걸어갔지만 도리어 중국에서 발생하고 성장한 종교, 즉 도교 속에 스며들어 그들의 숭배대상이 되었다. 이 과정에서 여신들은 신선의 모습으로 변화하였다.

그렇다면 여신은 어떻게 여선으로 바뀌게 되었는가? 여성을 신격화

---

261) 같은 책, 21쪽.

의 대상으로 바라볼 때 여성신(女性神)의 숭배와 여자신선[女仙]의 숭배라는 두 종류의 기본적인 표현 형태로 간단히 구분할 수 있는데,262) 이들 사이의 차이 혹은 변화의 의미는 무엇인가? 만약 단순히 여신으로 남았다면, 이것은 우리 인간이 추구할 수 있는 대상이 되지 않는다. 그런데 우리가 알고 있는 여선은 우리 인간이 추구할 수 있는 대상이다. 물론 그렇게 되는 과정이 순탄하지 않다고 하더라도 말이다. 따라서 우리는 여신에서 여선으로 변화 과정을 고찰할 필요가 있다. 여신은 어떻게 여선으로 변화하였는가? 그 논리적 배경은 무엇인가?

신선하면 우리가 먼저 떠올리게 되는 형상은 아마도 하얀 수염을 한 노인의 모습일 것이다. 그런데 우리가 중국 고대의 문헌을 살펴보면 꼭 그렇지만도 않다. 중국 고대의 문헌에서 이 신선의 형상은 흔히 아름다운 여성의 모습으로 형상화된 것이 많다.

1979년에 중국의 요녕성(遼寧省) 객좌현(喀左縣) 동산취(東山嘴) 홍산문화(紅山文化) 유적지에서는 제사에 사용한 것으로 추정되는 흙으로 빚은 여성상이 발견되었다. 또 1983년 요녕성 우하량(牛河梁) 홍산문화 유적지에서는 대규모의 여신묘(女神廟)가 발견되었다. 여기에는 다량의 인물상 파편이 있었는데, 이 파편들은 여성의 특징을 뚜렷하게 나타낸다. 이 여신묘는 제사를 지내던 장소이고, 여신 조각상은 제사의 주요 대상이었다.263) 잔 스츄앙은 『여성과 도교』에서 여신숭배의 의미를 이렇게 설명하였다.

여신숭배는 일종의 독특한 종교형태다. 그러므로 그 형성에도 자연 독특한 원인이 있기 마련이다. 먼저 심리적 기초에서 말한다면, 선민

---

262) 잔 스츄앙(詹石窓), 『여성과 도교』, 31쪽.
263) 같은 책, 31~32쪽.

(先民)들의 의식 저층에 여성의 음부를 통하여 생명을 낳게 된다는 여음생육(女陰生育) 기능에 대한 신비로운 인식상의 문제로 소급하지 않을 수 없다.264)

여신숭배, 여성숭배에서 가장 중요한 요소는 바로 '여음생육', 즉 '생명'을 잉태하는 여성의 신비로운 능력이다. 이 '여음생육'은 개체의 지속과 발전에서 필수적인 요소이다. 너무도 당연한 말이지만, 여성의 이러한 '생육'이 없었다면 인류의 지속적인 성장은 불가능한 일이기 때문이다.

인류 생존에 있어서 가장 기본이 되는 두 가지 요소는 '식색'(食色), 즉 음식과 성이다. 음식은 개체라는 생명의 존속을 보장해주는 것이고, 성은 개체의 생명이 또 다른 생명(즉 자식)에 의하여 이어져서 지속되는 것이다. 계선림(季羨林)은 식(食)과 색(色), 음식과 남여의 관계를 설명할 때 이렇게 말하였다.

> 음식이 없으면 개체는 생존할 수 없으며 생식은 더 말할 것도 없다. 색이 없으면 개체는 한 대에 생존할 수밖에 없어 자손이 끊어지게 된다. 이 둘이 상보상성(相補相成)할 때에만 인간과 동물, 식물의 공동 생존이 가능한 세계를 만들 수 있다.265)

중국 상고시대의 각각의 대 부족은 모두 모계 씨족에서 발전하여 나온 것으로, 부족 연맹의 수령의 지위를 얻은 부족 추장은 대부분 다만 그 모(母)를 알뿐 부(父)는 알지 못한다. 그들은 용, 벼락, 무지개 등의 자연물의 감응에 의하여 태어난 것으로 생각한다. 예를 들어 복

---

264) 같은 책, 32쪽.
265) 季羨林, 『生殖崇拜文化論』「序」.(胡孚琛·呂錫琛, 『道學通論－道家·道敎·丹道』, 30~31쪽. 재인용)

희족(伏羲族)의 화서씨(華胥氏)는 뇌택(雷澤)의 큰 발자국을 밟고서
복희를 낳았다. 염제족(炎帝族, 神農氏)의 여등(女登)은 용을 만나서
염제를 감생(感生)하였다. 황제족(黃帝族)의 부보(附寶)는 번개를 보
고서 황제를 감생하였다. 요족(堯族)의 경도(慶都)는 용을 만나서 요
임금을 낳았다. 순족(舜族)의 악등(握登)은 무지개(虹)를 보고서 순임
금을 낳았다. 화서씨, 여등, 부보 등은 이들 부족의 여시조(女始祖)이
다.266) 잔 스츄앙은 『여성과 도교』에서 이러한 감생 여신에 대하여
다음과 같이 설명하였다.

　　감생 여신은 모계씨족에서 부계씨족으로 넘어가는 최초 단계의 산물
　일 것이다. 감생 여신에 관한 종종의 전설 중으로부터 남성 권리의 관
　념이 이미 발생하여 사회의 권력 중심이 남성으로 넘어 가고 있음을 어
　렵지 않게 볼 수 있다. 그러나 성씨는 여전히 어머니를 따랐고 그러므
　로 감생 여신도 대단히 높은 지위를 유지했다.267)

인류사회가 모계사회에서 부계사회로 변화하였지만, 그러나 모계사
회의 문화전통이 모두 사라진 것은 아니다.

　　모계씨족이 부계씨족으로 대체되면서, 그리고 사유제와 국가가 발생
　하면서, 여성의 사회에서의 지위는 전에 비해 크게 떨어지기 시작했다.
　그러나 여성숭배의 전통은 이 때문에 소실되지는 않았다. 오히려 오랜
　여신에 대한 숭배를 표시하는 의식이 진행되었을 뿐만 아니라, 전설 중
　의 많은 여성이 신격화되어 새로운 숭배대상이 되어 갔다.268)

인간의 수명은 질병과의 투쟁을 통하여 끊임없이 길어졌다. 그러므

---

266) 胡孚琛·呂錫琛,『道學通論 - 道家·道敎·仙學』, 9쪽.
267) 잔 스츄앙, 『여성과 도교』, 42쪽.
268) 잔 스츄앙, 『여성과 도교』, 42쪽.

로 인간의 평균 수명은 의학과 깊은 연관을 가지고 있다. 그러나 고대
인들에게 있어서 인간의 수명은 신들의 권한에 속하는 것으로 인간의
선악에 따라서 수명도 줄어들고 연장되기도 한다고 생각하였다.[269]
그렇지만 고대 중국의 방사(方士)들은 인간의 노력에 따라서 인간의
수명은 연장될 수 있다고 생각하였다.[270]

　이러한 변화 과정에서 여와, 서왕모로 대표되는 여신들은 중국 역
사에서 다시 부활하게 된다.

　여와는 결혼의 신, 출산과 양육의 신이 되었다.[271] 서왕모 역시 아
름다운 여선으로 변모한다. 『한무제내전』(漢武帝內傳)에 그려진 서왕
모의 모습이다.

---

[269] 중국의 도교에서도 인간의 선악에 따라서 수명이 늘어나고 줄어들기도 한다고
　　생각하였다. 진대(晉代) 상층도교(上層道敎)의 도교학자 갈홍(葛洪)은 『포박
　　자내편』(抱朴子內篇) 「대속」(對俗)편에서 이렇게 말하였다. "선인(仙人)이
　　되려고 하는 사람은 충효(忠孝), 화순(和順), 인신(仁信)을 근본으로 해야 한
　　다. 만약 덕행(德行)을 닦지 않고 방술(方術)에만 힘쓴다면 결코 장생할 수 없
　　다. 큰 악행을 저지른 사람은 사명(司命)이 정해진 수명에서 몇 년을 감하고,
　　작은 과실에 대해서는 며칠의 수명을 단축시킨다. 저지른 죄의 경중에 따라 감
　　하는 수명에 많고 적음이 있다."(欲求仙者, 要當以忠孝·和順·仁信爲本. 若德
　　行不修, 而但務方術, 皆不得長生也. 行惡事大者, 司命奪紀, 小過奪算, 隨所
　　犯輕重, 故所奪有多少也.) 그런데 이러한 관념은 종교윤리학의 색채를 띤 것으
　　로 본래의 신선사상과는 다르다. 신선사상 초기에는 선악에 대한 관념이 보이지
　　않는다. 다만 후대에 내려가면서 유가윤리학과 결합하면서 권선적(勸善的) 내
　　용이 더해졌다. 그 한 가지 사례가 『권선서』(勸善書)와 같은 것이다.
[270] 『老子西昇經』 「我命章」에서 "나의 운명은 나에게 달려있지 하늘에 달려있지
　　않다"(我命在我, 不在天)고 말하였다. 이것은 수동적으로 인간의 운명을 받아
　　들이는 것이 아니라 적극적으로 자신의 운명을 해명하고자 하는 인간의 노력이
　　다. 이러한 관념은 노장철학이라는 수동적 철학에서 능동적 철학으로의 전환을
　　의미한다.
[271] 김영구 편역, 『중국의 신화』, 24쪽.

　서왕모는 두 시녀의 부축을 받아 궁전에 올랐다. 시녀들은 나이가 열
예닐곱쯤 되었는데 푸른 비단 웃옷을 입었다. 그녀들의 반짝이는 눈동
자, 맑은 자태는 보는 이로 하여금 정말 미인임을 실감케 하였다. 서왕
모는 궁전에 올라 동쪽을 향해 앉았다. 그녀는 황금빛 치마를 입었는데
환하고 품위 있어 보였으며 아름답게 수놓은 허리띠에 보검을 찼다. 그
리고 머리에는 화려한 비녀를 꽂고 구슬관을 썼으며 봉황새 무늬가 있
는 신발을 신었다. 나이는 한 서른 살쯤 되어 보였는데 균형 잡힌 몸매,
은은히 풍겨나는 기품, 빼어난 미모는 진실로 이 세상 사람이 아니었
다……[272]

　"서왕모의 외모 역시 대중(남성)이 가장 바라는 이미지로의 전환"
을 하게 된 것이다.[273]

---

[272] 배진영, 「백호에서 아름다운 여신으로, 중국 여신 서왕모」, 41~42쪽에서 재인용.
[273] 같은 논문, 51쪽.

제3장
신선이야기 : 영원한 삶을 사는 사람들

선정규는 『중국신화연구』에서 선화(仙話)에 대하여 이렇게 설명한다.

다음으로 신화와 선화의 구별을 살펴보면, 우선 선화의 특징은 전국시대 후기의 신선사상과 한(漢) 이후의 도교(道敎)사상을 선전하는 것으로, 곡식을 배제하고 수심양성(修心養性)함으로써 개인적인 향수(享受)와 이기주의를 전제로 하는 것이다. 간단히 말하면 문자 그대로 신선에 관한, 즉 장생불사에 관한 설화로, 중국 신화의 변종 혹은 말류라 할 수 있다. 전국시대의 신선사상에 기원을 둔 이러한 선화는, 제(齊) 선왕(宣王)과 위왕(威王), 연(燕) 소왕(昭王) 같은 당시의 군주들에게 깊이 애호를 받게 되었으며, 훗날 도가(道家)의 청정무위사상과 결합하여 도사들에 의해 이리저리 선양되어, 각종 황당무계한 선화가 층층이 일어나게 되었는데, 중심 내용은 하나같이 연단채약(煉丹採藥)하여 먹고 나면 날아올라 신선이 될 수 있다는 것이다. 따라서 선화는 신성성을 근간으로 하는 신화와는 달리, 신선사상과 도교의 종교적 색채를 중심으로 하는, 대단히 개인주의적이고 이기주의적 사상에 의해 만들어진 설화라고 할 수 있다.[1]

---

1) 선정규, 『중국신화연구』, 고려원, 1996, 26쪽.

위에 인용한 선정규의 말처럼 신선의 이야기에 대하여 흔히 "중국 신화의 변종 혹은 말류", "황당무계한 선화", "개인주의적이고 이기주의적 사상"이라고 비판하는 것이 일반적인 견해이다. 그렇지만 우리는 이와는 달리 평가할 수도 있다. 정재서는 『불사의 신화와 사상』에서 신선설화 연구의 필요성을 제기하면서 아래와 같이 말하였다.

> 신선설화에 대한 연구의 필요성이 이처럼 제기되지 않아온 이유는 어디에 있는가? 그것은 …… 중국의 고대 정통사상, 문학 속에서 상상력 곧 환상적인 것이 겪어왔던 극도의 가치 폄하 현상과 깊은 관련이 있다. 신선설화에 대한 가장 일반적이고도 일관되어 온 오해, 그것은 신선에의 추구를 특권의 유한계층만이 누릴 수 있는, 민중의 생활과는 무관한 백일몽이나 욕망의 극대화 등으로 인식하는 경우인데 명백히 그러한 오해들로 인하여 신선설화의 연구 가치는 크게 의심을 받아온 것으로 보여진다.2)

정재서는 또 설화 - 이야기 체계의 의미를 다음과 같이 정리하였다. ①합리적 사상 체계에 대해 갖는 형성적인 힘과 근원적인 지위이다. ②신선사상 이후의 도교가 지괴(志怪)라는 소설 양식에 의해 힘을 얻어 유교의 이성주의에 대항해 왔다는 사실이다. ③신선 - 도교 이론의 집대성인 『도장』(道藏)은 불사(不死)에 대한 방대한 체계로 이성의 제국주의를 불신하고 설화의 힘을 믿었던 신선이라는 고대 중국의 특이한 존재자에 대한 설화학적 탐구이다. ④중국 역사상 유교 - 인문주의적 사고가 주변문화 및 기층적 사고에 미쳐왔던 것으로 '폭력적 위계질서'이다.3)

우리가 신선과 관련된 내용을 조금만 살펴봐도 바로 알 수 있는데,

---

2) 정재서, 『불사의 신화와 사상』, 민음사, 1995, 15쪽.
3) 같은 책, 7쪽.

신선이 되고자 하는 자는 매우 높은 수준의 도덕을 요구한다는 사실
이다. 그런 까닭에 강생(姜生)은 "도교의 윤리이상은 완명양생(完命養
生 : 타고난 생명을 완전히 하고 잘 기르는 것), 도덕을 이루는 것(達
於道德), 신선이 되는 것(成於神仙)이다"고 말한 것이다.[4] 그러므로
"도교에서 말하는 이른바 득도성선(得道成仙)은 인륜을 일달(一達)하
는" 것이다.[5]

> 윤리학의 각도에서 말하자면 전체 도교는 그 수행 의의에서 윤리의
> 큰 담지자[大載體]이다. 도교의 신선은 도식화된 윤리전범(倫理典範)
> 이다.[6]

중국에서 인간의 장생불사 이야기가 생겨나게 된 그 배후에는 전국
시대 중기에 널리 유포되었던 신선사상이 있다. 일본학자들은 이러한
사상을 신선도교(神仙道教)라 칭한다.[7] 그리고 이러한 사상을 추구했
던 인물들을 신선방사(神仙方士)라 부른다.[8]

그런데 이처럼 영원한 삶의 추구는 고대 중국인에게만 있었던 이야
기가 아니다.

먼저 신화적으로는 인도신화에 '불사의 감로수' 이야기가 보인다.
옛날 황금시대에 신과 그의 의붓형제들 그리고 악마들은 모두 죽도록
운명되었다. 그런 까닭에 그들은 메루(Meru) 산에 사는 할아버지인
창조주 브라흐마 신을 찾아가 도움을 요청하였다. 브라흐마는 비슈누
(Visnu) 신을 찾아가도록 하였다. 비슈누 신은 그들에게 우유의 바다

---

4) 姜生,『漢魏兩晋南北朝道教倫理論稿』, 四川大學出版社, 1995, 5쪽.
5) 위와 같음.
6) 같은 책, 6쪽.
7) 酒井忠夫 外,『道教란 무엇인가』, 崔俊植 옮김, 民族社, 1991.
8) 山田利明,「神仙道」, 酒井忠夫 外,『道教란 무엇인가』, 284쪽.

를 휘저어 '불사의 감로수'(amrita)를 마시도록 하였다. 그리하여 신들은 영원한 생명을 얻을 수 있었다고 한다.9)

　서양 신화에서 신들의 음식 암브로시아는 불사의 몸을 만들어준다고 한다.10) 고대 이집트의 파라오들은 '네 개의 물병을 가진 여신'으로부터 불로장생의 약을 얻는다.11) 불사에 대한 추구는 16세기 무렵 서양의 왕과 귀족들 사이에서도 역시 마찬가지로 나타난다. 그들에게 있어서 이른바 '잃어버린 낙원'에 대한 동경은 일생일대의 꿈이었다.

　　당시 유럽 전역에는 그것을 발견하는 자에게 죽음이 면제된다는 비밀스러운 장소나 샘물, 과일 혹은 풀에 대한 오래된 이야기들이 여럿 전해지고 있었다. 그중 한 이야기에는 신성한 시냇가에 살며 금고에 마법의 사과를 보관하고 있다는 이둔(Idunn)이라는 여신이 등장한다. 신들이 나이를 먹으면 이둔에게 찾아가 그녀의 사과를 먹고 다시 젊어진다는 것이다. 실제로 이둔이라는 이름은 '다시 젊어지다'라는 뜻이며, 그녀가 보관하고 있는 사과는 '신들의 불로장생약(Elixir of the Gods)'이라고 불렀다.12)

---

9) 김형준 엮음, 『이야기 인도 신화』, 청아출판사, 1998, 34~40쪽 참조 요약.

10) 게롤트 돔머무트 구드리히, 『신화』, 안성찬 옮김, 해냄, 2001, 67쪽.

11) "파라오들이 향한 하늘의 목적지는 라가 태어난 곳이며 지구로부터 라가 돌아간 곳이기도 하다. 그곳에서 라는 '네 개의 물병을 가진 여신'이 정기적으로 그에게 부어 주는 불로장생약 때문에 계속해서 젊어진다(이집트인들은 라가 '계속해서 깨어났다'고 표현한다.) 따라서 이집트의 파라오들도 여신이 라에게 부어 준 것과 같은 불로장생약을 자기에게도 부어 '자신의 심장을 다시 살아나게 만들어 주기를' 바랐던 것이다. 오시리스를 젊게 만든 '젊음의 물'도 바로 그것이었다. 또한 호루스는 죽은 페피 왕에게 '너를 젊음의 물로 새롭게 해', '두 번째 젊음의 시절을 주겠다'고 약속한다."(제카리아 시친, 『틸문, 그리고 하늘에 이르는 계단』(1), 이근영 옮김, 이른아침, 2008, 98~99쪽.)

12) 같은 책, 22쪽.

그러므로 불로장생을 추구하였던 고대 중국인의 일군의 집단을 폄하할 필요는 없다.

제1절 신선과 불로장생사상이 출현하게 된 시대적 배경

고대 중국인들은 왜 신선을 추구하였는가? 여기에는 몇 가지 원인이 있다.

첫째, 고대 중국 제왕(帝王)들의 탐욕과 관련이 있다. 『좌전』에는 이런 기록이 있다.

> …… 술을 마시고서 즐거워진 (제나라) 왕이 말하였다.
> "옛날부터 죽음이 없었다면 그 즐거움이 어떠했을까?"
> 안자(晏子)가 대답하여 말하였다.
> "옛날부터 죽음이 없었다면 옛날 사람들의 즐거움이 되었을 것입니다. 임금께서 어찌 그 즐거움을 얻을 수 있겠습니까? 옛날에 상구씨(爽鳩氏)가 처음 이곳에 살았고 계즉(季萴)이 그 다음을 이었으며, 유봉백릉(有逢伯陵)이 그 다음을 이었고 포고씨(蒲姑氏)가 그 다음을 이었으며, 또 강태공(姜太公)이 뒤를 이었습니다. 옛날부터 아무도 죽음이 없었다면 지금의 즐거움은 상구씨의 즐거움이지 임금께서 바랄 바가 아닙니다.13)

제나라 왕은 지금처럼 제왕의 즐거움을 영원히 누릴 수 있기를 바란다. 그러나 안자의 말처럼 만약 옛날에 죽음이 없었다면 지금 제나

---

13) 『左傳』昭公 20년 : "飮酒樂, 公曰 : '古而無死, 其樂若何?' 晏子對曰 : '古而無死, 則古之樂也. 君何得焉? 昔爽鳩氏始居此地, 季萴因之, 有逢伯陵因之, 蒲姑氏因之, 而後姜太公因之. 古者無死, 爽鳩氏之樂, 非君所顧也.'"

라 왕이 누리는 즐거움은 그의 것이 아니라 옛날 제왕들의 것이 된다. 제나라 왕뿐만이 아니라 우리 역시도 그러하다.

호부침은 『위진신선도교』(魏晉神仙道敎)에서 "'지선'의 신선세계는 현실과 초현실 세계의 기묘한 결합으로 당시 사족 명사의 안일(安逸), 방탕(放蕩), 사욕(肆欲)의 생활이 신선세계에 투영된 것"으로, 특히 "지선은 세속생활의 연장선상에 있었던 것으로, 도사의 종교적 이상에 보충되어 들어가 사족 자제들로 하여금 식색유락(食色遊樂) 내지는 부귀영화(富貴榮華)라는 탐욕을 영원히 얻어 만족하도록 하였을 따름 이다"고 비판하였다.[14]

인간은 영원한 삶을 살고자 한다. 그런 까닭에 종교에서처럼 사후 에도 영혼이 존재하여 복락을 누릴 것이라고 상상하였다. 그러나 '종 교적 갈망'은 죽음 뒤에 확인할 수 있는 것으로 현실적으로 아무런 해 답이 되지 않는다.

그런데 죽음을 벗어나 이 세상에서 영원히 살고자 하는 사람들 가 운데 그 대표적인 인물은 당시의 제왕들이었다. 이 지상에서 그들의 삶은 인간이 누릴 수 있는 온갖 즐거움을 그야말로 절대적으로 차지 할 수 있었다. 그러므로 죽음으로 인하여 그런 즐거움을 잃는다는 것 은 매우 큰 괴로움이 되었을 것이다.

그렇지만 지상에서 절대성을 갖는 군주 그 역시 한 인간으로서 죽 음을 맞이할 수밖에 없다. 그러므로 절대 권력자인 군주들에게 불로장 생할 수 있다는 신선사상은 그들을 매혹시킬 수밖에 없었다. "중국의 가장제 봉건 종법 사회는 대체로 세상에서 가장 인간의 본성을 억압 하는 사회제도이지만 중국에서 발생하고 성장한 도교는 도리어 세상 에서 가장 인간의 욕망을 긍정하는 종교이다."[15]

---

14) 胡孚琛, 『魏晉神仙道教 - 抱朴子內篇研究』, 人民出版社, 1991, 139쪽.

15) 胡孚琛·呂錫琛, 『道學通論 - 道家·道敎·仙學』, 508쪽.

둘째, 고대 중국인들 가운데 일군의 지식인들이 신선사상을 통하여 고통스런 현세로부터 초월하고자 하였다. 이러한 경향은 그 후 민간으로 내려가게 된다. 그 결과 중국의 독특한 사상, 즉 신선사상을 형성하게 되었다. 『장자』의 여러 곳에서 인간 현세를 초월한 신선의 모습과 세계를 설명한 글이 보인다. 그 한 가지 사례를 소개하면 아래와 같다.

> 피부는 얼음이나 눈처럼 희고 몸은 처녀와 같이 부드러우며, 곡식을 먹지 않고 바람과 이슬을 마시며, 구름을 타고 용(龍)을 부리면서 천지 밖에서 노닌다. 정신을 한 곳에 집중하면 모든 것이 병들지 않고 오곡이 잘 익는다고 한다.16)

호부침은 이렇게 말하였다.

> 도사는 신선이 된 후에 군주 전제라는 관료 정치 체제의 속박을 받지 않을 뿐만 아니라 또 인간 세상의 관료사회에서 명예를 다투고 이익을 빼앗고자 하는 번뇌를 벗어나 인간 세상에는 없는 행복을 얻을 수 있다.17)

갈홍은 『신선전』(神仙傳) 「팽조전」(彭祖傳)에서 이렇게 기술하고 있다.

> 선인이란 혹 몸을 가볍게 하여 구름으로 들어가기도 하고 날개가 없이 날기도 하며, 혹 용이나 구름을 타고 저 신선세계의 태청궁(太淸宮) 궁궐 계단에 이르기도 한다. 그런가 하면 혹 제 몸을 새나 짐승으로 바꾸기도 하고 청운을 타고 유람하기도 하며, 혹 강물과 바다 속을 잠행

---

16) 『莊子』「逍遙遊」: "肌膚若氷雪, 淖約若處子. 不食五穀, 吸風飮露. 乘雲氣, 御飛龍, 而遊乎四海之外. 其神凝, 使物不疵癘, 而年穀熟."
17) 胡孚琛, 『魏晋神仙道敎－抱朴子內篇硏究』, 127쪽.

하다가 명산을 찾아 날아가기도 한다. 그리고 혹 원기(元氣)를 먹기도 하고 또 지초(芝草)를 먹기도 한다. 또 혹은 인간 세상을 드나들기도 하는데 사람들이 이를 알아채지 못하며, 혹 그 몸을 초야(草野)에 숨기고 나타나지 않는다.18)

『포박자내편』(抱朴子內篇) 「대속」(對俗)의 내용이다.

　　허공으로 날아올라 상서로운 구름을 밟고 무지개 양산을 쓰며, 아침 이슬 속의 영기를 먹고 천지의 순박한 정기를 마시며, 옥을 녹인 술과 황금으로 빚은 물을 마시며, 짙푸른 지초(芝草)와 붉은 석영(石英)을 먹고 옥으로 지은 집에서 살면서 대청(太淸)을 소요하게 되면 귀를 닫아도 천리를 들을 수 있고 눈을 가려도 미래를 볼 수 있다.19)

　도사는 신선세계에 들어간 후에 또 세속세계에서 최고인 군주의 권력을 초월할 수 있다. 예를 들어 『신선전』에서 하상공(河上公)은 곧 "위로는 하늘에 이르지 않고 가운데에서는 사람에 얽매이지 않고 아래로는 땅에 머물지 않는다"(上不至天, 中不累人, 下不居地)고 하여 한나라 무제(武帝)의 신민(臣民)이 되려고 하지 않았으며, 마침내는 중국의 제왕으로 하여금 "하늘 아래 왕의 땅이 아닌 것이 없고 왕의 신하가 아닌 자가 없다"(普天之下, 莫非王土, 率土之濱, 莫非王臣)고 하였던 군주의 권위가 효력을 잃게 만들어 그들로 하여금 "수레에서 내

---

18) 葛洪, 『神仙傳』「彭祖傳」: "或竦身入雲, 無翅而飛; 或駕龍乘雲, 上造天階; 或化爲鳥獸, 遊浮靑雲; 或潛行江海, 翶翔名山; 或食元氣, 或茹芝草; 或出入人間而不識; 或隱其身而莫之見." [한글 번역은 林東錫이 譯註를 한 『신선전』(동서문화사, 2009)을 참조. 아래도 같다.]

19) 葛洪, 『抱朴子內篇』「對俗」: "登虛躡景, 雲轝霓盖, 餐朝霞之沆瀣, 吸玄黃之醇精, 飮則玉醴金漿, 食則翠芝朱英, 居則瑤堂瑰室, 行則逍遙太淸, 掩耳而聞千里, 廢目而見將來."

려와 머리를 숙여"(下車稽首) 도를 구하게 만들었다.[20] 따라서 신선
이라는 이미지를 통해 세속적 권력의 폭력으로부터 벗어나고자 한 것
은 매우 당연하다. 이점은 자유로운 삶을 살아가는 신선의 본래 신분
을 확인하면 더 분명히 알 수 있다. 유향이 편찬한『열선전』에 기록된
신선의 신분을 보면 제왕(帝王 : 黃帝), 궁녀(宮女 : 毛女), 상인(商
人 : 朱仲), 어리(魚吏 : 赤須子), 대부(大夫 : 馬丹), 복사(卜師 : 呼子
先), 양계인(養鷄人 : 祝鷄翁), 신발수선공(補鞋匠 : 嘯父), 돼지치기
(牧豕 : 商丘子胥), 마의(馬醫 : 馬師皇), 도정(陶正 : 寧封子), 목장(木
匠 : 仇生), 문졸(門卒 : 平常生), 걸인(乞儿 : 陰生), 어부(漁人 : 寇
生), 도야공(陶冶師 : 陶安公), 약장사(賣藥者 : 玄俗), 거울을 연마하
는 자(磨鏡者 : 負局先生), 소수민족인 강족 사람(羌人 : 葛由), 파융
사람(巴戎人 : 赤斧) 등이 있다.[21] 이들의 신분귀천으로 보면 그야말
로 천양지차가 나지만 그들이 모두 이제 신선이라는 점에서는 서로
지배자와 피지배자의 관계일 수는 없다.

셋째, 영원한 삶에 대한 갈망이다. 이것은 인간의 보편적 욕망이다.
인간은 기본적으로 삶을 긍정하고 죽음을 부정한다. 그런 인간의 욕망
이 신선의 모습에 투영되었다.

선학(仙學)은 인간이 현실 사회에서 종생토록 추구하던 욕망과 생활
이상을 천상(天上)에 투영하여 선인의 표준으로 정화와 변화를 진행한
후에 이들 이상과 욕망으로 하여금 모두 선인 세계에서 영원한 만족을
얻도록 하였다. 그러므로 선인의 세계와 기독교의 천국, 불교의 극락세
계는 매우 다른 것으로 인간의 현세 이익을 부정하지 않을 뿐만 아니라
금욕주의를 종교적 기초로 삼지도 않는다. 선인의 생활은 사실상 현실
세계를 기초로 하는 것으로 현실세계에 대한 종교적 보상과 인간 생활

---

20) 胡孚琛,『魏晋神仙道教 - 抱朴子內篇研究』, 127쪽.
21) 張志堅,『道教神仙與內丹學』, 宗教文化出版社, 2003, 12쪽.

욕망의 환상이 연속된 것이다.[22]

사실 누구에게나 죽음은 기본적으로 고통이다. 그리고 절대적인 불안이다. 따라서 이 죽음을 피해 영원한 삶을 살고자 하는 것이 인간의 기본적인 태도라고 할 수 있다. 달리 말해서 사람은 가능하면 죽음을 회피하고자 한다.

넷째, 통치자의 종교 이용이다. 경희태는 이렇게 설명한다.

> 그렇다면 진한 이후 신선방사가 왜 이처럼 성행하였는가? 이것은 과거의 몇몇 학자들처럼 단순히 진황(秦皇)·한무(漢武)와 같은 이런 통치자들의 "황제가 되었으니 신선이 되고자 한다"(做了黃帝要神仙)는 탐욕의 표현인 것만이 아니다. 마땅히 살펴볼 점으로 가장 근본적인 원인은 진한 통일 이후 봉건경제가 발전하면서 토지겸병이 강화되어 "부자는 전답이 천맥(阡陌)을 이루고, 빈자는 추를 꽂을 땅도 없다"(富者田阡陌, 貧者無立錘之地)는 상황이 되면서 농민계급과 지주계급의 모순이 갈수록 첨예하게 충돌하여 지주에 대한 농민의 저항이 날로 증가하게 되었는데(…) 그런 까닭에 계급 모순이 날로 강화될 때 봉건 통치자는 종교의 필요성을 더욱 느끼게 되면서 그들은 원시종교의 무술을 이용한 이외에 그들 자신의 필요에 적합한 종교를 창립하여 인민을 통치할 필요가 있었다. 바로 이런 이유로 당시에 신선방사가 성행하였을 뿐만 아니라 유학도 종교화되기 시작하였다.[23]

앞에 인용한 경희태의 글은 주로 통치자가 인민을 통치하는 측면에서 서술하고 있다. 그러나 다른 한 측면은 바로 백성들의 삶의 고통이 종교적 세계에 흥미를 갖도록 만들었다고 할 수 있다. 당시 사회로 볼

---

22) 胡孚琛·呂錫琛, 『道學通論 - 悼歌·道教·仙學』, 508쪽.
23) 卿希泰, 『中國道教思想史綱(제1권) - 漢魏兩晋南北朝時期』, 四川人民出版社, 1981, 43~44쪽.

때 아무런 힘도 없는 백성들이 현실의 고통에서 벗어난다는 것은 거의 불가능한 일이었기 때문이다. 고힐강(顧頡剛)은 그 원인을 두 가지로 정리한다. 첫째, 시대적 압박이다. "전국시대는 사회조직이 밑바닥부터 변동한 시대이며, 모두가 고민스러움을 느끼면서도 아무런 해결방법을 생각해내지 못했다. 고민이 극도에 달하면 '어떻게 하면 이 악하고 혼탁한 세계로부터 도피할 수 있을까'를 생각할 수밖에 없었다. (…) 이렇게 해서 '바람과 이슬을 마시며 사해(四海)의 밖에서 노니는' 초인이 출현한 것이다." 둘째, 사상해방이다. "전국시대가 되면 그때까지의 제도와 신분은 모두 해체되어 …… 천상의 계급은 이 세상의 계급과 함께 모두 무너졌다."[24]

호부침은 그 밖의 몇 가지 원인을 이렇게 지적하였다.[25] 첫째, 도교의 신선은 본래 중국 고대 민족의 생활 속의 종교적 이상이었다. 그들은 소요자재(逍遙自在)하였고 무엇에도 비할 수 없이 행복하였다. 둘째, 신선의 생활 역시 중국의 군주 전제라는 종법 사회가 조성하였던 사회적 폐단을 보상하였다. 인간은 태어나면서 자유를 갈망하는데, 신선의 정신 해탈 중에서 만족을 얻을 수 있었다. 사람은 태어나면서 평등을 갈망하는데, 사람마다 신선이 될 수 있다는 원칙 중에서 만족을 얻을 수 있었다. 사람들의 식색(食色)이라는 큰 욕망은 신선이 된 후에는 구지지궤(九芝之饋)와 옥녀(玉女)가 와서 시중을 드는 즐거움이 있게 된다. 사람은 태어나면서 즐거움을 추구하고 괴로운 재앙을 피하고자 하는데, 신선이 된 후에 육합지외(六合之外), 무하유지향(無何有之鄕)에서 노닐 수 있고, 여러 가지 신통(神通)과 법술(法術)을 간직할 수 있으며, 심지어는 귀신을 부릴 수가 있게 된다.

---

24) 顧頡剛, 『中國 古代의 方士와 儒生』, 이부오 옮김, 온누리, 1991, 40~41쪽 참조 요약.
25) 胡孚琛, 『魏晉神仙道敎 - 抱朴子內篇硏究』, 126~127쪽 참조 요약.

제왕의 권력에 저항한 유명한 이야기로는 『신선전』에 보이는 하상공(河上公)이 있다.

하상공은 그 이름이 알려지지 않았다. 그는 한(漢) 효문제(孝文帝) 때 풀을 엮어 하수(河水) 가에 암자를 짓고 항상 노자(老子)의 『도덕경』(道德經)을 외웠다. 당시 효문제는 마침 노자의 도를 좋아하여 왕공과 대신, 각 주(州)의 목사(牧使), 조정에 있는 경사(卿士) 등을 불러 모두 이를 외우도록 하였으며, 노자의 경에 대하여 통달하지 못한 자는 조정에서 승진을 시키지 않을 정도였다. 그런데 문제가 경을 해석하다가 그 가운데 뜻이 풀리지 않아 의심을 가진 부분이 있었는데 그 누구도 이를 밝혀 내지 못하는 것이었다. 그러자 시랑(侍郎) 배해(裴楷)가 임금에게 아뢰었다.

"섬주(陝州) 하수(河水) 가에 노자를 외우는 자가 있다고 합니다."

문제는 즉시 사람에게 선물을 준비하여 보내어 그 의문 나는 부분을 물어 오도록 보냈다. 이에 하상공은 이렇게 말하였다.

"도는 높고 덕은 귀한 것입니다. 그러니 멀리서 질문해서는 안 됩니다."

문제는 즉시 수레를 타고 직접 찾아갔다. 그런데 하상공은 암자 안에 있으면서 나오지 않는 것이었다. 문제가 사람을 시켜 대신 이렇게 물어보도록 하였다.

"천하를 다 덮어 왕의 땅이 아닌 곳이 없고, 온 땅 끝까지 통틀어 임금의 백성이 아닌 자가 없다. 어떤 구역 안에 높은 것이 네 가지인데 그 중 하나가 왕이다. 그러니 그대가 비록 도를 가지고 있다고 하나 그래도 짐의 백성일 뿐이다. 그런데 능히 굴복하지 아니하고 어찌 이토록 고고한 척 하는가? 짐은 능히 백성을 부귀하게도 하고 빈천하게도 할 수 있다."

그러자 순간적으로 하상공은 손뼉을 치면서 앉은자리에서 뛰어올라 가물가물 허공 속으로 올랐다. 땅에서 백여 척이나 솟아 허공에 멈추더니 한참 후에 내려다보면서 이렇게 대답하는 것이었다.

"지금 나를 보라. 위로는 하늘 끝에 이르지 않고, 중간으로 사람과 닿지도 않으며, 아래로는 땅에 붙어있지 않소. 그런데 무슨 그대에게 매인 백성이니 뭐니 하는 것이 있겠소? 그대는 능히 이러한 나를 부귀하게도 하고 빈천하게도 할 수 있겠소?"

문제는 크게 놀라 그가 신인(神人)임을 깨닫게 되었다. 그리하여 바로 수레에서 내려 머리를 숙이고 예를 갖추어 말하였다.

"짐이 능한 것이 없어 선인의 업적을 부끄럽게 하였소. 재능은 작은데 맡은 것은 커서 이를 감당해내지 못함을 근심하고 있소. 그런데 뜻은 도덕을 받들고자 하나 어둡고 우매한 부분을 만나 이를 밝혀 내지 못하고 있소. 오직 원컨대 도군(道君)께서 불쌍히 여겨 가르쳐 주시기를 바라오."

하상공은 즉시 비단에 쓴 『노자도덕경장구』(老子道德經章句) 2권을 주면서 문제에게 이렇게 말하였다.

"깊이 연구하여 의심나는 부분을 스스로 풀어본 것입니다. 내가 이 경을 지은 이래 이미 천 7백여 년이 흘렀으며 이미 세 사람에게 전해주었는데 지금 그대까지 합하면 네 사람 째입니다. 맞지 않는 사람에게는 보여 주지 마시오."

황제는 절을 하며 무릎을 꿇고 그 경을 받았다. 대화가 끝나자 하상공이 어디로 사라졌는지 알 수 없었다. 무제는 드디어 서산(西山)에 높은 누대를 짓고 멀리 바라보았으나 다시는 그가 보이지 않았다.26)

---

26) 葛洪, 『神仙傳』권8「河上公」: "河上公者, 莫知其姓名也. 漢孝文帝時, 結草爲庵于河之濱, 常讀老子『道德經』, 時文帝好老子之道, 詔命諸王公大臣·州牧·在朝卿士, 皆令誦之, 不通老子經者, 不得陞朝. 帝於經中有疑義, 人莫能通, 侍郞裴楷奏云: '陝州河上, 有人誦老子.' 卽遣詔使賫所疑義問之. 公曰: '道尊德貴, 非可遙問也.' 帝卽駕幸詣之, 公在庵中不出. 帝使人謂之曰: '溥天之下, 莫非王土; 率土之濱, 莫非王民. 域中四大, 而王居其一. 子雖有道, 猶朕民也. 不能自屈, 何乃高乎? 朕能使民富貴貧賤.' 須臾, 公卽撫掌坐躍, 冉冉在空虛之中, 去地百餘尺, 而止於虛空. 良久, 俛而答曰: '余上不至天, 中不累人, 下不居地, 何民之有焉? 君宜能令余富貴貧賤乎?' 帝大驚, 悟知是神人, 方下輦稽首禮謝曰: '朕以不能, 恭承先業, 才小任大, 憂於不堪. 而志奉道德, 直以暗昧, 多所不了. 惟願道君垂愍, 有以敎之.' 河上公卽授素書『老子道德經章句』二卷, 謂帝曰: '熟硏究之, 所疑自解. 余著此經以來, 千七百餘年, 凡傳三人, 連子四矣.

이것은 세속적 권력의 폭력에 대한 저항/항의이다. 사실 이것과 약간 다른 각도에서 당시의 권력에 대한 모종의 사고 변화가 나타났음을 보여주는 내용이 전국시대 인물 안촉(顔斶)의 이야기에서도 보인다.

> 제(齊)나라 선왕(宣王)이 안촉(顔斶)과 만났다.
> "안촉, 앞으로 나오시오!"
> 그러자 안촉도 대뜸 이렇게 대꾸하는 것이었다.
> "왕이 앞으로 나오시오!"
> 이렇게 되자 왕은 슬며시 화가 났다. 옆에 있던 신하들이 안촉을 꾸짖었다.
> "왕은 백성의 군주요, 안촉 당신은 군주의 신하입니다. 그런데 왕께서 나오라고 하는데 도리어 당신이 왕을 나오라 하니 될 수 있는 일이오?"
> 안촉이 이렇게 대답하였다.
> "내가 앞으로 나가게 되면 권세를 사모하는 것이 되고, 왕께서 앞으로 나오시면 선비를 사랑하는 것이 되오. 그러니 차라리 저로 하여금 세력을 좋게 하느니보다 왕께서 선비를 좋게 하는 것이 낫다고 여긴 때문이요."
> 왕은 분연작색(忿然作色)하여 소리쳤다.
> "그래 왕이 귀하오, 선비가 귀하오?"
> 안촉이 대답하였다.
> "물론 선비가 귀하지요. 왕은 귀한 것이 아닙니다."[27]

　　勿示非人.' 帝卽拜跪受經. 言畢, 失公所在. 遂於西山築臺望之, 不復見矣."
27) 『戰國策』권11 「齊策四」:"齊宣王見顔斶, 曰:'斶前!' 斶亦曰:'王前!' 宣王不悅. 左右曰:'王人君也. 斶, 人臣也. 王曰'斶前', 亦曰'王前', 可乎?' 斶對曰:'夫斶前爲慕勢, 王前爲趨士. 與使斶爲趨勢, 不如使王爲趨士.' 王忿然作色, 曰:'王者貴乎? 士貴乎?' 對曰:'士貴耳, 王者不貴.'"[한글 번역은 임동석의 『전국책』(2)(동서문화사, 2012), 547쪽 참조. 필요한 경우 수정하였다. 아래도 같다.]

안촉의 이야기는 전국시대 지식인들이었던 사(士)계급의 지위 변화를 나타낸 것이다. 그러나 이 역시 당시 제왕이 천하를 지배하던 신분사회에서 일어났던 일이라는 사실을 기억해야 한다.

『장자』에서도 노(魯)나라 애공(哀公)이 "나와 공자는 군신의 관계가 아니라 덕으로 사귄 벗[德友]일 따름이다"(吾與孔丘非君臣也, 德友而已矣)고 한 것,[28] 장석(匠石)과 상수리나무로 된 사당목(祠堂木)의 대화에서 사당목이 장석에게 "너와 나는 모두 사물[物]이다. (그런데도) 어찌하여 나를 사물로 여기는가? 그대는 거의 죽게 된 산인(散人 : 쓸모없는 인간)인데 어찌 (내가) 산목(散木 : 쓸모없는 나무)이라는 것을 알겠는가?"(且也若與予也皆物也, 奈何哉其相物也? 而幾死之散人, 又惡知散木?)[29]라고 한 말이 기록되어 있다. 장석과 사당목의 관계를 군주와 신하/백성의 관계로 바꾸면 앞의 애공과 공자의 관계가 된다. 이러한 내용이 역사적 사실은 아니지만 당시 사람들의 사고의 한 틀을 보여준다.

유소감(劉笑敢)은 『장자』 문헌을 내편은 장자의 저작이고 외·잡편은 장자 후학의 작품으로 보는데, 외·잡편을 다시 술장파(述莊派), 무군파(無君派), 황로파(黃老派) 이 3파의 문헌으로 분류한다.[30] 그는 외·잡편 중에서 무군파에 대해 "그들은 환상 속에서 현실 도피를 하는 것이 아니라 현실을 격렬하게 비판하는데 비판의 칼날을 전설 중의 성군현사(聖君賢士)와 당시의 군주에게 직접 겨냥한 것이다"[31]고 평가하였다. 따라서 우리는 이 무군파에 대해 새로운 평가를 해야 한다.

이런 사유는 뒤에 포경언(鮑敬言, 278~342)의 무군(無君)사상과도

---

28) 『莊子』 「德充符」.
29) 같은 책, 「人間世」.
30) 劉笑敢, 『莊子哲學及其演變』, 中國社會科學出版社, 1988.
31) 같은 책, 281쪽.

연결된다. 그의 사상은 갈홍의 『포박자외편』(抱朴子外篇)에 단편적인 기록이 남아있다. 그는 당시 사회를 이렇게 비판하였다.

> 유가(儒家)는 "하늘이 백성을 낳았고 그 백성을 위해 군주를 세웠다"(天生烝民而樹之君)고 말한다. 그러나 과연 하늘이 백성들을 일깨우기 위해 군주의 필요성을 역설한 것일까? 아니면 군주제(君主制)를 바라는 자가 하늘의 뜻을 빙자한 것인가? 대개 강자가 약자를 누르면 약자는 강자에게 복종하기 마련이다. 또 영리한 자가 어리석은 자를 속이면 결국 어리석은 자는 영리한 자에게 봉사하고 만다. 이런 이유로 군신(君臣)의 도리가 비롯되고, 힘이 약한 백성은 스스로 다스림을 받지 않을 수 없게 된다. ……무릇 백성들을 일하게 하여 관리를 부양한다. 관직이 높은 자는 봉록을 받아서 안락하지만 백성은 반대로 그만큼 가난하다.32)

이 단락에서 포경언은 군주권력의 정당성을 비판하고 있다. 그리고 그 비판의 핵심에 유가철학이 놓여 있다. 그는 이어서 태고에 임금도 신하도 없었던 시절을 이렇게 말하였다.

> 태고시절에는 임금도 신하도 없었다. 사람들은 우물을 파서 그 물을 마시고, 밭을 갈아서 그 곡식을 먹었으며, 해가 뜨면 일하러 나가고 해가 지면 집으로 돌아와 쉬었다.33)

아무튼 우리는 이러한 문제의식의 배경에는 '개인의 발견'이 놓여 있다고 생각한다. 이 문제는 고대 중국의 역사가 '성인의 시대', '군자

---

32) 葛洪, 『抱朴子外篇』「詰鮑」:"儒者曰:'天生烝民而樹之君.' 豈其皇天諄諄言, 亦將欲之者爲辭哉? 夫彊者凌弱則弱者服之矣; 智者詐愚則愚者事之矣. 服之故君臣之道起焉, 事之故力寡之民制焉. ……夫役彼黎烝養此在官貴者祿厚而民亦困矣."
33) 위와 같음:"古之世無君無臣, 穿井而飮, 耕田而食. 日出而作, 日入而息."

의 시대'에서 '개인의 시대'로 나가는 과정을 밟은 것과 관련이 있다. 이택후(李澤厚)는 장자철학을 논의하면서 이렇게 말하였다.

> 장자의 이러한 문명비판에서 더욱 중요한 특징은, 예를 들어 노자와 크게 다른 점은 그가 처음으로 개체존재(個體存在)를 드러낸 것이다. 그는 기본적으로 인간의 개체라는 각도에서 이러한 비판을 진행하였다. 관심을 가진 것은 윤리, 정치문제가 아니라 개체존재의 신(身 : 生命)심(心 : 精神)문제야말로 장자사상의 실질이다.34)

춘추전국시대로 말하자면 노자는 여전히 '성인의 시대'를 말하고 있고 공자는 '군자의 시대'를 대표한다. 그에 비하여 장자를 중심으로 한 집단(열자, 양주 등을 포함한다)은 '개인의 시대'를 대표한다고 말할 수 있다. 『열자』(列子) 「양주」(楊朱)편의 이야기가 그러한 관점의 대표적인 것에 해당한다.

「양주」편에서 양주는 "자기를 귀하게 여기는 것"(貴己)의 의미를 설명하고 있다.

> 양주가 말하였다. "백성자고(伯成子高)는 한 개의 터럭으로서도 남을 이롭게 하지 않고, 나라를 버리고 숨어서 밭을 갈았다. 우(禹)임금은 한 몸을 가지고 스스로를 이롭게 하지 않고 그의 몸을 지치고 깡마르게 만들었다. 옛날 사람들은 한 개의 터럭을 뽑음으로써 천하가 이롭게 된다 하여도 뽑아주지 않았고, 천하를 다 들어 자기 한 사람에게 바친다 하더라도 받지 않았다. 사람마다 한 개의 터럭도 뽑지 않고, 사람마다 천하를 이롭게도 하지 않는다면 천하는 다스려질 것이다." 금자(禽子)가 양주에게 물었다. "선생님 몸에서 한 개의 터럭을 뽑음으로써 온 세상을 구제할 수 있다면 선생님은 그런 행동을 하시겠습니까?" 양자가 말하였다. "세상은 본시부터 한 개의 터럭으로 구제할 수 있는 게 아닙

---

34) 李澤厚, 「莊玄禪宗漫述」, 『中國古代思想史論』, 人民出版社, 1986, 181쪽.

니다." 금자가 말하였다. "가령 구제될 수 있다면 하시겠습니까?" 양자
는 대답하지 않았다. …… 맹손양(孟孫陽)이 (금자에게) 말하였다. "한
개의 터럭은 살갗보다도 경미(輕微)하며 살갗은 몸의 한 마디보다도
경미한 것이 분명합니다. 그러나 한 개의 터럭은 본시가 한 몸의 만분
의 일에 해당하는 것이지만 어찌 그것을 가벼이 여길 수 있겠습니까
?"35)

　양주의 이런 의미의 위아주의는 먼저 노자의 "자기 몸을 천하와 같
이 아낀다면 천하를 의탁할 수 있다."라는 관점을 받아들인 것이고,36)
또 장자가 말한 "천하 사람들이 모두 미혹되었다!"(天下惑也!)고 말한
것과 궤를 같이 하는 것이다.37)
　이처럼 양주가 말하는 '위아'(爲我)는 개인의 생명의 소중함을 강조
한다. 이 말은 뒤집어서 해석하면 그 만큼 당시 사회가 개인의 생명을
존중하지 않았음을 반영한다. 그렇지만 개인의 생명을 존중하지 않는
사회에서는 그 무엇도 존중받을 수 없다. 따라서 양주의 '위아'를 마치
이기주의처럼 해석하지만 그것은 정당한 평가가 아니다. 역사적으로
이 개인의 생명이 얼마나 집단의 폭력 앞에서 희생되어 왔는가를 알
고 있다면 양주로 대표되는 일군의 도가철학자들이 부르짖은 개인 생
명의 소중함이라는 구호가 중국역사에서 참으로 중요한 발언이었음을
알 수 있다.

---

35) 『列子』「楊朱」: "楊朱曰:‘伯成子高不以一毫利物, 舍國而隱耕; 大禹不以一
　身自利, 一體偏枯. 古之人損一毫利天下, 不與也. 悉天下奉一身, 不取也. 人人
　不損一毫, 人人不利天下, 天下治矣.’ 禽子問楊朱曰:‘去子體之一毛, 以濟一
　世, 汝爲之乎?’ 楊子曰:‘世固非一毛之所濟.’ 禽子曰:‘假濟, 爲之乎?’ 楊子
　不應.(…)孟孫陽曰:‘一毛微於肌膚, 肌膚微於一節, 省矣. 然則積一毛以成肌
　膚, 積肌膚以成一節. 一毛固一體萬分中之一物, 奈何輕之乎?’"
36) 『老子』 제13장 王弼 注: "愛以身爲天下, 若可託天下."
37) 『莊子』「駢拇」.

'개인의 발견'이 없이 한 개인의 생명, 실존적 모습의 고찰은 불가능하다. 따라서 이러한 '개인의 발견'에서 인간의 죽음은 이제 '타인의 죽음', 즉 '타자화된 죽음'이 아니라 바로 '자신의 죽음'으로 죽음 문제를 마주할 수 있게 된다. 이러한 '자신의 죽음'을 마주하게 될 때에만 고대 중국인들이 왜 '신선'이라는 판타지를 추구하게 되었는가를 이해할 수 있게 된다.

그런데 이러한 '개인의 발견'은 불행하게도 진한시대 이후 역사의 어둠 속으로 사라지게 되었다. 그 결과 '봉건가장제'가 다시 득세하면서 개인은 봉건통치자의 지배를 받는 존재가 되었고, 이런 경향은 청나라가 망하면서 유학이 그 지지기반을 상실할 때까지 이어졌다. 물론 우리와 같은 현대인들도 여전히 국가폭력으로부터 자유롭지 못한 것이 현실이기는 하지만 말이다.

제2절 신선설과 장생불사의 이론적 배경

1. 신화적 근거

우리는 앞에서 세계 신화와 중국 신화에 대하여 간략히 고찰하였다. 특히 여신들의 신화는 남성적 지배가 정당화된 부계사회와 다른 유형의 사회구조를 보여준다.

중국의 신선사상에서 중요한 이론적 근거 가운데 하나는 고대 중국의 신화이다. 고대 중국의 신화에 등장하는 인물들은 죽지 않고 영원한 삶을 사는 존재로 그려지고 있다. 앞에서 살펴본 것처럼, 예를 들자면 여와, 서왕모, 항아와 같은 인물들이다.

그런데 이러한 인물들이 신화적 형상에 머물게 되면 신선화는 불가능하였을 것이다. 왜냐하면 신화적 인물이란 인간이 도달할 수 없는 절대적인 그 무엇이기 때문이다. 따라서 우리가 추구할 수 있는 ─ 그 가능성이 있는 비교적 구체화된 형상, 즉 인간이 어떤 방법만 찾으면 도달할 수 있는 존재(즉 신선)로 변화해야만 한다.

그리고 신화적으로 볼 때 구석기, 신석기 시대는 여신들의 세계였다. 특히 신석기 시대의 모신(母神)은 점차 "인격화된 위대한 여신들"로 발전해간다.[38] "신석기 시대는 중심적인 종교적 이미지가 …… 생명을 주는 여성이었던 시기, 다시 말해서 최초의 모성적 이미지가 …… 원기왕성하고 의식적이었던 시기"이다.[39] 그런데 서양 신화에서 이 시기는 여신들의 특성이 분열된다.

> 그런 인격화된 위대한 여신들은 힘에 넘치고 변덕스러우며, 교육적이면서 동시에 잔인하기도 한 잡동사니 집단 즉 구약성서에서 경멸하는 악명 높은 대상들이다. (…) 어떤 여신도 전형적이고 다면적인 어머니는 아니었다. 모성은 여성성의 다른 모든 특성들로부터 추출되었다.[40]

흥미로운 점은 그리스로마 신화에 나타난 여신들의 모습이다. 마치 이 지상에는 존재하지 않는 절대 미인처럼 그려지고 있다. 이것 역시 신들의 인간화 과정이라고 말할 수 있다. 그러나 이것은 또 남성적 부계사회에 의한 변형이기도 하다.

우리는 앞에서 중국의 신화에 보이는 여신들로 여와와 서왕모를 논하였다. 그런데 선진시대의 문헌에서 이들은 이제 신화적 인물, 즉 신적 존재에서 인간화의 과정을 밟고 있음을 보게 된다. 다시 말해서 이

---

38) 섀리 엘 서러, 『어머니의 신화』, 박미경 옮김, 까치, 1995, 46쪽.
39) 같은 책, 42쪽.
40) 같은 책, 46쪽.

제 이들은 우리 인간이 절대 추구할 수 없는 절대적인 신성에 머물지 않고 인간의 노력 여하에 따라 추구할 수 있는 대상으로 전환된다. 우리는 이것을 '인격화의 과정'으로 이해할 수 있다. 이러한 작업은 당연히 방사 집단에 의하여 이루어졌다. 그리고 이 '인격화의 과정'은 바로 '신선'의 이미지로 탄생했다. 이제 이들은 신화 속의 저 먼 세상의 인물들이 아니라 우리 인간 세상에는 존재하지 않지만 그렇다고 아득히 먼 어느 곳이 아닌 인간 세상 가까운 어딘가에 존재하는 그런 존재로 변한 것이다.

한편 초기의 신은 세상과 단절되거나 인간과는 거리가 멀어 사람과 신 사이의 거리는 매우 멀고 교류의 장애물도 많았다. 따라서 당시의 신은, 신성(神性)이 강하였고, 인간은 신에게 접근하기 매우 어려웠던 것이다. 그러나 인간은 신을 경외하는 동시에 온갖 수단을 통해 가까워지려는 욕망을 갖고 있었다. 신에게 예속되었던 인간이 그로부터 점차 벗어나는 단계를 거치면서, 바로 이런 욕망을 달성하기 위해 신을 세속화시켜서 인간과 신의 거리를 가깝게 하였던 것이다.[41]

신들의 이러한 이미지가 중국에서는 신선의 이미지로 형상화되었다. 고대 중국 사회에서 장생불사하는 신선의 이미지는 『장자』에 보이는 여러 여신들의 모습에서 찾아볼 수 있다. 「대종사」(大宗師)편에서 여와(女媧)의 이미지를 이렇게 그리고 있다.

남백자규(南伯子葵)가 여와(女媧)에게 물었다. "당신은 나이가 많은데 얼굴빛은 마치 어린 아이와 같으니 그 까닭이 무엇입니까?" 여와가 대답하여 말하였다. "나는 도를 들었기 때문입니다." 남백자규가 물었

---

41) 배진영, 「백호에서 아름다운 여인으로, 중국 여신 서왕모」, 이화여자대학교 중국 여성사연구실 엮음, 『중국 여성, 신화에서 혁명까지』, 서해문집, 2005, 44쪽.

다. "도는 배울 수 있는 것입니까?" 대답하여 말하였다. "아니오. 어찌
그럴 수 있겠습니까. 당신은 도를 배울 만한 그런 인물이 되지 못합니
다. 저 복량의(卜梁倚)라는 사람은 성인의 재능이 있으면서도 성인의
도는 없습니다. 그런데 나는 성인의 도는 있지만 성인의 재능은 없습니
다. 내가 그에게 성인의 도를 가르치고자 하지만 그가 과연 성인의 도
를 체득할 수 있을까요! (…)"42)

　여기에서 말하는 여와는 당연히 신화 속의 여신 여와를 말한다. 성
현영(成玄英)의 소(疏)에서는 그녀를 "고대의 도를 간직한 사람이
다"(古之懷道人也)고 말하고 있다. 그런데 여와는 나이가 많으면서도
어린 아이와 같은 피부를 가진 대단한 미인으로 그려지고 있다. 그렇
지만 여기에서 그려지고 있는 여와는 자신이 그렇게 된 원인을 "도를
들었기"(吾聞道也) 때문이라고 말한다. 이것은 여와 자신이 본래부터
그런 존재가 아니라 "도를 들었기" 때문에 지금의 경지에 도달했다는
것을 의미한다. 따라서 이러한 문맥에 의하면 누가 되었든지 간에 "도
를 듣기만" 한다면 그런 경지에 도달할 수 있다는 것이다.

　그런데 위에 인용한 단락에서 여와는 먼저 성인의 도는 배울 수 없
다고 강조한다. 그런 뒤에 복량의라는 인물은 그래도 성인의 재능을
가지고 있는 사람이지만 성인의 도를 가지고 있지 않아서 성인의 도
를 배울 수 없다고 말한다. 다시 말해 남백자규 당신은 그런 인물도
못되는데 어찌 성인의 도를 배울 수 있다는 말인가 하는 뜻이다. 그렇
지만 곧바로 이어서 이렇게 말하고 있다. 앞에서 생략했던 부분이다.

---

42) 『莊子』「大宗師」: "南伯子葵問乎女偊曰: '子之年長矣, 而色若[孺]子, 何
也?' 曰: '吾聞道矣.' 南伯子葵曰: '道可得學邪?' 曰: '惡! 惡可! 子非其人
也. 夫卜梁倚有聖人之才而無聖人之道, 我有聖人之道而無聖人之才, 吾欲以
敎之, 庶幾其果爲聖人!'"

…… 여와(女媧)가 말하였다. "…… 삼 일이 지난 뒤에 천하를 잊고[外天下], …… 칠 일이 지난 뒤에 만물을 잊고[外物], …… 구 일이 지난 뒤에 삶을 잊었고[外生], …… 그 뒤에 밝게 알 수 있었고[朝徹], …… 그 뒤에 도를 체득할 수 있었고[見獨], …… 그 뒤에 고금(古今)이 없어졌고[無古今], …… 그 뒤에 불사불생(不死不生)에 들어갈 수 있었습니다[入不死不生]."43)

여와는 먼저 남백자규에게 도를 배울 수 없는 인물이라고 평가했으면서도 은근슬쩍 도를 배우는 과정을 설명하고 있다. 우리가 생각하기에 이런 구도는 다음의 두 가지 내용을 강조한 것으로 이해된다. 첫째, 도를 배우는 것은 그만한 재능이 필요한 것으로 쉽지 않은 일이다. 둘째, 도는 배워서 터득할 수 있다. 그러므로 결론적으로는 각자 재능의 문제는 있지만 배우기만 한다면 누구라도 도를 터득할 수 있다는 의미이다. 다시 말해서 도를 얻는다는 것은 보편적으로 가능한, 누구에게나 열려있는 문제인 것이다. 다만 그 가능 여부는 전적으로 자기 자신에게 달렸다고 할 수 있다.

여와는 이 과정에서 ①천하를 잊음(外天下), ②만물을 잊음(外物), ③자신을 잊음(外生), ④밝게 앎(朝徹), ⑤도를 얻음(見獨), ⑥과거와 현재가 없어짐(無古今), ⑦불사불생에 들어감(入於不死不生)이라는 득도 단계를 설명하고 있다.

여기에서 여와는 우주를 창조하고 인류를 창조한 인물, 또 복희와 남매가 되고 부부가 된 그런 인물과는 전혀 다른 모습으로 그려지고 있다. 따라서 이 시기에 신화 속의 인물이었던 여와는 또 한 차례 변신을 한 것이다. 이제 그녀는 도를 터득하여 불로장생하면서 영원히

---

43) 위와 같음 : "曰 : '……三日而後能外天下; ……七日而後能外物; ……九日而後能外生; ……而後能朝徹; ……而後能見獨; ……而後能無古今; ……而後能入於不死不生.'"

사는 아름다운 신선이 된 것이다.

서왕모 역시 이런 변화를 겪게 된다. 그녀 역시 이제는 도를 터득한 인물로 그려지고 있다.

> 서왕모는 도를 터득하여 소광산(少廣山)에 앉아 있는데 그 시작도 끝도 알지 못한다.[44]

이것은 서왕모에 대한 개괄적인 설명이다. 이제 서왕모 역시 신선의 이미지로 변신한 것이다.

2. 형이상학적 근거

노장철학으로 대표되는 이른바 도학은 도의 형이상학을 그 철학적 근거로 삼는다.

(1) 도

도학의 형이상학적 핵심 개념은 도이다. 도는 우주만물의 존재 근거이다. 도에 대한 논의는 『노자』(『도덕경』)에서 집중적으로 보인다.

> 도는 하나를 낳고 하나는 둘을 낳고 둘은 셋을 낳고 셋은 만물을 낳는다.[45]

여기에서 도는 천지만물이 생성되는 근거임을 알 수 있다. 노자에 의하면 천지만물은 모두 도에서 나온 것이다. 그런데 도에서 나온 천

---

44) 위와 같음 : "西王母得之, 坐乎少廣, 莫之其始, 莫知其終."
45) 『老子』 제42장 : "道生一, 一生二, 二生三, 三生萬物."

지만물은 다시 도에로 돌아간다. 노자는 그것을 '복귀'(復歸)라는 말로 표현하였다.

> 저 만물은 무성하게 자라지만 결국 각기 그 뿌리로 다시 돌아간다. 뿌리로 돌아가는 것을 고요함(靜)이라 하는데 이것을 일러 '명을 회복함'(復命)이라고 부른다. '명을 회복함'을 '항상됨'(常)이라고 부른다. '항상됨'을 아는 것을 '밝음'(明)이라고 하는 것이니, '항상됨'을 알지 못하면 망령되게 흉한 일을 저지르게 된다.46)

노자철학에서 이 도는 때로는 무로 표현되고 때로는 유와 무를 포괄하는 개념으로 나타난다.

> 천하의 만물은 유(有)에서 생겨나고, 유는 무(無)에서 생겨난다.47)

이 구절에 대하여 왕필은 이렇게 주석하였다.

> 천하의 사물은 모두 유로써 생겨나지만, 유는 무를 근본으로 삼아 시작되므로, 유를 온전히 하고 싶으면 무로 돌아가야 한다.48)

노자는 또 다른 곳에서 "유와 무는 서로를 낳는다"고 말하였다.(有無相生)49) 그렇지만 노자는 유에 비한 무의 근본성을 바퀴통과 바퀴살의 비유를 통하여 설명하였다.

---

46) 같은 책, 제16장 : "夫物芸芸, 各復歸其根. 歸根曰靜, 是謂復命, 復命曰常. 知常曰明, 不知常, 妄作凶."
47) 같은 책, 제40장 : "天下萬物生於有, 有生於無."
48) 같은 책, 제40장 王弼 注 : "天下之物, 皆以有爲生. 有之所始, 以無爲本. 將欲全有, 必反於無也."
49) 같은 책, 제2장.

서른 개의 바퀴살은 하나의 바퀴통으로 모이는데 그 중심이 '텅 빔'(無)이기에 수레로 쓰임이 있는 것이다. 찰흙을 빚어 그릇을 만들면 그 가운데 빈 곳이 있기에 쓰임이 있는 것이다. 창문을 뚫어 집을 지으면 그 안이 텅 비었기에 집으로써 쓰임이 있는 것이다. 그러므로 유(有)가 이로운 것은 무(無)가 쓰임이 되기 때문이다.[50)]

이처럼 노자는 도를 무 또는 무와 유를 포괄하는 상위 개념으로 사용하였다. 그러므로 위진시대(魏晉時代) 현학(玄學)에서 왕필(王弼)의 귀무론(貴無論)과 배위(裴頠)의 숭유론(崇有論)은 어떤 면에서 모두 노자의 본의를 제대로 이해한 것이 아니라고 말할 수 있다.

노자에 의하면 도에서 생겨난 만물은 다시 도에로 돌아갈 수밖에 없다. 그리고 새로운 만물이 생겨나게 된다. 도에서 천지만물이 생겨나고 천지만물은 때가 되면 다시 도에로 복귀하게 된다. 이러한 과정은 하나의 '원'(circle)을 이룬다. 그러므로 삶과 죽음 역시 이러한 '원' 운동의 전체적인 과정에서 두 측면(인간의 시각에서 볼 때)인 것이다. 그러나 도의 입장에서 보면 이것은 둘이 아니다. 바꾸어 말하자면 도의 입장에서는 우리 인간의 삶과 죽음 역시 '하나이면서 둘이고 둘이면서 하나'(一而二, 二而一)인 것이다. 따라서 삶을 좋아하고 죽음을 싫어하는 것 역시 도를 부정하는 것이라고 말할 수 있다. 그러므로 장자도 "삶이 있기에 죽음이 있고, 죽음이 있기에 삶이 있다"(方生方死, 方死方生)고 말한 것이다.[51)] 이런 관점에서 삶과 죽음을 보면 나의 삶은 다른 이의 죽음을 통하여 이어진 것이고, 나의 죽음은 다른 이의 삶을 통하여 이어진다고 볼 수 있다. 따라서 어떤 면에서 우리가 "만물은 하나이다"(道通爲一 : 도는 두루 통하여 하나가 된다)라는 관점

50) 같은 책, 제11장 : "三十輻共一轂, 當其無, 有事之用; 埏埴以爲器, 當其無, 有器之用; 鑿戶牖以爲室, 當其無, 有室之用. 故有之以爲利, 無之以爲用."
51) 『莊子』「齊物論」.

에 서서 이 세계를 바라볼 수 있다면 우리가 흔히 말하는 삶과 죽음이란 본래 없었다고 말하는 것이 가능하다.

장자의 도론은 노자의 도론을 계승, 발전시킨 것이다. 도학에서 도의 의미에 대하여 호부침·여석침은 『도학통론』에서 다음과 같이 말하였다.

도학 문화에서 도의 범주는 "하늘과 땅보다 앞서서 생겨난 것"(先天地生), "상제보다 앞서는 듯 한 것"(象帝之先)으로, 즉 도는 하늘보다 앞에 있어 능히 하늘을 낳고 땅을 낳으며 상제보다 앞서고 상제보다 높아서 도는 일체의 인간질서와 가치 관념의 초월적 이상 세계일 뿐만 아니라 인간의 이성 사유의 극한으로 종극적(終極的)이고 유일한 진리이다.[52]

장자 역시 도의 본원성(本源性)을 강조하였다. 『장자』에서 도에 대한 비교적 명확한 기술은 「대종사」(大宗師)편에서 나타난다.

스스로 근본이 되고 뿌리가 되어 천지가 생겨나기 이전에 옛날부터 존재하였다. (이것이) 귀신을 신령스럽게 하고, 상제(上帝)를 신령스럽게 하고, 하늘을 생겨나게 하고 땅을 생겨나게 하였다. 태극(太極)보다도 앞서 있지만 높지 아니하고 육극(六極)보다 아래에 처하여도 깊지 아니하며, 천지보다 앞서서 생겨났지만 오래된 듯 하지 아니하고, 아득한 옛날보다 오래 되었지만 늙지 아니한다.[53]

여기에서 도의 본체론, 우주론, 인식론 등 다양한 측면의 내용을 담

---

52) 胡孚琛·呂錫琛, 『道學通論 - 道家·道教·仙學』, 64쪽.
53) 『莊子』「大宗師」: "夫道, 有情有信, 無爲無形; (…) 自本自根, 未有天地, 自古以固存; 神鬼神帝, 生天生地; 在太極之先而不爲高, 在六極之下而不爲深, 先天地生而不爲久, 長于上古而不爲老."

고 있다. 본체론적 의미를 갖는 도는 노자의 도론을 계승한다. 도는 천지 만물이 존재할 수 있는 최종적인 근거이다. 천지 만물이 천지 만물로써 존재할 수 있는 것은 바로 도를 근본으로 하기 때문이다.

본체로서의 도는 만물의 근본이다. 이것을 장자는 "자본자근"(自本自根)이라고 하였다. 구체적 사물은 모두 탄생, 성장, 소멸이라는 과정이 있다. 본체가 본체인 것은 현상과 다름에 있는 것이다. 만약 현상과 동일하다면 그것은 본체가 될 수 없다.54) 본체로서의 도는 무이다. 왜냐하면 본체로서의 도는 시간과 공간의 형식, 즉 시간과 공간 속의 존재가 아니기 때문이다.

탕일개는 도는 세계 만물의 본체로 그 특징은 무유(無有), 비물(非物), 무무(無無)라고 한다.55) 유소감은 본체로서의 도는 절대성, 영항성(永恒性), 초월성, 보편성, 무차별성과 무목적성을 갖는다고 말하였다.56) 본체로서의 도는 초시간적, 초공간적 존재이다. 그러나 초시간적, 초공간적 존재라는 의미는 신과 같이 '초월적'이라는 의미가 아니다. 「대종사」편에서 또 다음과 같이 말하였다.

생겨난 것을 죽이는 것(殺生者)은 죽지 않고, 생겨나도록 하는 것(生生者)은 생겨나지 않는다.57)

여기에서 살생자(殺生者)와 생생자(生生者)는 도를 말한다. 도는 생겨나고 죽는 것이 아니다. 생겨나고 죽는 것은 만물의 세계에서 가

---

54) 余敦康, 「中國哲學對理解的探索與王弼的解釋學」, 『中國哲學論集』, 遼寧大學出版社, 1998, 206쪽.
55) 湯一介, 「關於莊子哲學思想幾個問題」, 『莊子哲學討論集』, 中華書局, 1962, 299쪽.
56) 劉笑敢, 『莊子哲學及其演變』, 中國社會科學出版社, 1988 105~110쪽.
57) 『莊子』「大宗師」: "殺生者不死, 生生者不生."

능하다. 그러나 도는 만물이 아니라 만물로 하여금 만물이 되도록 하는 물물자(物物者)인 것이다. 그렇지만 만물에 내재한다.

장자는 우주의 천지 만물은 분할될 수 없는 정체로 모두 하나(一)로 귀결된다고 생각한다. 장자는 도의 통일성(統一性)을 매우 강조한다. 우리가 천지 만물을 경험적으로 관찰 하게 되면 천지 만물의 존재는 마치 서로 고립되어서 상호 아무런 필연적 관계가 없는 존재인 것처럼 생각된다. 그러나 장자는 이런 만물 사이의 참된 존재 형식은 결코 고립적인 것은 아니라고 말한다. 장자는 이러한 도의 정체성(整體性)을 '하나'(一)로 표현하였다.

> 참된 도의 입장에서는 다 같이 하나가 된다. 한 편으로는 분산(分散)이 다른 한 편에서는 완성이며, 한 편에서는 완성이 다른 한편에서는 파괴이다. 모든 사물의 완성과 파괴는 다 같이 하나가 된다. 오직 통달한 사람만이 두루 통하여 하나가 됨을 안다.[58]
> 천지는 나와 더불어 살고, 만물은 나와 더불어 하나가 된다.[59]

이처럼 도에 의한 천지만물의 통일성, 정체성의 또 다른 이론적 근거가 바로 장자의 기론적 세계관이다.

(2) 기

노자는 기에 대하여 논의한 것이 별로 없다. 유일하게 제42장에서 음양을 말하였다.

---

58) 같은 책, 「齊物論」 : "道通爲一. 其分也, 成也 ; 其成也, 毁也. 凡物無成與毁, 復通爲一. 唯達者知通爲一."

59) 위와 같음 : "天地與我竝生, 而萬物與我爲一."

> 만물은 음을 등지고 양을 감싸고 있다.[60]

노자의 관점에 의하면 천지만물은 모두 음과 양으로 이루어져 있다. 그러므로 천지만물을 좀 더 단순화시키면 음/양이라고 말할 수 있다. 그런데 음에는 양으로 변화하는 성질이 있고, 양은 음으로 변화하는 성질이 있다. 그리고 이러한 변화 그 자체가 바로 도이다. 그렇지만 사실 노자철학에서는 기론적 사유가 별로 나타나지 않는다.

이 기론적 세계관을 매우 분명하게 나타낸 것이 『장자』라는 문헌이다. 도와 기의 관점에서 우리가 발견할 수 있는 성질은 정체성(整體性)과 편재성(遍在性)이다. 여기에서 정체성은 천지만물이 하나라는 관점을 제시한 것이라면, 편재성은 도는 어디에나 있다는 것을 의미이다. 『장자』「지북유」(知北遊)편에는 동곽자(東郭子)와 장자의 유명한 대화가 있는데, 도의 무소부재(無所不在)를 말하였다.

> 동곽자가 장자에게 물었다. "소위 도란 어디에 있습니까?" 장자가 대답하였다. "없는 곳이 없소." 동곽자가 다시 물었다. "분명히 가르쳐 주십시오." 장자가 대답하였다. "땅강아지나 개미에게 있소." 동곽자가 "어째서 그렇게 낮은 것에 있습니까?"하고 물으니까 장자는 다시 "돌피나 피에 있소"하고 대답했다. "어째서 그렇게 점점 더 낮아집니까?" 하고 동곽자가 묻자 "기와나 벽돌에도 있소"하고 대답했다. "어째서 그렇게 차츰 더 심하게 내려갑니까?"하고 물으니까 "똥이나 오줌에도 있소"하고 대답했다. 동곽자는 그만 말문이 막혀 아무 대꾸도 하지 않았다.[61]

---

60) 『老子』제42장 : "萬物負陰而抱陽."
61) 『莊子』「知北遊」: "郭子問于莊子曰 : '所謂道, 惡乎在?' 莊子曰 : '無所不在.' 東郭子曰 : '期而后可.' 莊子曰 : '在螻蟻.' 曰 : '何其下邪?' 曰 : '在稊稗.' 曰 : '何其愈下邪?' 曰 : '在瓦甓.' 曰 : '何其愈甚邪?' 曰 : '在屎溺.' 東郭子不應."

천지만물이 하나, 즉 동일성(同一性)을 갖는 까닭은 그 존재의 근본이 도이기 때문이다. 그리고 이러한 동일성은 '기'(氣)를 통하여 이론적 정당성을 확보할 수 있었다. 만약 이 기론적 사유가 없었다면 아무리 만물은 하나라고 말하더라도 논리적 정당성을 확보할 수는 없었을 것이다.

1993년 형문시(荊門市) 곽점(郭店村)에서 발굴된 문헌 가운데 하나가 『태일생수』(太一生水)이다.[62] 이 『태일생수』는 '기론'(氣論)이 아닌 '수론'(水論)을 전개하고 있다.

> 태일(太一)이 물을 낳는다. 물은 반대로 태일을 돕는다. 그리하여 하늘을 이룬다. 하늘은 반대로 태일을 돕는다. 그리하여 땅을 이룬다. 하늘과 땅은 다시 서로 돕는다. 그리하여 신명(神明)을 이룬다. 신명은 다시 서로 돕는다. 그리하여 음양을 이룬다. 음양은 다시 서로 돕는다. 그리하여 네 계절(四季)을 이룬다. 네 계절은 다시 서로 돕는다. 그리하여 춥고 뜨거움(寒熱)을 이룬다. 춥고 뜨거움은 다시 서로 돕는다. 그리하여 습기와 건조(濕燥)를 이룬다. 습기와 건조가 다시 서로 도와서 세월[歲]을 이루고 그친다. 그러므로 세월은 습기와 건조의 낳는 바[所生]이다. 습기와 건조는 춥고 뜨거움의 낳는 바이다. 춥고 뜨거움은 네 계절의 낳는 바이다. 네 계절은 음양의 낳는 바이다. 음양은 신명의 낳는 바이다. 신명은 하늘과 땅을 낳는 바이다. 하늘과 땅은 '태일'의 낳는 바이다. 그러므로 태일이 물속에 숨어 있고, 적절한 때[時]에 (맞추어) 규칙적으로 운동하며 순환을 거듭하여 시작한다. 태일은 자신을 만물의 어미[母]로 여긴다. 한번 이지러지고, 한번 가득 차니 자신을 만물의 날줄(經 : 규율)로 여긴다. 이는 하늘이 죽이지[殺] 못하는 바요, 땅이 메우지[埋] 못하는 바이고, 음양이 이루지 못하는 바이다. 군자는 이것을 알아 □라고 부른다.[63]

---

62) 여기에서 발굴된 문헌은 학자들의 연구를 통하여 1998년에 『곽점초묘죽간』(郭店楚墓竹簡)이라는 서명으로 문물출판사(文物出版社)에서 출판하였다.

63) 『太一生水』:"太一生水, 水反輔太一, 是以成天. 天反輔太一, 是以成地. 天地

이 '수론'은 또 『관자』(管子)에서도 보인다. 「수지」(水地)편에서 아래와 같이 말하였다.

> 물이란 땅의 혈기이다. …… 그러므로 "물은 만물이 갖추어지는(具材) 근원이다"고 말한다.[64]

그런데 그 후 이 '수론'은 별 논의가 이루어지지 않고 사라진 것으로 보인다. 오늘날 중국철학사에서 중심을 이루고 있는 것은 '기론'이지 '수론'이 아니다. 필자가 생각하기에 그 원인은 아마도 '수론'에서 보여주는 이른바 '추상적 사유'의 부족에 그 원인이 있는 것이 아닌가 생각된다.

우리가 잘 알고 있듯이 서양 고대철학에서도 서양철학의 아버지라고 할 수 있는 밀레토스의 탈레스(기원전 625~기원전 546년 경) 역시 만물의 근원, 즉 아르케(Arché)를 '물'이라고 말하였다. 탈레스가 만물의 근원을 물이라고 생각한 까닭은 바로 "물이 생명의 실존을 위한 필수불가결한 전제조건"[65]이라고 생각하였기 때문이다. 그리고 또 한 가지 원인은 당시의 경험적 사실과 밀접한 관계가 있었다고 말할 수 있다. 왜냐하면 이 물은 "탈레스 시대에 확인될 수 있던 물질들 가운

[復相輔]也, 是以成神明. 神明復相輔也, 是以成陰陽. 陰陽復相輔也, 是以成四時. 四時復[相]輔也, 是以成寒熱. 寒熱復相輔也, 是以成濕燥. 濕燥復相輔也, 成歲而止. 故歲者, 濕燥之所生也. 濕燥者, 寒熱之所生也. 寒熱者, [四時之所生也.] 四時者, 陰陽之所生也, 陰陽者, 神明之所生也. 神明者, 天地之所生也. 天地者, 太一之所生也. 是故太一藏于水, 行于時, 周而或[始, 以己爲]萬物母；一缺一盈, 以己爲萬物經. 此天之所不能殺, 地之所不能理, 陰陽之所不能成, 君子知此之謂□, 不知者謂□. ■[원문과 번역은 황준연의 『신편중국철학사』(심산, 2009), 175~176쪽 참조.]

64) 『管子』「水地」："水者, 地之血氣. ……故曰：'水, 具材也.'"

65) 콘스탄틴 J. 밤바카스, 『철학의 탄생』, 이재영 옮김, 알마, 2008, 86쪽.

데 세 가지 상태 모두로, 다시 말해 고체(얼음)와 액체(물), 그리고 기
체(수증기)로 변할 수 있는 유일한 물질이었기"때문이리라.66) 그렇
지만 이처럼 '추상적 사유'가 부족한 탈레스의 이론은 곧 바로 무너지
게 된다. 그 후 밀레토스의 아낙시만드로스(기원전 601~기원전 546년
경)는 이 아르케를 '아페이론'(ápeiron : 無限者)이라고 말하였다.67)
그의 '아페이론'은 탈레스의 '물'에 비하여 매우 발전된 '추상적 사유'
가 나타나고 있다. 고대 중국에서 '수론'을 대체하여 '기론'이 발전하
게 된 것 역시 이러한 까닭에서라고 생각된다.

　　장자는 천지 만물의 일체 존재와 변화는 모두 자연이연(自然而然)
한 것으로, 이 자연변화의 재체(載體)가 물질성의 기라고 강조한다.68)
기의 각도에서 보면 생사가 있는 인간의 존재 역시 기의 취산(聚散)에
불과하다. 『장자』「지북유」편에서 말하였다.

　　　사람이 태어난 것은 기가 모인 것으로 기가 모이면 생명이 되고 기
　　가 흩어지면 죽음이 된다. …… 그러므로 천하를 통하여 하나의 기일
　　뿐이다.69)

　　기의 각도에서 보면 인간을 포함한 만물의 생멸은 모두 기의 취산
이다. 그러므로 전 우주로 볼 때 다만 일기(一氣)일 따름이다. 이와 같
이 만물 존재의 기본 성질이 기이므로 만물과 만물 사이의 관계는 고
립적, 독립적이지 않고 개방적이다. 뿐만 아니라 만물은 부단한 변화
운동 과정 가운데 존재한다. 이 점은 만물의 존재가 유기적이라는 것

---

66) 같은 책, 87쪽.
67) 같은 책, 93~97쪽.
68) 劉笑敢, 『兩種自由的追求－莊子與沙特』, 正中書局, 民國83, 44쪽.
69) 『莊子』「知北遊」: "人之生, 氣之聚也, 聚則爲生, 散則爲死.……故曰通天下
　　一氣耳."

에 기초한다. 따라서 기의 각도에서 논의하면, 나와 남의 구별이란 무의미한 일이다. 내가 너이고, 네가 나인 것이다.

(3) 음양오행설

전국시대라는 고대 중국에서는 기론과 더불어 발생한 중요한 사유의 변화 가운데 하나는 바로 음양오행설(陰陽五行說)이다. 음양오행설에 의하면 천(天), 지(地), 인(人), 만사만물(萬事萬物)뿐만 아니라 신선도 모두 도기(道炁)로부터 직·간접적으로 화생(化生)한 것이다. 『역전』(易傳)에서 "한 번 음이 되고 한 번 양이 되는 것을 일러 도라고 한다. 음양의 헤아릴 수 없는 것을 신묘함이라 부른다"(一陰一陽之謂道, 陰陽不測之謂神)고 말한다. 무극(無極)이 음양을 낳고 난 뒤에 금·목·수·화·토라는 5가지 속성을 낳는데, 모든 존재 하는 것들은 이 음양오행의 속성을 갖게 되고 신선도 예외 없이 음양오행의 속성을 갖고 있다.[70]

경희태(卿希泰)는 방사·무사집단과 오행의 관계를 이렇게 말하였다.

> 방사(方士)와 무사(巫師)는 모두 술(術)만 있을 뿐 학설이 없었는데 …… 전국시대 때 제나라에서 추연(鄒衍)이 나와 고대의 '오행'(五行)과 '음양'(陰陽)이라는 두 사상을 결합하여 오행음양설을 창조하였다. 이것은 간단히 결합한 것이 아니라 발전하여 신비한 덕(德)과 운(運)이 되었다. '덕'은 오행의 덕성(德性), '운'은 음양의 변화를 가리킨다.[71]

---

70) 張志堅, 『道教神仙與內丹學』, 23쪽.
71) 卿希泰, 『中國道教思想史綱(제1권) - 漢魏兩晉南北朝時期』, 37쪽.

그는 또 "전국시대 말기에 방사(方士)와 무사(巫師)가 추연(鄒衍)
의 오행음양학(五行陰陽學)과 신술(神術)·선술(仙術)과 서로 결합하
여 술(術)이 있고 학(學)이 있게 되면서 신선가(神仙家)를 형성하였
다", 따라서 "신선방술의 이론 기초는 곧 추연의 오행음양학설이다"고
말한다.[72]

고대 중국의 전국시대 중기 이후 오행(五行)사상이 유행하였다. 이
것을 추연(鄒衍)은 오덕(五德)이라 하는데, 그의 학설을 오덕종시설
(五德終始說)이라 부른다. 추연과 그의 제자 추석(鄒奭)은 종시오덕설
을 제창한 인물로 유명하다. 추연은 직하(稷下)에서 활동한 직하선생
(稷下先生)이다.[73] 사마천은 『사기』(史記) 「봉선서」(封禪書)에서 그
에 대하여 아래와 같이 말하였다.

> 제(齊)나라 위왕(威王)·선왕(宣王) 때부터 추자(騶子)의 무리가 종
> 시오덕설의 운행(終始五德之運)을 논하고 (글로) 저술하였다.[74]

「맹순열전」에서는 이렇게 소개하였다.

> 추연은 나라를 가진 자가 더 음란하고 사치하여 도덕을 숭상할 수
> 없으므로 「대아」(大雅)에서 말한 것처럼 도덕을 먼저 자신의 몸에 정
> 제한다면 비로소 그 덕을 백성들에게까지 미칠 수 있음을 보았다. 그래

---

72) 같은 책, 38쪽.
73) "추연을 비롯한 제나라의 직하선생, 즉 순우곤(淳于髡), 신도(愼到), 환연(環
   淵), 접자(接子), 전병(田騈), 추석(騶奭)과 같은 무리가 각자 글을 지어 국가의
   치란(治亂)의 일들을 논술하여 이로써 당시의 군주들에게 읽히기를 간구하였는
   데 이것을 어찌 다 말할 수 있겠는가?"(自騶衍餘齊之稷下先生, 如淳于髡·愼
   到·環淵·接子·田騈·騶奭之徒, 各著書言治亂之事, 以干世主, 豈可勝道哉!)
   (『史記』「孟荀列傳」)
74) 『史記』「封禪書」: "自齊威·宣之時, 騶子之徒論著終始五德說之運,"

서 깊이 음양의 소멸과 성장 변화를 관찰하고, 기이하고 현실과 거리가
먼 변화를 기술하여 「종시」(終始), 「대성」(大聖)편 등 10만여 자를 지
었다. 그 말들이 멀고 크고 종잡을 수 없어서 변함없는 도리에 맞지 않
으나, 먼저 작은 사물을 검증하고 난 후에 그것을 추론하여 확대해나가
무한한 곳까지 이르렀다. 우선 먼저 현재로부터 시작하여 황제(黃帝)까
지를 서술하였는데, 이는 모든 학자들이 공동으로 저술한 것으로 대체
로 시대의 흥함과 쇠함에 따랐다. 그리고는 그 길흉의 징조와 국가의
제도를 기재한 후에 그것으로 미루어 먼 곳까지 이르게 하였는데, 이때
에는 천지가 생기기 전의 깊고 멀고 신비하여 가히 생각하여 찾아낼 수
없는 곳에까지 이르렀다.75)

백해(白奚)는 『직하학연구』(稷下學研究)에서 이렇게 말하였다.

추연이 제후들 사이에서 유명하게 된 것은 그가 음양오행가의 대학
자라는 면목으로 출현하여 방대한 음양오행의 사상 체계를 세워 하나
의 '학파'의 학설로 만들어 유가, 묵가, 도가, 명가와 정립하였으며, 또
이것을 기초로 하여 창조적 관점을 만들어서 오덕종시(五德終始)의 역
사관, 작은 것을 미루어 큰 것을 인식하는 방법과 대소구주(大小九州)
의 지리관 등 중국 문화사상사에서 영향이 매우 큰 이론을 제시하였기
때문이다.76)

추연은 또 이 세계를 다음과 같이 설명하였다.

그는 유가에서 말하는 중국은 천하를 81개로 나누었을 때 단지 그

---

75) 같은 책, 「孟荀列傳」: "騶衍睹有國者益淫侈, 不能尙德, 若「大雅」整之於身,
施及黎庶矣, 乃深觀陰陽消息而作怪迂之變, 「終始」·「大聖」之篇十餘萬言. 其
語閎大不經, 必先徵小物, 推而大之, 至於無垠. 先序今以上至黃帝, 學者所共
術, 大幷世盛衰, 因載其禨祥度制, 推而遠之, 至天地未生, 窈冥不可考而原也."
76) 白奚, 『稷下學研究』, 三聯書店, 1998, 254쪽.

한 부분만을 차지하는 것이라고 여겼다. 중국을 적현신주(赤縣神州)라
고 이름하였다. 적현신주 안에는 9개의 주(州)가 있는데 하우(夏禹)가
정리한 9주(九州)라고 말하는 것이 바로 이것이다. 그러나 이러한 주는
주로서 셀만한 것이 못 된다. 중국 이외에도 적현신주와 같은 것이 9개
나 되는데 그것이 바로 9주이다. 거기에는 작은 바다가 있어 9주를 두
르고 있는데, 백성들과 짐승들이 서로 통하지 않으며 그 한 구역 안에
있는 것을 1주(一州)라고 하였다. 이와 같은 것이 9개이고, 그곳에는 큰
바다가 있어 밖을 둘러싸고 있는데 그것이 하늘과 땅의 끝이다.[77]

추연의 이러한 학설은 다양한 세계의 가능성을 제시한 것이다. 따
라서 사람들은 중국이라는 세계에 머물지 않고 그 밖의 다양한 세계
에 대한 상상이 가능하였다.

음양오행설은 본래 음양설과 오행설로 나누어진다. 음양설은『주역』
에서 기원하고, 오행설은 『상서』(尙書)「홍범」(洪範)에서 기원한
다.[78] 물론 그러한 사상은 그 이전부터 있었을 것이다. 음양설은 "천
지(天地)·주야(晝夜)·남녀(男女) 등의 자연현상으로부터 존비(尊
卑)·동정(動靜)·강유(剛柔) 등의 추상적 개념까지 포괄"한다.[79] 오행
설은 "목(木)·화(火)·토(土)·금(金)·수(水)의 다섯 가지 물질과 그
작용으로 시령(施令)·방각(方角)·신령(神靈)·음률(音律)·복색(服色)·
식물(食物)·취미·도덕 등을 시작으로 제왕(帝王)의 체계와 국가제도
까지 포괄한 것이다."[80]「홍범」편의 기록은 다음과 같다.

77) 『史記』「孟荀列傳」:"以爲儒者所謂中國者, 於天下乃八十一分居其一分耳.
中國名曰赤縣神州. 赤縣神州內自有九州, 禹之序九州是也, 不得爲州數. 中國
外如赤縣神州者九, 乃所謂九州也. 於是有神海環之, 人民禽獸莫能相通者, 如
一區中者, 乃爲一州. 如此者九, 乃有大瀛海環其外, 天地之際焉."
78) 顧頡剛,『中國 古代의 方士와 儒生』, 29쪽.
79) 위와 같음.
80) 위와 같음.

오행(五行)은 첫째 물(水)이고, 둘째 불(火)이며, 셋째 나무(木)이고 넷째 쇠(金)이며, 다섯째 흙(土)이다. 물은 적시고 아래로 내려가는 것이고 불은 타고 위로 올라가는 것이며, 나무는 굽고 곧은 것이고 쇠는 따르고 바뀌는 것이며, 흙은 심고 거두는 것입니다. 적시고 아래로 내려가는 것은 짠 맛을 만들고 타고 위로 올라가는 것은 쓴 맛을 만들며, 굽고 곧은 것은 신 맛을 만들고 따르고 바뀌는 것은 매운 맛을 만들고 심고 거두는 것은 단 맛을 만듭니다.[81]

『관자』(管子)에서도 오행과 정치의 관계를 설명하고 있다. 먼저 언급해 둘 필요가 있는 점으로 우리가 이 책을 비록 『관자』라고 부르지만 전적으로 관자(管子, 기원전 약 725~기원전 645)라는 인물이 지은 저작은 아니라는 것이다. 이 책은 일반적으로 전국시대 중기 제나라 직하에서 활동했던 황로학 계열의 인물들에 의해 편집된 것으로 본다.[82]

「사시」(四時)편에 보이는 내용을 살펴보면 다음과 같다.

동방을 성(星)이라 한다. 그 때는 봄이다. 그 기운은 바람이다. 바람은 나무와 골격(骨)을 낳는다.[83]
남방을 일(日)이라 한다. 그 때는 여름이다. 그 기운은 양(陽)이다. 양은 오행의 화(火)와 동식물의 기(氣)를 낳는다.[84]
중앙을 토(土)라 한다. 토의 덕은 사시를 돕는 것인데, 바람과 비로

---

81) 『尙書』「洪範」：“五行：一曰水, 二曰火, 三曰木, 四曰金, 五曰土. 水曰潤下, 火曰炎上, 木曰曲直, 金曰從革, 土爰稼穡. 潤下作鹹, 炎上作苦, 曲直作酸, 從革作辛, 稼穡作甘.”
82) 劉蔚華·苗潤田, 『직하철학』, 곽신환 역, 철학과현실사, 1995, 462쪽.
83) 『管子』「四時」：“東方曰星, 其時曰春, 其氣曰風, 風生木與骨.”[한글 번역은 김필수·고대혁·장승구·신창호 옮김, 『관자』(소나무, 2007), 543~544쪽 참조. 필요한 경우 수정을 하였다. 아래도 같다.]
84) 위와 같음：“南方曰日, 其時曰夏, 其氣曰陽, 陽生火與氣.” 545~546쪽.

사시의 운행을 돕고, 토기를 조절하여 생장하는 힘을 증진시킨다. 흙은 피부와 살을 낳는다.[85]

서방을 진(辰)이라 한다. 그 때는 가을이다. 그 기운은 음(陰)이다. 음은 오행의 금(金)과 생물의 껍질을 낳는다.[86]

북방은 월(月)이라 한다. 그 때는 겨울이다. 그 기운은 추위[寒]이다. 추위는 오행의 수(水)와 생물의 혈(血)을 낳는다.[87]

「사시」편의 내용을 도표화하면 아래와 같다.

오덕(五德)	방위(方位)	별자리	사시(四時)	기운(氣)
목(木)	동방	성(星)	봄(春)	바람(風)
화(火)	남방	일(日)	여름(夏)	양(陽)
토(土)	중앙			
금(金)	서방	신(辰)	가을(秋)	음(陰)
수(水)	북방	월(月)	겨울(冬)	추위(寒)

이 오행에서 중심은 황제가 담당하는 토덕이다. 이것은 당시에 유행하였던 '황로학'(黃老學)과도 연관이 있다. '황로학'에서 '황'은 황제, '로'는 노자를 지칭한다. 그러나 우리는 '황로학'이 무엇을 의미하는지 아직 잘 알지 못한다. 아무튼 「오행」편에 의하면 황제는 "성기(聲氣)의 완급(緩急)으로 궁(宮)·상(商)·각(角)·치(徵)·우(羽) 오성(五聲)을 창시하여 오종(五種)을 바로 잡았다"고 한다.[88]

『관자』에 보이는 이러한 사상은 『여씨춘추』(呂氏春秋)와 『회남자』(淮南子)에 이어진다.

---

85) 위와 같음 : "中央曰土, 土德實輔四時, 入出以風雨, 節土益力. 土生皮肌膚." 546쪽.
86) 위와 같음 : "西方曰辰, 其時曰秋, 其氣曰陰, 陰生金與甲." 547~548쪽.
87) 위와 같음 : "北方曰月, 其時曰冬, 其氣曰寒, 寒生水與血." 548~549쪽.
88) 같은 책, 「五行」: "昔者黃帝以其緩急作立五聲, 以政五種." 556쪽.

『여씨춘추』는 여불위(呂不韋, ?~기원전 235)와[89] 그 식객들에 의해 편찬된 책이다. 오행에 관한 내용은 이렇다.

> 황제(黃帝)가 제왕이 되려 할 때 하늘은 먼저 지렁이와 큰 땅강아지를 보여주었다. 황제가 말하였다. "흙[土]의 기운이 우세할 것이다." 흙의 기운이 우세하였으므로 색깔은 황색을 숭상하였고, 모든 행사는 흙을 규범으로 하여 본받았다. 우(禹)임금이 제왕이 될 때가 되자 하늘은 먼저 초목이 가을과 겨울에도 말라죽지 않는 것을 보여주었다. 우임금이 말하였다. "나무[木]의 기운이 우세할 것이다." 나무의 기운이 우세하였으므로 색깔은 청색을 숭상하였고, 모든 행사는 나무를 규범으로 하여 본받았다. 탕(湯)임금이 제왕이 될 시기에 이르러서 하늘은 먼저 칼이 물에 나타난 것을 보여주었다. 탕임금이 말하였다. "쇠[金]의 기운이 우세할 것이다." 쇠의 기운이 우세하였으므로 색깔은 흰색을 숭상하고, 모든 행사는 쇠를 규범으로 하여 본받았다. 문왕(文王)이 제왕이 될 시기에 이르러 하늘은 먼저 불덩이와 함께 붉은 까마귀가 단서(丹書)를 입에 물고 주나라의 사(社)에 모여 앉아 있는 것을 보여주었다. 문왕이 말하였다. "불[火]의 기운이 우세할 것이다." 불의 기운이 우세하였으므로 색깔은 적색을 숭상하고, 모든 행사는 불을 규범으로 하여 본받았다. 불을 대신할 것은 반드시 물이 될 것인데, 하늘은 장차 물의 기운이 우세함을 먼저 보여줄 것이다. 물의 기운이 우세하므로 색깔은 흑색을 숭상하고, 모든 행사는 물을 규범으로 하여 본받아야 할 것이다. 물의 기운이 이미 도달하였는데도 이것을 알지 못하면 천수(天數)가 다 채워져서 장차 흙의 차례로 옮겨갈 것이다.[90]

---

89) 王蘧常 主編, 『中國歷代思想家傳記匯詮』(上册), 復旦大學出版社, 1996.

90) 『呂氏春秋』「八覽」「有始覽」「應同」:"黃帝之時, 天先見大螾大螻. 黃帝曰: '土氣勝.' 土氣勝, 故其色尙黃, 其事則土. 及禹之時, 天先見草木秋冬不殺. 禹曰: '木氣勝.' 木氣勝, 故其色尙靑, 其事則木. 及湯之時, 天先見金刃生於水. 禹曰: '金氣勝.' 金氣勝, 故其色尙白, 其事則金. 及文王之時, 天先見火, 赤烏銜丹書集於周社. 文王曰: '火氣勝.' 火氣勝, 故其色尙赤, 其事則火. 代火者必將水, 天且先見水氣勝. 水氣勝, 故其色尙黑, 其事則水. 水氣至而不知, 數

황제는 오행(五行)에서 중앙을 담당하는 토덕(土德)의 제왕이다. 전국시대 중기에서 진한시대에 이르는 사이에 황제에 대한 열기는 대단하였다. 이런 열기는 당시 제자백가들이 자기 학파의 기원을 더 먼 옛날로 소급해감으로써 권위를 높이고자 한 것과 관련이 있다. 이것이 법고(法古 : 옛날 성왕의 도를 본받는다), 법금(法今 : 지금을 본받는다) 논쟁의 의미이다. 이 문제는 역사발전관과 관계가 있다.

오행은 방위로는 동서남북 사방과 그 중앙을 말한다.

다음은 「십이기」(十二紀)의 기록 가운데에서 봄에 대한 것이다.

> 맹춘(孟春)인 정월에는 태양이 실수(室宿)를 지나가고, 황혼에는 참성(參星)이, 새벽녘에는 미성(尾星)이 각각 남쪽 하늘에 남중하는 것을 볼 수 있다. 봄의 날짜는 열 개의 천간(天干) 중에서 갑(甲)과 을(乙)에 해당한다. 이때의 주재자는 태호(太皞)이고, 신의 이름은 구망(句芒)이다. 동물은 비늘 달린 것이 위주가 되고, 음은 각음(角音)이며, 12율(律)에 있어서는 대주(太簇)에 어울린다. 숫자는 오행에 목(木)의 수인 3을 더한 8이고, 맛은 신맛이며, 냄새는 누린내이다. 제사는 지게문에 지내고, 제사 때에는 지라를 맨 앞에 놓는다.[91]
> 중춘(仲春)인 2월에는 태양이 규수(奎宿)를 지나가고, 황혼녘에는 호성(弧星)이, 새벽녘에는 건성(建星)이 각각 남쪽 하늘에 남중하는 것을 볼 수 있다. 봄의 날짜는 열 개의 천간 중에서 갑과 을에 해당한다. 이때의 주재자는 태호이고, 신의 이름은 구망이다. 동물은 비늘 달린 것이 위주가 되고, 음은 각음이며, 12율에서는 협종(夾鐘)에 어울린다. 숫자는 오행에 목의 수인 3을 더한 8이고, 맛은 신맛이며, 냄새는 누린내이다. 제사는 지게문에 지내고, 제사 때에는 지라를 맨 앞에 놓는다.[92]

備, 將徙于土."

91) 같은 책, 「十二紀」「孟春紀」 : "孟春之月 : 日在營室, 昏參中, 旦尾中. 其日甲乙. 其帝太皞, 其神句芒. 其蟲鱗, 其音角. 律中太簇, 其數八. 其味酸, 其臭羶. 其祀戶, 祭先脾."

계춘(季春)인 3월에는 태양의 위치가 위수(胃宿) 부근에 있고, 황혼
녘에는 칠성(七星)이, 새벽녘에는 견우성(牽牛星)이 각각 남쪽 하늘에
남중하는 것을 볼 수 있다. 봄의 날짜는 열 개의 천간 중에서 갑과 을에
해당한다. 이때의 주재자는 태호이고, 신의 이름은 구망이다. 동물은 비
늘 달린 것이 위주가 되고, 음은 각음이며, 12율에서는 고선(姑洗)에 어
울린다. 숫자는 오행에 목의 수인 3을 더한 8이고, 맛은 신맛이며, 냄새
는 누린내이다. 제사는 지게문에 지내고, 제사 때에는 지라를 맨 앞에
놓는다.[93]

다음은 여름이다.

맹하(孟夏)인 4월에는 태양이 필수(畢宿)를 지나가고, 황혼녘에는
익성(翼星)이, 새벽녘에는 무녀성(婺女星)이 각각 남쪽 하늘에 남중하
는 것을 볼 수 있다. 여름의 날짜는 열 개의 천간 중에서 병(丙)과 정
(丁)에 해당한다. 이때의 주재자는 염제(炎帝)이고, 신의 이름은 축융
(祝融)이다. 동물은 깃 달린 것이 위주가 되고, 음은 치음(徵音)이며,
12율에서는 중려(仲呂)에 어울린다. 숫자는 오행에 화(火)의 수인 2를
더한 7이고, 맛은 쓴맛이며, 냄새는 그을린 냄새이다. 제사는 부뚜막에
지내고, 제사 때는 허파를 맨 앞에 놓는다.[94]

중하(仲夏)인 5월에는 태양이 동정수(東井宿)를 지나가고, 황혼녘에
는 항성(亢星)이, 새벽녘에는 위성(危星)이 각각 남쪽 하늘에 남중하는

92) 같은 책, 「十二紀」「仲春紀」 : "仲春之月 : 日在營室, 昏弧中, 旦建星中. 其日
甲乙. 其帝太皥, 其神句芒. 其蟲鱗, 其音角. 律中夾鐘. 其數八. 其味酸, 其臭
羶. 其祀戶, 祭先脾."

93) 같은 책, 「十二紀」「季春紀」 : "季春之月 : 日在胃, 昏七星中, 旦牽牛中. 其日
甲乙. 其帝太皥, 其神句芒. 其蟲鱗, 其音角. 律中姑洗. 其數八. 其味酸, 其臭
羶. 其祀戶, 祭先脾."

94) 같은 책, 「十二紀」「孟夏紀」 : "孟夏之月 : 日在畢, 昏翼中, 旦婺女中. 其日丙
丁. 其帝炎帝, 其神祝融. 其蟲羽, 其音徵. 律中仲呂. 其數七. 其味苦, 其臭焦.
其祀竈, 祭先肺."

것을 볼 수 있다. 여름의 날짜는 열 개의 천간 중에서 병과 정에 해당한다. 이때의 주재자는 염제이고, 신의 이름은 축융이다. 동물은 깃 달린 것이 위주가 되고, 음은 치음이며, 12율에서는 유빈(蕤賓)에 어울린다. 숫자는 오행에 화의 수인 2를 더한 7이고, 맛은 쓴맛이며, 냄새는 그을린 냄새이다. 제사는 부뚜막에 지내고, 제사 때에는 허파를 맨 앞에 놓는다.95)

계하(季夏)인 6월에는 태양이 유수(柳宿)를 지나가고, 황혼녘에는 심성(心星)이, 새벽녘에는 규성(奎星)이 각각 남쪽 하늘에 남중하는 것을 볼 수 있다. 여름의 날짜는 열 개의 천간 중에서 벼와 정에 해당한다. 이때의 주재자는 염제이고, 신의 이름은 축융이다. 동물은 깃 달린 것이 위주가 되고, 음은 치음이며, 12율에서는 임종(林鐘)에 어울린다. 숫자는 오행에 화의 수인 2를 더한 7이고, 맛은 쓴맛이며, 냄새는 그을린 냄새이다. 제사는 부뚜막에 지내고, 제사 때는 허파를 맨 앞에 놓는다.96)

아래는 가을이다.

맹추(孟秋)의 달인 7월에는 태양이 익수[翼宿]를 지나가고, 황혼녘에는 두성(斗星)이, 새벽녘에는 필성(畢星)이 각각 남쪽 하늘에 남중하는 것을 볼 수 있다. 가을의 날짜는 열 개의 천간 중에서 경(庚)과 신(辛)에 해당한다. 이때의 주재자는 소호(少皥)이고, 신은 욕수(蓐收)이다. 동물은 털이 난 것이 위주가 되고, 음은 상음(商音)이며, 12율에서는 이칙(夷則)에 어울린다. 숫자는 오행에 금(金)의 수인 4를 더한 9이고, 맛은 매운맛이며, 냄새는 비린내이다. 제사는 문에 지내고 제사 때

95) 같은 책, 「十二紀」「仲夏紀」: "仲夏之月 : 日在東井, 昏亢中, 旦危中. 其日丙丁. 其帝炎帝, 其神祝融. 其蟲羽. 其音徵. 律中蕤賓. 其數七. 其味苦. 其臭焦. 其祀竈, 祭先肺."

96) 같은 책, 「十二紀」「季夏紀」: "季夏之月 : 日在柳, 昏心中, 旦奎中. 其日丙丁. 其帝炎帝, 其神祝融. 其蟲羽. 其音徵. 律中林鐘. 其數七. 其味苦. 其臭焦. 其祀竈, 祭先肺."

에는 간을 맨 앞에 놓는다.[97]

중추(仲秋)인 8월에는 태양이 각수(角宿)를 지나가고, 황혼녘에는 견우성이, 새벽녘에는 자휴성(觜嶲星)이 각각 남쪽 하늘에 남중한다. 가을의 날짜는 열 개의 천간 중에서 경과 신에 해당한다. 이때의 주재자는 소호이고, 신의 이름은 욕수이다. 동물은 털이 난 것이 위주가 되고, 음은 상음이며, 12율에서는 남려(南呂)에 어울린다. 숫자는 오행에 금의 수인 4를 더한 9이고, 맛은 매운맛이며, 냄새는 비린내이다. 제사는 대문에 지내고 제사 때는 간을 맨 앞에 놓는다.[98]

계추(季秋)인 9월에는 태양이 방수(房宿)를 지나가고, 황혼녘에는 허성(虛星)이, 새벽녘에는 유성(柳星)이 각각 남쪽 하늘에 남중한다. 가을의 날짜는 열 개의 천간 중에서 경과 신에 해당한다. 이때의 주재자는 소호이고, 신의 이름은 욕수이다. 동물은 털이 난 것이 위주가 되고, 음은 상음이며, 12율에서는 무역(無射)에 어울린다. 숫자는 오행에 금의 수인 4를 더한 9이고, 맛은 매운맛이며, 냄새는 비린내이다. 제사는 대문에 지내고, 제사 때에는 간을 맨 앞에 놓는다.[99]

다음은 겨울이다.

맹동(孟冬)인 10월에는 태양이 미수(尾宿)를 지나가고, 황혼녘에는 위성(危星)이, 새벽녘에는 칠성(七星)이 각각 남쪽 하늘에 남중한다. 겨울의 날짜는 열 개의 천간 중에서 임(壬)과 계(癸)에 해당한다. 이때

---

97) 같은 책, 「十二紀」「孟秋紀」: "孟秋之月: 日在翼, 昏斗中, 旦畢中. 其日庚辛, 其帝少皥, 其神蓐收. 其蟲毛. 其音商. 律中夷則. 其數九. 其味辛. 其臭腥. 其祀門, 祭先肝."

98) 같은 책, 「十二紀」「仲秋紀」: "仲秋之月: 日在角, 昏牽牛中, 旦觜嶲中. 其日庚辛, 其帝少皥, 其神蓐收. 其蟲毛. 其音商. 律中南呂. 其數九. 其味辛. 其臭腥. 其祀門, 祭先肝."

99) 같은 책, 「十二紀」「季秋紀」: "季秋之月: 日在房, 昏虛中, 旦柳中. 其日庚辛, 其帝少皥, 其神蓐收. 其蟲毛. 其音商. 律中無射. 其數九. 其味辛. 其臭腥. 其祀門, 祭先肝."

의 주재자는 전욱(顓頊)이고, 신의 이름은 현명(玄冥)이다. 동물은 갑이 있는 것이 위주가 되고, 음은 우음(羽音)이며, 12율에서는 응종(應鐘)에 어울린다. 숫자는 오행에 수(水)의 수인 1을 더한 6이고, 맛은 짠맛이며, 냄새는 썩은 내이다. 제사는 대문 안의 땅에 지내고, 제사 때는 콩팥을 맨 앞에 놓는다.[100]

중동(仲冬)인 11월에는 태양이 두수(斗宿)를 지나가고, 황혼녘에는 동벽성(東壁星)이, 새벽녘에는 진선(軫星)이 각각 남쪽 하늘에 남중한다. 겨울의 날짜는 열 개의 천간 중에서 임과 계에 해당한다. 이때의 주재자는 전욱이고, 신의 이름은 현명이다. 동물은 갑이 있는 것이 위주가 되고, 음은 우음이며, 12율에서는 황종(黃鐘)에 어울린다. 숫자는 오행에 수의 수인 1을 더한 6이고, 맛은 짠맛이며, 냄새는 썩은 내이다. 제사는 대문 안의 땅에 지내고, 제사 때는 콩팥을 맨 앞에 놓는다.[101]

계동(季冬)인 12월에는 태양이 무녀수(婺女宿)를 지나가고, 황혼녘에는 누성(婁星)이, 새벽녘에는 저성(氐星)이 각각 남쪽 하늘에 남중한다. 겨울의 날짜는 열 개의 천간 중에서 임과 계에 해당한다. 이때의 주재자는 전욱이고, 신의 이름은 현명이다. 동물은 갑이 있는 것이 위주가 되고, 음은 우음이며, 12율에서는 대려(大呂)에 어울린다. 숫자는 오행에 수의 수인 1을 더한 6이고, 맛은 짠맛이며, 제사 때는 콩팥을 맨 앞에 놓는다.[102]

이러한 내용은 철저하게 오행사상에 맞춰 사계절을 배당한 것이다. 『여씨춘추』와 마찬가지로 『회남자』 역시 회남왕(淮南王) 유안(劉

---

[100] 같은 책, 「十二紀」 「孟冬紀」 : "孟冬之月 : 日在尾, 昏危中, 旦七星中. 其日壬癸. 其帝顓頊, 其神玄冥. 其蟲介. 其音羽. 律中應鐘. 其數六. 其味鹹. 其臭朽. 其祀行, 祭先腎."

[101] 같은 책, 「十二紀」 「仲冬紀」 : "仲冬之月 : 日在斗, 昏東壁中, 旦軫中. 其日壬癸. 其帝顓頊, 其神玄冥. 其蟲介. 其音羽. 律中黃鐘. 其數六. 其味鹹. 其臭朽. 其祀行, 祭先腎.

[102] 같은 책, 「十二紀」 「季冬紀」 : "季冬之月 : 日在婺女, 昏婁中, 旦氐中. 其日壬癸. 其帝顓頊, 其神玄冥. 其蟲介. 其音羽. 律中大呂. 其數六. 其味鹹. 其臭朽. 其祀行, 祭先腎.

安, 기원 179~기원전 122)과[103] 그 식객들이 편찬한 책이다. 『회남자』 는 원래 내서(內書) 21편, 외서(外書) 33편, 중서(中書) 8편으로 구성 되었다. 지금 전하는 것은 내서 21편뿐이다. 일본학자 향정철부(向井 哲夫)는 『회남자』를 도가(道家) : 「원도훈」(原道訓)・「숙진훈」(俶眞 訓)・「정신훈」(精神訓)・「제속훈」(齊俗訓)・「도응훈」(道應訓)・「범론훈」 (氾論訓)・「전언훈」(詮言訓)・「요략훈」(要略訓), 음양오행가(陰陽五行 家) : 「천문훈」(天文訓)・「추현훈」(墜形訓)・「시칙훈」(時則訓)・「남명 훈」(覽冥訓)・「본경훈」(本經訓), 유가(儒家) : 「무칭훈」(繆稱訓)・「태족 훈」(泰族訓), 명가(名家) : 「설산훈」(說山訓)・「설림훈」(說林訓), 묵가 (墨家) : 「수무훈」(修務訓), 법가(法家) : 「주술훈」(主術訓), 병가(兵 家) : 「병략훈」(兵略訓), 종횡가(縱橫家) : 「인간훈」(人間訓)으로 분 류한다.[104] 그러나 몇몇 학자들은 이와는 다른 견해를 제시하였 다.[105] 따라서 각 편에 대한 분류는 좀 더 연구가 진행되어야 한다.

어쨌든 이 책에 보이는 음양오행에 관한 내용에서 먼저 음양에 대 한 것은 아래와 같다.

천지가 형성되지 않았을 때는 형체도 없고 투명했다. 그래서 태소 (太昭)라 했다. 도(道)는 텅 빈 것(虛廓)에서 시작되었다. 텅 빈 것이

---

103) 王蘧常 主編, 『中國歷代思想家傳記匯詮』(上冊), 326쪽.

104) 金容燮, 「『회남자』의 구성과 문제의식」, 경북대학교 퇴계연구소, 『퇴계학과 유 교문화』(제19호), 1991, 115쪽.

105) 向井哲夫는 「수무훈」을 묵가로 보지만 金春峰은 유가로 본다. 向井哲夫는 「본경훈」을 음양오행가로 보지만 勞思光은 도가로 본다. 向井哲夫는 「요략훈」 을 도가로 보지만 金容燮은 여러 학파를 통일적으로 결합한 회남자 자신의 사 상으로 본다. 武內義雄은 向井哲夫가 「천문훈」 등의 5편을 음양오행가로 본 것에 반대하면서 「천문훈」・「시칙훈」 2편만 음양오행가에 포함시킨다. 또 向井 哲夫가 도가로 본 「제속훈」과 묵가로 본 「수무훈」 2편은 農家로 본다.(김용섭, 「『회남자』의 구성과 문제의식」, 115~117쪽 참조.)

우주를 만들어내고 우주는 기(氣)를 만들어냈다. 기는 한계가 있는데 맑고 가벼운 것(淸陽)은 위로 올라가 하늘이 되고 무겁고 탁한 것은 엉겨 붙어 땅이 되었다. 청묘(淸妙)한 것이 모이는 것은 쉽지만 무겁고 탁한 것이 응결되기는 어렵다. 그래서 하늘이 먼저 생겨나고 땅이 뒤에 생겨났다. 천지의 모인 기운(濕精)은 음양이 되고 음양의 순일한 기운(專精)은 사시(四時)가 되고 사시의 넘쳐흐르는 기운(散精)은 만물이 된다. 양(陽)을 쌓은 뜨거운 기운은 불을 만들고 화기(火氣)의 정미한 것(精)은 해가 되며, 음(陰)을 쌓은 찬 기운은 물이 되고 수기(水氣)는 달이 되었고, 일월(日月)이 넘친 정미한 것은 성신(星辰)이 된다. 하늘은 일(日)·월(月)·성(星)·신(辰)을 받았고, 땅은 물·빗물·먼지·티끌을 받았다.106)

다음은 오행에 대한 설명이다.

　무엇을 오성(五星)이라 하는가? 동방은 목(木)으로 그곳을 담당하는 자는 태호(太皥)이고 그를 보좌하는 자는 구망(句芒)으로 규(規)를 가지고 봄을 다스린다. 그곳의 신(神)은 세성(歲星) 짐승은 창룡(蒼龍) 음(音)은 각(角) 날짜는 갑을(甲乙)이다. 남방은 화(火)로 그곳을 담당하는 자는 염제(炎帝)이고 그를 보좌하는 자는 주명(朱明)으로 형(衡)을 가지고 여름을 다스린다. 그 신은 형혹(熒惑) 짐승은 주작(朱雀) 음은 치(徵) 날짜는 병정(丙丁)이다. 중앙은 토(土)로 그곳을 담당하는 자는 황제(黃帝)이고 그를 보좌하는 자는 후토(后土)로 승(繩)을 가지고 사방을 다스린다. 그곳의 신은 진성(鎭星) 짐승은 황룡(黃龍) 음은 궁(宮) 날짜는 무기(戊己)이다. 서방은 금(金)으로 그곳을 담당하는 자

---

106)『淮南子』「天文訓」:"天墜未形, 馮馮翼翼, 洞洞灟灟, 故曰太昭. 道始于虛廓, 虛廓生宇宙, 宇宙生氣, 氣有涯垠. 淸陽者薄靡而爲天, 重濁者凝滯而爲地. 淸妙之合專易, 重濁之凝竭難. 故天先成而地後定. 天地之襲精爲陰陽, 陰陽之專精爲四時, 四時之散精爲萬物. 積陽之熱氣生火, 火氣之精者爲日; 積陰之寒氣爲水, 水氣之精者爲月. 日月之淫爲精者爲星辰. 天受日月星辰, 地受水潦塵埃."

는 소호(少昊)이고 그를 보좌하는 자는 욕수(蓐收)로 구(矩)를 가지고 가을을 다스린다. 그 신은 태백(太白) 짐승은 백호(白虎) 음은 상(商) 날짜는 경신(庚申)이다. 북방은 수(水)로 그곳을 다스리는 자는 전욱(顓頊)이고 그 보좌하는 자는 현명(玄冥)으로 권(權)을 가지고 겨울을 다스린다. 그 신은 진성(辰星) 짐승은 현무(玄武) 음은 우(羽) 날짜는 임계(壬癸)이다.[107]

오행설의 유행은 역사에 대한 평가에서도 중요한 요소로 작용하였지만, 천지만물이 다섯 가지 요소로 대표되는 다양한 형태로의 변화를 은연중에 내포하고 있기 때문이다. 다시 말해서 이 다섯 가지 기본적 요소 사이에 변화가 가능하다는 생각은 천지만물이라는 다양성 안에 통일성/동일성이 존재한다는 사유를 내포하는 것이고, 또 그것들 사이의 변환이 가능함을 설명하는 것이다.

오행설은 화(火), 목(木), 수(水), 토(土), 금(金) 다섯 가지 요소로 만물의 구성과 운행을 설명하는 방식이다. 이 오행설에는 두 가지 유형의 이론이 있다. 하나는 상생설(相生說)이고, 다른 하나는 상극설(相克說)이다. 먼저 상생설은 하나의 요소에서 다른 요소가 생겨나는 관계를 말하는 것으로 그 구체적인 내용을 설명하면 다음과 같다. 물(水)에서 나무(木)가 자라고, 나무가 부딪히면 불(火)이 나고, 불에 의하여 나무가 타면 재가 되어 흙(土)이 나오고, 흙 속에서 쇠(金)가 나온다. 그리고 쇠에서 이슬(水)이 맺힌다. 이것을 간단히 도표화하면 이렇다.

---

107) 위와 같음 : "何謂五星? 東方木也. 其帝太皞, 其佐句芒, 執規而治春. 其神爲歲星, 其獸蒼龍, 其音角, 其日甲乙. 南方火也. 其帝炎帝, 其佐朱明, 執衡而治夏. 其神爲熒惑, 其獸朱鳥, 其音徵, 其日丙丁. 中央土也. 其帝黃帝, 其佐后土, 執繩而制四方. 其神爲鎭星, 其獸黃龍, 其音宮, 其日戊己. 西方金也. 其帝少昊, 其佐蓐收, 執矩而治秋. 其神爲太白, 其獸白虎, 其音商, 其日庚申. 北方水也. 其帝顓頊, 其佐玄冥, 執權而治冬. 其獸玄武, 其音羽, 其日壬癸."

상생설(相生說) : 물(水) → 나무(木) → 불(火) → 흙(土) → 쇠(金)

다음은 상극설이다. 상극은 하나의 요소가 다른 하나의 요소를 이기는 관계를 말하는 것으로 그 구체적인 내용을 설명하면 다음과 같다. 불(火)이 나면 물(水)로 끄고, 물이 차면 흙(土)으로 막고, 흙이 무너지면 나무(木)로 둑을 세우고, 나무는 쇠(金)로 자를 수 있다. 그리고 쇠는 불로 녹일 수 있다. 이것을 간단히 도표화하면 다음과 같다.

상극설(相克說) : 불(火) ← 물(水) ← 흙(土) ← 나무(木) ← 쇠(金)

이 오행설에서 한 가지 중요한 특징은 이 다섯 요소 가운데 어느 것도 절대적인 위치를 차지하지 않는다는 점이다.

결국 음양오행설에서 볼 수 있는 특징은 천지만물이 고정되어 있지 않고 변화한다는 원리이다.

(4) 천인감응설

도, 기, 음양오행 등의 이론에서 도출될 수 있는 한 가지 공통된 특징은 바로 천지만물이 비로 다양한 모습을 하고 있지만 그 안에는 모두 궁극적 요소가 한 가지로 통일될 수 있다는 관념이다. 만약 천지만물이 한 가지로 통일될 수 있는 동일한 요소가 없다면 신선의 이야기는 나올 수 없다. 이것은 천지만물은 도, 기, 음양오행 등의 관념에서 볼 때 모두 공통적 특징을 가지고 있으므로 이것은 저것으로 변할 수 있고 저것은 이것으로 변할 수 있는 특징이 있어서 비록 아무리 천지만물이라는 다양한 모습으로 나타난다고 하더라도 그것은 어디까지나 겉의 모습일 뿐 그 안에서는 하나로 통일된다는 사고이다. 그 다음으로 중요한 요소는 그런 까닭에 우리가 만약 적절한 방법만 찾을 수 있다면 신선이 되어 불로장생하여 영원히 살 수 있다는 사고가 가능하게 된 것이다. 이 두 측면을 고려할 때 신선설의 이론적 근거는 정당성을 얻게 된다.

천인감응설 역시 이러한 사고의 확장이다. 하늘과 인간이 감응한다는 논리는 무엇보다도 먼저 감응할 수 있는 그 이론적 근거를 제시해야 한다. 그 궁극적 논리는 앞에서 살펴본 것과 같이 천지만물이 기본적으로 동일한 구조라는 것을 전제로 할 때에만 가능하다.

『관자』에서는 통치자가 때에 맞게 정치를 행해야 한다고 주장한다. 그렇지 않으면 이상한 현상이 발생한다고 하였다. 아래는 「사시」편의 기록이다.

> 봄에 겨울의 정사를 행하면 (초목이) 시들어 떨어지고, 가을의 정사를 행하면 (일이) 쇠퇴하고, 여름의 정사를 행하면 (백성이) 피곤하다.[108]
>
> 여름에 봄의 정사를 시행하면 풍재(風災)를 낳고, 가을의 정사를 행하면 수재(水災)를 낳고, 겨울의 정사를 행하면 초목이 시들어 떨어진다.[109]
>
> 가을에 봄의 정령을 시행하면 초목이 도리어 개화하고, 여름의 정령을 시행하면 수재를 낳고, 겨울의 정령을 행하면 수확량이 줄어든다.[110]
>
> 겨울에 봄의 정령을 시행하면 지기(地氣)가 흩어지고, 여름의 정령을 행하면 우레 소리가 나고, 가을의 정령을 행하면 가물다.[111]

통치자의 정치행위는 사계절의 운행·변화에 따라야 한다. 그렇지

---

108) 『管子』「四時」: "春行冬政則雕, 行秋政則霜, 行夏政則欲."
109) 위와 같음 : "夏行春政則風, 行秋政則水, 行冬政則落."
110) 위와 같음 : "秋行春政則榮, 行夏政則水, 行冬政則耗."
111) 위와 같음 : "冬行春政則泄, 行夏政則雷, 行秋政則旱."

않으면 자연재해가 발생한다. 그 의미는 무엇인가? 천도와 인사가 서로 감응한다는 것으로 "이것은 사계절과 정치가 오행의 운행에 제약을 받기 때문이다. 이러한 비정상적인 현상이 일어나는 것은 통치자에게 계절에 맞지 않는 정치를 고치라고 깨우쳐주는 것이다."112) 따라서 통치자의 정치행위와 천인감응사상의 관계는 자연 질서를 통하여 인간질서, 특히 통치자의 비도덕적 통치행위를 제한하고자 하는 의도를 가지고 있다. 이것은 도가철학의 '천도를 미루어 인사를 살핀다'(推天道以明人事)는 노선과 일치한다. 이러한 관점은 우리나라 조선시대에도 줄곧 그 영향을 받았다.

그런 까닭에 『여씨춘추』에서는 "무릇 제왕이 바야흐로 일어나려 할 때 하늘은 반드시 먼저 그 감응의 조짐을 아래의 백성들에게 보여 준다"(凡帝王者之將興也, 天必先見祥乎下民)고 말하였다.113) 또 만약 각각의 달에 해당하는 일을 하지 않게 되면 문제가 발생한다.

먼저 봄의 내용이다.

> 맹춘의 달에 여름의 정령(政令)을 시행하면 바람과 비가 제 때 오지 않아 초목이 일찍 말라 낙엽지고 나라에는 두려운 재앙이 있게 된다. 또 이때 가을의 정령을 시행하면 백성들이 무서운 돌림병을 앓게 되고, 질풍과 폭우가 자주 몰려와 명아주·가라지·쑥 등의 잡초가 무성하게 자라게 된다. 겨울의 정령을 시행하면 큰물이 범람하여 재난이 되고, 큰 눈과 서리가 내려 일찍 파종한 보리가 수확되지 않는다.114)
> 중춘에 가을의 정령을 시행하면 나라 안에 큰 홍수 피해가 날 것이고, 추위가 여러 차례 올 것이며, 외적들이 변방을 쳐들어올 것이다. 겨

---

112) 劉蔚華·苗潤田, 『직하철학』, 곽신환 역, 철학과현실사, 1995, 499쪽.

113) 『呂氏春秋』「八覽」「有始覽」「應同」.

114) 같은 책, 「十二紀」「孟春紀」: "孟春行夏令, 則風雨不時, 草木早槁, 國乃有恐. 行秋令, 則民大疫, 疾風暴雨數至, 藜莠蓬蒿並興. 行冬令, 則水潦爲敗, 霜雪大摯, 首種不入."

울의 정령을 행하면 양기가 음기를 이겨내지 못하여 보리가 익지 않고, 따라서 백성들이 서로 약탈하는 일이 많아진다. 여름의 정령을 행하면 나라 안에 큰 가뭄이 들고, 더위가 일찍 찾아오며, 곡식에 병충과 벼멸구의 해가 발생한다.[115]

계춘의 달에 겨울의 정령을 시행하면 한기가 때때로 발작하여 초목이 모두 오그라들고, 나라에는 큰 공황이 있게 된다. 여름의 정령을 행하면 백성들에게 질병이 많아지고, 시기적으로 내려야 할 비가 내리지 않아 산과 구릉지에서 수확할 것이 없어진다. 가을의 정령을 시행하면 하늘에 우중충한 날씨가 많아져 장맛비가 일찍 내리고, 전쟁과 난리가 여기저리 일어난다.[116]

다음은 여름이다.

맹하의 달에 가을의 정령을 시행하면 궂은비가 자주 내려 오곡이 무성히 자라지 않고, 사방의 변경에 사는 백성들이 외적의 침입을 두려워하여 성곽에 들어와 스스로를 지키는 일이 있게 된다. 겨울의 정령을 시행하면 초목이 일찍 마르고, 나중에는 큰물이 나서 성곽을 무너뜨린다. 봄의 정령을 시행하면 벌레와 누리가 생겨 큰 병충해가 있게 되며, 거센 바람이 불어 이삭 팬 풀들이 열매를 맺지 못하게 된다.[117]

중하의 달에 겨울의 정령을 시행하면 우박이 내려 오곡을 상하게 하고, 도로가 소통이 되지 않으며, 흉악한 도적들이 횡행하게 된다. 봄의

---

115) 같은 책, 「十二紀」「仲春紀」: "仲春行秋令, 則其國大水, 寒氣總至, 寇戎來征. 行冬令, 則陽氣不勝, 麥乃不熟, 民多相掠. 行夏令, 則國乃大旱, 煖氣早來, 蟲螟爲害."

116) 같은 책, 「十二紀」「季春紀」: "季春行冬令, 則寒氣時發, 草木皆肅, 國有大恐. 行夏令, 則民多疾疫, 時雨不降, 山陵不收. 行秋令, 則天多沈陰, 淫雨早降, 兵革竝起."

117) 같은 책, 「十二紀」「孟夏紀」: "孟夏行秋令, 則苦雨數來, 五穀不滋, 四鄙入保. 行冬令, 則草木早槁, 後乃大水, 敗其城郭. 行春令, 則蟲蝗爲敗, 暴風來格, 秀木不實."

정령을 시행하면 오곡이 늦게 익고, 해충이 늘 일어나 그 나라에 기근이 있게 된다. 가을의 정령을 시행하면 초목이 시들어 낙엽지고, 과실이 너무 올되며, 백성들은 질병에 시달리게 된다.[118]

계하에 봄의 정령을 시행하면 곡식과 과실이 흩어지고 떨어지며, 나라에 감기와 기침병이 많아져 백성들이 살던 곳을 떠나 다른 곳으로 이주하게 된다. 가을의 정령을 시행하면 가운데가 늪지인 곳에 물이 괴어 넘쳐서 곡식이 익지 않게 되고, 여자가 아이를 낳아도 잘 자라지 못하는 일이 많아진다. 겨울의 정령을 시행하면 바람과 추위가 때에 맞지 않게 오고, 매와 송골매가 제 철보다 이르게 사냥을 시작하며, 변경의 백성들이 외적의 침입에 쫓겨 성곽에 들어가 지키는 일이 있게 된다.[119]

다음은 가을이다.

맹추의 달에 겨울의 정령을 시행하면 음기가 양기를 크게 능가하여 갑각류의 짐승들이 곡식을 해치게 되고, 외적이 쳐들어오게 된다. 봄의 정령을 시행하면 그 나라가 가물게 되고, 양기가 다시 살아나 오곡이 영글지 않는다. 여름의 정령을 시행하면 화재가 많아지고, 한기와 열기가 조절되지 않아 백성들 중에 학질을 앓는 사람이 많아진다.[120]

중추의 달에 봄의 정령을 시행하면 가을비가 내리지 않아 초목이 꽃을 피우고 나라에 전쟁의 큰 공황이 있게 된다. 여름의 정령을 시행하

---

118) 같은 책, 「十二紀」 「仲夏紀」 : "仲夏行冬令, 則雹霰傷穀, 道路不通. 暴兵來至. 行春令, 則五穀晩熟, 百螣時起, 其國乃饑. 行秋令, 則草木零落, 果實早成, 民殃於疫."
119) 같은 책, 「十二紀」 「季夏紀」 : "季夏行春令, 則穀實解落, 國多風欬, 人乃遷徙. 行秋令, 則丘隰水潦, 禾稼不熟, 乃多女災. 行冬令, 則寒氣不時, 鷹隼早鷙, 四鄙入保."
120) 같은 책, 「十二紀」 「孟秋紀」 : "孟秋行冬令, 則陰氣大勝, 介蟲敗穀, 戎兵乃來. 行春令, 則其國乃旱, 陽氣復還, 五穀不實. 行夏令, 則多火災, 寒熱不節, 民多瘧疾."

면 그 나라가 가물게 되고, 겨울잠을 자는 벌레들이 땅 속으로 잠자러
들어가지 않고, 오곡이 다시 싹을 낸다. 겨울의 정령을 시행하면 추운
바람의 재해가 자주 일어나고, 서서히 들어가기 시작한 천둥이 일찍 먼
저 들어가 버리게 되며, 초목이 일찍 시들어 죽는다.[121]

　계추의 달에 여름의 정령을 시행하면 그 나라에 큰물이 나고, 겨울나
기를 위해 갈무리한 물건들이 상하고 썩으며, 백성들에게 코가 막히는
병이 많아진다. 겨울의 정령을 시행하면 나라에 도적이 많아져 변경 지
방이 어수선해지고, 따라서 땅이 침범당하여 갈라진다. 또 봄의 정령을
시행하면 따뜻한 바람이 불어와 백성들의 기운이 나른해지고, 군대가
반드시 일어나게 된다.[122]

마지막으로 겨울이다.

　맹동에 봄의 정령을 시행하면 땅이 꽁꽁 얼어붙지 못하여 땅의 기운
이 새어나가 백성 중에 흩어져 떠도는 사람이 많게 된다. 여름의 정령
을 시행하면 나라에 거센 바람이 자주 일게 되고, 바야흐로 겨울인데도
춥지 않아 겨울잠을 자는 벌레들이 다시 땅 밖으로 나온다. 가을의 정
령을 시행하면 눈과 서리가 때를 맞추어 내리지 않고, 국지적인 도발이
자주 일어나 국토가 침범을 당한다.[123]

　중동의 달에 여름의 정령을 시행하면 그 나라가 가물게 되고, 뿌연
안개가 자욱하게 끼며 천둥이 울리게 될 것이다. 가을의 정령을 시행하

---

121) 같은 책, 「十二紀」 「仲秋紀」: "仲秋行春令, 則秋雨不降, 草木生榮, 國乃有
　　大恐. 行夏令, 則其九旱, 蟄蟲不藏, 五穀復生. 行冬令, 則風災數起, 收雷先
　　行, 草木早死."
122) 같은 책, 「十二紀」 「季秋紀」: "季秋行夏令, 則其國大水, 冬藏殃敗, 民多鼽
　　窒. 行冬令, 則國多盜賊, 邊境不寧, 土地分裂. 行春令, 則暖風來至, 民氣解
　　墮, 師旅必興."
123) 같은 책, 「十二紀」 「孟冬紀」: "孟冬行春令, 則凍閉不密, 地氣發泄, 民多流
　　亡. 行夏令, 則國多暴風, 方冬不寒, 蟄蟲復出. 行秋令, 則雪霜不時, 小兵時
　　起, 土地侵削."

면 하늘은 때때로 비와 진눈깨비를 내리고, 오이와 박이 영글지 않으며, 나라에 큰 전란이 일어난다. 봄의 정령을 시행하면 벌레가 곡식의 줄기 속을 먹어 큰 피해가 되고, 샘물이 줄고 마르며, 백성들에게 질병이 많이 발생하게 된다.[124]

계동의 달에 가을의 정령을 행하면 흰 이슬이 일찍 내리고, 자라와 게 같은 갑각류의 짐승이 괴이한 짓을 하며, 변방에 사는 사람들이 성곽으로 들어와 외적과 싸우게 된다. 봄의 정령을 시행하면 뱃속의 태아와 갓 태어난 새끼들에게 손상을 입는 일이 많아지고, 나라에는 고치기 어려운 질병이 많아지는데, 이를 이름하여 겨울의 기운을 거스르는 것이라고 한다. 그리고 여름의 정령을 시행하면 큰물이 나서 나라를 재난에 빠지게 하고, 제 때 내려야 할 눈이 내리지 않으며, 녹지 않아야 할 얼음이 녹아 풀리게 된다.[125]

김태은은 "『회남자』는 『황제내경』의 자연주의에 근거하면서 『관자』 사편의 내적 수련을 강조하는 治身의 전통 및 정치사상을 결합하였다. 또한 『노자』의 무위를 계승하여 그것을 보다 적극적인 해석으로 발전시켰으며, 『장자』의 소요하는 자유의 정신을 이어받고 있다"고 말한다.[126] 신선설과 관련하여 천인감응설을 이해하면 천지만물은 유기적 관계에 놓여 있고, 그런 까닭에 나의 존재/행위는 타자로부터 영향을 받고 또 영향을 주게 된다는 것이다. 그러므로 "이것은 고대 중국인의 세계관이 상관적 우주론(correlative cosmology)으로 연결되는 과정"이

---

124) 같은 책, 「十二紀」 「仲冬紀」 : "仲冬行夏令, 則其國乃旱, 氣霧冥冥, 雷乃發聲. 行秋令, 則天時雨汁, 瓜瓠不成, 國有大兵. 行春令, 則蟲螟爲敗, 水泉減竭, 民多疾癘."

125) 같은 책, 「十二紀」 「季冬紀」 : "季冬行秋令, 則白露蚤降, 介蟲爲妖, 四隣入保. 行春令, 則胎夭多傷, 國多固疾, 命之曰逆. 行夏令, 則水潦敗國, 時雪不降, 氷凍消釋."

126) 김태은, 「『淮南子』와 『黃帝內經』의 治身養生論 — 養生에서 醫學으로」, 한국의철학회, 『의철학연구』 5권, 2008, 56쪽.

라고 말할 수 있다.127) 김태은은 이렇게 설명한다.

> 인간이 자연을 닮았다는 근거로 자연계와 인간의 신체 구조 간에는
> 유사성이 있고, 인간의 신체 구조가 자연의 구조와 형상을 본받아 형성
> 되었다고 보는 天人相符論, 또한 자연과 인간이 서로 반응하며, 상호 유
> 기적인 통일성과 긴밀한 상관성을 유지한다고 하는 천인상응의 관점이
> 그것이다.128)

이것은 "感應에 의해 陰陽과 五行이 살아 소통하는 기의 질서"로 설
명되는데, "形과 神이 상호작용하고 시간에 따라 변화해가는 인체론"
을 의미한다.129)

위에서 소개한 여러 가지 형이상학적 이론들은 신선설이 유행하는
데 있어서 이론적 배경이 되었다. 다시 말해서 전국시대 이후 이제 고
대 중국인들에게는 불로장생한다는 신선을 추구할 수 있는 이론적 토
대가 마련된 것이다.

제3절 신선의 개념

정재서는 "신선설화"(神仙說話)를 정의하면서 "<불사>(不死)를 주된
취지로 삼은 이야기"라고 말한다.130) 그는 이어서 이렇게 말하였다.

> 그러나 …… 신선설화가 결코 특정한 집단적 취향의 대변물도, 배타

---

127) 같은 논문, 57쪽.
128) 위와 같음.
129) 같은 논문, 65쪽.
130) 정재서, 『불사의 신화와 사상』, 13쪽.

적 자애주의(自愛主義)의 표현물도 아니라는 점이 분명해지며, 이에 따라 우리는 신선설화의 의미체계 속에 존재하는 일종의 원형성을 상정할 수 있게 된다.[131]

정재서는 "신선사상이라는 특정한 관념체계가 성립하기 이전에 그 선행적 형태로서 신선설화가 유행했다는 사실"을 강조한다.[132] 앞에서 이미 언급한 것처럼, 이 '신선'에 대한 관심은 무엇보다도 인간의 실존적 모순, 삶과 죽음의 모순에서 기인한다.

우리가 중국의 신선사상을 연구하기 위해서는 먼저 그 이전의 신선설화(이것은 고대 중국의 신들의 계보와 연관이 있는 문제이다)를 고찰할 필요가 있다. 그리고 이러한 고찰을 통하여 신들의 계보에서 신선들의 이야기가 어떻게 인간화의 과정을 경과하게 되었는지 밝혀야만 한다. 다시 말해서, 신들이 어떻게 인간화, 즉 인간들이 추구할 수 있는 대상으로 변화하였는가 하는 점을 고찰해야만 전국시대 중기 무렵부터 널리 유행하게 된 신선사상의 계보학적 의미를 알 수 있다. 왜냐하면 "설화-이야기 체계가 합리적 사상체계에 대해 갖는 형성적인 힘과 근원적인 지위"를 가지고 있기 때문이다.[133] 만약 신들의 계보학이 인간의 계보학으로 바뀌는 과정이 없었다면 고대 중국에서 신선사상은 나올 수 없었을 것이다.

그렇다면 이 신선의 의미는 무엇인가? 먼저 이 신선의 개념을 고찰하기로 한다.

신선은 신인(神人)과 선인(仙人)이 결합된 말이다.[134] 『설문해자』(說文解字)에 의하면, '신'(神)은 "천신으로 만물을 낳는 자이다"(天神

---

131) 같은 책, 15쪽.
132) 같은 책, 16쪽.
133) 같은 책, 17쪽.
134) 山田利明, 「神仙道」, 酒井忠夫 外, 『道教란 무엇인가』, 292쪽.

引出萬物者也)고 하였다. '선'(仙)은 선(仚)으로 쓸 수 있는 것인데 이 것은 사람이 산 위에 있다는 것, 인신(引伸)하면 높은 산에 사는 사람 이라는 의미로 해석될 수 있다. 그런데 '선'(仙)이란 글자는 한대 이후 부터 쓰기 시작한 것이고, 그 이전에는 '선'(僊)으로 쓰였다. 이 '선' (僊)이란 글자는 '춤소매가 펄렁거리는 것'이다. 따라서 선인(僊人)이 란 가볍게 날아 올라가는 존재, 인신하면 천상에서 노니는 존재이다. 신선의 다른 표현인 우인(羽人), 우사(羽士) 등은 이러한 비상(飛翔) 의 특징을 강조해서 쓴 것이다.135) 또 『석명』(釋名) 「석장유」(釋長 幼)에서는 "늙어도 죽지 않는 것을 선이라고 말한다. 선은 옮긴다는 뜻으로 산으로 옮겨 들어간다는 것이다"(老而不死曰仙. 仙, 遷也, 遷入 山也)고 하였다. 그러므로 신선이란 죽음을 초월한 존재라 할 수 있 다.136) 따라서 이 "신선이라는 말 속에는, 신은 없어지지 않고 영원하 며 죽지 않는다는 관념과, 선인은 하늘을 날아다니고 높은 산에 산다 는 두 가지 관념이 내포되어 있다. 요컨대 불사와 하늘 위를 나는 능 력이 바로 신선이 지니고 있던 커다란 특징"이다.137) 그리고 "신선술 은 불사에 대한 바람, 바꾸어 말하면 현세가 영속되기를 바라는 마음 과 죽음에 대한 불안, 그리고 이를 뒷받침해 주는 신약에 대한 신앙을 그 기반으로 삼고 있다"고 할 수 있다.138)

『신선전』(神仙傳) 「팽조전」(彭祖傳)에서는 이렇게 말하였다.

　선인(仙人)이란 혹 몸을 가볍게 하여 구름으로 들어가기도 하고 날 개가 없이 날기도 하며, 혹 용이나 구름을 타고 저 신선세계의 태청궁

---

135) 정재서, 『불사의 신화와 사상』, 33쪽; 山田利明, 「神仙道」, 酒井忠夫 外, 『道 敎란 무엇인가』, 289쪽.
136) 정재서, 『불사의 신화와 사상』, 33쪽
137) 山田利明, 「神仙道」, 292쪽.
138) 위와 같음.

궁궐 계단에 이르기도 한다. 그런가 하면 혹 제 몸을 새나 짐승으로 바
꾸기도 하고 청운을 타고 유람하기도 하며, 혹은 강물과 바다 속을 잠
행하다가 명산을 찾아 날아가기도 한다. 그리고 혹 원기(元氣)를 먹기
도 하고 또는 지초(芝草)를 먹기도 한다. 또 혹은 인간 세상을 드나들
기도 하는데 사람들이 이를 알아채지 못하며, 혹 그 몸을 초야(草野)에
숨겨 그 얼굴에 특이한 골상(骨相)을 보이기도 하며, 몸에 기이한 털이
나기도 한다. 그들은 깊고 사람이 없는 곳을 매우 그리워하며 세속과
교류하지도 않는다.139)

『한서』「예문지」에서는 또 신선에 대하여 아래와 같이 말하였다.

신선이란 성명(性命)의 참된 것[眞]을 보존하여 방외(方外)에 노님
을 구하는 자이다.140)

『장자』「소요유」(逍遙遊)편에서 "팽조는 지금 장수한 사람으로 유
명한데 뭇사람들도 그렇게 되기를 바란다"(彭祖乃今以久特聞, 衆人匹
之)고 하였다. 성현영(成玄英)의 소(疏)에서 팽조는 성(姓)이 전(籛)
이고 명(名)은 갱(鏗)인데 제전욱(帝顓頊)의 현손(玄孫)으로 8백세를
살았다고 한다.141) 물론 그가 8백세를 살았다는 말은 당연히 신화이
다. 어쨌든 오늘날에도 그 후손이 이어지고 있다고 한다.142) 그 사실

---

139) 『神仙傳』「彭祖傳」: "仙人者, 或竦身入雲, 無翅而飛; 或駕龍乘雲, 上造無
　　階; 或化爲鳥獸, 遊浮靑雲; 或潛行江海, 翶翔名山; 或食元氣; 或茹芝草; 或
　　出入人間而人不識; 或隱其身而莫之見. 而生異骨, 體有奇毛, 率好深僻, 不交
　　流俗."[한글 번역은 임동석의 『신선전』(동서문화사, 2009)을 참조. 아래도 같
　　다.]
140) 『漢書』「藝文志」: "神仙者, 所以保性命之眞而遊求于其外者也."
141) 『莊子』「逍遙遊」成玄英 疏: "彭祖者, 姓籛, 名鏗, 帝顓頊之玄孫也. 善養性,
　　能調鼎, 進雉羹於堯, 堯封於彭城, 其道可祖, 故謂之彭祖. 歷夏經殷至周, 年
　　八百歲矣."

여부는 알 수 없다.

　'선'은 본래 '선'(僊)으로 승천(昇遷)의 의미가 있었던 것으로 시신을 화장하면 영혼이 승천하여 산에 오르게 되는데, 이것은 '등가'(登假)할 수 있으면 곧 신선이 된다고 말하는 것이다. 후대에 도교에서 말하는 시해법(尸解之法)은 이러한 의미를 계승한 것이다.[143] 그렇다면 이 '신선'이라는 개념에는 장수하면서 자유롭게 다닐 수 있는 존재를 의미한다고 할 것이다. 『장자』「소요유」(逍遙遊)편에서도 열자(列子)를 형상화하면서 "열자는 바람을 타고 다닌다"(夫列子御風而行)라고 말하였다. 이 역시 '자유로운 존재'의 한 유형이다. 또 「소요유」편에서는 막고야산(藐姑射之山)에 사는 신선은 "오곡을 먹지 않고 바람과 이슬을 마시며, 운기(雲氣)를 타고 비룡(飛龍)을 부리면서 사해(四海) 밖에 노닌다"(不食五穀, 吸風飮露, 乘雲氣, 御飛龍, 而遊乎四海之外)고 그리고 있다. 이 둘은 자유로움과 장생을 나타낸다.

　신선설화(神仙說話)는 "불사(不死)를 주된 취지로 삼은 이야기"로, '신선사상'(神仙思想) 또는 '신선사조'(神仙思潮)는 근대에 성립된 학술 용어이다. 이밖에 '신선설'(神仙說), '선설'(仙說), '신선가'(神仙家), '선가'(仙家), '도가'(道家), '도교'(道敎), '단학'(丹學), '단가'(丹家), '방술'(方術), '선술'(仙術), 방선도'(方仙道) 등의 호칭이 경우에 따라서는 신선사상을 지칭하기도 한다.[144] 따라서 이러한 여러 가지 개념들은 서로 구분되면서 또 공통적인 요소를 가지고 있다.

---

142) 朱浩熙 編著, 『彭祖』, 作家出版社, 1994.
143) 胡孚琛, 「道家·道敎的文化淵源和形成過程」, 牟宗鑒·胡孚琛·王葆玹, 『道敎通論 — 兼論道家學說』, 齊魯書社, 1993, 19쪽.
144) 정재서, 『불사의 신화와 사상』, 31쪽.

제4절 신선의 기원

중국의 고대 문헌의 기록에 의하면 신선에 대한 이야기는 기원전 4세기에서 3세기 사이에 나타나기 시작한다. 그러나 이것은 어디까지나 우리가 문헌상에서 살펴볼 수 있는 기록일 뿐이다. 기원전 4세기 이전에도 이러한 사상은 면면히 이어져왔다고 말할 수 있다.

임계유(任繼愈)가 주편한 『중국도교사』(中國道敎史)에서 신선전설(神仙傳說)은 전국시대로 소급해 갈 수 있는데, 하나는 형초(荊楚) 문화에서 나오고, 다른 하나는 연제(燕齊) 문화에서 나온다고 말하였다.[145] 이러한 언급은 신선설의 형성에 대한 지역적 연원을 설명하는 말이다. 형초 문화에서 나온 것이 남방의 신선설이고, 연제 문화에서 나온 것이 북방의 신선설이다.

중국인들이 기원전 4세기경부터 오늘날까지 신선에 대해 계속해서 강하게 동경해 왔던 것은 신선이 영원히 젊은 상태로 죽지 않는 것, 즉 불로불사인 것, 보통의 인간으로서는 아무리 해도 결코 충족되지 않는 여러 가지 소원을 전부 실현 가능하게 할 수 있다는 것, 현세에서의 쾌락이 그대로 영원할 수 있다는 것 등에 그 원인이 있었을 것이다.[146] 그렇다면 이러한 신선사상이 나오게 된 사상적 연원은 무엇인가? 그 핵심에 무사(巫史)가 있다.

호부침은 「도가·도교의 문화 연원과 형성 과정」(道家·道敎的文化淵源和形成過程)에서 이렇게 말하였다.

> 삼대 이래의 고대 종교 문화는 실질적으로 일종의 무사문화(巫史文化)이다. 은주시대(殷周時代)의 무사는 후세의 보상(輔相)에 상당한 존

---

145) 任繼愈 主編, 『中國道敎史』, 上海人民出版社, 1997, 11쪽.
146) 구보 노리타다(窪德忠), 『道敎史』, 최준식 옮김, 분도출판사, 1990, 83쪽.

재로 점복(占卜)을 책임지고, 도적(圖籍)을 보존하며, 천도(天道), 귀신 (鬼神), 재상(災祥)과 해몽(解夢) 등의 일에 대하여 해답을 주는 직무 였다.[147]

이와 같이 고대 사회에서 '무'의 지위는 매우 중요하였다. 이 무사를 구성하는 요소로는 무(巫)·축(祝)·종(宗)·사(史)가 있다. 아래에서는 이 무사집단에 대하여 살펴보기로 한다.

1. 무사집단

사실 인간은 '종교적 동물'이라고 정의할 수 있다. 그런데 오늘날 우 리가 만나게 되는 것들은 모두 이른바 고등종교(高等宗敎)이다. 그러 나 이러한 고등종교 이전에는 이른바 원시종교(原始宗敎)가 그 모형 (母型)으로 있었다. 그렇다면 이 원시종교란 무엇인가? 임동권(任東 權)은 원시종교를 다음과 같이 정의한다.

> 원시종교(原始宗敎)가 무엇인가에 대해서 여러 설이 있으나, 일반적 으로 ①정령(精靈)이나 영혼(靈魂)을 인정하는 아[애]니미즘(Animism), ②원시종교의 기술적 방면으로서의 주술(呪術 : Magic), ③정령에 대한 소극적인 태도로 금기(禁忌 : Taboo), ④민족의 선조를 동식물이라고 생각하는 토테미즘(Totemism), ⑤이러한 것을 숭배하고 제사하고 신화 를 낳는 여러 가지 의식을 말한다.[148]

임동권의 견해에 의하면 원시종교에는 애니미즘, 주술, 금기, 토테

---

147) 胡孚琛,「道家·道教的文化淵源和形成過程」, 31쪽.
148) 任東權,「韓國原始宗教史」(一), 高麗大學校民族文化研究所,『韓國文化史 大系』(Ⅹ) 宗教·哲學史, 1992, 23~24쪽.

미즘 및 이와 관련된 의식이 포함된다. 우리는 이와 같은 원시종교의 연구를 통하여 고대인의 자연과 인간에 대한 사고를 이해할 수 있다.

중국에서 토템신앙과 관련된 역사적 기록을 살펴보면 다음과 같은 이야기들이 있다. 공자가 기린을 잡았다는 대목에서 『춘추』의 기록은 끝나고, 공자 자신은 그의 죽음이 임박했음을 알았다는 이야기,149) 한 나라 고조 유방이 뱀을 죽이고 의병을 일으킬 때 적제자(赤帝子)가 백 제자(白帝子)를 죽였다고 통곡했던 이야기,150) 『사기』에서 한나라 고

---

149) 『春秋』哀公 14년 : "14년(기원전 481년) 봄에 서쪽으로 사냥을 가 기린을 잡 았다."(十有四年, 春, 西狩獲麟.) 『左傳』에서는 이렇게 설명하였다. "14년 봄 에 서쪽에 있는 대야(大野)의 사냥터에서 숙손씨(叔孫氏)의 수레를 담당하는 사람의 아들 서상(鉏商)이 기린을 잡았는데 이상한 짐승이라 여겨 사냥터 관리 인에게 주었다. 공자가 그것을 보고 '기린이다'고 말하였다. 그런 뒤에야 그것을 받았다."(十有四年, 春, 西狩於大野. 叔孫氏之車子鉏商獲麟, 以爲不祥, 以賜 虞人. 仲尼觀之曰 : '麟也.' 然後取之.)

150) 『史記』 「高祖本紀」 : "고조는 정장(亭長)의 직무로 인해서 현을 위하여 역도 (役徒)들을 여산(驪阝山)으로 인솔한 적이 있었다. 가는 길에 많은 역도들이 도주해버리자 고조는 여산에 도착할 때가 되면 다 도망쳐서 한 사람도 남지 않 을 것이라고 생각했다. 그래서 고조는 풍읍(豊邑) 서쪽 늪지에 이르러 가던 길 을 멈추고 술을 마셨다. 밤이 되자 인솔해 가던 역도들을 풀어주며 '그대들은 모두 도망치시오. 나도 이제 도망칠 것이오'라고 하니, 역도들 중에 고조를 따르 고자 하는 장사(壯士)가 10여 명이 되었다. 고조는 술을 더 마신 후 한 밤중에 늪지의 작은 길을 지나면서 한 사람을 시켜서 앞길을 살펴보게 하였다. 앞서 가 던 사람이 돌아와서 보고하기를 '앞에 큰 뱀이 길을 막고 있으니 되돌아가십시 오'라고 하였다. 그러자 술에 취한 고조는 '장사가 가는 길에 무엇이 두렵겠느 냐?'라고 말하고서는 앞으로 가더니 검을 뽑아 뱀을 쳐 죽였다. 뱀은 두 동강이 되었고 길은 뚫렸다. 다시 멀리 길을 걸은 고조는 술에 취해서 더 이상 걷지 못 하고 길에 누웠다. 뒤처져서 오던 사람이 뱀이 죽은 곳에 이르렀을 때, 한 노파 가 한밤중에 통곡하는 것을 보고 왜 통곡하느냐고 물었다. '어떤 사람이 내 아들 을 죽였기에 이렇게 통곡하는 것이오'라고 노파는 대답했다. '당신 아들은 무엇 때문에 살해되었나요?' 하고 물으니, 노파는 '내 아들은 백제(白帝)의 아들입니 다. 뱀으로 변신하여 길을 막고 있었는데 지금 적제(赤帝)의 아들에게 참살을

조가 태어날 때 태공이 그의 처와 용(龍)이 교접하는 것을 보았다는 이야기151) 등과 같은 이러한 여러 가지의 내용들은 모두 토템의 유물이다.152) 물론 이러한 이야기들은 그 자신의 권력 획득을 정당화하기 위하여 후대에 조작한 것이다. 그러나 그 내용이 조작한 것인지의 여부가 중요한 것이 아니라 이런 사고의 원형이 무엇을 의미하는가를 고찰하는 것이다. 만약 오늘날 이런 방식으로 어떤 한 인물의 출생을 설명한다면 비웃음만 살 것이다. 그런데 고대인들은 어떻게 이런 이야

당했으니 그래서 통곡하는 것입니다'라고 하였다. 그는 노파가 허황된 말을 하고 있다고 여기어 혼내주려고 하자 노파는 갑자기 사라져 버렸다. 뒤쳐져 오던 사람이 고조가 누웠던 곳에 도착하니, 고조는 술에서 깨어나 있었다. 그가 고조에게 방금 있었던 일을 이야기하자 고조는 내심 기뻐하며 (뱀을 죽인 것을) 자랑스럽게 여겼다."(高祖以亭長爲縣送徒酈邑山, 徒多道亡. 自度比至皆亡之, 到豊西澤中, 止飮, 夜乃解縱所送徒. 曰:'公等皆去, 吾亦從此逝矣!'徒中壯士願從者十餘人. 高祖被酒, 夜徑澤中, 令一人行前. 行前者還報曰:'前有大蛇當徑, 願還.' 高祖被酒, 曰:'壯士行, 何畏!'乃前, 拔劍擊斬蛇. 蛇遂分爲兩, 徑開. 行數里, 醉, 因臥. 後人來至蛇所, 有一老嫗夜哭. 人問何哭, 嫗曰:'人殺吾子, 故哭之.'人曰:'嫗子何爲見殺?'嫗曰:'吾子, 白帝子也, 化爲蛇, 當道, 今爲赤帝子斬之, 故哭.'人乃以嫗爲不誠, 欲告之, 嫗因忽不見. 後人至, 高祖覺, 後人告高祖, 高祖乃心獨喜, 自負.) [한글 번역은 정범진 외,『사기』(까치, 2008)와 김원중,『사기』(민음사, 2010)를 참조. 필요한 경우 수정을 가하였다. 아래도 같다.]

151) 위와 같음 : "고조(高祖)는 패현(沛縣) 풍읍(豊邑) 중양리(中陽里) 사람으로 성은 유(劉), 자(字)는 계(季)이다. 아버지는 태공(太公)이라고 하며 어머니는 유오(劉媼)라고 한다. 예전에 유오가 큰 연못가에서 휴식을 취한 적이 있었는데, 그때 잠깐 잠든 사이에 신(神)을 만나는 꿈을 꾸었다. 이때 하늘에서 천둥이 치고 번갯불이 번쩍이더니 갑자기 사방이 어두컴컴했다. 태공이 달려가 보니 교룡(蛟龍)이 부인의 몸 위에 올라가 있었다. 그리고 나서 얼마 후에 유오가 임신을 하여 드디어 고조를 출산하였다."(高祖, 沛縣豊邑中陽里人, 姓劉氏, 字季. 父曰太公, 母曰劉媼. 其先劉媼嘗息大澤之陂, 夢與神遇. 是時雷電晦冥, 太公往視, 則見蛟龍於其上. 已而有身, 遂産高祖.)

152) 王治心,『중국종교사상사』, 19~20쪽.

기를 생산·유포하였고, 그들의 사고 모형은 무엇이기에 이런 이야기를 받아들일 수 있었는가 하는 것이다.

고대 중국인들 역시 다른 민족과 마찬가지로 이러한 토템신앙 이외에도 자연의 만물에 대한 신앙, 범신(汎神)에 대한 신앙이 있었다. 여기에는 일월숭배(日月崇拜), 성신숭배(星辰崇拜), 풍우숭배(風雨崇拜), 한서숭배(寒暑崇拜), 사직숭배(社稷崇拜), 산천숭배(山川崇拜) 등과 같은 것들이 해당한다.[153] 예를 들어 먼저 일월숭배(日月崇拜)가 있다. 『예기』(禮記) 「제의」(祭義)편에서는 이렇게 말하였다.

> 교제(郊祭)는 하늘의 은혜에 크게 보답하는 것으로 태양신을 주로하고 월신(月神)을 배제(配祭)한다. 하후씨(夏候氏)는 저녁에 제사를지냈고, 은나라 사람(殷人)은 낮에 제사를 지냈으며, 주나라 사람(周人)은 아침부터 저녁까지 제사를 지냈다.[154]

하나라는 어둠을 숭배하여 초저녁에 제사를 지냈고, 은나라는 밝음을 숭상하여 낮에 제사를 지냈으며, 주나라는 문채(文彩)를 숭상하여 예(禮)가 복잡하였으므로 하루 종일 제사를 지냈다.[155]

또 성신(星辰)에 대한 숭배가 있다. 『주례』(周禮) 「춘관대종백」(春官大宗伯)에서는 이렇게 말하였다.

> 제물로 일월성신(日月星辰)에게 기원한다.[156]

---

153) 같은 책, 20~26쪽.
154) 『禮記』 「祭義」 : "郊之祭, 大報天而主日, 配以月. 夏后氏祭其闇, 殷人祭其陽, 周人祭日以朝及闇."
155) 王治心, 『중국종교사상사』, 20쪽.
156) 『周禮』 「春官大宗伯」 : "圭璧以祀日月星辰."

대종백은 천신(天神), 지신(地神), 인귀(人鬼)에 대한 제사를 주관하는 사람으로 소를 장작 위에 올려놓고 불로 태운다. 주나라 사람들은 소가 타는 연기의 냄새로 신을 감동시켰다.157) 성신을 제사지내는 제단을 '유종'(幽宗)이라 부른다. 왜냐하면 성신은 밤에 나타나기 때문에 '포'(布), '유'(幽)라 불렀다. 많은 별들 가운데에서 '사명'(司命), '사중'(司中), '사록'(司祿) 등의 별들이 특별한데, 이 세 별은 문창궁성(文昌宮星) 중의 제4, 5, 6의 위치에 해당하는 것으로 삼태(三台)라 불렀으며 하늘의 기둥[天柱]이라고 생각하였다.158)

구보 노리타다(窪德忠)는 『도교사』(道敎史)에서 은대의 신앙은 정령숭배적인 것이라 추측하면서 은대의 신들과 그들에 대한 신앙이 그 이후의 중국의 신과 그들에 대한 신앙의 기반이 되었을 것이라고 하였다.159)

인류 역사에서 상고시대는 제정일치(祭政一致)의 사회였다. 이 제정일치의 사회에서 제사장은 신의 뜻을 파악하고 전달하는 매개자로서 매우 중요한 역할을 담당하였다. 우리는 이들을 '무사' 집단이라고 부를 수 있다. 무술(巫術)은 범위가 매우 넓다. 복서(卜筮) 역시 무술의 일종이고, 무사가 귀신을 대신하여 말하는 주요 방법이다. 그들은 이런 방법을 써서 전문적으로 다른 사람을 대신하여 의혹을 해결하고 길흉을 판단하였다. 고대에는 사(史)와 축(祝)이 있었는데, 무는 축과 같다.160)

고대 중국에서 이 역할을 담당하였던 자들이 바로 '무'(巫)이다.

---

157) 王治心, 『중국종교사상사』, 21쪽.
158) 같은 책, 21~22쪽.
159) 구보 노리타다(窪德忠), 『道敎史』, 57쪽.
160) 卿希泰, 『中國道敎思想史綱(제1권) ─ 漢魏兩晋南北朝時期』, 四川人民出版社, 1981, 33~34쪽.

『설문해자』에 의하면 이 '무'는 여무(女巫)를 가리키고 남무(男巫)는 '격'(覡)이라고 불렀다.161) 통상적으로 이 둘을 모두 '무'라고 부른다. 그런데 『춘추』(春秋)에서는 이 '격'이라는 용어는 나타나지 않는다.162) 이 '무'의 가장 중요한 기능은 가뭄이 들었을 때 기우제를 지내는 것과 미래를 점치는 것이다.163) 신과 인간의 관계에서 고대 중국인들은 신들의 기능이 다양하게 분화되어 있었던 만큼 신들이 인간과 밀접한 관계를 맺고 있었을 뿐만 아니라 인간화되어 있었으며, 특히 정치적인 성격을 가지고 있었다.164) 그런데 이러한 신들과 인간을 매개해 주는 역할을 담당한 그룹이 바로 이 '무' 집단이었다.

『장자』 「응제왕」(應帝王)편에 정(鄭)나라의 신무(神巫) 계함(季咸)이 "사람의 사생·존망, 화복(禍福)·수명의 장단(長短)을 알고 마치 귀신처럼 연월일(年月日)까지 예언해서 맞췄다"(鄭有神巫曰季咸, 知人之死生存亡禍福壽夭, 期以歲月旬日若神)고 말하였다. 『산해경』에서는 '무'에 대하여 이렇게 기록하였다.

> 영산(靈山)이 있는데, 무함(巫咸)·무즉(巫卽)·무반(巫肦)·무팽(巫彭)·무고(巫姑)·무진(巫眞)·무례(巫禮)·무저(巫抵)·무사(巫謝)·무라(巫羅) 등 열 명의 무당이 여기로부터 오르내리며 온갖 약이 이곳에 있다.165)

---

161) 『說文解字』: "巫, 祝也, 能齊肅事神明者, 在男曰覡, 在女曰巫."

162) 이은봉, 「중국 고대의 믿음의 대상과 종교직능자」, 전북대 인문학연구소, 『동북아 샤머니즘 문화』, 소명출판, 2000, 227쪽.

163) 위와 같음.

164) 같은 책, 226쪽.

165) 『山海經』 「大荒西經」: "有靈山, 巫咸·巫卽·巫肦·巫彭·巫姑·巫眞·巫禮·巫抵·巫謝·巫羅十巫, 從此升降, 百藥爰在." [한글 번역은 정재서 역주, 『산해경』 (민음사, 1997) 303쪽 참조. 아래도 같다.]

상고시대에 이 '무'(巫)의 역할은 매우 중요하였다. 본래 고대사회
에서 이 '무'가 하였던 일은 다음과 같이 분류할 수 있다.

> 1. 강신(降神) : 무당의 몸에 신이 내리는 것. 소위 접신을 말한다. 이
> 것으로 신은 자신의 뜻을 전한다. 2. 해몽(解夢) : 꿈을 판단함. 꿈은 신
> 이 인간에게 그의 뜻을 전달하는 방법 중의 하나로 생각되었다. 3. 예언
> (豫言) : 무당은 신의 뜻을 알 수 있기 때문에 어떤 일이 일어나기 전에
> 그것을 알 수 있다. 4. 기우(祈雨) : 가뭄은 신의 벌이기 때문에 신에게
> 용서를 구한다. 이것은 주로 여자 무당이 한다. 5. 의술(醫術) : 병은 신
> 혹은 악마의 벌이기 때문에 무당밖에 치료할 수 없다. 6. 점성(占星) :
> 별들의 움직임을 인간세계에서 일어나는 현상의 투영으로 보는 것으
> 로, 하늘과 인간이 서로 연관되어 있다는 생각으로 영향으로 생겨났다.
> 인간사의 길흉을 예측한다. 7. 주문(呪文) : 재앙을 없애고 복을 부르는
> 주문. 재앙과 행복은 신의 의지에 따라 생긴다.[166]

  오늘날 우리는 이 '무'(무당)를 저급한 미신으로 취급하는 경향이
있다. 당연히 현대인의 관점에서 보면 귀신을 부리고 죽은 자를 부르
는 것과 같은 활동이 오늘날 우리의 정서에 맞지 않기 때문에 그렇게
보는 것이리라. 그러나 고대 사회에서 이 '무'는 결코 그런 존재가 아
니었다. 이양정(李養正)은 『도교개설』(道敎槪說)에서 '무'에 대하여
이렇게 설명하였다.

> 이른바 '무'(巫)란 가무(歌舞)로 강신(降神)하고, 축(祝)은 언사(言
> 辭)로 신(神)을 기쁘게 할 수 있다. 무의 직책은 바로 말(言)에 기탁하
> 여 신의 의지(意旨)를 거북껍질(龜殼) 혹은 시초(蓍草)를 이용한 복서
> (卜筮)로 사람에게 전하는 것이고, 축의 직책은 기도 의식(祈禱儀式)을
> 봉행하면서 말에 의탁하여 사람들의 바람을 귀신에게 알리는 것이다.

---

166) 구보 노리타다(窪德忠), 『道敎史』, 59~60쪽.

그러므로 무축(巫祝)은 모두 제사를 올릴 때 없어서는 안 되는 인물이었다.[167]

이 '무'와 '신'의 관계에서 '신'이 주동적 역할을 하였다. 본래 '무'는 어디까지나 '신'의 의지를 전달하는 매개체에 불과하였다. 그렇지만 이러한 관계는 후대로 내려오면서 변화가 발생하게 되었다. '신'과 '무'의 관계에서 신이 주동적 입장에 서 있었다고 말할 수 있지만, 또 이 '신'의 뜻을 해석한다는 측면에서 보자면 '무'의 역할에도 주도적인 측면이 있었음을 부정할 수 없다. 달리 말하자면, 이 '신'의 뜻은 어디까지나 '무'라는 매개체를 통하여 매개될 때에만 그 의미를 정당화할 수 있었으므로(왜냐하면 '무'가 아니면 '신'의 뜻을 파악할 수 없기 때문이다) 그만큼 '무'의 권한은 강화될 수 있었다.

중국 고대 문헌의 기록에 의하면 이 '해석'을 둘러싸고 미묘하고도 중요한 변화가 발생하였다. 그 결과 이제는 점을 치는 복사가 중요한 것이 아니라 그것을 해석하는 자, 즉 신의 뜻이 아닌 인간의 의지가 더 중요하게 되었다. 사실 점을 쳐서 어떤 상(象)을 얻는다는 그 자체는 완전히 우연일 뿐이다. 그 속에 미래를 예측하는 어떤 내용이 담겨 있다는 생각은 너무도 비합리적인 논리이다. 그렇지만 당시 사람들은 그것을 매우 중시했다. 그렇지만 이제는 천의(天意)에 맹목적으로 복종하는 수동적 자세가 중요한 것이 아니라 그러한 형상을 어떻게 하면 자신에게 유리하도록 해석하는가 하는 인간의 능동적 역할이 중요한 변수로 작용하게 되었다. 이와 같은 변화는 결과적으로 무사의 지위를 약화시키는 결과를 가져왔다.

사(史)는 무사(巫史)로『사기』의 기록에 의하면 천문(天文), 역법(曆法), 고금의 일(古今之事 : 歷史)을 담당하였다. 청대 학자 왕중(汪

---

167) 李養正,『道敎槪說』, 中華書局, 1989, 4쪽,

中)은 이렇게 말하였다.

> 천도(天道), 귀신(鬼神), 재상(災祥), 복서(卜筮), 몽(夢)의 기록이
> 책문(策)에 기록된 까닭은 무엇인가? 이렇게 대답하여 말하였다. "이것
> 은 사(史)의 직분이다."[168]

『논어』「자로」(子路)편에서 남쪽의 무의(巫醫)가 성행한 것을 언
급하였다.

> 남쪽 사람들에게 다음과 같은 말이 있다. "사람이 되어 항상됨이 없
> 다면 무의(巫醫)가 될 수 없다." 훌륭하도다.[169]

위에서 살펴본 것처럼 무·축·종·사라는 이 '무사' 집단은 본래 정권
의 핵심 세력 주변에서 종교적인 힘을 가지고 영향력을 행사하였던
집단이다. 왕치심(王治心)은 『중국종교사상사』(中國宗敎思想史)에서
이렇게 말하였다.[170]

> 본래 무당의 책임은 오로지 하늘에 제사지내는 일을 전담하는데 있
> 었다. 그들은 백성과 국가를 대표해서 하늘의 도움을 기원할 수 있었고
> 국가의 모든 안녕과 발전은 전적으로 하늘에 지내는 제사의 경건함에
> 달려 있다고 생각했었다. 따라서 고대에는 무사(巫史) 등의 관리를 별
> 도로 두어 이런 일들을 관장하도록 했다.[171]

---

168) 汪中, 『述學』「左氏春秋釋疑」: "天道·鬼神·災祥·卜筮·夢之備書于策者何
也? 曰: '此史之職也.'"
169) 『論語』「子路」: "子曰: '南人有言曰: 人而無恒, 不可以作巫醫.' 善夫."
170) 이은봉, 「중국 고대의 믿음의 대상과 종교직능자」, 228쪽 주4 참조.
171) 王治心, 『중국종교사상사』, 34쪽.

그런데 후대로 내려오면서 무사의 지위는 점차 하락하게 되었다.

　　그러나 소호(少皞)씨 이 후 구려(九黎)가 질서를 어지럽히고 집안의
무도 무사(巫史)가 됨으로써 무당의 신성한 책임은 문란해지기 시작했
다. 춘추(春秋) 이후에는 점차 음사(淫祀)가 홍행하고 저축(詛祝)이 많
아져서 본래 하늘에 지내는 제사만을 전담하던 무당은 결국 민간의 보
통 미신으로 확산되었으며 소위 상전(桑田)의 무(巫), 경양(梗陽)의 무
와 초(楚)의 범무(范巫) 등의 이름이 생기게 되었다.172)

그런데 또 『국어』(國語) 「초어」(楚語)에는 다음과 같은 기록이 보
인다.

　　초나라 소왕(昭王)이 대부 관사보(觀射父)에게 물었다. "『주서』(周
書)에는 중(重)과 여(黎)가 실지로 하늘과 땅을 통하지 못하게 하였다
고 하였는데, 어찌된 일인가? 만약 그렇게 하지 않았다면 백성들이 장
차 하늘로 올라갈 수 있었다는 말인가?" 관사보가 대답하여 말하였다.
"그렇지 않습니다. 옛날에는 백성과 신이 잡되지 않았습니다. 백성 가
운데에서 뛰어난 사람은 그 누구와 비할 수 없었습니다. 그 지혜는 하
늘과 견줄 수 있었고 그 성스러움은 멀리 빛나고 그 밝음은 밝게 비출
수 있었고 그 총명함은 뛰어났습니다. 이와 같이 해서 결국 신명(神明)
이 강림하게 되는 것입니다. 이들 중에서 남자는 격(覡)이라 하고 여자
는 무(巫)라고 합니다."173)

---

172) 같은 책, 34쪽.
173) 『國語』「楚語」권18 「楚語 下」: "昭王問於觀射父, 曰 : '『周書』所謂重·黎實
　　使天地不通者, 何也? 若無然, 民將能登天乎?' 對曰 : '非此之謂也. 古者民神
　　不雜. 民之精爽不攜貳者, 而又能齊肅衷正, 其智能上下比義, 其聖能光遠宣
　　郎, 其明能光照之, 其聰能聽徹之, 如是則明神降之, 在男曰覡, 在女曰巫."(來
　　可泓,『國語直解』, 復旦大學出版社, 2000, 797쪽)[한글 번역은 신지영·이정재
　　가 옮긴 『국어』(홍익출판사, 1998) 253~254쪽 참조; 임동석이 번역한 『국어
　　』(전3책), 2009) 참조. 아래도 같다. 필요한 경우 수정하였다.]

또 「초어」에서는 당시 무사문화의 문제점을 이렇게 지적하였다.

> 사람마다 제사를 받들고 집집마다 무사(巫史)가 되어 정성이라고는
> 전혀 없었다. 백성들은 제사에 궁핍하여 복을 받을 수 없었고 제사를
> 무절제하게 하여 백성과 신이 동격이 되었다. 백성들은 예절을 가볍게
> 여겨 지키지 않고 공경과 두려움도 없었으며, 신은 백성들의 법을 업신
> 여겨 마음대로 일을 하였다. 하늘은 좋은 일을 내려주지 않아 즐길 일
> 도 없었고 재앙과 화만 거듭되어 타고난 기(氣)마저 다할 수가 없었
> 다.174)

춘추전국시대로 넘어오면서 이들 무사 집단은 그 힘을 점차 잃게
되었다. 춘추전국시대에 들어오면서 이성주의 사조의 세례를 받게 되
었기 때문이다.

주대 예악문화의 핵심은 천명(天命)에 있다. 유가문화를 대표하는
공자는 삶과 죽음의 문제에 대해 이렇게 말하였다.

> 아직 삶도 모르는데 어찌 죽음을 알랴!175)

제자들도 스승 공자에 대해 다음과 같이 설명하였다.

> 선생님께서는 괴이한 것·힘[폭력]으로 하는 것·세상을 어지럽히는
> 것·귀신에 관한 것[怪力亂神]에 대해 말씀하지 않으셨다.176)

---

174) 같은 책 : "夫人作享, 家爲巫史, 無有要質. 民匱于祀, 而不知其福. 烝享無度,
民神同位. 民瀆齊盟, 無有嚴威. 神狎民則, 不蠲其爲. 嘉生不降, 無物以享. 禍
災薦臻, 莫盡其氣."
175) 『論語』「先進」: "未知生, 焉知死?"
176) 같은 책, 「述而」: "子不語怪力亂神."

도가문화를 대표하는 인물 노자도 이렇게 말하였다.

　　하늘의 도는 친애함이 없다.[177]

　　공자와 노자의 이러한 말들은 천의보다는 인간의 의지를 강조한 것
이다. 그런 까닭에 점차 정치적 권력으로부터 배제되기 시작한 무사집
단은 방향을 바꾸어 그 권력을 다시 획득할 수밖에 없었을 것이다. 그
결과가 방사 집단의 형성으로 나타났다. 그러므로 도교의 사상 연원은
고대 사회의 원시종교—무술에까지 소급해갈 수 있다.[178]
　　무사문화는 춘추전국시대를 경과하면서 '이성'의 세례를 받게 되자
점차 정치무대에서 밀려나게 되었다. 그러나 이 과정은 어느 날 갑자
기 시작되어 하루아침에 완성된 것이 아니다. 수백 년 동안의 점진적
과정을 통해 이루어진 것이다. 그 결과 이들 무사집단은 정치무대에서
사라지게 되면서 민간으로 흘러들어가게 되었고, 그 자리를 대체한 것
이 방사 집단이었다. 그리하여 방사들은 무축의 속신 신앙을 발전시켜
신선설로 만들었을 뿐만 아니라 수많은 무술(巫術)을 방술(方術)로
개조하였다.[179]

2. 무사의 방술화와 방사집단

　　가장 먼저 신선설을 제창한 사람은 장수연양(長壽煉養) 활동에 종
사한 방사(方士)들이다. 이들 방사들은 고대의 무사(巫師)에서 연원
한다. "전국시대에 이르자 연(燕)·제(齊)일대에서 신선방사(神仙方

---

177) 『老子』제79장 : "天道無親."
178) 卿希泰, 『中國道敎思想史綱(제1권) ─漢魏兩晋南北朝時期』, 32쪽.
179) 胡孚琛, 『魏晋神仙道敎─抱朴子內篇硏究』, 22쪽.

士)가 출현하였다. 이른바 '방'(方)은 주로 불사의 선방(不死的仙方)이다. 이러한 방사들은 또 무축(巫祝)·술수(術數)에 종사하였고 자칭 그들은 신선과 통할 수 있으며, 불사의 단약(不死的丹藥)을 만들고 비승성선(飛昇成仙)할 수 있다"고 하였다.180)

방사는 무축의 속신신앙(俗神信仰)을 발전시켜 신선설로 만들었을 뿐만 아니라 무술을 방술로 개조하였다. 방사는 신선설(神仙說)을 연구하는 사람들이다. 노장 이후 방사도교(方士道敎)에서는 신귀의 이야기에서 비롯하여 도인(導引), 비승(飛昇), 단정(丹鼎), 부록(符籙)에 이르기까지 널리 유행하였다.181)

그렇다면 무사집단은 어떤 과정을 통하여 방술화를 하여 방사 집단을 형성하게 되었는가? 이처럼 무사집단에서 방사 집단으로의 변화는 앞에서 살펴본 것처럼 신선가와 음양가, 방기가, 술수가의 결합으로 이루어졌다. 그밖에 도가의 음양오행설, 유가의 교사(郊祀)와 사사(祠祀)의 예(禮), 그리고 묵가의 존천(尊天)·명귀(明鬼)의 사상은 모두 일반 백성들의 무술신앙에 지대한 영향을 주었다.182)

경희태(卿希泰)는 무술(巫術)과 신선방술(神仙方術)이 도교의 연원 가운데 하나라고 말하면서 다음과 같이 생각하였다.

고대의 은대 사람들은 복서(卜筮)로 의혹을 해결하고 길흉을 판단할 수 있고 무사(巫師)는 귀신과 통할 수 있다고 생각하였다. 이처럼 무술(巫術)에 의하여 복을 구하고 화를 물리치는(祈福禳災) 방법은 도교에 흡수되었다. 전국시대 이후 신선방술이 점차 홍성하면서 신선사상은 『장자』와 『초사』에서 흔히 보인다. 조금 뒤 연제(燕齊) 일대에서 장생성선(長生成仙)을 고취하는 방사들이 출현하여 전국시대 때 인물 추연

---

180) 卿希泰, 『中國道敎思想史綱(제1권) - 漢魏兩晋南北朝時期』, 34쪽.
181) 王治心, 『중국종교사상사』, 37쪽.
182) 위와 같음.

이 학술인 음양오행학설(陰陽五行學說)을 써서 그들의 방술을 해석하면서 이른바 신선가(神仙家), 즉 방선도(方仙道)를 형상하였다.183)

그가 도교의 연원을 ①도가사상(道家思想), ②유가(儒家)의 윤리강상(倫理綱常), ③묵가사상(墨家思想), ④『역』(易)과 음양오행사상(陰陽五行思想), ⑤참위신학(讖緯神學), ⑥고대(古代)의 귀신사상(鬼神思想), ⑦무술(巫術)과 신선방술(神仙方術), ⑧황로사상(黃老思想) 여덟 가지로 말한다.184)

호부침은 『위진신선도교』에서 아래와 같이 말하였다.

춘추전국시대에 이르자 이성주의 사조가 흥기하면서 무격(巫覡)의 통치 지위는 빠르게 방사(方士)에 의하여 대체되었으며, 연(燕)나라, 제(齊)나라 일대의 방사는 황로도가(黃老道家), 음양오행가(陰陽五行家)와 신선가(神仙家)를 주로 하여 유가와 묵가를 종합하여 "제학"(齊學)을 형성하였고, 또 사가(史家)들에 의하여 "방선도"(方仙道)라 칭하게 된 도교 이전의 형식이 출현하였다.185)

호부침이 주편한 『중화도교대사전』(中華道教大辭典) '방선도'(方仙道) 조목에서 다음과 같이 말하였다.

일찍이 춘추전국시기에 이미 신선가(神仙家)가 출현하였다. (…) 이들 장생불사를 추구하였던 신선가는 전국시기에 점차 음양가(陰陽家)·방기가(方技家)·술수가(術數家)와 합류하여 전문적으로 여러 가지 선술(仙術)을 익히는 방사(方士) 집단을 형성하였는데, 역사가들은 방선도라 칭한다.186)

---

183) 卿希泰, 「中華傳統文化的根底在道教(代序)」, 羅傳芳 主編, 『道教文化與現代社會』, 沈陽出版社, 2001, 6쪽.
184) 같은 책, 1~12쪽 참조 요약.
185) 胡孚琛, 『魏晉神仙道教 - 抱朴子內篇研究』, 7쪽.

뿐만 아니라 이들 방사와 유생(儒生)의 결합은 양한시대 경학(經學)에도 영향을 주었다.[187]

다음은 '술수가'(術數家) 조목의 내용이다.

　　각종 술수(術數) 수단을 능숙하게 운용하여 과거·현재·미래의 여러 가지 일을 추측하는 사람이다. 술수는 또 수술(數術)이라 칭한다. '술'(術)은 방법이고, '수'(數)는 기수(氣數)를 가리킨다. 즉 여러 가지 방술로 자연계의 주목할 만한 현상을 관찰하여 사람과 국가의 기수와 운명을 추측한다.[188]

아래는 '신선가'(神仙家) 조목의 기록이다.

　　중국 고대에 신선지설(神仙之說) 혹은 기방이술(奇方異術)을 잘 말하는 사람이다. 전국시대 연(燕)·제(齊) 일대의 근해(近海) 지역에서 기원한다. 또 방사(方士)라 칭한다. 수련성선(修煉成仙)과 불사지약(不死之藥) 등의 방술로 통치자의 신임을 얻었다. (…) 한대의 저작 중에서 "신선가"는 도사(道士)와 통용되었다. 또 의술(醫術)을 잘 아는 사람을 가리킨다. 도교는 그 신선방술을 이어받았다.[189]

다음은 음양가(陰陽家)이다.

　　전국시기 학파이다. …… 대표적인 인물은 추연(鄒衍)이다. 이 학파는 고대의 음양·오행학설을 결합하고, 계통적 발휘를 하여 그것으로 자연과 사회 역사의 각종 현상을 해석한다.[190]

---

186) 胡孚琛 主編, 『中華道教大辭典』, 中國社會科學出版社, 1995, 44쪽.
187) 高詰剛, 「序」, 『中國 古代의 方士와 儒生』, 12~13쪽.
188) 胡孚琛 主編, 『中華道教大辭典』, 492쪽.
189) 같은 책, 492~493쪽.
190) 같은 책, 492쪽.

이 음양가의 중요 인물 가운데 한 사람이 바로 추연(騶衍)이다.『사기』「봉선서」(封禪書)에서는 추연의 무리에 대하여 다음과 같이 말하였다.

제나라 위(威)·선(宣) 때로부터 추자(騶子)의 무리가 오덕종시의 운행(五德終始之運)을 논하고 저술하였다.[191]

『중화도교대사전』의 '방선도' 조목에서는 이렇게 말하였다.

추연(騶衍)의 학문은 본래 방사지학(方士之學)으로 방선도의 방사들이 종주로 삼는 것이다. 방선도는 전문적으로 각종 방사지학을 전습하고, 스승과 제자 사이에 전승하는데 도교의 최초의 형식이다.[192]

신선의 불로장생을 추구한다는 관념의 배경에는 이처럼 다양한 사상적 연원들이 교차하고 있다.

굴원(屈原)은 「원유」(遠遊)에서 신선이 사는 세계를 이렇게 노래하였다.

시속(時俗)의 핍박과 고달픔을 슬퍼하노라! 훌쩍 올라가 저 먼 곳에서 노닐기를 바라노라. …… 적송자(赤松子)가 남긴 맑은 행적을 듣도다! 그가 남긴 도리를 받들어 배우고 싶구나. 진인(眞人)의 훌륭한 덕을 소중히 여기고 옛날에 신선이 되어 올라간 일을 찬미하노라. 그들은 신선이 되어 떠나가 보이지 않지만 명성은 드러나서 전해진다네. 부열(傅說)이 별이 된 것을 신기하게 여기며, 한중(韓衆)이 지순한 도[一]를 터득한 것을 부러워하노라. 몸은 조용히 먼 곳으로 떠나서 속인들을 벗어나 숨어서 사는도다. …… 황제를 따라 올라갈 수 없으니 나는 장

---

191)『史記』「封禪書」:"自齊威·宣之時, 騶子之徒論著五德終始之雲."
192) 胡孚琛 主編,『中華道教大辭典』, 44쪽.

차 왕자교(王子喬)를 좇아 노닐겠노라. …… 왕자교를 만나면 머물게 하여 지순한 기운이 조화를 이루게 하리라. …… 선인[羽人]을 단구(丹丘)로 이끌어 불멸의 마을에 머물게 하니, 아침에 탕곡(湯谷)에서 머리를 감고 저녁에는 구양(九陽)에서 내 몸을 말리도다. 비천(飛泉)의 기이한 물[微液]을 마시며 아름다운 옥의 꽃을 품는도다. …… 남주(南州)의 화덕을 찬미하며 계수나무의 겨울 꽃을 아름답게 여기도다. 내 영혼을 실어 멀리 떠나리니 뜬구름을 덮고서 하늘 위로 오르도다. 하늘 문지기에게 문쇠를 열게 하고 천문을 줄지어 열어 놓고 나를 기다린다네. 풍륭(豊隆)을 불러 앞을 인도하게 하며 태미궁(大微宮)의 거처를 묻도다. ……193)

과거에 신들 혹은 신화적 인물들의 세계였던 초월적 세계는 이제 인간이 추구할 수 있는 세계로 변하였고, 그것을 추구할 수 있는 이론적 배경도 갖추게 된 것이다.

『여씨춘추』 「중기」(重己)편에서는 아래와 같이 말하였다.

세상에서는 임금이 귀하지만 잘난 사람이나 못난 사람이나 아무도 장생구시(長生久視)를 바라지 않는 사람은 없다.194)

---

193) 『楚辭』 「遠遊」 : "悲時俗之迫阨兮, 願輕擧而遠遊. ……聞赤松之淸塵兮, 願承風乎遺則. 貴眞人之休德兮, 美往世之登仙. 與化去而不見兮, 名聲著而日延. 奇傅說之託辰星兮, 羨韓衆之得一. 形穆穆以浸遠兮, 離人羣而遁逸. …… 軒轅不可攀援兮, 吾將從王喬而娛戲. 仍羽人於丹丘兮, 留不死之舊鄕. 朝濯髮於陽谷兮, 夕晞余身兮九陽. 吸飛泉之微液兮, 懷琬琰之華英. ……嘉南州之炎德兮, 麗桂樹之冬榮. 山蕭條而無獸兮, 野寂漠其無人. 載營魄而登霞兮, 掩浮雲而上征. 命天閽其開關兮, 排閶闔而望予. 召豊隆使先導兮, 問大微之所居.……"[원문과 한글 번역문은 『楚辭』(柳晟俊 譯解, 惠園出版社, 1993), 128~136쪽 참조. 필요한 경우 수정하였다.]

194) 『呂氏春秋』 「十二紀」 「重己」 : "世之人主貴人, 無賢不肖莫不欲長生久視."

제5절 신선과 신선이 사는 곳에 관한 여러 가지 설

우리는 일반적으로 신선이면 다 같은 신선이지 신선에도 구분이 있는가 하고 의아해 할 것이다. 그런데 이 신선이라는 형상 역시 인간이 만들어 놓은 것이고, 또 현실적이고 실제적이었다고 평가되는 고대 중국인들에게 있어서 신선에 대한 형상 역시 어느 한 가지의 형태에 만족할 수가 없었을 것이다. 그런 까닭에 다양한 형태의 신선의 모습을 형상화하게 되었다.

1. 신선의 유형과 위계질서

본래 신선이 되는 데는 신분적 한계가 없다. 남녀노소, 부귀빈천에 상관없이 누구나 신선이 되고자 한다면 가능한 일이었다. 이점은 우리가 신선이 된 인물들의 면면을 살펴보면 곧 알 수 있다. 물론 타고난 재능에서의 차이는 어쩔 수 없이 인정해야 하겠지만 말이다. 이처럼 신선에는 평등성이 내재되어 있었다. 그것은 아마도 도가철학에서 말하는 도의 세계의 영향으로 보인다. 도가철학에 의하면 도의 세계에서 천지만물은 평등하다. 그러나 시간이 지나면서 신선의 세계에도 위계질서/등급이 생겨났다. 이것은 아마도 세속적 필요에 의한 것이라고 생각된다.

신선은 기본적으로 천선, 지선, 시해선 등으로 나누어진다. 이 내용은 비교적 단순하다. 그런데 또 후대로 내려갈수록 신선의 명칭과 지위는 복잡해진다. 그렇다면 이들 사이의 위계질서는 어떻게 되는 것일까? 이 문제를 해결하려면 먼저 도교에서 말하는 천계를 살펴보아야 한다.

(1) 도교의 천계

도교가 성립되는 과정에는 불교의 영향이 절대적이었다고 할 수 있다. 비록 중국 사람들은 도교를 중국에서 발생하고 성장한(土生土長) 종교라고 말하지만 도교에 대한 불교의 영향은 절대적이었다. 불교가 없었다면 도교는 성립할 수 없었을 것이다. 다시 말해서 불교 이론 체계의 도움이 없었다면 도교 이론 체계가 이처럼 정교하게 성립되기는 어려웠을 것이다. 적어도 지금의 모습과는 많이 달라졌을 것이다. 도교는 도불교섭(道佛交涉)이라는 방법을 통해 자신의 부족한 점을 부단히 보충하여 완성하였다. 그래서 우리는 '격의도교'(格義道敎)라고 부른다. 물론 그 뒤 도교는 거듭 발전하면서 토착화되었다. 따라서 도교의 천계를 살펴보려면 먼저 불교에서 말하는 천계를 고찰할 필요가 있다.

불교에서는 천계를 『구사론』(俱舍論) 「세간품」(世間品) 권8에서 상세하게 구분하고 있다. 그 내용은 다음과 같다.

> 지옥과 방생(傍生＝동물)과 아귀와
> 사람과 그리고 6욕천(欲天)을
> 욕심 세계의 20이라고 말하는데
> 지옥과 주(洲)가 다르기 때문이네
>
> 이 위의 열일곱이나 되는 곳을
> 형상 세계[色界]라고 이름하는데
> 그 중에 3선(禪)이 각기 셋씩이며
> 제4선(禪) 하늘은 여덟이었네
>
> 무형 세계[無色界]는 처소가 없으나
> 나는 것이 네 가지 차별이 있는데

동분 그리고 명근(明根)에 의하여
마음 따위로 하여금 계속하게 하네195)

　위의 글에서 세 단락은 각각 욕계(慾界)·색계(色界)·무색계(無色界)이다. 이 세계는 먼저 유정세간(有情世間)과 기세간(器世間)으로 나뉜다.

　욕계 : 욕계는 지옥(地獄)·방생(傍生 : 畜生)·아귀(鬼)·사람(人)·6욕천(欲天)으로 구성된다. 먼저 지옥은 8종으로 나누어진다. 등활지옥(等活地獄), 흑승지옥(黑繩地獄), 중합지옥(衆合地獄), 호규지옥(號叫地獄), 대규지옥(大叫地獄), 염열지옥(炎熱地獄), 대열지옥(大熱地獄), 무간지옥(無間地獄)이다. 방생(傍生 : 畜生)은 34억 종이 있다고 한다. 귀는 아귀(餓鬼)이다. 인간은 4주(洲)가 있는데 남섬부주(南瞻部洲), 동승신주(東勝身洲), 서우화주(西牛貨洲), 부구처주(北俱處洲)이다. 6욕천은 야마천(夜摩天), 두시타천(覩史多天), 낙변화천(樂變化天), 타화자재천(他化自在天)이다. 욕계는 남녀의 성별이 있고, 성욕과 기타 욕망이 일어나는 세계이다.

　색계 : 색계는 4선(禪)으로 나누어진다. 초선천(初禪天)에서 제4선천까지 나뉘고, 이 순서대로 높은 세계가 된다. 초선천에는 범중천(梵衆天), 범보천(梵輔天), 대범천(大梵天)이 있고, 제2선천에는 소광천(少光天), 무량광천(無量光天), 극광정천(極光淨天)이 있으며, 제3선천에는 소정천(少淨天), 무량정천(無量淨天), 편정천(遍淨天)이 있고, 제4선천에는 무운천(無雲天), 복생천(福生天), 광과천(廣果天), 무번천(無煩天), 무열천(無熱天), 선현천(善現天), 선견천(善見天), 색구경천(色究竟天)이 있다. 색계는 16천설, 17천설, 18천설, 22천설 등 다양하다.

---

195) 변각성 옮김, 『俱舍論』(1), 東國譯經院, 1997, 198쪽.

무색계 : 무색계는 신체, 장소가 없는 세계로 4처(處)가 있는데 공무변처(空無邊處), 식무변처(識無邊處), 무소유처(無所有處), 비상비비상처(非常非非常處)이다.

이 욕계, 색계, 무색계가 3계로 유정(有情)이 윤회하는 장소이다.

대지 밑에 지옥이 있고, 대지는 허공에 떠 있다. 이것을 떠받치고 있는 것은 풍륜(風輪, Vāyumandala)이다. 그 위에 수륜(水輪)이 있고, 다시 그 위에 금륜(金輪)이 있다. 4대주(大洲), 일(日)·월(月), 수미산, 6욕천, 범천이 하나의 세계를 이룬다. 이런 세계가 1000개가 모인 것이 소천세계(小千世界)이다. 소천세계가 다시 1000개가 모인 것이 대천세계(大千世界)이다.[196]

신선이 사는 곳을 살펴보기 전에 우리는 먼저 고대 중국인의 천문/지리 관념을 고찰할 필요가 있다.

고대 중국인들은 천계를 어떻게 생각하였을까? 이것에 관한 기록에는 추연의 구주팔극(九州八極), 『회남자』의 구주팔극, 『산해경』 등이 있다. 굴원(屈原)은 『천문』(天問)에서 "하늘은 구중이라 하는데 누가 다스리는가?"(圜則九重, 孰營度之?)라고 구천설(九天說)을 제시하였다. 『회남자』(淮南子) 「천문」(天文)편에서는 "하늘에는 구야가 있다"(天有九野)고 말하였다.

추연의 설은 『사기』에 있다. 먼저 구주에 대한 기록이다.

> 그는 유가에서 말하는 중국은 천하를 81개로 나누었을 때 단지 그 한 부분만을 차지하는 것이라고 여겼다. 중국을 적현신주(赤縣神州)라고 이름하였다. 적현신주 안에는 9개의 주(州)가 있는데 하우(夏禹)가 정리한 구주(九州)라고 말하는 것이 바로 이것이다. 그러나 이러한 주

---

196) 平川彰, 『印度佛教의 歷史』(上), 李浩根 역, 民族社, 1991, 196~198쪽 참조 요약; 金東華, 『俱舍學』, 寶蓮閣, 1992, 174~201쪽 참조 요약.

는 주로서 셀 만한 것이 못 된다. 중국 이외에도 적현신주와 같은 것이
9개나 되는데 그것이 바로 9주이다. 거기에는 작은 바다가 있어 구주를
두르고 있는데, 백성들과 짐승들이 서로 통하지 않으며 그 한 구역 안
에 있는 것을 1주(一州)라고 하였다. 이와 같은 것이 9개이고, 그곳에는
큰 바다가 있어 밖을 둘러싸고 있는데 그것이 하늘과 땅의 끝이다.[197]

　추연의 설명에 의하면 중국은 18개 구역으로 나눌 수 있고, 이것은
다시 9개의 주로 나뉜다. 그런데 중국 이외에 또 9개의 주가 있다. 그
러므로 이 세상에는 모두 10주가 있다. 중국은 십주 가운데 하나에 불
과하다. 따라서 추연이 말하는 세계는 81구역 → 9주 → 적현신주로,
이것이 중국에 해당하고 그밖에 다시 9주가 있게 된다. 그런데 추연의
말에서 적현신주 이외의 이 9주에 대한 설명은 없다. 그 위치도 알 수
가 없다. 또 팔극에 대한 설명 역시 보이지 않는다. 따라서 좀 더 구체
적인 이해가 불가능하다.
　『회남자』「지형훈」(地形訓)에는 구주(九州)가 보인다.

　　무엇을 구주(九州)라 하는가? 동남쪽의 신주(神州)는 농토(農土)라
　불리고, 남쪽의 차주(次州)는 옥토(沃土)라 불리며, 서남쪽의 융주(戎
　州)는 도토(滔土)라 불리고, 서쪽의 엄주(弇州)는 병토(幷土)라 불리
　며, 중앙의 기주(冀州)는 중토(中土)라 불리고, 서북쪽의 대주(台州)는
　비토(肥土)라 불리며, 북쪽의 제주(泲州)는 성토(成土)라 불리고, 동북
　쪽의 박주(薄州)는 은토(隱土)라 불리며, 동쪽의 양주(陽州)는 신토(申
　土)라 불린다.[198]

---

197)『史記』「孟荀列傳」: "以爲儒者所謂中國者, 於天下乃八十一分居其一分耳.
　　中國名曰赤縣神州. 赤縣神州內自有九州, 禹之序九州是也, 不得爲州數. 中
　　國外如赤縣神州者九, 乃所謂九州也. 於是有神海環之, 人民禽獸莫能相通者,
　　如一區中者, 乃爲一州. 如此者九, 乃有大瀛海環其外, 天地之際焉."
198)『淮南子』「墜形訓」: "何謂九州? 東南神州曰農土, 正南次州曰沃土, 西南戎

또 이어서 다음과 같이 말하였다.

> 구주의 크기는 사방으로 두루 천 리가 된다.199)

「지형훈」의 기록에 의하면 구주 밖에 팔인(八殥)이 있고 팔인 밖에는 팔굉(八紘)이 있으며 팔굉 밖에 다시 팔극(八極)이 있다. 먼저 팔인의 내용이다.

> 구주의 밖에는 곧 팔인(八殥)이 있으니, 이 또한 사방 천 리가 된다. 동북쪽에서부터 시작하여 그곳에 대택(大澤)이 있고 무통(無通)이 있으며, 동쪽에 대저(大渚)가 있고 소해(少海)가 있으며, 동남쪽에 구구(具區)가 있고 원택(元澤)이 있으며, 남쪽에 대몽(大夢)이 있고 호택(浩澤)이 있으며, 서남쪽에 저자(渚資)가 있고 단택(丹澤)이 있으며, 서쪽에 구구(九區)가 있고 천택(泉澤)이 있으며, 서북쪽에 대하(大夏)가 있고 해택(海澤)이 있으며, 북쪽에 대명(大冥)이 있고 한택(寒澤)이 있다. 무릇 팔인(八殥)과 팔택(八澤)의 구름이 구주에 비를 뿌린다.200)

다음은 팔굉의 내용이다.

> 팔인 밖에 팔굉(八紘)이 있으니, 이 또한 사방 천 리가 된다. 동북쪽

州曰隱土, 正西弇州曰幷土, 正中冀州曰中土, 西北台州曰肥土, 正北泲州曰成土, 東北薄州曰隱土, 正東陽州曰申土.”〔원문은 何寧 撰, 『淮南子集釋』(上/中/下)(中華書局, 1998)을 저본으로 하였다. 한글 번역은 이석호의, 『회남자』(세계사, 1992)와 이석명의 『회남자』(1/2)(소명출판,2010)를 참조하였다. 필요한 경우 수정하였다.〕

199) 위와 같음 : “九州之大, 純方千里.”

200) 위와 같음 : “九州之外, 乃有八殥, 亦方千里. 自東北方曰大澤·曰無通；東方曰大渚·曰少海；東南方曰具區·曰元澤；南方曰大夢·曰浩澤；西南方曰渚資·曰丹澤；西方曰九區·曰泉澤；西北方曰大夏·曰海澤；凡八殥八澤之雲, 是雨九州.”

에서부터 시작하여 그곳에 화구(和丘)가 있고 황토(荒土)가 있으며, 동
쪽에 극림(棘林)이 있고 상야(桑野)가 있으며, 동남쪽에 대궁(大窮)이
있고 중녀(衆女)가 있으며, 남쪽에 도광(都廣)이 있고 반호(反戶)가 있
으며, 서남쪽의 초요(焦僥)가 있고 염토(炎土)가 있으며, 서쪽에 금구
(金丘)가 있고 옥야(沃野)가 있으며, 서북쪽에 일목(一目)이 있고 사소
(沙所)가 있으며, 북쪽에 적빙(積氷)이 있고 위우(委羽)가 있다. 무릇
팔굉의 기운은 추위와 더위를 발생시키는데, 반드시 팔풍(八風)에 맞게
바람이 불고 비가 내린다.201)

아래는 팔극에 대한 기록이다.

　팔굉의 밖에 곧 팔극(八極)이 있다. 동북쪽에서부터 시작하여 그곳
에 방토산(方土山)이 있고 창문(蒼門)이 있으며, 동쪽에 동극산(東極
山)이 있고 개명문(開明門)이 있으며, 동남쪽에 파모산(波母山)이 있고
양문(陽門)이 있으며, 남쪽에 남극산(南極山)이 있고 서문(暑門)이 있
으며, 서남쪽에 편구산(編駒山)이 있고 백문(白門)이 있으며, 서쪽에
서극산(西極山)이 있고 창합문(閶闔門)이 있으며, 서북쪽에 부주산(不
周山)이 있고 유도문(幽都門)이 있으며, 북쪽에 북극산(北極山)이 있고
한문(寒門)이 있다. 무릇 팔극의 구름은 천하에 비를 내리고, 팔문의 바
람은 추위와 더위를 조절하며, 팔굉·팔인·팔택의 구름은 구주에 비를
내리고 중토(中土)의 기후를 온화하게 만든다.202)

---

201) 위와 같음 : "八殥之外, 而有八紘, 亦方千里. 自東北方曰和丘, 曰荒土 ; 東方
曰棘林, 曰桑野 ; 東南方曰大窮, 曰衆女 ; 西南方曰焦僥, 曰炎土, 西方曰金丘,
曰沃野 ; 西北方曰一目, 曰沙所 ; 北方曰積氷, 曰委羽. 凡八紘之氣, 是出寒暑,
以合八正, 必以風雨."

202) 위와 같음 : "八紘之外, 乃有八極. 自東北方曰方土之山, 曰蒼門 ; 東方曰東極
之山, 曰開明之門 ; 東南方曰波母之山, 曰陽門 ; 南方曰南極之山, 曰暑門 ; 西
南方曰編駒之山, 曰白門 ; 西方曰西極之山, 曰閶闔之門 ; 西北方曰不周之山,
曰幽都之門 ; 北方曰北極之山, 曰寒門. 凡八極之雲, 是雨天下, 八門之風, 是
節寒暑. 八紘·八殥·八澤之雲, 以雨九州而和中土."

이상과 같은 『회남자』의 기록에 의하면 이 세계는 구주 → 팔인 → 팔굉 → 팔극의 구조로 되어 있다. 이것은 추연이 말한 세계 구조보다 더 복잡하다. 이것을 도표화하면 다음과 같다.

```
                                北

      不周山              北極山                    方土山
      (幽都門)            (寒門)                    (蒼門)

            一目          積水              和丘
            (沙所)        (委羽)            (荒土)

            大夏          大冥        大澤
            (海澤)        (寒澤)      (無通)

                台州   泲州   薄州
                (肥土) (成土) (隱土)

  西   西極山   金丘   九區   弁州   冀州   陽州   大渚   棘林   東極山   東
       (閶闔門) (沃野) (泉澤) (并土) (中土) (申土) (少海) (桑野) (開明門)

                戎州   次州   神州
                (滔土) (沃土) (農土)

            渚賓          大夢        具區
            (丹澤)        (浩澤)      (元澤)

            焦僥          都廣              大窮   波母山
            (炎土)        (反戶)            (衆女) (陽門)

      編駒山              南極山
      (白門)              (暑門)

                                南
```

위의 도표에서 알 수 있는 것처럼 구주, 팔인, 팔굉, 팔극의 위치는 중국을 중심으로 한 기계적인 배당이다.

유수(劉秀, 약 기원전 53~기원후 23)의 「상산해경표」(上山海經表)와 학의행(郝懿行, 1757~1825)의 「산해경전소서」(山海經箋疏敍)에서는 "우임금이 구주를 나누었다"(禹別九州)고 하였다. 여기에서 말하는 구주는 중국으로 적현신주 내에 있는 것으로 보인다.

이신(李申)의 『도교동천복지』(道敎洞天福地)에 의하면 도교의 천계는 삼십육천설과 삼십삼천설이 있다. 그는 먼저 삼십육천설에 대해 이렇게 설명한다.

　　도교가 건립된 뒤 일기삼청(一氣三淸)과 구중천(九重天) 관념이 결합하였다. 도교『삼청도』(三淸道)에서 일기(一氣)가 현원(玄元)을 화생하여 삼기(三氣)가 시작되는데 삼기를 삼경(三境)이라 칭하고 또 삼천(三天)이라 칭한다고 말하였다. 이 삼기의 각 기가 삼천을 화생하여 모두 구천(九天)이다.『도덕경』의 '하나가 둘을 낳고 둘이 셋을 낳는다'(一生二, 二生三)는 것에 의거하여 구천이 각각 삼천을 다시 낳아 모두 이십칠천이 된다. 이십칠천에 원래의 구천을 더하면 모두 삼십육천이다. 삼십육천은 삼청(三淸)의 삼경삼천(三境三天)을 포함하지 않는다. 그러므로 삼십육천설은 모두 마땅히 "삼경삼십육천"(三境三十六天)설이 된다.203)

아래는 삼십삼천에 대한 설명이다.

　　도교에는 또 삼십삼천설이 있다. 삼십삼천설은 주로 불교에서 온 것이다. 불교에서는 이 세계에 모두 삼십삼천이 있는데 동서남북에 각각 팔천이 있고 중앙에 수미산(須彌山) 정상의 천이 있어서 모두 삼십삼천천이다. 불교의 설을 모방하여 도교는 자신의 삼십삼천을 만들었다. 삼십이천은 각기 사방에 있는데 사천이 중첩되어 모두 팔중이다. 최상 일층은 대라천(大羅天)으로 모두 삼십삼천이다. 이것은 삼십삼천과 중국의 구중천이 결합한 것이다.204)

『운급칠첨』 권21 「천지부」(天地部)(1)에서는 삼계보록(三界寶籙), 중사천(中四天), 후사천(後四天), 사범삼계삼십이천(四梵三界三十二

203) 李申,『道敎洞天福地』, 宗敎文化出版社, 2001, 14쪽.
204) 같은 책, 15쪽.

天)으로 나누어 천계를 설명하고 있다.

삼십육천설에 의하면 욕계(欲界) 6천, 색계(色界) 18천, 무색계(無色界) 4천, 범천(梵天) 4천, 삼청천(三淸天) 3천, 대라천(大羅天) 1천이다.

삼십삼천설에 의하면 욕계 6천, 색계 18천, 무색계 4천, 범천(梵天) 4천, 상천지천(上淸之天) 1천으로 되어 있다. 이것은 불교의 천계를 모방하여 도교방식으로 재구성한 것이다.

1) 삼십육천설

① 욕계

먼저 욕계이다. 욕계에 사는 사람은 형체[色 : 몸]가 있고 욕망[慾]이 있는 존재로 음양의 교합으로 태어난다.205)

욕계에는 6천이 있다. 이것은 태황황증천(太皇黃曾天), 대명옥완천(大明玉完天), 청명하동천(淸明何童天), 현태평육천(玄胎平育天), 원명문거천(元明文擧天), 칠요마이천(七曜摩夷天)이다.

② 색계

색계에 사는 사람들 역시 형체를 갖고는 있지만 욕망이 없으며, 음양의 교합을 하지 않으면서 화생한다.206)

색계에는 18천이 있다. 이것은 허무월형천(虛無越衡天), 태극몽예천(太極濛翳天), 적명화양천(赤明和陽天), 현명공화천(玄明恭華天), 요명종표천(曜明宗飄天), 축락황가천(竺落皇笳天), 허명당요천(虛明堂曜天), 관명단정천(觀明端靜天), 현명공경천(玄明恭慶天), 태환극요천(太煥極瑤天), 원재공승천(元載孔昇天), 태안황애천(太安皇崖天),

---

205)『雲笈七籤』권21「天地部」: "慾界六天有色有慾, 交接陰陽人民胎生."
206) 위와 같음: "其界有色無情慾, 不交陰陽, 人民化生."

현정극풍천(顯定極風天), 시황효망천(始黃孝芒天), 태황옹중천(太黃翁重天), 무사강유천(無思江由天), 상설완락천(上揲阮樂天), 무극담서천(無極曇誓天)이다.

③ 무색계

무색계에 사는 사람은 색욕이 없지만 그 세계의 사람은 미묘하다. 색상(色想)이 없지만 여전히 형체가 있는데 크기[長]는 수백 리나 되지만 자기 자신은 볼 수 없고 오직 진인만이 볼 수 있다.[207)

무색계는 4천이 있다. 이것은 호정소천(皓庭霄天), 연통원동천(淵通元洞天), 한총묘성천(翰寵妙成天), 수락금상천(秀樂禁上天)이다.

④ 사범천

범천에 사는 사람이어야 장생불사할 수 있는데, 진정으로 도행(道行)이 뛰어난 신선이 된다.

범천은 4천이다. 사종민천(四種民天)이라 한다. 이것은 상융천(常融天), 옥륭천(玉隆天), 범도천(梵度天), 가혁천(賈奕天)이다.

⑤ 삼청천

삼청천 3천이다. 이것은 태청천(太淸天), 상청천(上淸天), 옥청천(玉淸天)이다. 삼청천은 각각 태청도덕천존(太淸道德天尊), 상청영보천존(上淸靈寶天尊), 옥청원시천존(玉淸元始天尊)이 거주한다.

⑥ 대라천

마지막으로 최고층에 해당하는 대라천(大羅天)은 가장 높고 광대한

---

207) 위와 같음 : "無復色慾, 其界人微妙, 無色想, 乃有形長數百里, 而人不自覺, 唯眞人能能見."

천계이다.

2) 삼십삼천설

삼십삼천설은 삼십육천설에 비해 삼청천 3천이 빠지고 대라천 대신 상청지천(上淸之天)이 들어갔다. 이곳은 현도옥경자미궁(玄都玉京紫微宮)이 있는 곳이다. 따라서 따로 설명할 필요는 없다.

위에서 살펴본 것처럼 도교의 천계는 복잡하다. 도교의 천계가 이와 같이 복잡하다면 그에 상응하는 인물들이 존재하여 그곳을 다스려야만 할 것이다. 이것이 인간의 기본적인 생각이다. 또 서로 위급이 다른 천계가 존재한다면 그와 똑같이 그곳을 다스리는 인물들 사이에도 위급이 존재할 수밖에 없다. 이신은 『도교동천복지』에서 이렇게 설명한다.

> 삼청삼천(三淸三天)은 세 사람의 신군(三位神君)이 다스리는 곳이다. 그것에 의해 화생한 구천(九天)은 구경(九卿)과 같다. 구천이 화생한 이십칠천(二十七天)은 이십칠대부(二十七大夫)와 같다. 구경·이십칠대부는 삼위신군의 명령을 받는데 각각의 신군은 삼경구대부를 다스리는데 모두 열두 명이다. 여기에서 천존(天尊)은 공(公)과 같고 또 삼공구경이십칠대부라 칭한다.[208]

이것뿐만이 아니다. 또 더 세분화되는 과정이 있다.

> 삼십육천 계열에 대해 어떤 사람은 더 나아가 삼천육백천(三天六百天)으로 만들었다. 왜냐하면 공경(公卿)의 등급 품계에 따라 각각 관서(官署)가 있기 때문이다. 삼계(三界) 사이에서 천(天)·인(人)·만물(萬物)이 모두 품수받은 것은 원시일기(元始一氣), 즉 모두 원래 하나였던

---

208) 李申, 『道敎洞天福地』, 14쪽.

오묘한 도(妙道)를 품수받았기 때문이다. 그런 뒤에 일(一)에서 나뉘어 삼공(三公)·구경(九卿)·이십칠대부(二十七大夫)·팔십일주(八十一元土)·일백이십군(一百二十郡)·일천이백현(一千二百縣)·일만이천향(一萬二千鄕)·삼만육천정(三萬六千亭)이 된다.[209]

이러한 설명은 도교의 천계가 철저하게 세속적 체계를 모방한 것임을 알 수 있다.

(2) 신선의 유형과 계보

신선의 등급은 크게 천선, 지선, 시해선으로 나누어진다. 그리고 이러한 구분은 신선사이의 위계질서를 나타낸다. 따라서 아래에서 우리는 신선의 유형을 천선, 지선, 시해선으로 구분하여 살펴보기로 한다.

1) 신선의 유형

신선의 특징은 크게 두 가지로 나눌 수 있다. 첫째는 장생불사이고, 둘째는 소요자재(逍遙自在)하는 자유로움을 얻는 것이다.

신선에 관한 문헌에서 갈홍(葛洪, 284~344)의 『포박자내편』(抱朴子內篇)은 그 대표적인 저작이다. 이 책은 불로장생의 이치를 밝히고자 하여 쓴 것이다. 갈홍은 「서」(序)에서 그가 이 책을 쓰게 된 동기를 밝히면서 "이 책을 저술하여 불로장생의 이치를 터득하고자 하는 모든 사람에게 그 요령을 밝히고자 한다"고 말하였다. 그리고 이 책의 「논선」(論仙)편에서는 신선의 유형으로 천선(天仙), 지선(地仙), 시해선(尸解仙)을 언급하고 있다.

『선경』(仙經)에서 말하였다. "최상의 도사[上士]는 육체가 그대로

---

209) 위와 같음.

허공으로 오르는 것이다. 이것을 천선(天仙)이라 한다. 중간의 도사[中士]는 명산을 거닌다. 이것을 지선(地仙)이라 한다. 하위의 도사[下士]는 일단 죽지만 뒤에 보면 매미처럼 탈바꿈을 한다. 이것을 시해선(尸解仙)이라 한다."210)

갈홍의 관점에 의하면 최상의 도사는 천선이 되고, 중간의 도사는 지선이 되며, 하위의 도사는 시해선이 된다. 이것을 '신선삼품설'(神仙三品說)이라고 말할 수 있다.211) 여기에서 '최상의 도사', '중간의 도사', '하위의 도사'는 『노자』에 보이는 용어이다. 본래 『노자』에서는 '최상의 선비', '보통의 선비', '하위의 선비' 정도의 의미이다.212) 또 「대속」 편에서 이렇게 말하였다.

사람이 지선이 되려고 하면 300가지의 선한 일을 행해야 한다. 천선이 되려고 하면 1200가지의 선한 일을 해야 한다. 만약 1199가지의 선한 일을 했다고 하더라도 그 뒤에 한 가지 악한 일을 했다면 그때까지 했던 선한 일은 모두 사라지고 만다. 그때부터 다시 선한 일을 하지 않으면 안 된다.213)

이것은 천선, 지선, 시해선 사이에 위계적 층차가 있음을 의미한다. 김장환은 유향(劉向)의 『열전선』에 보이는 신선들을 천선 12명, 지선 53명, 시해선 13명으로 분류한다.214) 지선이 압도적으로 많다. 아래에

---

210) 葛洪, 『抱朴子內篇』「論仙」: "按『仙經』云: '上士擧形昇虛, 謂之天仙; 中士遊於名山, 謂之地仙; 下士先死後蛻, 謂之尸解仙.'
211) 유향, 『열선전』, 김장환 옮김, 예문서원, 1996, 31쪽. 이 책의 「열선전에 대하여」 부분 참조.
212) 『老子』제41장: "上士聞道, 勤而行之; 中士聞道, 若存若亡; 下士聞道, 大笑之."
213) 葛洪, 『抱朴子內篇』「對俗」: "人欲地仙, 當立三百善; 欲天仙, 立千二百善. 若有千一百九十九善 而忽復中行一惡, 則盡失前善, 乃當復更起善數耳."

서는 이런 다양한 유형의 신선들을 살펴보기로 한다.

[1] 천선

천선(天仙)은 『중화도교대사전』에 보이는 사전적 설명에 의하면 비선(飛仙)이라고도 하는데, 천부(天府)에 살며 몸이 하늘로 날아오를 수 있는 신선을 말한다.215)

갈홍은 『포박자내편』「논선」편에서 다음과 같이 말하였다.

> 『선경』(仙經)에서 말하였다. "최상의 도사[上士]는 육체가 그대로 허공으로 오르는데, 이것을 천선(天仙)이라고 한다.216)

역사적 인물 가운데 천선에 해당하는 대표적인 인물은 노자(老子)이다. 노자가 신선이 된 것은 분명 후대의 일이다. 그러나 노자를 신비한 인물로 그리고 있는 내용은 사마천의 『사기』「노자열전」에서도 보인다. 여기에서 "노자는 160세 혹은 200세를 살았다"(老子百有六十餘歲, 或言二百餘歲), "그 종적을 알지 못한다"(莫知所終)고 말하고 있다. 당시 사람들의 평균 수명이 그리 길지 않았던 상황에서 이렇게 오래 살았다는 것은 매우 놀라운 일이었을 것이다. 물론 이러한 말은 신화적인 표현일 뿐이다. 더군다나 그가 어떻게 죽었는지를 알지 못한다는 것은 신화화하기에 좋은 자료가 되었을 것이다. 오늘날에도 인간이 100년을 산다는 것은 불가능한 것은 아니지만 역시 매우 어려운 일이다.

후대에는 천선에도 위계가 발생한다. 이것은 천계의 구성과 연관이

---

214) 유향, 『열선전』, 32쪽.
215) 胡孚琛 主編, 『中華道教大辭典』, 1436쪽.
216) 葛洪, 『抱朴子內篇』「論仙」: "按『仙經』云: '上士擧形昇虛, 謂之天仙.'"

있다. 천계가 복잡해지면서 그곳을 다스리는 신(선)들 역시 다양화된 것이다. 또 민간의 필요성에 영합한 것이기도 하다.

[2] 지선

지선(地仙)에 대해 갈홍은 『포박자내편』 「논선」편에서 다음과 같이 말하였다.

> 보통의 도사[中士]는 명산(名山)에서 노니는데 지선(地仙)이라고 부른다.[217]

갈홍은 『신선전』에서 황산군(黃山君)은 "지선을 닦았을 뿐 승천하는 법을 찾지는 않았다"(亦治地仙, 不取飛昇)고 말하였다. 또 중황장인(中黃丈人)의 제자라는 백석생(白石生)은 "승선의 도를 닦으려 하지 않고 단지 죽지 않는 것으로 만족할 뿐이었다. 그리하여 인간 세상에서의 즐거움을 잃지 않았다"(不肯修昇仙之道, 但取於不死而已, 不失人間之樂)고 하였다. 「대속」편에서는 승천하여 천상에 사는 천선보다 지선이 더 좋은 이유를 이렇게 설명하였다.

> 팽조가 말하였다. "천상에는 존관대신(尊官大神)이 많아 새로 신선이 된 자는 그 지위가 낮기 때문에 받들어 섬기는 자가 하나가 아니어서 단지 더욱 수고로울 뿐이다. 그러므로 천상에 오르고자 힘쓸 필요가 없기에 인간 세상에 800여 년 동안 머물러 살게 되었다.[218]

또 『신선전』에도 비슷한 내용이 보인다.

---

217) 위와 같음 : "中士遊于名山, 謂之地仙."
218) 같은 책, 「對俗」: "彭祖言 : '天上多尊官大神, 新仙者位卑, 所奉事者非一, 但更勞苦, 故不足役役于登天, 而止人間八百餘年也."

팽조가 백석생(白石生)에게 물었다.

"어찌해서 단약을 복용하여 승천하지 않습니까?"

대답하여 말하였다.

"천상(天上)이라 해서 이 세상의 즐거움보다 나은 것이 있을 수 있다고 보십니까? 단지 천상이 하는 일이란 능히 늙거나 죽지 않게 할 뿐이지요. 천상에는 모시고 받들어야 할 지존(至尊)의 높은 신선이 너무 많습니다. 이 인간 세상보다 더 수고롭지요."[219]

백석생은 천선보다 지선이 오히려 더 좋다는 입장을 취하고 있다. 왜냐하면 천상에는 모셔야 할 지존들이 너무 많아 이 세상에 사는 것보다 더 힘들기 때문이라고 말한다. 그런 까닭에 그는 "승천하여 선관(仙官)이 되고자 급급하게 굴지도 않았다"(以其不汲汲於昇天爲仙官)고 한다. 참으로 재미있는 생각이다. 『열자』「양주」(楊朱)편에서 "근심 걱정 속에 오래 사는 삶"(戚戚然以至久生)이라는 생각, 「천서」(天瑞)편의 죽음을 통해 "군자는 휴식하고"(大哉, 死乎! 君子息焉), "죽음의 휴식"(死之息也)이라는 생각과는 완전히 상반된다.

지선의 형상은 중국인들의 현세적 사고를 가장 잘 반영하고 있다. 아니 인간의 욕망, 즉 이 지상에서의 영원한 삶이라는 욕망을 반영한 것이라고 말할 수 있다. 『포박자』「금단」(金丹)편에는 이런 내용이 보인다.

이 구단(九丹) 모두를 복용할 경우 하늘에 오르고 싶으면 그대로 세상을 떠나도 좋고, 세상에 머물고 싶으면 그것도 마음대로이다. 틈이 없는 곳[無間]에 출입할 수 있고, 그 무엇으로도 해를 입지 않는다.[220]

219) 葛洪, 『神仙傳』 제1권 「白石生」: "彭祖問之: '何以不服藥昇天乎?' 答曰: '天上無復能樂於此間耶? 但莫能使老死耳, 天上多有至尊相奉事, 更苦人間耳.'"

220) 葛洪, 『抱朴子內篇』 「金丹」: "凡服九丹, 欲昇天則去, 欲且止人間亦任意,

다음은 「대속」편의 내용이다.

> 선사(先師)께서 이렇게 말씀하신 것을 들었다. "선인은 혹은 승천하
> 거나 혹은 지상에 머무는 데 요체가 되는 것은 모두 장생한다는 것이
> 다. 천상으로 떠나거나 지상에 머무는 것은 그 좋아함에 따를 뿐이다.
> 또 환단금액(還丹金液)을 복용하는 방법이 있는데, 만약 세상에 머물고
> 자 하는 자라면 절반만 먹고 나머지는 잘 간직해 둔다. 만약 뒤에 승천
> 하고자 한다면 곧 다 복용하면 된다."221)

그렇다면 갈홍이 말하는 구단을 복용하여 신선이 된 자는 천선인가
지선인가? 사실 명확하지 않다. 아무튼 이제 지선은 자신의 마음대로
이 지상에서 살다가 싫증이 나면 천계로 올라갈 수 있는 인물이 되었
다. 『장자』에서는 이렇게 말하였다.

> 천년 동안 세속에 살다 싫증이 나면 선경[仙]에 올라가는데 저 흰 구
> 름을 타고 제향(帝鄉)에 이른다.222)

그런데 한 가지 의문은 우리가 생각하기에 갈홍의 글에 보이는 천
계는 이미 천계가 아니라 인간 세상과 다를 바가 없다. 왜냐하면 그곳
에도 여전히 위계가 존재하기 때문이다. 천계에도 위계가 존재한다면,
그래서 존관대신(尊官大神)들을 모셔야 한다면 이 세상과 무엇이 다
르고 신선이 된다고 한들 그 의미가 전혀 없지 않은가? 인간 세상에
서 황제를 위시한 고관대작들로부터 부림을 당하는 힘없는 백성들 입

皆能出入無間, 不可得之害矣."

221) 같은 책, 「對俗」: "問之先師云: 仙人或昇天, 或住地, 要于俱長生, 去留各從
其所好耳. 又服還丹金液之法, 若且欲留在世間者, 但服半劑而錄其半. 若後
求昇天, 便盡服之."

222) 『莊子』「天地」: "千歲厭世, 出而上仙, 昇彼白雲, 至於帝鄉."

장에서 볼 때 무엇 때문에 그 고생을 하며 신선이 되려고 하겠는가? 신선이 된 팽조도 천상에 올라가 존관대신들을 모시는 수고를 피하기 위해 이 지상에 800여 년 동안 머물렀다고 말한다. 그렇지만 팽조가 아무리 이 지상에 오랫동안 머문다고 하더라도 결국에는 언젠가 천상으로 올라가 존관대신들을 모셔야 하지 않겠는가? 달리 말해서 팽조가 천상으로 늦게 올라가면 갈수록 천상에서 그의 지위는 더욱 낮아지는 것이 아닌가? 만약 팽조보다 늦게 신선이 되었는데 그가 먼저 천상에 올라간다면 그 뒤에 천상에 올라온 팽조는 그를 모셔야 하는가 아니면 뒤에 신선이 된 자의 모심을 받는가? 만약 갈홍의 글에 보이는 논리가 정당하다면 이후로 천상에 올라가려는 신선은 전혀 없게 될 것이다. 이런 논리는 참으로 천박한 생각일 뿐이다. 어떤 면에서 이런 사고는 신선사상이 타락하였음을 의미한다. '지선'의 신선세계는 현실과 초현실 세계의 기묘한 결합으로 당시 사족 명사의 안일(安逸), 방탕(放蕩), 사욕(肆欲)의 생활이 신선세계에 투영된 것이었다.[223]

그렇다면 의문은 지선을 이처럼 이 지상에서 자유자재한 존재로 그린 그 의미는 무엇일까? 그것은 결국 세속적 욕망의 극대화라고밖에 볼 수 없다. 인간의 탐욕이 변형되어 지선에 투영된 것이다.

[3] 시해선

시해선(尸解仙)을 갈홍은 『포박자내편』「대속」(對俗)편에서 "무릇 선천적으로 신선이 되는 자질을 타고난 자가 아니면 반드시 시해로 말미암아야 한다"(凡非仙胎得仙者, 必由尸解)고 말하였다. 그는 또 「논선」편에서 다음과 같이 말하였다.

---

223) 胡孚琛, 『魏晋神仙道教-抱朴子內篇研究』, 139쪽.

하위의 도사[下士]는 먼저 죽고 난 후에 벌레가 허물을 벗는 것처럼 몸을 벗어나는데 시해선(尸解仙)이라 부른다.224)

그리고 이어서 이 시해선에 해당하는 역사적 인물을 언급하였다.

이제 이렇게 보면 이소군(李少君)은 분명히 시해선이다. 근래에 호공(壺公)은 비장방(費長房)을 데리고 떠났고, 도사 이의기(李意期)는 두 명의 제자를 데리고 떠났는데 모두 갑자기 죽은 것처럼 꾸며 가족들이 장사를 지냈다.225)

여기에서 말하는 이소군에 대해서는 먼저 『사기』 「효무본기」(孝武本紀)에 보인다.

(효무황제 7년) 이때 이소군이 사조(祠竈), 곡도(穀道)와 불로장생하는 방술로 천자를 알현하자 천자는 그를 매우 정중하게 대접하였다. 이소군이란 자는 이미 세상을 떠난 심택후(深澤侯)의 추천으로 입조하여 천자의 방술과 의약에 대한 일을 주관하게 되었다. 그는 자기의 연령을 항상 자신의 나이가 70세이고 귀신을 부리고 약물을 사용함에 능숙하다고 했으며, 노화를 방지하고 불로장생할 수 있는 방술이 있다고 말했다.226)

효무황제(孝武皇帝)는 무제(武帝 : 기원전 156~기원전 87년)로 그 역시 진시황처럼 불로장생에 관심이 많았다.

또 갈홍의 『신선전』에서도 기록이 보인다.

---

224) 葛洪, 『抱朴子內篇』 「論仙」 : "下士先死後蛻, 謂之尸解仙."
225) 위와 같음 : "今少君必尸解者也. 近世壺公將費長房去, 及道士李意期將兩弟子去, 皆托卒死, 家殯埋之."
226) 『史記』 「孝武本紀」 : "是時而李少君亦以祠竈·穀道·却老方見上, 上尊之. 少君者, 故深澤侯入以主方. 匿其年及所生長, 常自謂七十, 能使物, 却老."

이소군은 자가 운익(雲翼)으로 제(齊)나라 임치(臨淄) 사람이다.[227]

이어서 이소군이 안기생(安期生)을 만나 그에게서 장생성선의 도를 듣게 된 과정을 소개하고 있는데, 그 내용에 대해서는 다음과 같이 말하였다.

어려서 도를 좋아하여 태산(泰山)에 들어가 약을 채취하면서 절곡(絶穀), 둔세(遁世), 전신(全身)의 술법을 수련하였으나 도를 이루기 전에 병에 걸려 그만 산 속에서 곤액을 당하였다. 그 때 안기(安期) 선생이 그곳을 지나다가 소군을 발견하였다. 소군은 머리를 조아리며 살려 달라고 애원하였다. 안기는 그의 지극한 마음에 병까지 들어 죽음에 이르게 된 것을 불쌍히 여겨 신루산(神樓散) 한 수저를 입에 넣어 주어 즉시 살려 내었다. 이소군은 이에 안기를 따라다니겠다고 청하여 그를 받들어 노예와 같은 일도 마다하지 아니하고 시키는 대로 하며 스승으로 모셨다. 안기는 이소군을 데리고 동쪽으로는 적성(赤城)까지, 남쪽으로는 나부(羅浮)까지, 그리고 북쪽으로는 대원(大垣), 서쪽으로는 옥문(玉門)까지 가보았으며, 오악(五嶽)을 두루 돌아다니며 강산을 모두 구경시켜 주기를 십 년이나 하였다.
그러던 어느 날 아침 안기는 이소군에게 이렇게 말하였다.
"나는 지금 현주(玄洲)에서의 부름을 받아 오늘 곧 떠나야 한다. 너는 아직 나를 따라 그곳에 갈 만큼 되지 못하여 지금 여기서 서로 헤어져야겠구나. 다시 6백 년이 지나 내 너를 맞이하러 이곳에 오리라."
그리고는 신단 노화(鑪火)와 비설(飛雪)의 비방(秘方), 서약하는 구결(口訣)을 전수해 주고는 이를 마치자 잠시 뒤, 용과 호랑이를 탄 수백 명의 인도자들이 안기를 맞이하러 나타났으며 안기는 우거(羽車)를 타고 승천하였다.[228]

227) 葛洪, 『神仙傳』 제6권 : "李少君, 字雲翼, 齊國臨淄人也."
228) 위와 같음 : "少好道, 入泰山採藥, 修絶穀遁世全身之術,. 道未成而疾, 困於山林中, 遇安期先生經過, 見少君, 少君叩頭求乞活, 安期愍其有至心, 而被病當死, 乃以神樓散一匕與服之, 卽起. 少君於是求隨安期, 奉給奴役使任, 師事之.

그런데 또 이소군의 죽음에 대하여 이렇게 말하였다.

> (元封 6년) 그날 밤, 무제는 꿈에 이소군과 함께 숭고산(崇高山)을
> 올랐는데 그 도중에 비단 수를 놓은 사자가 나타나 용을 타고 부절을
> 들고 구름 속에서 내려오면서 이렇게 말하는 것이었다.
> "태일(太一)께서 이소군을 부르십니다."
> 무제가 깨어 즉시 사자를 보내어 이소군의 소식을 물어 보도록 하면
> 서 아울러 근신(近臣)에게 이렇게 말하였다.
> "짐의 꿈은 이소군이 장차 짐을 버리고 떠나려는가 보다!"
> 이튿날 이소군은 병세가 심하여 고통스러워하고 있었다. 무제가 몸
> 소 가서 살펴보며 아울러 좌우에게 그로부터 방서(方書)를 받도록 하
> 였다. 그러나 이를 다 받기 전에 이소군은 죽고 말았다. 무제는 눈물을
> 흘리며 이렇게 말하였다.
> "소군은 죽지 않았다. 고의로 이렇게 하여 떠난 것일 것이다."
> 이윽고 염을 하려 하자 홀연히 그의 몸이 사라지고 마는 것이었다.
> 그 안팎의 띠는 풀지 않은 채로 마치 매미가 허물을 벗는 것과 같았다.
> 이에 그 옷가지만으로 장례를 치렀다.[229]

이것은 전형적인 시해선의 모습이다.

또 호공(壺公)과 비장방(費長房)이라는 인물이 있다. 『포박자내편』
「논선」에서는 "근래의 사람 호공은 비장방을 데리고 사라져 버렸다"

　　安期將少君東至赤城, 南至羅浮, 北至大垣, 西游玉門, 周流五嶽, 觀看江山,
　　汝此數十年. 安期一旦語之：'我被玄洲召, 卽日當去, 汝未應隨我至彼, 今當
　　相捨去也, 復六百年, 當迎汝於此.' 因授神丹鑪火・飛雪之方, 誓約口訣, 必,
　　須臾, 有乘龍虎導引數百人, 迎安期, 安期乘羽車而昇天也."

229) 위와 같음：" (元封六年) 其夜, 武帝夢與少君俱上崇高上, 半道有繡衣使者,
　　乘龍持節從雲中下, 言：'太一請少君.' 武帝覺, 卽遣使者問少君消息, 且告近
　　臣曰：'如朕夢少君將捨朕去矣!' 明日少君臨病困, 武帝自往視, 幷使左右人
　　受其方書, 未竟而少君絶. 武帝流涕曰：'少君不死也, 故作此而去.' 旣斂之,
　　忽失其所在, 中表衣帶不解, 如蟬蛻也, 於是爲殯其衣物."

(近世壺公將費長房去)고 말하였다. 『신선전』에 의하면 비장방은 호공
으로부터 가르침을 받은 인물이다. 먼저 호공과의 만남에 대해서 갈홍
은 이렇게 말하였다.

호공은 항상 하나의 빈 병[壺]을 그 머리 위에 달아매어 놓고 앉아
있었다. 해가 지고 나서 호공이 훌쩍 발을 뛰어올라 그 속으로 들어가
고 나면 사람들은 그의 소재를 알 수 없었다. 오직 비장방(費長房)만이
누대에서 그를 보았고, 그가 보통 사람이 아님을 알게 되었다. …… 호
공이 비장방에게 말하였다.
"나는 선인이오. 천조(天曹)의 직무를 더럽혔고, 내가 총괄하고 받들
어야 할 직무를 제대로 수행하지 않아 이렇게 귀양을 와서 잠시 인간
세상에 돌아와 있을 뿐이라오. ……"……
호공이 비장방에게 말하였다.
"나는 모일(某日)에 의당 떠나야 하오. 그대도 같이 가시겠소?"[230]

비장방 역시 시해선의 모습이다.

비장방이 말하였다.
"떠나고 싶은 마음이야 더 말할 나위도 없습니다. 다만 친척들이 알
지도 깨닫지도 못하게 해야 할 텐데, 어떻게 하면 되겠습니까?"
호공이 말하였다.
"아주 쉽지요."
이에 하나의 푸른 대나무 지팡이를 구해 비장방에게 주면서 이렇게
경계시켰다.
"그대는 이 대나무를 가지고 집으로 돌아가시오. 그리고 병이 났다고

---

230) 葛洪, 『神仙傳』 제9권 : "常懸一空壺於坐上, 日入之後, 公輒轉足跳入壺中,
人莫知所在. 唯長房於樓上見之, 知其非常人也. ……公語長房曰 : '我仙人
也. 忝天曹職, 所統供事不勤, 以此見謫, 蹔還人間耳. ……'…… 公告長房
曰 : '我某日當去, 卿能去否?'"

핑계를 대시오. 뒤에 이 지팡이를 그대가 누워 있던 자리에 두어요. 그리고 아무 말도 하지 않고 있으면 곧 오게 될 것이오."

비장방이 집으로 돌아와 호공이 일러준 대로 하였다. 그러자 집안사람들은 그가 죽었다고 여겨 울면서 장례를 치렀다. …… 비장방은 집에 가는 방법이 없음을 걱정하였다. 그러자 호공이 대나무 지팡이를 주면서 말하였다.

"이것을 타면 집에 갈 수 있다."

비장방이 인사를 하고 떠났다. 그 지팡이를 타자 홀연히 잠을 자는 듯하더니 이미 집에 도착해 있었다. 집안사람들은 그를 귀신이라 여겼다. 비장방이 겪은 일을 모두 전하자 이에 그 관을 열어 보았더니 오직 지팡이 하나만 있는 것이었다. 그러자 사람들이 그의 말을 믿었다. …… 비장방이 하루 동안 집을 떠나 있었다고 말하였으나 계산해 보았더니 이미 일 년의 시간이 흘렀던 것이다.[231]

도사 이의기(李意期)에 대해서는 『신선전』에서 이렇게 기록하였다.

이의기는 본래 촉(蜀) 지방 사람으로 몇 대에 걸쳐 사람들이 그를 알고 있었으며, 한(漢) 문제(文帝) 때 사람이라 하였다. 처자와 자식도 없었다. 그는 사람이 먼 길을 급히 다녀 다녀와야 할 경우가 있을 때면 그에게 부적 하나를 주었고, 아울러 단서(丹書)를 그 사람 양족 발에 달아 주었다. 그러면 그는 천리를 하루가 다 가기 전에 다녀올 수 있었다. 또 어떤 사람이 사방의 군국(郡國)들의 궁궐이나 시정(市井)의 모습을 말하는 자가 있어 앉아 듣던 사람들이 혹 이를 직접 보지 못한 자가 있어 거듭 묻게 되면 의기는 즉시 흙을 모아 군국의 형상을 만들어

---

231) 위와 같음 : "長房曰 : '思去之心, 不可復言. 惟欲令親屬不覺不知, 當作何計?' 公翰 : '易耳.' 乃取一靑竹杖與長房, 戒之曰 : '卿以竹歸家, 使稱病, 後日卽以此竹杖置臥處, 嘿然便來.' 長房如公所言, 而家人見此竹是長房死了, 哭泣殯之. ……長房憂不能到家, 公以竹杖與曰 : '但騎此到家耳.' 長房辭去, 騎杖忽然如睡, 已到家, 家人謂之鬼. 具述前事, 乃發視棺中惟一竹杖, 乃信之. …長房自謂去家一日, 推之已一年矣."

보였는데 모두가 사실과 같았으나 그 크기가 한 치[寸] 정도로 작았을 뿐이었다. 그리고 그것도 잠시 후에는 소멸되어 사라져 버리는 것이었다. 혹 그가 어디로 유람을 떠나면 그의 소재를 알 수가 없었지만 일 년쯤 뒤에 다시 촉으로 돌아왔다.232)

또 『포박자내편』「논선」에서는 "도사 이의기는 두 사람의 제자를 데리고 사라졌다"(道士李意期將兩弟子去)고 하였다. 이어서 이렇게 말하였다.

(호공·비장방·이의기 이들 세 사람은) 모두 갑자기 죽은 것처럼 하여 가족들은 그들을 염하여 장사를 지냈다. 몇 년 뒤에 비장방이 돌아왔다. 또 이의기를 아는 사람은 이의기와 그의 두 제자가 모두 비현(郫縣)에 살고 있는 것을 보았다. 그들의 각 집에서는 그들의 관을 파서 열어보니 세 사람의 관 속에는 각기 사용했던 대나무 지팡이만 하나씩 남아있을 뿐이었고, 빨간 글씨[丹書]로 지팡이에 이름이 쓰여 있었다. 이들은 모두 시해한 것이다.233)

갈홍의 말에 의하면 호공, 비장방, 이의기와 그의 제자들은 모두 시해선이다. 이 시해선과 관련해서 언급해 둘 인물은 전설 속의 황제(黃帝)이다.

---

232) 같은 책, 제10권 : "李意期者, 蜀郡人也, 傳世識之, 云是漢文帝時人也. 無妻息. 人有欲遠行速至者, 意期以符與之, 并以丹書其人兩足, 則千里皆不盡日而還. 人有說四方郡國宮觀市井者, 座中或未見, 重問說者, 意期卽爲撮土作之, 所作郡國形象皆是, 但盈寸耳, 須臾消滅. 或遊行, 不知所之, 一年許, 復還於蜀中."

233) 葛洪, 『抱朴子內篇』「論仙」 : "皆托卒死, 家殯埋之. 積數年, 而長房來歸. 又, 相識人見李意期將兩弟子皆在郫縣. 其家各發棺視之, 三棺遂有杖一枚, 以丹書符于杖. 此皆尸解者也."

천자(진시황)가 물었다. "황제가 죽지 않았다고 들었는데, 여기에 무덤이 있으니 어찌된 일인가?" 어떤 사람이 대답하였다. "황제가 신선이 되어 승천하자 군신들이 그의 의관을 묻었던 것입니다."[234]

이처럼 시해선은 신선이 되어 승천하면서 무엇인가 남겨놓은 것을 의미한다. 정재서는 이 시해선을 다시 약해(藥解), 화해(火解), 수해(水解), 검해(劍解), 병해(兵解), 장해(杖解) 등으로 구분한다.[235] 이 분류에서 약해는 정재서 본인이 명명한 것이고, 나머지는 『운급칠첨』 등에 보인다. 김장환은 매개 수단에 따라 화해(火解), 수해(水解), 유품에 따라 의해(衣解), 책해(幘解), 이해(履解), 검해(劍解), 서해(書解)로 분류한다.[236] 아래에서는 정재서의 분류에 따라 그 의미를 간략히 살펴보기로 한다.

① 약해선

약해선(藥解仙)은 복약시해(服藥尸解)에 의해 신선이 된 것의 준말이다. 단약을 복용하고 시해한 것이다. 위에서 소개한 이소군이 그런 사례이다. 그러나 사실은 단약 중독으로 죽은 자들을 합리화한 것이다.[237] 아래에 열거한 다른 사례들도 마찬가지이다. 따라서 약해선에 해당하는 인물들은 여러 신선방사들 가운데 단약 중독으로 죽은 자와 황제들이 포함된다.

---

234) 『史記』「封禪書」: "上曰: '吾聞黃帝不死, 今有冢, 何也?' 或對曰: '黃帝已僊上天, 群臣葬其衣冠.'"
235) 정재서, 『불사의 신화와 사상』, 138쪽.
236) 유향, 『열선전』, 김장환 옮김, 예문서원, 1996, 32쪽. 이 책의 김장환이 쓴 「열선전에 대하여」부분 참조.
237) 정재서, 『불사의 신화와 사상』, 138쪽.

② 화해선

화해선(火解仙)은 "육신이 불에 타 없어지는 과정을 통하여 시해하는 경우"이다.238) 『열선전』에 기록된 영봉자(寗封子)가 그 사례이다.

영봉자는 황제 때 사람이다. 대대로 이어서 황제의 도정(陶正)이 되었다. 어떤 신인이 그의 집에 머물면서 그를 위해 (화로의) 불을 관리했는데, (그 불로부터) 오색의 연기를 내게 할 수 있었다. 오래 지난 뒤에 (그 비법을) 봉자에게 가르쳐 주었다. 봉자는 땔감을 쌓아 놓고 스스로를 태워 연기를 타고 승천했다. 타고 남은 재를 살펴보았더니 그의 뼈가 아직 남아 있었다. 당시 사람들이 함께 영(寗) 땅 북쪽의 산중에 (그의 뼈를) 묻어 주었다. 그래서 그를 영봉자라고 부른다.239)

③ 수해선

수해선(水解仙)과 관련하여 추월관영(秋月觀暎)은 「도교의 역사」에서 이렇게 말하고 있다.

서진(西晉) 말에 왕실인 사마(司馬) 일족 사이에서 일어났던 정권쟁탈사건, 이른바 팔왕의 난(301)의 주모자인 조왕륜(趙王倫)은 일찍이 산동의 낭야(琅邪)에 봉해졌을 때 그 지역의 천사도 신자들에게 접근했고 참모였던 장수(張秀)도 그 신도가 되었다. 또한 동진왕조를 사실상 전복시킨 손은(孫恩)과 노순(盧循)의 반란도 분명히 천사도 교단에 의한 정치적 반란이었다. 손은의 숙부인 손공(孫恭)도 낭사[야]에서 독실한 천사도 신자가 되었고 일찍이 천사도 포교사인 두자공(杜子恭)으로부터 강신(降神)의 비술을 받아 반란을 기도했으나 참수를 당하고 말았다. 그때 손은은 잔당을 이끌고 재차 반란을 일으켜 정동장군(征東

---

238) 같은 책, 139쪽.
239) 『列仙傳』 권6 : "寗封子者, 黃帝時人也, 世傳爲黃帝陶正. 有人過之, 爲其掌火, 能出五色煙, 久則以敎封子. 封子積火自燒, 而逡煙氣上下. 視其灰燼, 猶有其骨. 時人共葬於寗北山中. 故謂之寗封子焉."

將軍)이라고 칭하고, 강절(江折)지방에 자리를 잡았다. 그 무리들은 스스로 장생인이라고 칭하고, 전사한 자를 수선(水仙)으로서 장사지냈는데 부인들이 길을 가는 데 방해가 되는 영아를 수중에 던지면서 "네가 선당(仙堂)에 오르는 것을 축하한다. 우리들도 후에 너를 따를 것이다"라고 말한 사실이 유명하다. 손은이 패하여 물에 몸을 던졌을 때에도 사람들은 그가 수선이 되었다고 굳게 믿어 수백 명의 사람들이 그의 뒤를 따라 바다 속으로 몸을 던졌다고 전해진다.[240]

위의 기록처럼 수선은 손은과 같이 스스로 물에 빠져 죽은 사람을 지칭하는 용어이다.

④ 검해선

검해선(劍解仙)은 "시체는 없어지고 관 속에 칼을 남기고 시해하는 경우이다."[241] 그런데 칼은 샤머니즘·도교에서 위권(威權)을 상징하는 신물(神物)이다.[242] 그 대표적인 인물은 황제이다.

(황제는) 스스로 죽을 날을 택하여 신하들에게 작별을 고했다. 죽었을 때 [70일 동안 사라졌다가 70일 뒤에] 돌아오자 교산에 장사 지냈다. 산이 무너졌을 때 [보니] 관이 빈 채로 시체는 없고 칼과 신발만이 남았다.[243]

⑤ 병해선

병해선(兵解仙)은 "처형 또는 전쟁으로 말미암아 무기에 의해 죽음을 당하는 방식으로 시해하는 경우이다."[244]

---

240) 秋月觀暎, 「道敎의 역사」, 酒井忠夫 外, 『道敎란 무엇인가』, 45~46쪽.
241) 정재서, 『불사의 신화와 사상』, 139쪽.
242) 위와 같음.
243) 劉向, 『列仙傳』: "至於卒, 還, 葬橋山, 山崩, 柩空無尸, 有劍潟在焉."

⑥ 장해선

장해선(杖解仙)은 "시체는 없어지고 관 속에 지팡이를 남기고 시해하는 경우이다."[245] 위에서 살펴본 호공, 비장방, 이의기 등이 이 유형에 해당한다. "도교에서는 장해(杖解)를 검해(劍解)보다 낮은 단계의 시해법으로 간주하고 있다."[246]

위에서 살펴본 것과 같이 약해선, 화해선, 수해선, 검해선, 병해선, 장해선 등과 같은 유형의 출현은 사실 시대적 상황과 관련이 있는 것으로 엄격히 말해 본래 신선의 분류에 들어갈 수 없다. 만약 이런 논리가 성립된다면 자살해서 죽은 자는 자살해선(自殺解仙)이 되고, 어려서 병으로 죽은 자는 영아해선(嬰兒解仙) 또는 질병해선(疾病解仙)이라 칭해야 할 것이다. 이런 식이라면 이제 어떤 형태의 죽음이 되었든 모두 신선인 것이다. 이런 관념은 어디까지나 당시의 천박함을 보여줄 뿐이다. 신선사상이 말류로 흐를 때 이런 현상이 발생한다. 따라서 올바른 신선의 분류는 천선, 지선, 시해선이다.

위에서 소개한 것처럼 신선에는 여러 종류가 있다. 그렇다면 우리가 만약 이러한 분류법에 근거하여 고찰하게 되면 그 경지의 차원은 ①천선 ②지선 ③시해선의 순서이다. 따라서 당연히 천선을 추구하는 것이 장생성선에서 최상의 목표가 되어야 할 것이다. 그렇지만 후대의 기록에 의하면 천선이 아닌 지선을 더 선호하는 경향이 보인다. 이것은 앞에서 말한 것처럼 당시 사회의 천박함을 나타낸다.

2) 신선의 계보

도교의 신선체계 구조는 역사 발전의 점진적 과정이다. 위진시대

---

244) 정재서, 『불사의 신화와 사상』, 140쪽.
245) 위와 같음.
246) 위와 같음.

때 세속의 도사였던 채탄(蔡誕)은 자신의 신선세계 경험을 이렇게 말
하였다.

나는 아직 승천할 수는 없었고 다만 지선은 되었다. 처음에는 지위가
낮아 전에 먼저 선인이 된 자들에게 시중을 들었는데 점차 등급이 높아
졌다. 내가 바라는 것은 노군(老君)으로, 그곳에서 용을 기르는데 모두
오색의 반점이 있었다. 노자는 그중에서 가장 좋은 것을 타고 다녔으
며, 내가 잘 보도록 하였다. 그런데 조심하지 않고서 뒤에 온 여러 신선
들과 장기를 두다가 홀연히 그 용을 잃어 버렸고, 아무도 그 행방을 알
수가 없었다. 그 죄로 나는 곤륜산 아래 삼사 경(頃)이나 되는 넓은 풀
밭에서 풀을 뽑도록 명을 받게 되었다. 풀은 모두 세석(細石) 가운데
자라 거친 것이 많아서 그것을 뽑는데 매우 힘들었다. 그렇게 10년이
지나야 원래대로 돌아갈 수 있다고 하였다. 그런 후에야 악전자(偓全
子), 왕교(王喬)와 같은 여러 선인들이 내려온다고 하였다. 나는 그렇
게 하겠다고 하였으며, 또 힘써 다하였기에 원래대로 돌아갈 수 있었
다.[247]

물론 이러한 말은 조작된 것이다. 그런데 아무튼 채탄의 말에 의하
면 천선은 승천할 수 있는 신선이고, 지선은 승천할 수 없어 지상에
사는 신선이다.

송대 이전의 몇 가지 도교 경전『열선전』(列仙傳)),『신선전』(神仙
傳),『속선전』(續仙傳),『집선록』(集仙錄) 등의 기록에 의하면 신선으
로 모두 400여 명이 있다.[248]

---

247) 葛洪,『抱朴子內篇』「祛惑」:"吾未能昇天, 但爲地仙也. 又初成位卑, 應給
諸仙先達者, 當以漸遷耳. 向者爲老君牧數頭龍, 一班龍五色最好, 是老君所
常乘者, 令吾守視之, 不勤, 但與後進諸仙共博戲, 忽失此龍, 龍遂不知所在.
爲此罪見責, 送吾付崑崙山下, 芸鋤草三四頃, 并皆生細石中, 多荒穢, 治之勤
苦不可論, 法當十年乃得原. 會偓佺子·王喬諸仙來按行, 吾守請之, 并爲吾作
力, 且自放歸."

역사적으로 신선이 된 인물들의 유형을 분류하면 세 가지로 나누어
진다. 첫째, 신화, 전설 속의 인물이다. 여기에 해당하는 인물로는 반
고(盤古), 황제, 서왕모 등이 있다. 둘째, 역사적인 인물들이다. 노자,
여상(呂尙), 개자추(介子推), 범려(范蠡), 동방삭(東方朔) 등이 있다.
셋째, 신선가로 방술을 수련하여 신선이 된 인물들이다. 송무기(宋毋
忌), 정백교(正伯僑), 충상(充尙), 선문자고(羨門子高), 최후(最后), 안
기생(安期生) 등이다.249) 여기에서 전설에 속하는 인물, 역사적 인물,
신선이 되는 수련을 한 인물들이 모두 신선이라는 이미지로 통일시켜
집약한 것은 인간의 노력에 의하여 성취할 수 있음을 나타낸다. 이것
은 한편으로 신선이 될 수 있다는 사실에 대한 오랜 역사적 근거를 제
시하는 동시에 실제적으로 신선이 된 여러 인물들을 망라함으로써 이
제 신선이 된다는 것이 결코 허황된 말이 아님을 강조한 것이다.
　『태평경』(太平經)에서는 사람을 9등급으로 구분한다.

　　　사람은 만물을 다스리는 수장이다. 형체가 없고 기가 쌓여서 된 신인
　　(神人)은 원기를 다스리는 일을 맡고 있으며, 대신인(大神人)은 하늘을
　　다스리는 일을 맡고 있으며, 진인(眞人)들은 땅을 다스리는 일을 맡고
　　있으며, 선인(仙人)은 네 계절을 다스리는 일을 맡고 있으며, 대도인
　　(大道人)은 오행(五行)을 다스리는 일을 맡고 있으며, 성인(聖人)은 음
　　양(陰陽)을 다스리는 일을 맡고 있으며, 현인(賢人)은 문서를 다스리는
　　일을 맡고 있으며, 모두 (제왕에게) 의견을 진언하며, 백성은 초목과 오
　　곡을 다스리는 일을 맡고 있으며, 노비는 물질적 재화를 다스리는 일을
　　맡고 있다.250)

---

248) 劉守華, 「道敎和神仙」, 『道敎與傳統文化』, 中華書局, 1997, 217쪽.
249) 屈育德, 「源遠流長的蓬萊仙話」, 『道敎與傳統文化』, 157~158쪽.
250) 王明 編, 『太平經合校』(상)(中華書局, 1997) : "夫人者, 迺理萬物之長也. 其
　　　無形委氣之神人, 職在理元氣; 大神人職在理天; 眞人職在理地; 仙人職在理
　　　四時; 大道人職在理五行; 聖人職在理陰陽; 賢人職在理文書, 皆授語; 凡民

　이것은 한대 사람들의 성품설(性品說)에 따른 구분이다. 이 9등급
에서 신선체계에 들어가는 것은 신인, 대신인, 진인, 선인, 대도인, 성
인, 현인이다. 이와 관련된 내용이 「정부」(丁部) 5－13에서도 보인
다.251) 다른 곳에서는 6등급의 선인을 말하고 있다.

　　첫째 신인(神人)이고 둘째 진인(眞人)이며 셋째 선인(仙人)이고 넷
　째 도인(道人)이며 다섯째 성인(聖人)이고 여섯째 현인(賢人)인데, 이
　들은 모두 하늘이 다스리는 것을 돕는다. 신인은 하늘을 다스리는 것을
　주된 임무로 하고 진인은 땅을 다스리는 것을 주된 임무로 삼으며, 선
　인은 바람과 비를 다스리는 것을 주된 임무로 삼고 도인은 교화하고 길
　흉을 담당하는 것을 주된 임무로 삼으며, 성인은 백성을 다스리는 것을
　주된 임무로 삼고 현인은 성인을 보좌하여 만민의 기록을 다스리는데
　육합의 부족한 것을 돕는다.252)

　여기에서 그 순서는 신인, 진인, 선인, 도인, 성인, 현인 6등급이다.
또 아래와 같은 내용이 있다.

　　상고 때 첫째는 신인, 둘째는 진인, 셋째는 선인, 넷째인 도인은 모두
　하늘을 본받아 참된 도의 뜻을 얻었다.253)

　　職在理草木五穀; 奴婢職在理財貨."(88쪽.) [한글 번역은 윤찬원 책임역주, 『태
　　평경 역주』(1), 세창출판사, 2012, 363쪽. 필요한 경우 수정을 가하였다. 아래도
　　같다.]

251) 윤찬원 책임역주, 『태평경 역주』(2) : "지금 신인, 진인, 선인, 도인, 성인, 백성,
　　노비는 모두 무엇을 본받는 것인가? ……"(今神人·眞人·仙人·聖人·賢人·民
　　人·奴婢, 皆何象乎?……)(764쪽/766~767쪽.)

252) 王明 編, 『太平經合校』(中華書局, 1997) : "一爲神人, 二爲眞人, 三爲仙人,
　　四爲道人, 五爲聖人, 六爲賢人, 此皆助天治也. 神人主天, 眞人主地, 仙人主
　　風雨, 道人主教化吉凶, 聖人主治百姓, 賢人輔助聖人, 理萬民錄也, 給助六合
　　之不足也."

『포박자』와 『선술비고』(仙術秘庫)에 의하면 천선이 첫 번째 등급
이다. 그 다음은 차례로 지선, 시해선이다.

『천은자』(天隱子) 「신해」(神解)편에서는 이렇게 분류하였다.

> 사람 사이에 있는 것을 인선(人仙), 하늘에 있는 것을 천선(天仙), 땅
> 에 살아가는 자를 지선(地仙)이라 하고 물에 있는 것을 수선(水仙)이라
> 하는데 통변(通變)할 수 있는 자를 신선이라 말한다.[254]

여기에서는 신선을 인선, 천선, 지선, 수선으로 분류하고 있다.

양(梁)나라 때 도교학자 도홍경(陶弘景, 456~536)의 『동현령보진
령위업도』(洞玄靈寶眞靈位業圖 : 간단히 진령위업도라 칭한다)에서
선인은 동신(洞神), 진인은 동현(洞玄), 성인은 동진(洞眞)의 교법을
수행하는 자라고 말한다. 이 책에서 말하는 신선들은 도교의 선계와
연관된 것으로 모두 7단계로 구분된다. 제1단계 원시천존(元始天尊),
제2단계 대도군(大道君), 제3단계 태극금궐제군(太極金闕帝君), 제4단
계 태청태상노군(太淸太上老君), 제5단계 구궁상서(九宮尙書)로 장봉
(張奉), 제6단계 중모군(中茅君)으로 모고(茅固), 제7단계 풍도북음대
제(酆都北陰大帝)이다. 그리고 각 단계 안에는 다시 여러 명의 신선들
이 좌우에 배치된다.[255]

장진국(張振國)은 『≪오진편≫도독』(≪悟眞篇≫導讀)에서 학선(學
仙)으로 5등급을 언급하였다.

---

253) 윤찬원 책임역주, 『태평경 역주』(5) : “上古第一神人·第二眞人·第三仙人·第
四道人, 皆象天得眞道意.”(2044쪽)
254) 『天隱子』「神解」: “在人曰人仙, 在天曰天仙, 在地曰地仙, 在水曰水仙, 能
通變之曰神仙.”
255) 洪丕謨 編著, 『中國神仙養生大全』, 中國文聯出判公司, 1994, 500~503쪽 참
조 요약.

학선(學仙)에는 5등급이 있는데, 즉 인선(人仙)·지선(地仙)·신선(神仙)·천선(天仙)과 귀선(鬼仙)이다. 앞의 4등급은 양신(陽神)이고, 귀선은 음신(陰神)이다.[256]

위의 기록에 의하면 5등급의 신선은 양신(陽神)으로 인선, 지선, 신선, 천선 4등급이 있고, 음신(陰神)으로 귀선 1등급이 있다.

『삼단원만천선대계략설』(三壇圓滿天仙大戒略說)에 의하면 신선[仙]에는 9품(品)이 있다. ①혼원무시금선(混元無始金仙), ②동원태초금선(洞元太初金仙), ③영원조경진선(靈元造經眞仙), ④천선(天仙), ⑤지선(地仙), ⑥수선(水仙), ⑦신선(神仙), ⑧인선(人仙), ⑨귀선(鬼仙)으로 나눈다. 두광정(杜光庭)의『용성집선록』(墉城集仙錄)에서도 승천한 신선을 9품으로 구분하는데 ①상선(上仙), ②차선(次仙), ③태상진인(太上眞人), ④비천진인(飛天眞人), ⑤영선(靈仙), ⑥진인(眞人), ⑦영인(靈人), ⑧비선(飛仙), ⑨선인(仙人)이다. 『운급칠첨』(雲笈七籤) 권3「도교삼동종원」(道敎三洞宗元)에서는 태청경(太淸境)에 9선(仙)이 있고, 상청경(上淸境)에 9진(眞)이 있으며, 옥청경(玉淸境)에 9성(聖)이 있다고 한다. 9선은 ①상선, ②고선(高仙), ③태선(太仙), ④현선(玄仙), ⑤천선, ⑥진선(眞仙), ⑦신선, ⑧영선, ⑨지선(至仙)이다. 9진은 ①상진(上眞), ②고진(高眞), ③태진(太眞), ④현진(玄眞), ⑤천진(天眞), ⑥진진(眞眞), ⑦신진(神眞), ⑧영진(靈眞), ⑨지진(至眞)이다. 9성은 ①상성(上聖), ②고성(高聖), ③태성(太聖), ④현성(玄聖), ⑤천성(天聖), ⑥진성(眞聖), ⑦신성(神聖), ⑧영성(靈聖), ⑨지성(至聖)이다. 또 태청경, 상청경, 옥청경에는 각각 왼쪽, 중앙, 오른쪽에 3궁(宮)이 있고, 궁 가운데에는 선왕(仙王), 선공(仙公), 선경(仙卿), 선백(仙伯), 선대부(仙大夫)가 있다. 이것은 봉건왕조의

---

256) 張振國, 『≪悟眞篇≫導讀』, 宗敎文化出版社, 2001, 8쪽.

왕·공·경·백·대부라는 계급사회를 반영한 것이다. 『천은자』(天隱子)
에서는 신선을 다섯으로 분류한다. 천선, 지선, 인선, 수선, 신선이다.
『선술』(仙術) 「비고」(秘庫)에서는 "신선은 5등급으로 나누어진다"(仙
分五等)고 말한다. 이 5등급은 천선, 신선, 지선, 인선, 귀선이다.[257]
　이처럼 신선의 유형이 다양하게 된 것은 후대로 내려가면서 현실적
인 필요에 따른 것이다. 원래의 신선은 이와 같이 복잡하지 않았다.

2. 신선이 사는 곳

　고대 중국 한대 사람의 "내세나 선향(仙鄕)에 대한 관념"은 크게 4
가지로 분류할 수 있다.[258] 첫째, 동해의 이상향을 통해 접근하는 것
이다. 둘째, 우주의 근저를 이루는 전체적인 존재구조의 관점에서 설
명하는 것이다. 셋째, 동해의 이상향과 평행하는 것으로 서왕모(西王
母)가 지배하는 신비로운 서방세계에 관한 관념이다. 넷째, 다소 막연
하기는 하나 지하의 관리들이 다수 존재하는 황천의 관념으로, 백(魄)
이 이곳으로 추방된다는 것이다.
　도교에서 추구하는 이상 경지는 이중적이다. 첫째, 세속적, 현실적
세계에서 도교의 교의에 따라 이상적인 왕국, 즉 매우 공평하고 평화
로운 세계를 건설하는 것이다. 여기에서 사람들은 각자 편안하게 살면
서 천수를 누리게 되는데, 세상에는 홍수와 가뭄의 피해가 없고 전쟁
도 없으며 질병도 없다. 둘째, 선경(仙境)이다. 도를 얻어 신선이 되면
생사를 벗어나 지극히 허정(虛靜)하고 초탈자재(超脫自在)하여 외물
의 속박을 받지 않으면서 선경에서 선인의 삶을 살게 된다.[259]

---

257) 張志堅, 『道敎神仙與內丹學』, 4쪽 참조 요약.
258) 마이클 로이, 『古代中國人의 生死觀』, 이성규 역, 지식산업사, 1987, 44쪽.
259) 李養正, 「談談道敎的幾占特徵」, 『道敎與傳統文化』, 30~31쪽.

신선이 거주하는 곳을 형태에 따라 구분하면 3가지 유형으로 나누
어진다. 첫째, 산악설(山岳說)이고, 둘째, 해도설(海島說)이고, 셋째,
태공설(太空說)이다.[260] 그런데 발생 순서로 보면 태공설, 해도설, 산
악설이다. 이렇게 이해하는 것이 매우 자연스럽다. 왜냐하면 옛날부터
동서양을 상관없이 먼저 하늘을 신성하게 바라본 것이 공통적이기 때
문이다. 하늘을 이어 등장할 수 있는 것은 먼 바다이다. 하늘과 바다
이 둘은 고대인들에게 있어서 접근이 불가능한 영역이었다. 그런데 만
약 하늘과 먼 바다에 있는 곳이 모두 인간이 도달할 수 없는 곳이라면
남는 곳은 인간이 사는 세계에서 가장 신성한 지역일 것이다. 그것은
산이 있을 뿐이다.

아래에서는 태공설, 해도설, 산악설의 순서로 하여 논의하기로 한다.

(1) 태공설(太空說)

태공설은 공중에 선인이 사는 곳이 있다는 설이다. 가장 유명한 것
은 항아(嫦娥)가 달아나 달에 갔다는 이야기가 대표적이다. 물론 항아
의 고사 그 자체를 신선의 이야기로 설명하기는 어려울 것이다. 항아
의 고사는 신화적 이야기이기 때문이다. 그러나 이것 역시 비승하여
하늘 높이 날아간다는 형식을 취하고 있다. 사실 신선 이야기라는 것
자체가 신화적이지 않은 것이 있는가? 신화적 이야기의 변형이다.

먼저 황제에 관한 기록이 대표적이라고 생각된다. 황제는 용을 타고
하늘로 올라간 인물로 그려지고 있다. 다음은 『열선전』의 기록이다.

> 선서(仙書)에서 말하였다. "황제는 수산(首山)의 동(銅)을 캐서 형산
> (荊山) 아래에서 솥을 만들었다. 솥이 완성되었을 때 용이 수염을 늘어

---

260) 洪丕謨 編著, 『中國神仙養生大全』, 474쪽; 張志堅, 『道敎神仙與內丹學』, 25쪽.

뜨린 채 내려와 맞이하자 황제는 [그것을 타고] 승천했다. ······"261)

『시경』(詩經)의 기록을 살펴보자. 이 책에서는 문왕(文王)에 대해
이렇게 기록하였다.

> 문왕이 하늘에 계시는데 오 그 영혼은 하늘보다 밝네. ······ 문왕의
> 영혼은 오르내리는데 상제[帝] 곁에 계시네(文王在上, 於昭於天. ······
> 文王陟降, 在帝左右)262)

문왕 역시 신(선)의 이미지를 하고 있다. 아래는 『열자』(列子) 「주
목왕」(周穆王)편의 기록이다.

> 얼마 안 있다가 그(환술사)는 왕(穆王)에게 함께 유람할 것을 요청
> 하였다. 왕이 환술사의 소맷자락을 잡자 위로 치솟아 하늘 가운데까지
> 가서야 멈추었다. 그리고는 곧 환술사의 집에 도착하였다. 환술사의 집
> 은 금과 은으로 지었고 진주와 구슬을 둘렀으며, 구름과 비오는 곳의
> 위로 솟아 있어서 그 아래쪽은 어디에 의거하고 있는지 알 수가 없었으
> 며, 그것을 바라보면 마치 구름더미 같았다. 귀와 눈으로 보고 듣는 것
> 과 코와 입으로 맡고 맛보는 것이 모두가 인간 세상에 있는 것이 아니
> 었다. 왕은 실로 청도(淸都)나 자미(紫微)와 같은 궁전이고 균천(鈞天)
> 이나 광악(廣樂)과 같은 음악이어서 상제(帝)가 사는 곳이라고 생각하
> 였다.263)

---

261) 劉向, 『列仙傳』: "仙書云: '黃帝採首山之銅, 鑄鼎於荊山之下, 鼎成. 有龍
垂胡髥下迎, 帝乃昇天. ······'"
262) 『詩經』 「大雅」 「文王之什」.
263) 『列子』 「周穆王」: "居亡幾何, 謁王東遊. 王執化人之袪, 騰而上者, 中天迺
止. 暨及化人之宮. 化人之宮, 構以金銀, 絡以珠玉, 出雲雨之上, 而不知下之
據, 望之若屯雲焉. 耳目所觀聽, 鼻口所納嘗, 皆非人間之有. 王實以爲淸都·
紫微, 鈞天·廣樂, 帝之所居."

이 기록에서 말하는 '환술사의 나라'(化人之國)는 태공에 있는 것이다. 그런데 주 목왕은 또 서왕모와도 관련이 있는 인물이다.

굴원(屈原) 역시 『초사』(楚辭)에서 천상의 세계를 그리고 있다.

> 네 필의 옥재갈을 한 용마(龍馬)를 세우고 봉황을 타고 문득 먼지바람을 날리며 위로 올라가네. ……264)
>
> 우인(羽人：仙人)을 단구(丹丘)에 이끌어 불사의 영원한 고향에 머물게 하네 …… 하늘 문지기에게 문쇄를 열게 하고 천문을 줄지어 열어 놓고 나를 기다린다네. 풍륭(豊隆)을 불러 앞을 인도하게 하며 태미가 머무는 곳(大微之所居)을 묻도다. 하늘에 머물러 천제의 궁[帝宮]에 들어서니 ……265)

왕충(王充)은 『논형』(論衡)에서 항만도(項曼都)의 이야기를 하고 있다.

> 항만도는 도술을 좋아하여 선술을 배우려고 집을 버리고 떠났다가 삼 년이 지나서 돌아왔다. 집안사람들이 그 상황을 물어보니 항만도가 말하였다. "떠날 때는 깨닫지 못하다가 홀연히 자는 것 같은 느낌이 들자, 몇 명의 선인이 나를 붙들고 하늘로 올라가 달에서 몇 리 떨어진 곳에 멈췄다. 달의 위아래를 보니 어두침침하여 방향을 가늠치 못했다. 달 옆에 있으니 추웠고 처량해졌다. 배가 고파 음식을 먹으려고 하니 곧 선인이 내게 선주(仙酒)를 한 잔 마시게 했다. 한 잔씩 마실 때마다 몇 개월을 주리지 않았다. 세월이 얼마나 흘렀는지 모르고 무슨 잘못을 했는지 모르다가 갑자기 누운 것 같은 느낌이 들면서 다시 여기로 내려왔다."266)

---

264) 『楚辭』「離騷」："四玉虯以乘鷖兮, 溘埃風余上征. ……"

265) 같은 책,「遠遊」："仍羽人於丹丘兮, 留不死之舊鄉. ……命天閽其開關兮, 排閶闔而望予, 召豊隆使先導兮, 問大微之所居, 集重陽入帝宮兮, ……"

266) 王充, 『論衡』「道虛」："曼都好道學仙, 委家亡去, 三年而返. 家問其狀, 曼都

그런데 왕충은 이어서 "하동에서는 그를 '척선'(斥仙 : 배척받은 선인)이라고 한다. 사실을 중히 여기는 사람들이 듣는다면 바로 옳지 않다는 것을 알 수 있다"고 비판적으로 해석하고 있다.267)

갈홍은 『포박자내편』에서 이렇게 말하였다.

> 현도(玄道)를 깨달은 사람은 …… 구름 위에서 구화(九華)를 마시고 육기(六氣)를 단하(丹霞)에서 씹는다. 무형무적(無形無迹) 중에서 떠돌고 불견불문(不見不聞)한 곳에서 맴돈다. 무지개다리를 건너 해·달·별을 밟는다.268)

이상의 내용은 역사 속의 여러 인물들이 천계에 산다는 것, 또는 신선이 되어 천계에 머물고 있음을 보여주는 것이다. 그런데 태공설에 의하면 신선이 사는 곳은 인간에게 너무도 아득하기만 하다. 또 그곳에 도달할 수 있는 방법 역시 매우 어려울 따름이다.

(2) 해도설(海島說)

해도설에는 삼도십주(三島十洲)가 있다. 『운급칠첨』(雲笈七籤) 권26 「십주삼도부」(十洲三島部)에 의하면 삼도는 곤륜(崑崙), 방장(方丈), 봉구(蓬丘)이고, 십주는 조주(祖洲), 영주(瀛洲), 현주(玄洲), 염주(炎洲), 장주(長洲), 원주(元洲), 유주(流洲), 생주(生洲), 봉린주(鳳

日 : '去時不能自知, 忽見若臥形, 有仙人數人將我上天, 離月數里而止. 見月上下幽冥, 幽冥不知東西. 居月之旁, 其寒悽愴. 口飢欲食, 仙人輒飮我以流霞一杯. 每飮一杯, 數月不飢. 不知去幾何年月, 不知以何爲過, 忽然若臥, 復下至此.'[한글 번역은 이주행 옮김, 『論衡』, 소나무, 1996, 323~324쪽 참조. 필요한 경우 수정하였다. 아래도 같다.]

267) 위와 같음 : "河東號之曰 : '斥仙'. 實論者聞之, 乃知不然."

268) 葛洪, 『抱朴子內篇』「暢玄」: "夫玄道者, ……咽九華于云端, 咀六氣于丹霞. 徘徊茫昧, 翱翔希微, 履略蜿虹, 踐跚旋璣."

麟洲), 취굴주(聚窟洲)이다.

1) 삼도(三島)

삼도설에는 원래 삼신산(三神山)과 오신산(五神山)이 있다. 이 둘이 '산'이라는 명칭을 사용하고 있어서 마치 산악설과 같이 생각되지만 이 삼신산과 오신산은 모두 바다 가운데에 있는 섬들이다. 삼신산은 영주, 봉래, 방장이다. 오신산으로는 대여(岱輿), 원교(貝嶠), 방호(方壺), 영주, 봉래 등이다.[269]

아래는 『열자』(列子) 「탕문」(湯問)편에 보이는 오신산에 대한 기록이다.

> 발해의 동쪽으로 몇 억만 리나 떨어져 있는지는 알지 못하지만 그 곳에 큰 구덩이가 있는데 실은 밑바닥이 없는 골짜기입니다. 그 아래엔 바닥이 없어서 그 곳을 귀허(歸虛)라 부릅니다. 온 세상 팔방(八方)의 물과 은하수의 흐르는 물이 모두 그 곳으로 흘러들지만 물은 늘지도 않거니와 줄지도 않습니다. 그 가운데에 다섯 산이 있는데 첫째는 대여(岱輿), 둘째는 원교(貝嶠), 셋째는 방호(方壺), 넷째는 영주(瀛洲), 다섯째는 봉래(蓬萊)라고 합니다. 그 산들은 높이와 둘레가 삼만 리이며 그 꼭대기에는 구천 리 넓이의 평평한 곳이 있습니다. 산들 중간의 거리는 칠만 리인 데 그 곳 사람들은 이웃처럼 지내고 있습니다. 그 위의 누대(樓臺)와 궁관(宮觀)들은 모두가 금과 옥으로 만들어져 있고 그 위의 새와 짐승들은 모두가 순백(純白)색입니다. 주옥(珠玉)으로 된 나무들은 모두가 떨기로 자라고 있고, 그 꽃과 열매들은 모두 맛이 좋아서 그것을 먹으면 누구나 늙지도 않고 죽지도 않는다 합니다. 그 곳에서 사는 사람들은 모두가 신선(神仙)과 성인(聖人)의 무리입니다.[270]

---

269) 洪丕謨 編著, 『中國神仙養生大全』, 475쪽

270) 『列子』「湯問」:"渤海之東不知幾億萬里, 有大壑焉, 實惟無底之谷, 其下無底, 名曰歸虛. 八紘九野之水, 天漢之流, 莫不注之, 而無增無減焉. 其中有五

그런데 후에는 대여, 원교는 유실되어 삼신산으로 변하였다.

삼신산은 먼저『사기』「진시황본기」(秦始皇本紀)의 기록에 보인다.

> 제(齊)나라 사람 서불(徐市) 등이 상서(上書)하여 말하였다. "바다 가운데 세 개의 신산(神山)이 있는데 봉래산(蓬萊山), 방장산(方丈山), 영주산(瀛洲山)이라 하며, 그곳에는 신선들이 살고 있습니다. 청하건대 재계하고 나서 동남동녀(童男童女)를 데리고 신선을 찾아 나서게 하옵소서." (진시황은) 서불을 보내어 수천 명의 동남동녀를 선발하게 하고 바다로 들어가 신선을 찾도록 하였다.271)

또 「봉선서」(封禪書)의 기록이 있다.

> 제(齊)나라의 위왕(威王)과 선왕(宣王), 연(燕)나라의 소왕(昭王) 이래로 사람을 바다로 파견하여 봉래(蓬萊), 방장(方丈), 영주(瀛洲)를 찾도록 하는 일이 잦아졌다. 전설에 의하면, 이 삼신산은 발해(渤海) 중에 있어 그 길이 멀지 않았지만 선인들은 배가 도착하는 것을 걱정하여 곧 바람을 일으켜 배를 멀리 보냈다고 전해진다. 이미 그곳에 가본 적이 있는 사람들은 선인들과 장생불사의 약이 모두 거기에 있으며, 산 위의 물체, 새, 짐승 등의 색깔은 모두 흰색이며, 궁전은 모두 황금과 백은(白銀)으로 건축하였다고 전한다. 아직 거기에 도달하지 않았을 때 멀리서 바라다보면 삼신산은 천상의 백운과 같으며, 거기에 도달하여 보면 삼신산은 오히려 수면 아래에 처해 있는 듯하다. 배가 막 다다르려고 하면 바람이 배를 밀쳐내어 시종 거기에 도달할 수 없었다. 속세

山焉 : 一曰岱輿, 二曰貟嶠, 三曰方壺, 四曰瀛洲, 五曰蓬萊. 其山高下周旋三萬里, 其頂平處九千里. 山之中間相去七萬里, 以爲隣居焉. 其上臺觀皆金玉, 其上禽獸皆純縞. 珠玕之樹皆叢生, 華實皆有滋味, 食之皆不老不死. 所居之人皆仙聖之種." 151~152쪽. (김학주,『열자』, 179쪽)

271)『史記』「秦始皇本紀」: "齊人徐市等上書, 言: '海中有三神山, 名曰蓬萊·方丈·瀛洲, 僊人居之. 請得齋戒, 與童男童女求之.' 於是遣徐市發童男童女數千人, 入海求僊人."

의 제왕 중 그곳을 흠모하지 않는 자가 없었다.[272]

이 삼신산은 선인(仙人)이 사는 곳으로 이곳에 사는 신선들은 불로장생(不老長生)을 한다고 전해진다. 또 그곳에는 불로의 약초(不老草), 불사의 약(不死藥), 불사의 물(不死水), 불사의 나무(不死樹)가 있다고 한다.

이능화(李能和, 1868~1945)는 『조선도교사』(朝鮮道教史)에서 "단군 삼대의 신화와 최근 도가(道家)의 삼청설(三淸說)은 다 우리 해동이 신선의 연원이라고 국내외 서적들이 한결같이 말하고 있다"[273]고 하면서 이 삼신산은 원래 우리나라에 있는 산이라고 말하였다.

> 세상에서 흔히 삼신산(三神山)은 우리 해동(海東)에 있다고들 한다.
> 삼신산은 태백산(太白山)인 듯하다.[274]

위의 기록에 의하면 이능화는 '삼신산'을 '태백산'으로 보고 있다. 그런데 여기에서 한 가지 특징은 '삼신산'이라는 용어를 어떻게 독해하고 있는가에서 차이가 보인다. 중국 측의 자료에 의하면 이 '삼신산'은 '세 곳의 신령스러운 산'(三─神山)이라는 의미로 독해하는 것과는 달리 이능화의 글에서는 '세 명의 신이 사는 산'(三神─山)이라는 의미로 해석하고 있다. 이능화는 이렇게 말하고 있다.

---

272) 같은 책, 「封禪書」: "自威·宣·燕昭使人入海求蓬萊·方丈·瀛洲. 此三神山者, 其傳在渤海中, 去人不遠; 患且至, 則船風引而去. 蓋嘗有至者, 諸僊人及不死之藥皆在焉. 其物禽獸盡白, 而黃金銀爲宮闕. 未至, 望之如雲; 及到, 三神山反居水下. 臨之, 風輒引去, 終莫能至云. 世主莫不甘心焉."
273) 李能和 集述, 『朝鮮道教史』, 李鍾殷 譯注, 普成文化社, 1977, 23쪽.
274) 같은 책, 33쪽.

대개 환인(桓因)·환웅(桓雄)·왕검(王儉) 세 분을 삼신(三神)이라 하
며 또 묘향산(妙香山)을 태백산이라 하는데 이에는 또한 까닭이 있
다.275)

따라서 엄밀하게 말하자면 중국 측 자료에서 말하는 '삼신산'과 한
국 측 자료에서 말하는 '삼신산'은 용어는 같지만 의미는 다른 개념이
라고 말할 수 있다. 따라서 중국 자료와 한국 자료에서 말하는 '삼신산'
은 서로 다른 개념으로 두고 이해하는 것이 합리적이라고 생각된다.

삼신산의 이야기로부터 우리는 몇 가지의 내용을 정리할 수 있다.
고힐강(顧頡剛)은 선인에 대해 이렇게 정리하였다. 첫째, 선인은 연
(燕)나라의 특산이며, 이러한 풍조가 제(齊)나라에도 영향을 주었다.
둘째, 선인이 되는 것은 수련을 통해서 가능하다. 셋째, 선인의 거주지
는 연나라의 동쪽과 제나라의 북쪽의 발해(渤海) 가운데에 있다. 넷
째, 선인의 생활은 한가로이 인간세상을 떠나 자신의 불사(不死)를 구
할 뿐 모든 세상 사람들에게 은혜를 베풀어 불사하게 하는 것은 원하
지 않았다.276) 그러나 고힐강의 관점은 문제가 있다. 먼저 신선을 구
하는 것의 출발이 자기 자신이라는 개인의 구원의 성격을 갖지만 이
것은 어디까지나 초기 단계에 나타난 현상에 불과하다는 점이다. 또
신선이 거주하는 곳 역시 산악설, 해도설, 태공설로 나누어지는 것처
럼 발해 지역에 한정할 수 없다. 고힐강의 말과는 달리 선인에 대한
기록은 중국의 북방과 남방에서 모두 발견된다.

『운급칠첨』(雲笈七籤) 권26 「십주삼도부」(十洲三島部)에서는 삼도
(三島)로 곤륜(崑崙), 방장(方丈), 봉구(蓬丘)를 들고 있다.277) 그 내

---

275) 위와 같음.
276) 顧頡剛, 『中國 古代의 方士와 儒生』, 40쪽.
277) 『雲笈七籤』(상) 권26 「十洲三島部」, 398~400쪽.

용은 아래와 같다. 먼저 곤륜에 대한 설명이다.

어떤 기록에 의하면 곤륜은 서쪽 바다의 술지(戌地) 북쪽 바다의 해
지(亥地)에 있다고 한다. 땅은 사방 1만 리로 해안에서 13만 리 떨어져
있다. 또 약수(弱水)가 요잡산(繞帀山)을 휘둘러 흐른다. 동남쪽은 적
석포(積石圃)에 이어지고, 서북쪽은 북호실(北戶之室)에 이어져 있으
며, 동북쪽은 대활정(大活之井)에 이어졌고, 서남쪽은 승연곡(承淵之
谷)에 이른다고 한다.278)

다음은 방장이다.

방장주(方丈洲)는 동쪽 바다의 중심에 있으며, 동서남북의 해안은
정사각형이고 사방의 면은 각각 5천리이다. 그 위에는 오로지 면룡(面
龍)이 모은 금·옥·구슬로 된 궁전이 있는데 삼천(三天)의 사명신(司命
神)이 다스리는 곳이다.279)

아래는 봉구이다.

봉구 : 봉래산(蓬萊山)이 이곳이다. 이곳은 동해의 동북쪽 해안을 마
주하고 있는데 사방 5천리가 된다. 북쪽은 종산(鍾山)의 북아문(北
阿門) 밖에 이르게 되는데 바로 천제군(天帝君)이 구천(九天)을 총
괄하여 다스리며 가장 귀한 곳이다.280)

---

278) 위와 같음 : "崐崘, 一號曰崐崘在西海戌地, 北海之亥地. 地方一萬里, 去岸十
三萬里. 又有弱水周迴繞帀山. 東南接積石圃, 西北接北戶之室, 東北臨大活
之井, 西南至承淵之谷." 398쪽.

279) 위와 같음 : "方丈洲在東海中心, 西南東北岸, 正等方丈, 面各五千里. 上專是
面龍所聚者, 金玉瑠璃之宮, 三天司命所治之處." 399쪽.

280) 위와 같음 : "蓬丘 : 蓬萊山是也. 對東海之東北岸, 周迴五千里, 北到鍾山北
阿門外, 乃天帝君總九天之維貴無比焉." 400쪽.

2) 십주(十洲)

10주의 위치와 관련된 내용을 정리하면 다음과 같다.

	위치	내용
조주	동해	조주는 동해 가운데 가까이 있다. 사방 5백리로 서쪽 해안과 7만 리 떨어져 있다.[281]
영주	동해	영주는 동해의 큰 바다 가운데 있는데 사방은 4천리이다. 대체로 이곳은 회계군(會稽郡)에서 서쪽 해안으로 70만 리 떨어져 있다.[282]
현주	북해	현주는 북쪽 바다 가운데 있는데, 술해(戌亥)의 땅으로 사방 7천 2백 리이다. 남쪽 바다에서 36만 리 떨어져 있다.[283]
염주	남해	염주는 남해에 있는데 사방은 2천리이다. 서쪽 해안에서 9만 리 떨어져 있다.[284]
장주	남해	장주는 일명 청구(靑丘)라 이름을 하는데, 남쪽 바다 진사(辰巳)의 땅에 있다. 땅은 사방 5천리이고, 해안에서 20만 리 떨어져 있다.[285]
원주	북해	원주는 북쪽 바다 가운데 있다. 땅은 사방 3천리이다. 남쪽 해안에서 10만 리 떨어져 있다.[286]
유주	서해	유주는 서쪽 바다 가운데 있다. 땅은 사방 3천리이다. 동쪽 해안에서 19만 리 떨어져 있다.[287]
생주	동해	생주는 동쪽 바다 축인(丑寅) 사이에 있다. 봉래(蓬萊)와 접해 있는데 70만 리이다. 땅은 사방 2천 5백 리이다. 서쪽 해안에서 23만 리 떨어져 있다.[288]

---

281) 위와 같음 : "祖州近在東海之中, 地方五百里, 去西岸七萬里." 392쪽.
282) 위와 같음 : "瀛洲在東大海中, 地方四千里. 大抵是對會稽郡去西岸七十萬里." 393쪽.
283) 위와 같음 : "玄洲在北海之中, 戌亥之地, 地方七千二百里, 去南岸三十六萬里." 393쪽.
284) 위와 같음 : "炎洲在南海中, 地方二千里, 去北岸九萬里." 393쪽.
285) 위와 같음 : "長洲一名靑丘, 在南海, 辰巳之地, 地方五千里, 去岸二十萬里." 394쪽.
286) 위와 같음 : "元洲在北海中, 地方三千里, 去南岸十萬里." 394쪽.
287) 위와 같음 : "流洲在西海中, 地方三千里, 去東岸十九萬里." 394쪽.
288) 위와 같음 : "生洲在東海丑寅之間, 接蓬萊七十萬里, 地方二千五百里, 去西

	위치	내용
봉린주	서해	봉린주는 서쪽 바다 가운데 있다. 땅은 사방 1천 5백 리이다.[289]
취굴주	서해	취굴주는 서쪽 바다 가운데 신미(申未)의 땅에 있다. 땅은 사방 3천 리이고, 북쪽은 곤륜(崑崙) 26만 리 접해 있다. 동쪽 해안과 24만 리 떨어져 있다.[290]

이 가운데 조주, 영주, 생주는 동해에 있고, 서해에는 유주, 봉린주, 취굴주가 있으며, 남해에는 염주, 장주가 있고, 북해에는 현주, 원주가 있다.[291] 이것을 도표화하면 이렇다.

北海
玄洲 元洲
流洲 　　　　　 祖洲
西海 　 鳳麟洲 　　　 瀛洲 　 東海
聚窟洲 　　　　 生洲
炎洲 長洲
南海

이것 역시 매우 도식적인 배치이다. 중국을 중심으로 동서남북에 각기 배당하고 있다.

10주는 동해, 서해, 남해, 북해 가운데에 있다. 따라서 해도설에 속한다.

『포박자내편』「금단」(金丹)편에는 바다 가운데 있는 큰 섬(海中大島)으로 6주의 명칭이 보인다. 그것은 회계군(會稽郡)에 있는 동옹주(東翁洲), 단주(亶洲), 저서(紵嶼)와 서주(徐州)에 있는 신거주(莘莒

岸二十三萬里." 394쪽.

289) 위와 같음: "鳳麟洲在西海之中, 地方一千五百里." 394쪽.

290) 위와 같음: "聚窟洲在西海中申未地, 地方三千里, 北接崑崙二十六萬里, 去東岸二十四萬里." 395쪽.

291) 張志堅, 『道敎神仙與內丹學』, 29~30쪽.

洲), 태광주(泰光洲), 욱주(郁洲) 등이다.292) 문제는 이 6주가 모두 중국 내에 있다는 점이다. 따라서 해도설로 보기는 어렵다. 아무튼『운급칠첨』에서 말한 10주는 사해에 있는 것이고,『포박자내편』에서 말한 것은 중국 내에 있는 것이다. 따라서 그 성격이 전혀 다르다.

(3) 산악설

산악설의 그 바탕에는 하늘로 우둑 솟은 산을 신령스러운 것으로 여기던 관념과 연관이 있다. 고대인들은 산이 하늘과 가깝기 때문에 하늘에 이르는 통로로 여긴 것 같다.

산악설은 다시 크게 막고야산(藐姑射山)과 곤륜산(崑崙山)으로 나누어진다.

1) 막고야산

『장자』「소요유」(逍遙遊)편에서는 막고야산(藐姑射山)에 신인(神人)이 산다고 말하였다.

> 막고야산(藐姑射山)에 신인(神人)이 살고 있다. 그 피부는 얼음이나 눈처럼 희고 몸매는 처녀같이 부드러우며 곡식을 먹지 않고 바람과 이슬을 마시며 구름을 타고, 용을 몰아 천지 밖에서 노닌다. 정신이 한데 집중되면 그것으로 모든 것이 병들지 않고 곡식도 잘 익는다고 한다.293)

또『열자』(列子)「황제」(黃帝)편에도 비슷한 기록이 보인다.

---

292) 葛洪,『抱朴子內篇』「金丹」:"海中大島嶼, 亦可合藥. 若會稽之東翁洲·亶洲·紵嶼, 及徐州之莘莒洲·泰光洲·郁洲, 皆其次也."
293)『莊子』「逍遙遊」:"藐姑射之山, 有神人居焉, 肌膚若氷雪, (綽)[淖]約若處子. 不食五穀, 吸風飮露. 乘雲氣, 御飛龍, 而遊乎四海之外. 其神凝, 使物不疵癘而年穀熟."

열고야산(列姑射山)은 해하주(海河州) 가운데 있다. 그 산 위에 신인(神人)이 있는데 바람을 마시고 이슬을 마시되 곡식은 먹지 않았다. 마음은 깊은 샘물과 같았고 모습은 처녀와 같았다. 무엇을 아끼지도 아니하고 사랑하지도 아니하며, 선인(仙人)과 성인(聖人)이 그의 신하 노릇을 하였다. 위압하지도 아니하고 노하지도 아니하여 성실한 사람들이 그의 부림을 받았다. 베풀어 주지도 않고 은혜를 입히지도 않았으나 물건은 저절로 풍족하였고, 모으지도 아니하고 거두지도 않았으나 자기에게는 부족함이 없었다. 음(陰)과 양(陽)은 언제나 조화를 이루고 해와 달은 언제나 밝게 비추었다. 사철은 언제나 순조로웠고 바람과 비는 언제나 고르게 불고 내렸다. 생물의 번식과 양육은 언제나 때에 맞았고 곡식은 해마다 풍년이 들었다. 그리고 흙에는 질병이 없었고 사람에게는 요절(夭折)과 불행이 없었으며, 만물에는 병폐가 없었고 귀신은 요사스런 짓을 하지 않았다.294)

「소요유」편의 막고야산과 「황제」편의 열고야산은 같은 곳으로, 이 두 편에서 그리고 있는 내용 역시 서로 비슷하다. 누가 살고 있는지 그 신인에 대한 설명 역시 없다. 따라서 우리는 막고야산에 어떤 신인이 살고 있는지 알 수 없다. 그런데 또 차이점이 보인다. 「소요유」편에서는 막고야산이 있는 장소를 언급하지 않았지만 「황제」편에서는 '해하주'(海河洲)의 가운데에 있다고 말하였다. 그렇다면 '해하주'는 어디에 있는가? 『산해경』의 기록에 의하면 이 '해하주' 안에 열고야산이 있다. 그런데 '~주에 있는 ~산'이라는 표현은 산악설과 해도설에 모두 적용될 수 있다. 만약 이것이 '해내'(海內)에 있다면 산악설에 해

---

294) 『列子』「黃帝」: "列姑射山在海河州中, 山上有神人焉, 吸風飮露, 不食五穀; 心如淵泉, 形如處女; 不偎不愛, 仙聖爲之臣; 不畏不怒, 愿愨爲之使; 不施不惠, 而物自足; 不聚不斂, 而已無愆. 陰陽常調, 日月常明, 四時常若, 風雨常均, 字育常時, 年穀常豊, 而土無札傷, 人無夭惡, 物無疵厲, 鬼無靈響焉."[한글 번역은 김학주의 『열자』(을유문화사, 2000)를 참조.]

당하고, '해외'(海外)에 있다면 해도설이 된다. 따라서 이것이 산악설에 해당하는지 해도설에 속하는지 분명히 분석할 필요가 있다.

2) 곤륜산

곤륜산(崑崙山)에 대하여 『회남자』「지형훈」(地形訓)에서는 다음과 같이 기록하였다.

> 곤륜산(崑崙山)의 산허리를 파내어 낮은 땅을 메웠다. 그 곤륜산의 중턱에는 구중성(九重城)이 있는데 높이가 18,000리 140보 2척 6촌이었다. 또 곤륜산 중턱 위에는 나무로 된 벼가 있는데 그 길이가 오심(五尋)이요, 주수(珠樹)·옥수(玉樹)·선수(璇樹)·불사수(不死樹)는 벼나무 서쪽에 있고 사당(沙棠)과 낭간(琅玕)은 그 동쪽에 있으며 강수(絳樹)는 그 남쪽에 있고 벽수(碧樹)·요수(瑤樹)는 그 북쪽에 있다. 또 그 곁에 440의 문(門)이 있는데 문끼리의 사이가 4리(里), 문의 넓이가 9순(純)이다. 1순은 1장 5척이다. 또 그 곁에 구정(九井)이 있는데 옥횡(玉橫)이 그 서북방 귀퉁이로 이어지고 북문(北門)은 열러 있어 부주(不周)의 풍(風)이 그리로 들어온다. 경궁(傾宮)·선실(旋室)과 현포(縣圃)·양풍(凉風)·번동(樊桐)은 곤륜산의 창합(閶闔) 안에 있다. 이것을 소포(疏圃)라 한다. 소포의 연못에서 황수(黃水)를 이리로 끌어내는데 황수가 세 번을 돌아 그 근원에 돌아간다. 이것을 단수(丹水)라 하고, 이것을 마시면 죽지 않는다. 하수(河水)는 곤륜산의 동북쪽 귀퉁이에서 나와 발해를 꿰뚫고 우(禹)임금이 터놓은 물길을 따라 적석산(積石山)으로 닿는다. 적수(赤水)는 곤륜산의 동남쪽 귀퉁이에서 나와 서남으로 돌아 남해의 단택(丹澤)의 동쪽으로 흘러들어간다. 이 적수의 동쪽은 약수(弱水)인데 궁석산(窮石山)으로부터 나와 합려(合黎)에 이르고 여기에서 여파(餘波)가 유사(流沙)로 흘러들고 유사를 통과하여 남쪽으로 남해에 이른다. 양수(洋水)는 곤륜산의 서북쪽 귀퉁이에서 나와 남해의 우민(羽民)의 남쪽으로 흘러들어간다. 이 네 가지 물길(四水)은 천제(天帝)의 신천(神泉)이다. 이 물로 모든 약을 달이고 만물을 적신

다. 곤륜산 언덕의 배(倍)가 되는 곳을 양풍산(凉風之山)이라고 하는데
여기에 올라가면 죽지를 않는다. 또 그 위로 배가 되는 곳을 현포(縣
圃)라고 하는데 여기에 올라가면 곧 영험(靈驗)하게 되어 풍우(風雨)
를 부린다. 또 그 위로 배가 되는 곳을 상천(上天)이라 하는데 여기에
올라가면 신(神)이 된다. 여기가 천제(天帝)가 사는 곳이다.[295]

그런데 이 「지형훈」의 기록에 의하면 이 곤륜산에는 또 여러 산들
이 중첩되어 있다. 곤륜산 위에 양풍산이 있고, 양풍산 위에 현포산이
있다.

곤륜산에 관한 기록으로는 또 『산해경』(山海經)이라는 문헌이 있
다. 다음은 「해내동경」(海內東經)편의 기록이다.

서호(西湖)와 백옥산(白玉山)이 대하(大夏)의 동쪽에 있고, 창오(蒼
梧)가 백옥산의 서남쪽에 있는데 모두 유사(流沙)의 서쪽, 곤륜허(崑崙
虛)의 동남쪽에 있다. 곤륜산(崑崙山)은 서호의 서쪽에 있는데 모두 서
북쪽에 있다.[296]

---

295) 『淮南子』「地形訓」: "掘崑崙虛以下, 地中有增城九重, 其高萬一千里, 百十
四步二尺六寸. 上有木禾, 其修五尋: 珠樹·玉樹·璇樹·不死樹在其西, 沙棠·
琅玕在其東, 絳樹在其南, 碧樹·瑤樹在其北. 旁有四百四十門, 門間四里, 里
間九純, 純丈五尺. 旁有九井, 玉橫維其西北之隅. 北門開以內不周之風. 傾
宮·旋室·縣圃·凉風·樊桐, 在崑崙·閶闔之中, 是其疏圃. 疏圃之池, 浸之黃
水. 黃水三周復其原, 是謂丹水, 飮之不死. 河水出崑崙東北陬, 貫渤海, 入禹
所導積石山. 赤水出其東南陬, 西南注南海丹澤之東. 赤水之東, 弱水出自窮
石, 至于合黎, 餘波入于流沙, 絶流沙, 南至南海. 洋水出其西北陬, 入于南海·
羽民之南. 凡四水者, 帝之神泉, 以和百藥, 以潤萬物. 崑崙之丘, 或上倍之, 是
謂凉風之山, 登之而不死. 或上倍之, 是謂縣圃, 登之乃靈, 能使風雨. 或上倍
之, 乃維上天, 登之乃神, 是謂太帝之居." 323~328쪽
296) 『山海經』「海內東經」: "西湖白玉山, 在大夏東, 蒼梧, 在白玉山西南, 皆在
流沙西, 崑崙虛東南. 崑崙山在西湖西, 皆在西北."

이밖에 '곤륜'이라는 용어가 보이는 내용을 기록하면 다음과 같다.

남쪽으로 곤륜(崑崙)이 아름다운 빛과 자욱한 기운 속에서 바라보이고 …… 297)

……곤륜(崑崙)의 동북쪽 모퉁이에서 흘러나온 이 강은 곧 황하의 근원으로 그 속에는 복어가 많다.298)

곤륜(崑崙)의 북쪽, 유리(柔利)의 동쪽에 있다.299)

곤륜(崑崙)의 남쪽 못은 깊이가 300 길이다. …… 동쪽으로 곤륜산의 정상을 향해 서 있다.300)

곤륜허(崑崙虛)의 남쪽에 사방 300 리의 질펀한 숲이 있다.301)

곤륜(崑崙)의 북쪽에 있다.302)

서남쪽으로 400 리를 가면 곤륜지구(崑崙之丘)라는 곳인데 바로 여기는 천제(天帝)의 하계(下界)의 도읍으로 신(神) 육오(陸吾)가 맡고 있다.303)

서해(西海)의 남쪽, 유사(流沙)의 언저리, 적수(赤水)의 뒤편, 흑수(黑水)의 앞쪽에 큰 산이 있는데 이름을 곤륜지구(崑崙之丘)라고 한다.304)

유사(流沙)가 종산(鍾山)에서 나와 서쪽으로 가다 다시 남쪽으로 곤륜지허(崑崙之虛)로 가서 서남쪽으로 바다에 흘러든다. 흑수산(黑水山)이 있다.305)

[교(蟜)는] …… 곤륜허(崑崙虛)의 북쪽에 있는 것이라고도 한다.306)

---

297) 같은 책, 「西山經」: "南望崑崙, 其光能能, 其氣魂魂……"
298) 같은 책, 「北山經」: "……出于崑崙之東北隅, 實惟河原, 其中多赤鮭."
299) 같은 책, 「海外北經」: "在崑崙之北, 柔利之東."
300) 같은 책, 「海內西經」: "崑崙南淵深三百仞. ……東嚮立崑崙上."
301) 같은 책, 「海內北經」: "崑崙虛南所, 有氾林方三百里."
302) 같은 책, 「大荒北經」: "在崑崙之北."
303) 같은 책, 「西山經」: "西男四百里, 曰崑崙之丘, 是實惟帝之下都, 神陸吾司之."
304) 같은 책, 「大荒西經」: "西海之南, 流沙之濱, 赤水之後, 黑水之前, 有大山, 名曰崑崙之丘."
305) 같은 책, 「海內西經」: "流沙出鍾山, 西行又南行崑崙之虛, 西南入海黑水之山."

나라가 유사(流沙) 가운데에 있는 것들은 돈단(埻端)과 새환(璽睆)
인데 (이들은) 곤륜허의 동남쪽에 있다.307)

곤륜허가 그 동쪽에 있는데 산기슭의 그 터전은 네모꼴이다. 혹은 기
설(岐舌)의 동쪽에 있는데 그 터전의 모습이 네모꼴이라는 것이다.308)

위의 기록이 주로 곤륜산의 위치를 설명한 것이라면 다음의 내용은
곤륜산의 모습에 대한 기록이다.

해내(海內)의 곤륜지허(崑崙之虛)가 서북쪽에 있는데 천제의 하계의
도읍이다. 곤륜지허는 사방이 800 리이고 높이가 만 길이다. 산 위에는
높이가 다섯 심(尋), 둘레가 다섯 아름이나 되는 목화(木禾)가 자라고
옥으로 난간을 두른 아홉 개의 우물이 있다. 앞에 아홉 개의 문이 있고
문에는 개명수(開明獸)라는 신이 지키고 있는 이곳은 뭇 신들이 사는
곳이다. (그들은) 여덟 구석의 바위굴과 적수(赤水)의 물가에 사는데
동이(東夷)의 예(羿) 같은 사람이 아니면 아무도 이 구릉의 바위에 오
를 수 없다.309)

곤륜허(崑崙虛)가 그 동쪽에 있는데 산기슭의 그 터전은 네모꼴이
다. 혹은 기설(岐舌)의 동쪽에 있는데 그 터전의 모습이 네모꼴이라고
도 한다.310)

다음은 『목천자전』(穆天子傳)의 기록이다.

하종(河宗)이 □. □가 높으신 천자께 명령했다. 하백(河伯)이 목왕

---

306) 같은 책,「海內北經」:"(蟜) ……崑崙虛北所有."
307) 같은 책,「海內東經」:"國在流沙中者埻端・璽睆, 在崑崙虛東南."
308) 같은 책,「海外南經」:"昆侖虛在其東, 虛四方. 一曰在岐舌東, 爲虛四方."
309) 같은 책,「海內西經」:"海內崑崙之虛, 在西北, 帝之下都, 崑崙之虛, 方八百
里, 高萬仞, 上有木禾, 長五尋, 大五圍, 面有九井, 以玉爲檻. 面有九門, 門有
開明獸守之, 百神之所在, 在八隅之巖, 赤水之際, 非仁羿莫能上岡之巖."
310) 같은 책,「海外南經」:"崑崙虛在其東, 虛四方, 一曰在岐舌東, 爲虛四方."

(穆王)을 불렀다. 천자는 "목만(穆滿)이오"라고 대답했다. (하백이) "그
대는 세상사를 잘 다스려야 하오"라 했다. (목왕이) 남쪽을 향해 두 번
절하였다. 하종(河宗)은 또 그를 불렀다. 천자가 "목만이오"라 대답했
다. "그대에게 용산(舂山)의 보석을 보여 주겠소. 그대에게 곤륜의 □
와 대평원의 연못 70개를 말해 주겠소. 그리고 곤륜의 언덕에 올라 용
산의 보석을 보시오. 그대에게 영원한 복을 내리리다"라 말했다. 천자
는 명을 받고 남쪽을 향하여 두 번 절했다.311)

　□. 길일(吉日)인 신유(辛酉)일에 천자는 곤륜지구(崑崙之丘)의 언
덕에 올라 황제(黃帝)의 궁을 둘러보고 풍륭(豊隆)의 무덤을 더 높이
쌓아 올려 후세에 알렸다. 계해(癸亥)일에 천자는 깨끗하게 다듬어 놓
은 희생물들을 갖추고 곤륜구(崑崙丘)에서 제사를 지냈다.312)

　30□를 곤륜(崑崙)에서 □사람에게 주었다.313)

　경진(庚辰)일에 천자는 종주(宗周)의 사당에서 크게 조회를 열고 서
쪽 땅의 릿수(里數)를 따져보았다. (…) 하수(河首)의 양산(襄山) 서쪽
으로부터 남으로 용산(舂山), 주택(珠澤), 곤륜지구(崑崙之丘)의 언덕
까지는 700 리이다.314)

다음은 『신이경』(神異經)의 기록이다.

　곤륜산(崑崙山)에 있는 구리 기둥은 매우 높아 하늘을 뚫고 들어가
니 천주(天柱)라고 부른다. 기둥의 둘레는 3,000리이며 옆면은 깎아지
른 듯하다. 아래에는 둥글게 생긴 집이 있는데 벽이 사방으로 100장
(丈)이며, 신선들이 구부(九府)를 다스리면서 천지와 함께 한가롭게 지

---

311) 『穆天子傳』 권1 : "河宗□命于皇天子. 河伯號之, 帝曰穆滿. '女當永致用岂
　　事.' 南向再拜. 河宗又號之, 帝曰穆滿. '示女舂山之瑤. 詔女崑崙□舍四平泉
　　七十, 乃至于崑崙之丘, 以觀舂山之瑤, 賜語晦.' 天子受命, 南向再拜."

312) 같은 책, 권2 : "□吉日辛酉, 天子升于崑崙之丘, 以觀黃帝之宮. 而封□隆之
　　葬, 以詔後世. 癸亥, 天子具蠲齊牲全以禋□崑崙之丘."

313) 위와 같음 : "天子□崑崙."

314) 같은 책, 권4 : "庚辰, 天子大朝于宗周之廟, 乃里西土之數, ……自河首襄山
　　以西, 南至于舂山·珠澤·崑崙之丘, 七百里."

내는 곳이다.315)

또 『죽서기년』(竹書紀年)에서는 이렇게 말하였다.

（周나라 穆王) 17년 서쪽으로 정벌하여 곤륜(崑崙)의 언덕에 이르러 서왕모(西王母)와 회견하게 되었다. 서왕모는 그들을 저지하며 이렇게 말하였다. "사람들을 두렵게 하는 새가 있습니다." 서왕모는 사자를 보내 조건하게 하고 소궁(昭宮)에서 접견하는 예의를 거행하였다.316)

『열자』「주목왕」(周穆王)편에서는 주나라 목왕이 곤륜산에서 서왕모를 만났다는 내용을 기록하고 있다.

…… (주나라 목왕은) 마침내 곤륜산 언덕의 적수(赤水)의 북쪽 기슭에 묵게 되었다. 다음날 곤륜산 언덕으로 올라가 황제(黃帝)의 궁전을 구경하고 거기에서 하늘에 제사 지내는 봉선을 함으로써 후세에 그 사실을 전하게 되었다. 마침내는 서왕모(西王母)의 손님이 되어 찾아가 요지(瑤池)가에서 술을 마셨다. 서왕모는 왕을 위하여 노래를 불렀고 왕은 이에 화창(和唱)하였는데 그 가사는 슬픈 것이었다.317)

주나라 목왕은 주나라 제5대 천자로 이름은 만(萬)이다. 기원전 1001년부터 기원전 945년까지 55년 동안 천자의 자리에 있었다고 한다.318)

---

315) 『神異經』「中荒經」:"崑崙之山有銅柱焉, 其高入天, 所謂天柱也. 圍三千里, 周圓如削. 下有回屋焉, 壁方百丈, 仙人九府治所, 與天地同休息."[한글 번역은 김지선의 『신이경』(살림, 1997), 321쪽 참조. 아래도 같다.]

316) 『竹書紀年』 周穆王 17년:"十七年, 西征崑崙丘, 見西王母. 西王母止之, 曰:'有鳥谷睪 人.' 西王母來見, 賓于昭宮."

317) 『列子』「周穆王」:"……遂宿于崑崙之阿, 赤水之陽. 別日昇崑崙之丘, 以觀黃帝之宮, 而封之, 以詒後世. 遂賓于西王母, 觴于瑤池之上. 西王母爲王謠, 王和之, 其辭哀焉."

이상의 기록과 같이 고대 중국인의 심중에 곤륜산 역시 신선이 사는 곳으로 생각되었다. 뿐만 아니라 주나라 목왕처럼 찾아갈 수 있는 장소로 그려지고 있다. 물론 위의 이야기에서처럼 서왕모가 사는 곤륜산에 찾아간 인물은 '천자'라는 천하에서 가장 존귀한 자이다. 따라서 일반인들이 곤륜산을 찾아간다는 것은 아직 간단한 문제가 아니다. 다시 말해 아직은 인간이 누구나 찾아갈 수 있는 보편화된 곳이 아니라는 것이다. 그런데 갈홍은 "보통의 도사[中士]가 도를 얻으면 곤륜산에 머물며 산다"(中士得道, 棲集崑崙)고 말한다.319)

산악설의 확장으로 볼 수 있는 것은 동천복지(洞天福地)이다. '동'(洞)자는 '통'(通)과 통한다. 따라서 동천복지는 '하늘로 통하는 복된 땅'이라는 의미이다. 그리고 이곳은 모두 산이다. 따라서 동천복지도 산악설에서 파생된 것으로 보는 것이 타당하다. 동천복지는 10대동천(大洞天), 36소동천(小洞天), 72복지(福地)로 나뉜다.320) 바로 사마승정(司馬承禎, 647~735)이라는 인물이 동천복지를 10대동천, 36소동천, 72복지로 정리하였다.

3) 10대동천

『운급칠첨』(雲笈七籤) 권27에는 10대동천으로 제1 왕옥산동(第一王屋山洞), 제2 위우산동(第二委羽山洞), 제3 서성산동(第三西城山洞), 제4 서현산동(第四西玄山洞), 제5 청성산동(第五靑城山洞), 제6 적성산동(第六赤城山洞), 제7 나부산동(第七羅浮山洞), 제8 구곡산동(第八句曲山洞), 제9 임옥산동(第九林屋山洞), 제10 괄창산동(第十括蒼

---

318) 김학주, 『열자』, 118쪽 주1 참조.

319) 葛洪, 『抱朴子內篇』「金丹」.

320) 文山遯曳蕭天石 主編, 『雲笈七籤』(上), 『道藏精華』(第七集之一), (臺灣 : 自由出版社, 民國51) 401~411쪽.

山洞)이 기록되어 있다.321) 이어서 10대동천에 대해 이렇게 말하였다.

> 태상(太上)이 말하였다. "10대동천은 대지명산(大地名山) 사이에 있
> 는데, 이곳은 상천(上天)이 여러 신선[群仙]들을 파견하여 다스리게 한
> 곳이다.322)

그 구체적인 내용을 소개하면 아래와 같다.

	내 용
제1 왕옥산동	주위가 만리로 소유청허천(小有淸虛之天)이라 부른다. 낙양(洛陽)과 하양(河陽) 경계에 있는데 왕옥현에서 60리 떨어져 있다. 서성왕군(西城王君)이 다스린다.323)
제2 위우산동	주위가 만리로 대유공명천(大有空明之天)이라 부른다. 태주(台州) 황암현(黃巖縣)에서 30리 떨어진 곳에 있다. 청동군(靑童君)이 다스린다.324)
제3 서성산동	주위가 3천리로 태현총진천(太玄惣眞之天)이라 부른다. 소재는 미상이다. 『등진운결』(登眞隱訣)에서는 종남태일산(終南太一山)이 이곳이 아닌 가 의심한다. 상재왕군(上宰王君)이 다스린다.325)
제4 서현산동	주위는 3천리로 삼원극진동천(三元極眞洞天)이라 부른다. 인적이 미칠 수 없는 곳으로, 소재를 알지 못한다.326)

---

321) 『雲笈七籤』(上) 27권, 401~402쪽.

322) 위와 같음 : "太上曰 : '十大洞天者處大地名山之間, 是上天遣群仙統治之所.'" 401쪽.

323) 위와 같음 : "周迴萬里, 號曰小有淸虛之天, 在洛陽河陽兩界, 去王屋縣六十里, 屬西城王君治之." 401쪽.

324) 위와 같음 : "周迴萬里, 號曰大有空明之天, 在台州黃巖縣, 去縣三十里, 靑童君治之." 401쪽.

325) 위와 같음 : "周迴三千里, 號曰太玄惣眞之天, 未詳在所, 『登眞隱訣』云疑終南太一山是, 屬上宰王君治之." 402쪽.

326) 위와 같음 : "周迴三千里, 號三元極眞洞天, 恐非人跡所及, 莫知其所在." 402쪽.

	내 용
제5 청성산동	주위가 2천리로 보선구실동천(寶仙九室之洞天)이라 부른다. 촉주(蜀州) 청성현(青城縣)에 있다. 청성장인(青城丈人)이 다스린다.[327]
제6 적성산동	주위가 3백리로 상청옥평동천(上清玉平之洞天)이라 부른다. 태주(台州) 당흥현(唐興縣)에 있다. 현주선백(玄洲仙伯)이 다스린다.[328]
제7 나부산동	주위가 5백리로 주명휘진동천(朱明輝眞之洞天)이라 부른다. 순주(循州) 박라현(博羅縣)에 있다. 청정선생(青精先生)이 다스린다.[329]
제8 구곡산동	주위가 1백 5십리로 금단화양동천(金壇華陽之洞天)이라 부른다. 윤주(潤州) 구용현(句容縣)에 있다. 자양진인(紫陽眞人)이 다스린다.[330]
제9 임옥산동	주위가 4백리로 용신유허동천(龍神幽虛之洞天)이라 부른다. 동정호(洞庭湖) 입구에 있다. 북악진인(北岳眞人)이 다스린다.[331]
제10 괄창산동	주위가 3백리로 성덕음현동천(成德陰玄之洞天)이라 부른다. 처주(處州) 낙안현(樂安縣)에 있다. 북해공연자(北海公涓子)가 다스린다.[332]

왕옥산 소유청허천이 첫 번째가 된 까닭은 이곳에서 사마승정이 수도했기 때문이다. 그러나 뒤에 청성산, 나부산, 구곡산(茅山)이 더 중요하게 되었다.[333]

10대동천을 다스리는 인물들은 서성왕군(西城王君), 청동군(青童君), 상재왕군(上宰王君), 청성장인(青城丈人), 현주선백(玄洲仙伯),

---

327) 위와 같음 : "周迴二千里, 名曰寶仙九室之洞天, 在蜀州青城縣, 屬青城丈人治之." 40쪽.

328) 위와 같음 : "周迴三百里, 名曰上清玉平之洞天, 在台州唐興縣, 屬玄洲仙伯治之." 402쪽.

329) 위와 같음 : "周迴五百里, 名曰朱明輝眞之洞天, 在循州博羅縣, 屬青精先生治之." 402쪽.

330) 위와 같음 : "周迴一百五十里, 名曰金壇華陽之洞天, 在潤州句容縣, 屬紫陽眞人治之." 402쪽.

331) 위와 같음 : "周迴四百里, 號曰龍神幽虛之洞天, 在洞庭湖口, 屬北嶽眞人治之." 402쪽.

332) 위와 같음 : "周迴三百里, 號曰成德隱玄之洞天, 在處州樂安顯, 屬北海公涓子治之." 402쪽.

333) 李申,『道教洞天福地』, 104쪽.

청정선생(靑精先生), 자양진인(紫陽眞人), 북악진인(北岳眞人), 북해공연자(北海公涓子)이다. 제4 서현산동만이 다스리는 인물이 없다.

4) 36소동천

다음은 36소동천이다. 제1 곽동산동(第一霍桐山洞), 제2 동악태산동(第二東岳太山洞), 제3 남악형산동(第三南岳衡山洞), 제4 서악화산동(第四西岳華山洞), 제5 북악상산동(第五北岳常山洞), 제6 중악숭산동(第六中岳嵩山洞), 제7 아미산동(第七峨嵋山洞), 제8 여산동(第八廬山洞), 제9 사명산동(第九四明山洞), 제10 회계산동(第十會稽山洞), 제11 태백산동(第十一太白山洞), 제12 서산동(第十二西山洞), 제13 소위산동(第十三小潙山洞), 제14 잠산동(第十四潛山洞), 제15 귀곡산동(第十五鬼谷山洞), 제16 무이산동(第十六武夷山洞), 제17 옥사산동(第十七玉笥山洞), 제18 화개산동(第十八華盖山洞), 제19 개죽산동(第十九盖竹山洞), 제20 도교산동(第二十都嶠山洞), 제21 백석산동(第二十一白石山洞), 제22 구루산동(第二十二峋嶁山洞), 제23 구의산동(第二十三九疑山洞), 제24 동양산동(第二十四洞陽山洞), 제25 막부산동(第二十五幕阜山洞), 제26 대유산동(第二十六大酉山洞), 제27 금정산동(第二十七金庭山洞), 제28 마고산동(第二十八麻姑山洞), 제29 선도산동(第二十九仙都山洞), 제30 청전산동(第三十青田山洞), 제31 종산동(第三十一鐘山洞), 제32 양상산동(第三十二良常山洞), 제33 자개산동(第三十三紫盖山洞), 제34 천목산동(第三十四天目山洞), 제35 도원산동(第三十五桃源山洞), 제36 금화산동(第三十六金華山洞)이다.334) 36소동천에 대해 이렇게 말하였다.

---

334) 文山遯叟蕭天石 主編, 『雲笈七籤』(上), 402~406쪽.

태상(太上)이 말하였다. "그 다음은 36소동천으로 여러 명산에 있다. 이곳 역시 상선(上仙)이 다스리는 곳이다."[335)]

그 구체적인 내용을 소개하면 다음과 같다.

	내 용
제1 곽동산동	주위가 3천리로 곽림동천(霍林洞天)이라 부른다. 복주(福州) 장계현(長溪縣)에 있다. 선인(仙人) 왕위현(王緯玄)이 다스린다.[336)]
제2 동악태산동	주위가 1천리로 봉현동천(蓬玄洞天)이라 부른다. 연주(兗州) 건봉현(乾封縣)에 있다. 산도공자(山圖公子)가 다스린다.[337)]
제3 남악형산동	주위가 7백리로 주릉동천(朱陵洞天)이라 부른다. 형주(衡州) 형산현(衡山縣)에 있다. 선인 석장생(石長生)이 다스린다.[338)]
제4 서악화산동	주위는 3백리로 총선동천(惣仙洞天)이라 부른다. 화주(華州) 화음현(華陰縣)에 있다. 진인 혜거자(惠車子)가 다스린다.[339)]
제5 북악상산동	주위는 3천리로 총현동천(惣玄洞天)이라 부른다. 항주(恒州) 상산곡양현(常山曲陽縣)에 있다. 진인 정자진(鄭子眞)이 다스린다.[340)]
제6 중악숭산동	주위가 3천리로 사마동천(司馬洞天)이라 부른다. 동도(東都) 등봉현(登封縣)에 있다. 선인 등운산(鄧雲山)이 다스린다.[341)]

---

335) 같은 책: "太上曰 : '其次三十六小洞天, 在諸名山之中, 亦上仙所統治之處也." 402쪽.

336) 위와 같음: "周迴三千里, 名霍林洞天, 在福州長溪縣, 屬仙人王緯玄治之." 402쪽.

337) 위와 같음: "周迴一千里, 名曰蓬玄洞天, 在兗州乾封縣, 屬山圖公子治之." 403쪽.

338) 위와 같음: "周迴七百里, 名曰朱陵洞天, 在衡州衡山縣, 仙人石長生治之." 403쪽.

339) 위와 같음: "周迴三百里, 名曰惣仙洞天, 在華州華陰縣, 眞人惠車子主之." 403쪽.

340) 위와 같음: "周迴三千里, 號曰惣玄洞天, 在恒州常山曲陽縣, 眞人鄭子眞治之." 403쪽.

341) 위와 같음: "周迴三千里, 名曰司馬洞天, 在東都登封縣, 仙人登雲山治之." 403쪽.

	내 용
제7 아미산동	주위가 3백리로 허릉동천(虛陵洞天)이라 부른다. 가주(嘉州) 아미현(峨嵋縣)에 있다. 진인 당람(唐覽)이 다스린다.342)
제8 여산동	주위가 1백 80리로 동령진천(洞靈眞天)이라 부른다. 강주(江州) 덕안현(德安縣)에 있다. 진인 주정시(周正時)가 다스린다.343)
제9 사명산동	주위가 180리로 단산적수천(丹山赤水天)이라 부른다. 월주(越州) 상우현(上虞縣)에 있다. 진인 조도림(刁道林)이 다스린다.344)
제10 회계산동	주위가 350리이고 극현대원천(極玄大元天)이라 부른다. 월주 산음현(山陰縣)의 경호(鏡湖) 가운데 있다. 선인 곽화(郭華)가 다스린다.345)
제11 태백산동	주위가 5백리이고 현덕동천(玄德洞天)이라 부른다. 경조부(京兆府) 장안현(長安縣)에 있는데 종남산과 이어졌다. 선인 장계련(張季連)이 다스린다.346)
제12 서산동	주위가 3백리로 천주실극현천(天柱實極玄天)이라 부른다. 홍주(洪州) 남창현(南昌縣)에 있다. 진인 당공성(唐公成)이 다스린다.347)
제13 소위산동	주위가 3백리이고 호생현상천(好生玄上天)이라 부른다. 담주(潭州) 풍릉현(灃陵縣)에 있다. 선인 화구림(花丘林)이 다스린다.348)
제14 잠산동	주위가 80리이고 천주사현천(天柱司玄天)이라 부른다. 서주(舒州) 회녕현(懷寧縣)에 있다. 선인 직구자(稷丘子)가 다스린다.349)

---

342) 위와 같음 : "周迴三百里, 名曰虛陵洞天, 在嘉州峨嵋縣, 眞人唐覽治之." 403
쪽.

343) 위와 같음 : "周迴一百八十里, 名曰洞靈眞天, 在江州德安縣, 眞人周正時治
之." 403쪽.

344) 위와 같음 : "周迴一百八十里, 名曰丹山赤水天, 在越州上虞縣, 眞人刁道林
治之." 403쪽.

345) 위와 같음 : "周迴三百五十里, 名曰極玄大元天, 在越州山陰縣鏡湖中, 仙人
郭華治之." 403쪽.

346) 위와 같음 : "周迴五百里, 名曰玄德洞天, 在京兆府長安縣, 連終南山, 仙人張
季連治之." 403쪽.

347) 위와 같음 : "周迴三百里, 名曰天柱實極玄天, 在洪州南昌縣, 眞人唐公成治
之." 404쪽.

348) 위와 같음 : "周迴三百里, 名曰好生玄上天, 在潭州灃陵縣, 仙人花丘林治之."
404쪽.

349) 위와 같음 : "周迴八十里, 名曰天柱司玄天, 在舒州懷寧縣, 仙人稷丘子治之."
404쪽.

	내 용
제15 귀곡산동	주위가 70리로 귀현사진천(貴玄司眞天)이라 부른다. 신주(信州) 귀계현(貴溪縣)에 있다. 진인 최문자(崔文子)가 다스린다.[350]
제16 무이산동	주위가 120리로 진승화현천(眞昇化玄天)이라 부른다. 건주(建州) 건양현(建陽縣)에 있다. 진인 유소공(劉小公)이 다스린다.[351]
제17 옥사산동	주위가 120리로 태현법락천(太玄法樂天)이라 부른다. 길주(吉州) 영신현(永新縣)에 있다. 진인 양백란(梁伯鸞)이 주관한다.[352]
제18 화개산동	주위가 40리로 용성대옥천(容成大玉天)이라 부른다. 온주(溫州) 영가현(永嘉縣)에 있다. 선인 양공수(羊公修)가 다스린다.[353]
제19 개죽산동	주위가 80리이고 장휘보광천(長輝寶光天)이라 부른다. 태주(台州) 황암현(黃巖縣)에 있다. 선인 상구자(商丘子)가 다스린다.[354]
제20 도교산동	주위가 180리이고 보현동천(寶玄洞天)이라 부른다. 용주(容州) 보녕현(普寧縣)에 있다. 선인 유근(劉根)이 다스린다.[355]
제21 백석산동	주위가 70리이고 수락장진천(秀樂長眞天)이라 부른다. 울림주(鬱林州) 남해(南海)의 남쪽에 있는데, 또 화주(和州) 사산현(舍山縣)이 이곳이라고 말한다. 백진인(白眞人)이 다스린다.[356]
제22 구루산동	주위가 40리이고 옥궐보규천(玉闕寶圭天)이라 부른다. 용주(容州) 북류현(北流縣)에 있다. 선인 전진인(錢眞人)이 다스린다.[357]

---

350) 위와 같음 : "周迴七十里, 名曰貴玄司眞天, 在信州貴溪縣, 眞人崔文子治之." 404쪽.

351) 위와 같음 : "周迴一百二十里, 名曰眞界化玄天, 在建州建陽縣, 眞人劉少公治之." 404쪽.

352) 위와 같음 : "周迴一百二十里, 名曰太玄法樂天, 在吉州永新縣, 眞人梁伯鸞治之." 404쪽.

353) 위와 같음 : "周迴四十里, 名曰容成大玉天, 在溫州永嘉縣, 仙人羊公修治之." 404쪽.

354) 위와 같음 : "周迴八十里, 名曰長輝寶光天, 在台州黃巖縣, 屬仙人商丘子治之." 404쪽.

355) 위와 같음 : "周迴一百八十里, 名曰寶玄洞天, 在容州普寧縣, 仙人劉根治之." 404쪽.

356) 위와 같음 : "周迴七十里, 名曰秀樂長眞天, 在鬱林州南海之南也, 又云和州舍山縣是, 白眞人治之." 404~405쪽.

357) 위와 같음 : "周迴四十里, 名曰玉闕寶圭天, 在容州北流縣, 屬仙人錢眞人治之." 405쪽.

	내 용
제23 구의산동	주위가 3천리이고 조진태허천(朝眞太虛天)이라 부른다. 도주(道州) 연당현(延唐縣)에 있다. 선인 엄진청(嚴眞靑)이 다스린다.358)
제24 동양산동	주위가 150리이고 동양은관천(洞陽隱觀天)이라 부른다. 담주(潭州) 장사현(長沙縣)에 있다. 유진인(劉眞人)이 다스린다.359)
제25 막부산동	주위가 180리이고 현진태원천(玄眞太元天)이라 부른다. 악주(鄂州) 당년현(唐年縣)에 있다. 진진인(陳眞人)이 다스린다.360)
제26 대유산동	주위가 1백리이고 대유화묘천(大酉華妙天)이라 부른다. 신주(辰州)에서 70리 떨어진 곳에 있다. 윤진인(尹眞人)이 다스린다.361)
제27 금정산동	주위가 3백리이고 금정숭묘천(金庭崇妙天)이라 부른다. 월주(越州) 섬현(剡縣)에 있다. 조선(趙仙)이 다스린다.362)
제28 마고산동	주위가 150리이고 단하천(丹霞天)이라 부른다. 무주(撫州) 남성현(南城縣)에 있다. 왕진인(王眞人)이 다스린다.363)
제29 선도산동	주위가 3백리이고 선도기선천(仙都祈仙天)이라 부른다. 처주(處州) 진운현(縉雲縣)에 있다. 조진인(趙眞人)이 다스린다.364)
제30 청전산동	주위가 45리이고 청전대학천(靑田大鶴天)이라 부른다. 처주(處州) 청전현(靑田縣)에 있다. 부진인(傅眞人)이 다스린다.365)
제31 종산동	주위가 1백리이고 주일태생천(朱日太生天)이라 부른다. 윤주(潤州) 상원현(上元縣)에 있다. 공진인(龔眞人)이 다스린다.366)

---

358) 위와 같음 : "周迴三千里, 名曰朝眞太虛天, 在道州延唐縣, 仙人嚴眞靑治之." 405쪽.

359) 위와 같음 : "周迴一百五十里, 名曰洞陽隱觀天, 在潭州長沙縣, 劉眞人治之." 405쪽.

360) 위와 같음 : "周迴一百八十里, 名曰玄眞太元天, 在鄂州唐年縣, 屬陳眞人治之." 405쪽.

361) 위와 같음 : "周迴一百里, 名曰大酉華妙天, 去辰州七十里, 尹眞人治之." 405쪽.

362) 위와 같음 : "周迴三百里, 名曰金庭崇妙天, 在越州剡縣, 屬趙仙伯治之." 405쪽.

363) 위와 같음 : "周迴一百五十里, 名曰丹霞天, 在撫州南城縣, 屬王眞人治之." 405쪽.

364) 위와 같음 : "周迴三百里, 名曰仙都祈仙天, 在處州縉雲縣, 屬趙眞人治之." 405쪽.

365) 위와 같음 : "周迴四十五里, 名曰靑田大鶴天, 在處州靑田縣, 屬傅眞人治之." 405쪽.

	내 용
제32 양상산동	주위가 30리이고 양상방명동천(良常放命洞天)이라 부른다. 윤주 구용현(句容縣)에 있다. 이진인(李眞人)이 다스린다.367)
제33 자개산동	주위가 80리이고 자현동조천(紫玄洞照天)이라 부른다. 형주(荊州) 상양현(常陽縣)에 있다. 공우진인(公羽眞人)이 다스린다.368)
제34 천목산동	주위가 1백리이고 천개척현천(天盖滌玄天)이라 부른다. 항주(杭州) 여항현(餘杭縣)에 있다. 강진인(姜眞人)이 다스린다.369)
제35 도원산동	주위가 70리이고 백마현광천(白馬玄光天)이라 부른다. 현주(玄州) 무릉현(武陵縣)에 있다. 사진인(謝眞人)이 다스린다.370)
제36 금화산동	주위가 50리이고 금화동원천(金華洞元天)이라 부른다. 무주(婺州) 금화현(金華縣)에 있다. 대지닌(戴眞人)이 다스린다.371)

36소동천을 다스리는 인물들은 모두 선인, 진인이다. 그렇다면 대동천과 소동천의 차이는 무엇인가? 그곳을 다스리는 인물에서 그 차이점을 찾을 수 있다.

논리적으로 볼 때 10대동천이 뒤에 36소동천으로 확대되었고, 또 36소동천이 72복지로 확대 개편된 것으로 보는 것이 타당하다. 당시에는 교통이 발달하지 않았던 때이다. 득도성선하려면 신선들이 사는 산으로 들어가야 하는데, 만약 신선들이 사는 명산이 삼신산처럼 인간이 접근하기 어려운 곳에 있다면 당연히 그곳을 찾아가는 것도 어렵게

---

366) 위와 같음 : "周迴一百里, 名曰朱日太生天, 在潤州上元縣, 屬冀眞人治之." 405~406쪽.

367) 위와 같음 : "周迴三十里, 名良常放命洞天, 在潤州句容縣, 屬李眞人治之." 406쪽.

368) 위와 같음 : "周迴八十里, 名紫玄洞照天, 在荊州常陽縣, 屬公羽眞人治之." 406쪽.

369) 위와 같음 : "周迴一百里, 名曰天蓋滌玄天, 在杭州餘杭縣, 屬姜眞人治之." 406쪽.

370) 위와 같음 : "周迴七十里, 名曰白馬玄光天, 在玄洲武陵縣, 屬謝眞人治之." 406쪽.

371) 위와 같음 : "周迴五十里, 名曰金華洞天, 在婺州金華縣, 屬戴眞人治之." 406쪽.

될 것이다. 따라서 명산은 한편으로 인간세상과 구별되어야 하지만 다른 한편으로 인간이 접근할 수 있는 곳에 있어야만 한다.

5) 72복지

다음은 72복지이다. 이렇게 설명하고 있다.

> 태상이 말하였다. "그 다음은 72복지이다. 대지명산(大地名山) 사이에 있다. 상제가 진인에게 다스리도록 하였다. 그 안에는 득도(得道)의 장소가 많다.[372]

72복지는 지폐산(地肺山), 개죽산(盖竹山), 선개산(仙礚山), 동선원(東仙源), 서선원(西仙源), 남전산(南田山), 옥류산(玉溜山), 청서산(靑嶼山), 욱목동(郁木洞), 단하동(丹霞洞), 군산(君山), 대약암(大若岩), 초원(焦源), 영허(靈墟), 옥주(玉洲), 천모령(天姥岭), 약야계(若耶溪), 금정산(金庭山), 청원산(淸遠山), 안산(安山), 마령산(馬岭山), 아양산(鵝羊山), 동진허(洞眞墟), 청온단(靑玉壇), 광천단(光天壇), 동령원(洞靈源), 동궁산(洞宮山), 도산(陶山), 삼황정(三皇井), 찬가산(燦柯山), 늑계(勒溪), 용호산(龍虎山), 영산(靈山), 천원(泉源), 금정산(金精山), 각조산(閣皂山), 시풍산(始豊山), 소요산(逍遙山), 동백원(東白源), 발지산(鉢池山), 논산(論山), 모공단(毛公壇), 계롱산(鷄籠山), 동백산(桐柏山), 평도산(平都山), 녹몽산(綠夢山), 용계산(龍溪山), 창룡산(彰龍山), 포복산(抱福山), 대면산(大面山), 원신산(元晨山), 마제산(馬蹄山), 덕산(德山), 고계남수산(高溪藍水山), 남수(藍水), 옥봉(玉峰), 천주산(天柱山), 상곡산(商谷山), 장공동(張公洞), 사

---

372) 위와 같음 : "太上曰 : '其次七十二福地, 在大地名山之間. 上帝命眞人治之, 其間多得道之所." 406쪽.

마회산(司馬悔山), 장재산(長在山), 중조산(中條山), 교호어징동(莢湖
魚澄洞), 금죽산(錦竹山), 노수(瀘水), 감산(甘山), 황산(王晃 山), 금
성산(金城山), 운산(雲山), 북망산(北邙山), 노산(盧山), 동해산(東海
山)이다.

	내 용
1. 지폐산	강녕부(江寧府) 구용현(句容縣) 경계에 있다. 옛날 도은거(陶隱居)가 은둔하여 거처하던 곳이다. 진인 사윤(謝允)이 다스린다.[373] "봉강(鳳綱)은 어양(漁陽) 사람으로 …… 뒤에 이 지폐산에 들어와 신선이 되어 사라졌다."(鳳綱者, 漁陽人也. (…)後入地肺山中仙去.『神仙傳』「鳳綱」;『太平廣記』권4「鳳綱」) 이곳은 10대동천의 제8동천이다. 구곡산(句曲山), 강산(岡山)이라 부르는데 지금은 모산(茅山)이라 칭한다.
2. 개죽산	구주(衢州) 선도현(仙都縣)에 있다. 진인 시존(施存)이 다스린다.[374]
3. 선개산	온주(溫州) 양성현(梁城縣) 15리 부근 백계초시(白溪草市)에 있다. 진인 장중화(張重華)가 다스린다.[375]
4. 동선원	태주(台州) 황암현(黃巖縣)에 있다. 지선(地仙) 유봉림(劉奉林)이 다스린다.[376]
5. 서선원	이곳 역시 태주 황암현에 있고 교령(嶠嶺)에서 120리이다. 지선 장조기(張兆期)가 다스린다.[377]
6. 남전산	동해(東海)에 있는데 동주선(東舟船)이 왕래하므로 갈 수 있다. 유진인(劉眞人)이 다스린다.[378]
7. 옥류산	동해의 봉래도(蓬萊島)와 가까운 곳에 있으며, 그곳에는 진선(眞仙)이 많이 거처한다. 지선 허매(許邁)가 다스린다.[379]
8. 청서산	동해의 서쪽에 있는데, 부상(扶桑)과 이어져 있다. 진인 유자광(劉子光)이 다스린다.[380]

---

373) 위와 같음 : "在江寧府句容縣界, 昔陶隱居幽栖之處, 眞人謝允治之." 406쪽.

374) 위와 같음 : "在衢州仙都縣, 眞人施存治之." 406쪽.

375) 위와 같음 : "在溫州梁城縣十五里近白溪草市, 眞人張重華治之." 406쪽.

376) 위와 같음 : "在台州黃巖縣, 屬地仙劉奉林治之." 406쪽.

377) 위와 같음 : "亦在台州黃巖縣, 嶠嶺一百二十里, 屬地仙張兆期治之." 406~
407쪽.

378) 위와 같음 : "在東海, 東舟船往來可到, 屬劉眞人治之." 407쪽.

379) 위와 같음 : "在東海, 近蓬萊島, 上多眞仙居之, 屬地仙許邁治之." 407쪽.

	내 용
9. 육목동	옥사산(玉笥山) 남쪽에 있다. 이곳은 소자운(蕭子雲) 시랑(侍郞)이 은 거하던 곳이다. 지금도 궂은 비가 내리는 날에는 가야금과 피리[絲竹] 소리가 들린다고 하는데, 왕왕 나무꾼이 그를 만난다고 한다. 지선 적 로반(赤魯班)이 주관한다.381)
10. 단하동	마고산(麻姑山)에 있다. 이곳은 채경(蔡經)이라는 진인이 득도한 곳이 다. 지금도 비오는 밤에는 쇠북소리[鍾磐]가 자주 들린다고 한다. 채진 인이 다스린다.382)
11. 군 산	동정청초호(洞庭靑草湖) 안에 있다. 지선 후생(侯生)이 다스리는 곳이 다.383)
12. 대약암	온주 영가현(永嘉縣)에서 동쪽으로 1백 20리 떨어진 곳에 있다. 지선 이방회(李方回)가 다스린다.384)
13. 초 원	건주(建州) 건양현(建陽縣) 북쪽에 있다. 이곳은 윤진인(尹眞人)이 은 거하던 곳이다.385)
14. 영 허	태주 당흥현(唐興縣) 북쪽에 있다. 이곳은 백운선생(白雲先生)이 은거 하던 곳이다.386)
15. 옥 주	월주(越州) 섬현(剡縣) 남쪽에 있다. 진인 방명(方明)이 다스리는 곳이 다.387)
16. 천모령	섬현(剡縣) 남쪽에 있다. 진인 위현인(魏顯仁)이 다스린다.388)
17. 약야계	월주 회계현(會稽縣) 남쪽에 있다. 진인 산세원(山世遠)이 다스리는 곳 이다.389)

380) 위와 같음 : "在東海之西, 與扶桑相接, 眞人劉子光治之." 407쪽.
381) 위와 같음 : "在玉笥山南, 是蕭子雲侍郞隱處, 至今陰雨猶聞絲竹之音, 往往 樵人遇之. 屬地仙赤魯班主之." 407쪽.
382) 위와 같음 : "在麻姑山, 是蔡經眞人得道之處, 至今雨夜多聞鍾磐之聲. 屬蔡 眞人治之." 407쪽.
383) 위와 같음 : "在洞庭靑草湖中, 屬地仙侯生所治." 407쪽.
384) 위와 같음 : "在溫州永嘉縣東一百二十里, 屬地仙李方回治之." 407쪽.
385) 위와 같음 : "在建州建陽縣北, 是尹眞人隱處." 407쪽.
386) 위와 같음 : "在台州唐興縣北, 是白雲先生隱處." 407쪽.
387) 위와 같음 : "在越州剡縣南, 屬眞人方明所治之." 407쪽.
388) 위와 같음 : "在剡縣南, 屬眞人魏顯仁治之." 407쪽.
389) 위와 같음 : "在越州會稽縣南, 屬眞人山世遠所治之." 408쪽.

	내 용
18. 금정산	여주(廬州) 소현(巢縣)에 있는데 별명(別名)은 자미산(紫微山)이다. 마선인(馬仙人)이 다스린다.[390]
19. 청원산	광주(廣州) 청원현(淸遠縣)에 있다. 음진인(陰眞人)이 다스린다.[391]
20. 안 산	교주(交州) 북쪽에 있다. 안기선생(安期先生)이 은거하던 곳으로 그가 다스린다.[392]
21. 마령산	침주(郴州) 곽내수(郭內水) 동쪽에 있다. 소탐(蘇耽)이 은거하던 곳이다. 진인 역목(力牧)이 주관한다.[393]
22. 아양산	담주(潭州) 장사현(長沙縣)에 있다. 누가선생(婁駕先生)이 은거한 곳이다.[394]
23. 동진허	담주 장사현의 서악(西嶽)에 있다. 진인 한종(韓終)이 다스리는 곳이다.[395]
24. 청옥단	남악(南嶽) 축융봉(祝融峯) 서쪽에 있다. 청조공(靑鳥公)이 다스린다.[396]
25. 광천단	형악(衡嶽) 서쪽에 있다. 원두봉(源頭鳳) 진인이 다스리는 곳이다.[397]
26. 동령원	남악의 초선관(招仙觀) 서쪽에 있다. 등선생(鄧先生)이 은거한 곳이다.[398]
27. 동궁산	건주 관예진오령(關隸鎭五嶺) 안에 있다. 황산공(黃山公)이 주관한다.[399]
28. 도 산	온주 안국현(安國縣)에 있다. 도선생(陶先生)이 일찍이 이곳에 은거하였다.[400]
29. 삼황정	온주 횡양현(橫陽縣)에 있다. 진인 포찰(鮑察)이 다스리는 곳이다.[401]

---

390) 위와 같음 : "在廬州巢縣, 別名紫微山. 屬馬仙人治之." 408쪽.
391) 위와 같음 : "在廣州淸遠縣, 屬陰眞人治之." 408쪽.
392) 위와 같음 : "在交州北, 安期先生隱處, 屬先生治之." 408쪽.
393) 위와 같음 : "在郴州郭內水東, 蘇耽隱處, 屬眞人力牧主之." 408쪽.
394) 위와 같음 : "在潭州長沙縣, 婁駕先生所隱處." 408쪽.
395) 위와 같음 : "在潭州長沙縣西嶽, 眞人韓終所治之處." 408쪽.
396) 위와 같음 : "在南嶽祝融峯西, 靑鳥公治之." 408쪽.
397) 위와 같음 : "在衡嶽西, 源頭鳳眞人所治之處." 408쪽.
398) 위와 같음 : "在南嶽招仙觀西, 鄧先生所隱地也." 408쪽.
399) 위와 같음 : "在建州關隸鎭五嶺里, 黃山公主之." 408쪽.
400) 위와 같음 : "在溫州安國縣, 陶先生曾隱居此處." 408쪽.
401) 위와 같음 : "在溫州橫陽縣, 眞人鮑察所治處." 408쪽.

	내 용
30. 찬가산	형주 신안현(信安縣)에 있다. 왕질선생(王質先生)이 은거한 곳이다.[402]
31. 능 계	건주 건양현 동쪽에 있다. 이곳은 공자(孔子)가 벼루(硯)를 남긴 곳이다.[403]
32. 용호산	신주(信州) 귀계현(貴溪縣)에 있다. 선인 장거군(張巨君)이 주관한다.[404]
33. 영 산	신주 상요현(上饒縣) 북쪽에 있다. 묵진인(墨眞人)이 다스린다.[405]
34. 천 원	나부산(羅浮山) 안에 있다. 선인 화자기(華子期)가 다스린다.[406]
35. 금정산	건주(虔州) 건화현(虔化縣)에 있다. 구계자(仇季子)가 다스린다.[407]
36. 각조산	길주(吉州) 신감현(新淦縣)에 있다. 곽진인(郭眞人)이 다스리는 곳이다.[408]
37. 시풍산	홍주(洪州) 풍성현(豊城縣)에 있다. 윤진인(尹眞人)이 다스리는 땅이다.[409]
38. 소요산	홍주 남창현(南昌縣)에 있다. 서진인(徐眞人)이 다스리는 땅이다.[410]
39. 동백원	홍주 신오현(新吳縣) 동쪽에 있다. 유선인(劉仙人)이 다스리는 땅이다.[411]
40. 발지산	윤주(潤州)에 있다. 왕교(王喬)가 득도한 곳이다.[412]
41. 논 산	윤주(潤州) 단도현(丹徒縣)에 있다. 이곳은 종진인(終眞人)이 다스린다.[413]
42. 모공단	소주(蘇州) 장주현(長洲縣)에 있다. 장선인(莊仙人)이 도를 닦은 곳이다.[414]

---

402) 위와 같음 : "在衡州信安縣, 王質先生隱處." 408쪽.
403) 위와 같음 : "在建州建陽縣東, 是孔子遺硯之所." 408~409쪽.
404) 위와 같음 : "在信州貴溪縣, 仙人張巨君主之." 409쪽.
405) 위와 같음 : "在信州上饒縣北, 墨眞人治之." 409쪽.
406) 위와 같음 : "在羅浮山中, 仙人華子期治之." 409쪽.
407) 위와 같음 : "在虔州虔化縣, 仇季子治之." 409쪽.
408) 위와 같음 : "在吉州新淦縣, 郭眞人所治處." 409쪽.
409) 위와 같음 : "在洪州豊城縣, 尹眞人所治之地." 409쪽.
410) 위와 같음 : "在洪州南昌縣, 徐眞人治之地." 409쪽.
411) 위와 같음 : "在洪州新吳縣東, 劉仙人所治之地." 409쪽.
412) 위와 같음 : "在潤州, 王喬得道之處." 409쪽.
413) 위와 같음 : "在潤州丹徒縣, 是終眞人治之." 409쪽.
414) 위와 같음 : "在蘇州長洲縣, 屬莊仙人修道之所." 409쪽.

	내 용
43. 계룡산	화주(和州) 역양현(歷陽縣)에 있다. 곽진인(郭眞人)이 다스린다.[415]
44. 동백산	당주(唐州) 동백현(桐栢縣)에 있다. 이선군(李仙君)이 다스리는 곳이다.[416]
45. 평도산	충주(忠州)에 있다. 이곳은 음진군(陰眞君)이 신선이 되어 승천한 곳이다.[417]
46. 녹몽산	낭주(郞州) 무릉현(武陵縣)에 있다. 도원(桃源)의 경계와 이어졌다.[418]
47. 용계산	강주 남팽택현(南彭澤縣)에 있다. 여기는 오유선생(五柳先生)이 은거한 곳이다.[419]
48. 창룡산	담주 풍릉현 북쪽에 있다. 장선생(臧先生)이 다스린다.[420]
49. 포복산	연주(連州) 연산현(連山縣)에 있다. 범진인(范眞人)이 다스리는 곳이다.[421]
50. 대면산	익주(益州) 성도현(成都縣)에 있다. 선인 백성자(栢成子)가 다스린다.[422]
51. 원신산	강주 도창현(都昌縣)에 있다. 손진인(孫眞人)과 안기생(安期生)이 다스린다.[423]
52. 마제산	요주(饒州) 파양현(鄱陽縣)에 있다. 진인 자주(子州)가 다스리는 곳이다.[424]
53. 덕 산	낭주 무릉현에 있다. 선인 장거군이 다스린다.[425]
54. 고계남수산	옹주(雍州) 남전현(藍田縣)에 있다. 병태상(幷太上)이 노닐던 곳이다.[426]
55. 남 수	서도(西都) 남전현에 있다. 지선 장조기가 다스리는 곳이다.[427]

415) 위와 같음 : "在和州歷陽縣, 屬郭眞人治之." 409쪽.
416) 위와 같음 : "在唐州桐栢縣, 屬李仙君所治之之處." 409쪽.
417) 위와 같음 : "在忠州, 是陰眞君上升之處." 409쪽.
418) 위와 같음 : "在郎州武陵縣, 接桃源界." 409~410쪽.
419) 위와 같음 : "在江州南彭澤縣, 是五柳先生隱處." 410쪽.
420) 위와 같음 : "在潭州豊陵縣北, 屬臧先生治之." 410쪽.
421) 위와 같음 : "在連州連山縣, 屬范眞人所治處." 410쪽.
422) 위와 같음 : "在益州成都縣, 屬仙人栢成子治之." 410쪽.
423) 위와 같음 : "在江州都昌縣, 孫眞人・安期生治之." 410쪽.
424) 위와 같음 : "在饒州鄱陽縣, 眞人子州所治之處." 410쪽.
425) 위와 같음 : "在郎君武陵縣, 仙人張巨君治之." 410쪽.
426) 위와 같음 : "在雍州藍田縣, 幷太上所遊處." 410쪽.

	내 용
56. 옥 봉	서도 경조현(京兆縣)에 있다. 선인 백호(栢戶)가 다스린다.[428]
57. 천주산	항주(杭州) 오잠현(於潛縣)에 있다. 지선 왕백원(王伯元)이 다스린다.[429]
58. 상곡산	상주(商州)에 있다. 이곳은 사호(四皓)라는 선인이 은거한 곳이다.[430]
59. 장공동	상주(常州) 의흥현(宜興縣)에 있다. 진인 강상(康桑)이 다스린다.[431]
60. 사마회산	태주 천태산(天台山) 북쪽에 있다. 이곳은 이명(李明)이라는 선인이 다스린다.[432]
61. 장재산	제주(齊州) 장산현(長山縣)에 있다. 이곳은 모진인(毛眞人)이 다스린다.[433]
62. 중조산	하중부(河中府) 우향현(虞鄕縣管)에 있다. 이곳은 조선인(趙仙人)이 다스린다.[434]
63. 교호어징동	서고요주(西古姚州)에 있다. 시황선생(始皇先生)이 일찍이 이곳에 은거하였다.[435]
64. 금죽산	한주(漢州) 금죽현(錦竹縣)에 있다. 이곳은 경화부인(瓊華夫人)이 다스린다.[436]
65. 노 수	서양주(西陽州)에 있다. 이곳은 선인 안공(安公)이 다스린다.[437]
66. 감 산	검남(黔南)에 있다. 이곳은 영진인(審眞人)이 다스리는 곳이다.[438]
67. 황 산	한주에 있다. 이곳은 적수선생(赤須先生)이 다스린다.[439]
68. 금성산	고한술(古限戌)에 있다. 또 석술(石戌)라고 말한다. 이곳은 석진인(石眞人)이 다스린다.[440]

427) 위와 같음 : "在西都藍田縣, 屬地仙張兆期所治之處." 410쪽.
428) 위와 같음 : "在西都京兆縣, 屬仙人栢戶治之." 410쪽.
429) 위와 같음 : "在杭州於潛縣, 屬地仙王伯元治之." 410쪽.
430) 위와 같음 : "在商州, 是四皓仙人隱處." 410쪽.
431) 위와 같음 : "在常州宜興縣, 眞人康桑治之." 410쪽.
432) 위와 같음 : "在台州天台山北, 是李明仙人所治處." 410쪽.
433) 위와 같음 : "在齊州長山縣, 是毛眞人治之." 410~411쪽.
434) 위와 같음 : "在河中府虞鄕縣管, 是趙仙人治處." 411쪽.
435) 위와 같음 : "在西古姚州, 始皇先生曾隱此處." 411쪽.
436) 위와 같음 : "在漢州錦竹縣, 是瓊華夫人治之." 411쪽.
437) 위와 같음 : "在西陽州, 是仙人安公治之." 411쪽.
438) 위와 같음 : "在黔南, 是審眞人治處." 411쪽.
439) 위와 같음 : "在漢州, 是赤須先生治之." 411쪽.
440) 위와 같음 : "在古限戌, 又云石戌. 是石眞人所治之處." 411쪽.

	내 용
69. 운 산	소주(邵州) 무강현(武剛縣)에 있다. 선인 노생(盧生)이 다스린다.441)
70. 북망산	동도(東都) 낙양현(洛陽縣)에 있다. 위진인(魏眞人)이 다스린다.442)
71. 노 산	복주(福州) 연강현(連江縣)에 있다. 사진인(謝眞人)이 다스린다.443)
72. 동해산	해주(海州)의 동쪽 25리에 있다. 왕진인(王眞人)이 다스린다.444)

『포박자내편』「금단」편에서 선약(仙藥)을 만드는데 좋은 장소로
화산(華山) 태산(泰山) 곽산(霍山) 항산(恒山) 숭산(嵩山) 소실산(少
室山) 장산(長山) 태백산(太白山) 종남산(終南山) 여궤산(女几山) 지
폐산(地肺山) 왕옥산(王玉山) 포독산(抱犢山), 안구산(安丘山) 잠산
(潛山) 청성산(靑城山) 아미산(娥眉山) 수산(綏山) 운대산(雲台山)
나부산(羅浮山) 양가산(陽駕山) 황금산(黃金山) 별조산(鼈祖山) 대소
천대산(大小天台山) 사망산(四望山) 개죽산(蓋竹山) 괄창산(括蒼山)
등을 언급하였다.445)

이처럼 산악설이 확대된 것은 신선이 산다는 해도나 태공이라는 공
간이 본래 인간이 사는 곳이 아니고, 그런 만큼 인간이 도달하기 쉽지
않은 곳이기에 차라리 인간의 접근이 비교적 쉬운 산악설의 확장이
더 유리했기 때문이라고 생각된다.

동한 말기 도교 성립 이후 명산과 신선에 대한 정리 작업이 있었다.
이것이 24치설(二十四治說)이다. 이 24치는 태상노군이 상황(上皇) 원

---

441) 위와 같음 : "在邵州武剛縣, 屬仙人盧生治之." 411쪽.
442) 위와 같음 : "在東都洛陽縣, 屬魏眞人治之." 411쪽.
443) 위와 같음 : "在福州連江縣, 屬謝眞人治之." 411쪽.
444) 위와 같음 : "在海州東二十里, 屬王眞人治之." 411쪽.
445) 葛洪, 『抱朴子內篇』「金丹」: "又按仙經可以精思合作仙藥者 有華山·泰山·
　　霍山·恒山·嵩山·少室山·長山·太白山·終南山·女几山·地肺山·王屋山·抱
　　犢山·安丘山·潛山·青城山·娥眉山·綏山·雲臺山·羅浮山·陽嘉山·黃金山·
　　鼈祖山·大小天台山·四望山·蓋竹山·括蒼山."

년에 세운 것인데 한안(漢安) 2년(143년) 장도릉에게 명하여 다스리도록 했다고 한다.[446] 24치는 다시 상치 8곳(上八治), 중치 8곳(中八治), 하치 8곳(下八治)으로 나뉜다. 상치는 제1 양평치(陽平治)로 사천(四川) 양평산(陽平山)에 있고, 제2 녹태산치(鹿台山治), 제3 학명산치(鶴鳴山治), 제4 이원산치(灘沅山治), 제5 갈괴산치(葛璝山治), 제6 경제산치(庚除山治), 제7 진중산치(秦中山治), 제8 진다산치(眞多山治)이다. 중치는 제1 창리산치(昌利山治), 제2 예상산치(隸上山治), 제3 용천산치(涌泉山治), 제4 조갱산치(稠粳山治), 제5 북평산치(北平山治), 제6 본죽산치(本竹山治), 제7 몽태산치(蒙泰山治), 제8 평개산치(平盖山治)이다. 하치는 제1 운태산치(雲台山治), 제2 진구산치(瀘口山治), 제3 후성산치(后城山治), 제4 공모산치(公慕山治), 제5 평강산치(平岡山治), 제6 주부산치(主簿山治), 제7 옥국산치(玉局山治), 제8 북망산치(北邙山治)이다.

장천사(張天師)는 강저치(岡底治), 백석치(白石治), 종무치(鐘茂治), 구산치(具山治)를 더해 28치로 만들었다. 이것은 천상의 28수(宿)에 맞춘 것이다. 또 장천사의 손자 장로(張魯)가 여기에 8품유치(八品遊治)를 덧붙였다. 이곳은 부속관리구역이라 할 수 있다.[447] 8품유치는 제1 길양치(吉陽治), 제2 평도치(平都治), 제3 하봉치(河逢治), 제4 자모치(慈母治), 제5 황금치(黃金治), 제6 태화치(太華治), 제7 청성산치(靑城山治), 제8 아미산치(峨眉山治)이다. 이밖에 또 8품배치(八品配治)가 있다. 8품배치는 제1 대원치(代元治), 제2 준령치(樽領治), 제3 뇌향치(瀨鄕治), 제4 천태치(天台治), 제5 팔모치(八慕治), 제6 평공치(平公治), 제7 이리치(利里治), 제8 이원치(漓沅治)이다.[448]

---

446) 李申, 『道敎洞天福地』, 45쪽.
447) 같은 책, 46쪽.
448) 『雲笈七籤』 권28 「二十八治」, 412~424쪽 참조 요약.

제4장
불로장생 이야기 : "나의 운명은 나에게 있다"

제1절 나의 운명은 나에게 있다!

인간의 생명은 참으로 오묘한 것이다. 생명이란 무엇인가? 중국의 고대 문헌에서는 이 생명에 관해 많은 논의를 하고 있다. 먼저 『관자』 (管子)「내업」(內業)편의 내용이다.

무릇 사람의 생명은 하늘이 그 정기(精氣)를 주고 땅이 그 형체를 주는 것으로, 이것들이 합하여 사람이 된다. (이 두 가지가) 조화하면 생명이 생겨나고 조화하지 못하면 생명이 생겨나지 못한다.[1]

이 책에 의하면 인간의 생명활동은 기의 작용이다. 「추언」(樞言)편에서는 이렇게 말한다.

기가 모이면 살고 기가 흩어지면 죽는 것이니 생명이란 기에 의존하는 것이다.[2]

---

1)『管子』「內業」: "凡人之生也, 天出其精, 地出其形, 合此以爲人, 和乃生, 不和不生."

또 「심술 하」(心術 下)에서는 "기란 몸에 충만한 것"(氣者身之充也)
이라고 하였다. 『관자』에 보이는 이러한 학설을 '정기설'(精氣說)이라
고 한다.

『장자』(莊子) 「지북유」(知北遊)편에서도 이렇게 말하고 있다.

> 인간의 태어남은 기가 모인 것이다. 기가 모이면 태어나고 기가 흩어
> 지면 죽는다.[3]

위에 소개한 중국 고대 문헌에 의하면 인간의 삶과 죽음은 모두
'기'가 모이고 흩어지는 것(聚散)으로 설명할 수 있다.

진고응(陳鼓應)은 일기(一氣)는 이미 구체적 사물의 배후에 깊게
들어가 세계의 저층(底層)은 서로 같음을 인식한 것이라고 말한다.[4]
장자에 의하면 비록 천지만물이라고 하여 다양한 사물들이 존재하지
만 그 근본으로 들어가면 기로 통일된다는 의미이다.

1. 인간의 평균수명과 그 한계

도학의 핵심을 한 마디로 말한다면 '생명'이라고 말할 수 있다. 약간
달리 풀이하면 '생명에 대한 외경'이다. 도학에서 이처럼 '생명'을 중
시하는 것은 우리가 살아가는 이 세계 자체를 하나의 생명으로 보기
때문이다.[5]

---

2) 같은 책, 「樞言」: "有氣則生, 無氣則死."
3) 『莊子』「知北遊」: "人之生, 氣之聚也, 聚則爲生, 散則爲死."
4) 陳鼓應, 「道家在先秦哲學史上的主幹地位」, 陳鼓應主 編, 『道家文化研究』 제
　　10집, 上海古籍出版社, 1996, 38쪽.
5) 이강수 역시 "경물중생"(輕物重生 : 『韓非子』「顯學」)을 말하면서 도가철학은
　　"생명을 그 어떤 것보다 소중하게 생각하는 것"이라고 하였다.(『노자와 장자』,

도교에는 헤아릴 수 없이 많은 신들이 존재한다. 그것은 만물 속에 다양한 신들이 깃들어있다고 생각하기 때문이다. 우리가 만약 하나의 생명체 혹은 돌 하나에도 신이 깃들어있는 존재라고 생각한다면 어떻게 그것을 함부로 죽일 수 있겠는가?

일본학자 구보 노리타다(窪德忠) 역시 도교이론에 대하여 아래와 같이 말하였다.

> 도교 이론을 살펴보면 중국 고대에 발생한 여러 가지 사상이나 신앙이 포함되어 있다는 사실을 깨달을 수 있다. 우선, 이 기초에 해당하는 것은 애니미즘이라고 표현할 수 있는 다양한 신앙이다. 자신이나 자연현상 등을 모두 신으로 본다는 것이 그 반증이다.6)

인간의 영원한 삶에 대한 바람은 그 역사가 배우 오래되었다. 현대 사회에서도 그러한 추세는 사라지지 않고 있다. 그런데 사실 현대인은 과거에 비하면 육체적 삶은 보편적으로 건강한 삶, 장수하는 삶을 살고 있다.

역사적으로 볼 때 인간의 평균수명은 점차 늘어났다. 현재 세계 최고령자는 일본인으로 115세라고 한다. 그런데 100여 년 전 조선시대 말기에 조선인의 평균 수명은 약 40세였다. 지금 한국인의 기대수명은 약 83.5세이다. 남녀 간에 약간의 차이는 있지만 과거에 비하면 참으로 놀라운 현상이다. 그런데도 현대인은 여전히 만족을 모른다. 어떤 면에서 인간의 만족을 모르는 삶이 사회를 변화·발전시킨 원동력이 되었다고 말할 수 있다. 그렇지만 삶의 의미 또는 의미 있는 삶에 대한 질문을 하지 않고 막연히 장수하기만을 바라는 삶이 과연 건강한

길, 2002, 24쪽)

6) 구보 노리타다(窪德忠), 『도교의 신과 신선 이야기』, 이정환 옮김, 뿌리와 이파리, 2004, 63쪽.

삶이라고 말할 수 있을까? 요즘 흔히 말하는 것처럼 '품위 있는 삶'이
문제가 아닐까?

기록에 의하면 역사적으로 인류의 평균수명은 다음과 같이 변하여
왔다.

[표 1] 각 시대별 유럽인의 평균수명[7]

역사시대	평균수명(세)
철기, 청동기시대	18
고대 로마시대	29
문예부흥기	35
18세기	36
19세기	40
1920년	55
1935년	60
1952년	68.5

현대인은 철기, 청동기시대에 살았던 사람들보다 5배 이상의 긴 삶
을 살아간다. 100년 전에 살았던 사람보다 최소한 2배 이상의 수명을
기대할 수 있다. 먼저 인간의 수명을 다른 동물과 비교해 보면 아래와
같다.

[표 2] 포유동물의 성장기와 수명[8]

포유동물	성장기와 수명
말(馬)	성장기 5년, 수명 30~40세
소(牛)	성장기 4년, 수명 20~30세
낙타(駱駝)	성장기 8년, 수명 40년
원숭이(猿)	성장기 12년, 수명 50세
인간(人)	인간 성장기 20~25년, 수명 100~175년

---

7) 張有寯 主編, 『中國養生大全』(上), 天津人民出版社, 1988, 9쪽.
8) 같은 책, 8쪽.

위의 기록에 의하면 인간의 수명은 100~175년 정도이다. 오늘날 의학계에서도 인간의 수명은 150세 정도가 될 것이라고 말한다. 그런데 또 생명공학이 눈부시게 발전하면서 이러한 한계를 돌파하려고 한다. 복제기술의 발전은 인간을 장생불사하게 만들 것처럼 보인다.

『사기』의「노자열전」(老子列傳)에 보이는 노자에 관한 기록 역시 흥미롭다.「노자열전」에서는 노자로 생각되는 인물 가운데 한 사람인 노래자(老萊子)를 언급하면서 "160세 혹은 200세까지 살았다"(百有六十餘歲, 或言二百餘歲)라는 설이 있다고 기록하고 있다.[9] 물론 이것이 합리적인 사고일 수는 없지만, 여기에서 말하고자 하는 것은 당시 사람들에게 있어서 인간은 그 합당한 방법만 찾는다면 장수할 수 있다는 사고의 한 단면을 보여준다는 점이다.

『장자』「도척」(盜跖)편에는 인간의 수명과 관련된 기록이 있다.

> 사람은 상수(上壽)는 100세, 중수(中壽)는 80세, 하수(下壽)는 60세이다.[10]

또『열자』(列子)「양주」편에서도 비슷한 내용이 보인다.

> 양주가 말하였다. "백 년이란 사람 목숨의 최대 한계이다. 그런데 백년을 사는 사람은 천에 하나가 안 된다.[11]

『회남자』(淮南子)「원도훈」(原道訓)에서도 "무릇 사람의 중수(中壽)는 70세이다"(凡人中壽七十歲)고 말한다. 옛날 사람들은 '인생칠십

---

9)『史記』「老莊申韓列傳」: "或曰: '老萊子亦楚人也, 著書十五篇, 言道家之用, 與孔子同時云.' 蓋老子百有六十餘歲, 或言二百餘歲, 以其脩道而養壽也."
10)『莊子』「盜跖」: "人上壽百歲, 中壽八十, 下壽六十."
11)『列子』「楊朱」: "楊朱曰: '百年壽之大齊, 得百年者, 千無一焉."

고래희'(人生七十古來稀)라고 하였다. 70년의 삶을 사는 것도 매우 적었다는 말이다. 그도 그럴 것이 당시의 평균 수명은 2, 30세에 불과하였으니까 그럴 만도 하다. 그렇지만 오늘날 70세는 그렇게 많은 나이라고 말하기 어려울 것이다.

여기에서 또 한 가지 문제는 이 100년의 삶에서도 우리가 흔히 말하는 좋은 시절은 별로 되지 않는다는 사실이다. 『열자』「양주」편에 보이는 기록이다.

> 양주가 말하였다. "백 년이란 사람의 목숨의 최대 한계여서, 백 년을 사는 사람은 천에 하나 꼴도 안 된다. 설사 한 사람이 있다고 하더라도 어려서 안기어 있던 때부터 늙어 힘이 없는 때까지 거의 그 반을 차지할 것이다. 밤에 잠을 잘 때에 활동이 멈춰진 시간과 낮에 깨어 있을 적에 헛되이 잃는 시간이 또 거의 그 반을 차지한다. 아프고 병들고 슬퍼하고 괴로워하며 자기를 잃고 근심하고 두려워하는 시간이 또 거의 그 반은 될 것이다. 십 수 년 동안을 헤아려 보건대 즐겁게 자득(自得)하면서 조그마한 걱정도 없는 때는 또 한시 동안도 없는 것이다. ……"12)

위에 인용한 『장자』와 『열자』의 기록은 당시 사람들의 수명을 말하는 것이 아니라 인간의 평균적 수명과 관련된 보편적 수치를 의미할 것이다. 왜냐하면 분명히 장자가 살았던 전국시대 중기의 사람의 평균 수명은 그리 높지 않았을 것이기 때문이다.

『노자』에는 '장생구시의 도'(長生久視之道)에 관한 내용이 있다.

---

12) 위와 같음 : "楊朱曰 : '百年壽之大齊, 得百年者, 千無一焉. 設有一者, 孩抱以逮昏老, 幾居其半矣. 夜眠之所弭, 晝覺之所遺, 又幾居其半矣. 痛疾哀苦, 亡失憂懼, 又幾居其半矣. 計十數年之中, 迺然而自得, 亡介焉之慮者, 亦亡一時之中爾.……'"

사람을 다스리고 하늘을 섬김에는 검약만한 것이 없다. 오직 검약하기에 일찍이 도를 따를 수 있다. 일찍이 도를 따르는 것을 덕을 두텁게 쌓는다(重積德)고 말한다. 두텁게 덕을 쌓으면 하지 못할 것이 없게 되고, 하지 못할 것이 없게 되면 그 (효과의) 지극함을 알지 못하게 된다. 그 지극함을 알지 못할 정도가 되면 나라를 잘 간직할 수 있게 된다. 나라의 근본(國之母)이 있게 되면 장구할 수 있다. 이것을 뿌리가 깊고 굳게 하는 것으로 장생구시의 도(長生久視之道)라고 말한다.13)

물론 노자가 말하는 '장생구시의 도'는 국가를 다스리는 문제에서 논의한 것으로 후대에 도교에서 말하는 장생불사와는 다르다. 그렇지만 치국에서의 이러한 '장생구시의 도'는 개인의 수양에서도 역시 의미가 있다.

『장자』에도 신선(神仙)과 관련된 기록이 많이 보인다.

건오(肩吾)가 연숙(連叔)에게 물었다. "어떤 말인지요?" (견오가) 말하였다. "막고야산(邈姑射山)에 신인(神人)이 살고 있다. 그 피부는 얼음이나 눈처럼 희고 몸매는 처녀같이 부드러우며 곡식을 먹지 않고 바람과 이슬을 마시며 구름을 타고, 용을 몰아 천지 밖에서 노닌다네. 정신이 한데 집중되면 그것으로 모든 것이 병들지 않고 곡식도 잘 익는다는 거야. 이야기가 허황돼서 믿어지지가 않네." 연숙이 말하였다. "(…) 신인의 덕은 만물을 혼합해서 하나로 만들려는 거지.(…)이러한 신인은 외계(外界)의 사물에 의해 피해를 입는 일이 없고, 홍수가 나서 하늘에 닿을 지경이 되어도 빠지는 일이 없으며, 큰 가뭄으로 금속과 암석이 녹아 흘러 대지나 산자락이 타도 뜨거운 줄 모르네.(…)"14)

---

13) 『老子』제59장 : "治人事天莫若嗇. 夫唯嗇, 是以早服. 早服謂之重積德. 重積德則無不克, 無不克則莫知其極. 莫知其極, 可以有國. 有國之母, 是謂深根固柢, 長生久視之道."

14) 『莊子』「逍遙遊」: "連叔曰 : '其言謂何哉?' 曰 : "藐姑射之山, 有神人居焉, 肌膚若氷雪, (綽)[淖]約若處子. 不食五穀, 吸風飮露. 乘雲氣, 御飛龍, 而遊乎

『장자』의 기록에 의하면 전설 속의 인물 팽조(彭祖)는 800세를 살았다고 전한다.[15] 그러나 정말 그러한 지의 여부는 알 수 없고, 또 사실 중요한 것도 아니다. 어차피 이러한 이야기는 모두 인간 욕망의 반영에 불과한 것이기 때문이다.

2. 순자연에서 역자연으로

인간은 숙명적으로 삶과 죽음이라는 궁극적인 문제를 만날 수밖에 없는 존재이다. 장자의 말처럼 "삶이 있으면 곧 죽음이 있고, 죽음이 있으면 곧 삶이 있다"(方生方死, 方死方生)는 것이 우리의 실존적 모습이다.[16] 김열규는 "살아가면서 죽고 죽으면서 살아가는 게 다름 아닌 인간적 삶의 양상이다"고 말한다.[17] 우리가 삶을 살아가는 한 언젠가는 죽음을 맞이할 수밖에 없다. 『열자』 역시 「천서」(天瑞)편에서 삶과 죽음을 자연스러운 현상으로 그리고 있다.

> 죽음과 삶은 한 번 갔다가 한 번 되돌아오는 것이오. 그러니 여기에서 죽는 자가 저쪽에서 탄생하지 않음을 어찌 알겠소? 그러므로 나는 그것이 서로 다른 점을 잘 알고 있소. 나 또한 아귀다툼하며 삶을 추구하는 게 미혹된 일이 아님을 어찌 알겠소? 또한 나의 지금의 죽음이 옛날의 태어남보다 낫지 않다는 것을 어찌 알겠소?[18]

四海之外. 其神凝, 使物不疵癘而年穀熟.' 吾以是狂而不信也.' 連叔曰 : '(…) 之人也, 之德也, 將旁礴萬物以爲一, 世蘄乎亂, 孰弊弊焉以天下爲事! 之人也, 物莫之傷, 大浸稽天而不溺, 大旱金石流, 土山焦而不熱(…).'"

15) 같은 책, 「逍遙遊」 : "而彭祖乃今以久特聞, 衆人匹之, 不亦悲乎!" 성현영(成玄英)은 소(疏)에서 "年八百歲也"라고 하였다.

16) 『莊子』 「齊物論」.

17) 김열규, 『메멘토 모리, 죽음을 기억하라』, 궁리, 2001, 13쪽.

18) 『列子』 「天瑞」 : "死之與生, 一往一來. 故死於是者, 安知不生於彼? 故吾知其

또 이런 내용이 있다.

> 자공(子貢)이 배움에 싫증이 나서 공자에게 말했다.
> "휴식할 곳이 있었으면 합니다."
> 공자가 말하였다.
> "삶에는 휴식할 곳이 없는 법이다."
> 자공이 말했다.
> "그렇다면 제게는 휴식할 곳이 있을 수가 없습니까?"
> 공자가 말했다.
> "있지. 저 무덤을 바라보면 불룩하고 우뚝하고 봉곳하고 불쑥한데 곧 휴식할 곳임을 알겠지."
> 자공이 말했다.
> "크도다, 죽음이여! 군자는 휴식을 하고 소인은 굴복하는 것이군요."
> 공자가 말하였다.
> "사(賜)여, 그대는 그것을 알았구나! 사람들은 모두 삶의 즐거움은 알지만 삶의 괴로움은 알지 못한다. 늙음의 피곤함은 알지만 늙음의 안일함은 알지 못한다. 죽음의 나쁨은 알지만 죽음의 휴식은 알지 못한다."[19]

또 안자(晏子)의 입을 빌어 죽음을 이렇게 찬미하였다.

> 안자가 말하였다. "훌륭하다, 옛날에 있던 죽음이여! 어진 사람은 휴식을 하고 어질지 못한 사람은 굴복을 한다. 죽음이란 것은 덕(德)이 귀착하는 곳이다. 옛날에는 죽은 사람을 돌아간 사람이라 말했다. 죽은

不相若矣. 吾又安知營營而求生, 非惑乎? 亦又安知吾今之死, 不愈昔之生乎?"
19) 위와 같음 : "子貢倦於學, 告仲尼曰 : '願有所息.' 仲尼曰 : '生無所息.' 子貢曰 : '然則賜息無所乎?' 仲尼曰 : '有焉耳. 望其壙, 睾如也, 宰如也, 墳如也, 鬲如也, 則知所息矣.' 子貢曰 : '大哉, 死乎? 君子息焉, 小人伏焉.' 仲尼曰 : '賜, 汝知之矣. 人胥知生之樂, 未知生之苦 ; 知老之憊, 未知老之佚 ; 知死之惡, 未知死之息也.'"

사람을 돌아간 사람이라고 말한다면 곧 산 사람은 길을 가는 사람이 된다. 길을 가면서 돌아갈 줄 모른다면 그는 집을 잃은 자라 할 것이다. 한 사람이 집을 잃으면 온 세상이 그를 비난하지만 온 천하가 집을 잃으면 비난할 줄을 모른다.[20]

『열자』의 기록에 의하면 삶과 죽음은 자연스러운 현상일 뿐이다. 이러한 관점은 모두 도가철학에서 말하는 '순자연'(順自然) 사상을 대표하는 것이다. 사실 자연의 변화라는 추이로 볼 때 삶과 죽음은 서로 짝이 된다. 삶이라는 말 자체가 그 짝이 되는 죽음이라는 말이 없으면 성립될 수 없다. 그뿐만 아니라 삶이 자연스러운 것이듯 죽음 역시 매우 자연스러운 것이다. 다만 우리가 그 자연스러운 변화를 그야말로 자연스럽게 받아들이기가 어려운 것뿐이다.

김열규는 『메멘토 모리, 죽음을 기억하라』에서 이렇게 말한다.

> 인간은 삶의 한복판에서 죽음을 생각한다. 그것은 생물학을 벗어난 죽음을 생각함으로써 궁극적으로 삶 그 자체를 죽음에서 버림받지 않게 하려고 하기 때문이다. 말하자면 생물학을 벗어난 죽음을 생각함으로써 삶도 생물학적인 테두리에서 자유롭게 풀어놓으려 들기 때문이다.[21]

사실 인간이 죽음을 생물학적 틀에서 벗어나 사유하게 된 가장 큰 원인은 고대인들에게는 자연과의 투쟁이 가장 중요했다면, 현대인에게는 아마도 '의미'의 문제가 아닌가 생각된다. 우리에게 만약 단순히 생물학적 죽음만이 사실이고, 그러한 사실을 우리가 받아들일 수 있다

---

20) 위와 같음 : "晏子曰：'善哉, 古之有死也! 仁者息焉, 不仁者伏焉. 死也者, 德之徽也. 古者謂死人爲歸人. 夫言死人爲歸人, 則生人爲行人矣. 行而不知歸, 失家者也. 一人失家, 一世非之；天下失家, 莫知非焉.'"
21) 김열규, 『메멘토 모리, 죽음을 기억하라』, 13쪽.

면 죽음은 사실 별 문제가 되지 않는다. 또 우리는 삶이 아닌, 다시 말해서 삶을 주동적으로 버리는 삶(죽음)을 선택할 수도 있을 것이다.

그런데 현대인은 삶만을 절대화하여 추구하면서 죽음을 받아들이지 않는 것 같다. 그 결과 틸리히가 말하는 '정신적 불안'의 상태에서 벗어나지 못하고 있다. 현대인들은 '좋은 삶', 즉 '웰 – 빙'(well – being)을 말하지만 그것을 좀 다른 각도에서 보자면 그저 '소비'를 의미할 뿐이다. 물질적 소비뿐만 아니라 정신적 소비로, 전체적으로 보면 삶의 소비이기도 하다. 그렇지만 어떻게 살든지 간에 우리는 죽음을 맞이해야 한다. '타자의 죽음'이 아니라 '나의 죽음'을 말이다. 그런 까닭에 '좋은 삶'을 살고자 한다면 '좋은 죽음', 즉 '웰 – 다잉'(well – dying)을 고려해야만 한다. '좋은 죽음'에 대한 고려가 없는 '좋은 삶'이란 불가능하기 때문이다.

그런 까닭에 요즘 유행하는 말 가운데 하나가 바로 이른바 '웰 – 다잉'이다. 이 '웰 – 다잉'은 우리말로는 '좋은 죽음' 혹은 '죽음을 받아들이기' 정도의 의미로 해석할 수 있다. 이 '웰 – 다잉'을 주장하는 이유는 자신의 '죽음'이, 언젠가는 자신이 죽는 존재라는 사실을 받아들임으로써 혹은 사유함으로써 탐욕을 추구하는 삶이 아닌 좀 더 좋은 삶/건강한 삶을 살자는 운동이라고 생각한다. 그래서 그런지 자신의 죽음을 미리 체험해 보도록 하는 사업이 성행이라고 한다. 어쨌든 그들의 주장처럼 인간은 자신의 죽음에 대한 사유를 할 때 좀 더 인생의 의미에 대한 깊은 성찰을 할 수 있다고 생각된다. 자신의 죽음을 고민하지 않는 삶이란 자칫 세속적인 탐욕에 빠져 허우적대기 쉽기 때문이다.

그런데 인간은, 아니 생명을 가진 존재는 언제나 영원한 삶을 고민하지 않을 수 없다. 달리 말하면, 인간은 죽음을, 타자의 죽음이 아닌 자신의 죽음을 고민할 수밖에 없는 존재이다. 그 결과 인간은 어떻게 하면 죽지 않고 영원히 살 수 있는가 하는, 죽음을 극복할 수 있는 방법을 고안하지 않을 수 없었다. 인간의 종교 역시 이러한 방법 가운데 하나이다.

역사적으로 볼 때 일반적으로 사람들은 자신의 죽음 문제를 종교라는 형식을 통하여, 즉 종교에 의탁하여 그 문제를 해결해 왔다. 사람들은 죽음 이후의 피안(彼岸)이라는 세계에서 안락하고 행복한 삶을 희망하였다. 그렇다고 해서 달리 더 나은 방법이 있는 것도 아니다. 혹은 죽음 이후의 문제에 대하여 유물론적 사고나 무관심 등으로 대응해왔다. 후자의 방식이 현대인에게 매우 강하게 나타나는 사유방식이라 평가할 수 있다. 그러나 종교에서 말하는 피안 그것은 어디까지나 인간의 요청일 뿐 확신을 가질 수도 없다. 따라서 이 문제는 언제나 극복 불가능한 혹은 그래서 회피하고자 하는 문제가 되었다. 애써 죽음을 부정하였거나 혹은 나와는 무관한 일로 자기최면/자기기만을 할 수밖에 없었다. 그러나 누구에게나 죽음은 객관적으로 주어진 사실이다.

인간의 죽음에 대한 태도는 크게 두 가지이다. 하나는 죽음에 대한 두려움이고 다른 하나는 죽음을 극복하고자 하는 죽음에 대한 불복종이다.[22] 우리가 여기에서 다루고자 하는 주된 내용은 이 죽음에 불복종한, 즉 저항한 인물들의 이야기이다.

중국의 고대인들이 전국시대 중기에 이르러 불로장생을 추구한 배경에는 삶과 죽음을 대하는 방식에 있어서 모종의 관념상의 변화가 발생하였음을 나타낸다. 그러한 변화를 간단히 말하자면 죽음을 대하는 방식에 있어서 숙명론/운명론을 부정한 것이다.

우리가 잘 알고 있는 것처럼 노장철학에서 강조하는 것은 순자연(順自然)의 철학이다. 『노자』에서 이렇게 말하였다.

---

22) 김형효, 「자연적 죽음의 인간 동형론과 인간적 죽음의 인간 동형론」, 한국정신문화연구원 엮음, 『삶 그리고 죽음』, 대한교과서(주), 1995, 191쪽.

사람은 땅을 본받고, 땅은 하늘을 본받고, 하늘은 도를 본받는다. 도는 스스로 그러함(自然)을 본받는다.23)

노자는 인간의 삶은 도를 본받아야 한다고 말한다. 왜냐하면 도가 만물을 낳아주고 길러주지만 항상 그 자신은 그 자체로 완전한 것이고, 우리의 삶은 도로부터 파생되어 나온 것이기 때문이다. 다시 말해서, 노자가 생각하기에 도의 모습이 가장 자연스러운 형태이기 때문이다. 이것을 노자는 "장생구시의 도"(長生久視之道)라고 표현하였다.24) 물론 노자는 이것을 '국가를 다스림'(治國)이라는 측면에서 말한 것이지 장생불사의 이론으로 삼은 것은 아니다. 그런데 후대에 도교에서는 이것을 자신들의 이론으로 활용하면서 신선이 되어 불로장생할 수 있다는 이론적 근거로 삼았다. 어쨌든 노자는 삶과 죽음은 자연이연(自然而然), 즉 자연스러운 것(自然)이라고 말하였다.

세상에 태어났다가 죽으면 되돌아가는 것이다.25)

이 단락에 대하여 하상공은 아래와 같이 말하였다.

'나가는 것이 삶이다'(出生)라는 것은 욕망이 오장에서 나가 혼(魂)이 안정되고 백(魄)이 고요해지기 때문에 살게 된다는 말이다. '들어가는 것이 죽음이다'(入死)라는 것은 욕망이 가슴속으로 들어가 정기와 오장신이 피곤하고 미혹되기 때문에 죽게 된다는 말이다.26)

---

23) 『老子』 제25장 : "人法地, 地法天, 天法道. 道法自然."
24) 같은 책, 제59장.
25) 같은 책, 제50장 : "出生入死."
26) 같은 책, 제50장 河上公 注 : "出生謂情欲出於五內, 魂定魄靜, 故生也. 入死謂情欲入胸臆, 精神勞惑, 故死也."

하상공주본에서는 완전히 양생론에 입각하여 설명하고 있다. 그렇지만 노자는 이 삶과 죽음을 온전하게 살고 죽는 사람은 드물다고 말하였다. 위에 인용한 구절을 이어서 바로 이렇게 말하였다.

> 제대로 사는 이들이 열에 셋이고, (처음부터) 죽을 곳으로 가는 이들이 열에 셋이고, 잘 살다가 죽을 곳으로 가는 이들이 또한 열에 셋이다.[27]

이 단락에 대하여 왕필은 이렇게 주석을 하였다.

> "열에 셋이다"(十有三)이란 10분의 3이라는 말이다. 그 삶의 도를 취하여 끝까지 살아가는 이가 10분의 3이고, 죽음의 길을 따라서 죽음의 끝에 이르는 자가 또한 10분의 3이다.[28]

그리고 노자는 또 그 원인을 이렇게 진단하였다.

> 무슨 까닭인가? 너무 잘 살려고 하기 때문이다.[29]

여기에 대해서도 왕필은 아래와 같이 말하였다.

> 그런데 백성들은 지나치게 잘 살려고 하다가 도리어 살지 못할 곳으로 가고 만다.[30]

---

27) 같은 책, 제50장 : "生之徒十有三, 死之徒十有三, 人之生動之死地, 亦十有三."
28) 같은 책, 제50장 王弼 注 : "十有三, 猶云十分有三分. 取其生之道, 全生之極, 十分有三耳, 取死之道. 全死之極, 亦十分有三耳."
29) 같은 책, 제50장 : "何故? 以其生生之厚."
30) 같은 책, 제50장 王弼 注 : "夫何故, 以其生生之厚."

"너무 잘 살려고 한다"(生生之厚)는 것은 바로 인간의 탐욕/욕망을 말한다. 사실 우리는 백 년 전 사람에 비하여 평균적으로 2배의 기간을 산다. 뿐만 아니라 일반적으로 말해서 물질적으로도 더 풍요로운 삶을 살고 있다. 그렇지만 우리는 여전히 더 오랫동안 삶을 살고자 욕망한다.

그런데 노자에 비하여 신선의 이미지를 가장 잘 그린 인물은 장자(약 기원전~기원전 286년)이다.[31] 전국시대 중기를 살았던 인물 장주는 그가 그리는 이상적 인물을 진인(眞人), 지인(至人), 신인(神人), 성인(聖人) 등으로 불렀다. 『장자』 「소요유」(逍遙遊)편에서 이렇게 말하였다.

> 그러나 만약 천지의 본연의 모습을 따르고 자연의 변화에 순응하여 무궁에 노니는 자라면 대체 무엇에 의지할 것이 있겠는가! 그러므로 "지인(至人)은 자기 자신이 없고(無己), 신인(神人)은 세상에 공적을 세우고자 함이 없고(無功), 성인(聖人)은 명예를 세우고자 함이 없다(無名)"고 말하였다.[32]

장자는 이 단락에서 그가 생각하는 이상적인 인물로 자기 자신이 없는 "지인", 세상에 공적을 세우고자 함이 없는 "신인", 세상에 명예를 세우고자 함이 없는 "성인"으로 표현하였다. 그는 또 "진인"을 이렇게 그렸다.

---

31) 장주(莊周)의 생졸연대에 관한 관점은 대략 다섯 가지로 나누어볼 수 있다 : ① 기원전 369년~기원전 296년(馬敍倫) ② 기원전 355년~기원전 275년(呂振羽) ③ 기원전 328년~기원전 286년(范文瀾) ④ 기원전 365년~기원전 290년(楊榮國) ⑤ 기원전 375년~기원전 295년(聞一多). (陳鼓應, 「莊子探源」, 『莊子哲學討論集』, 中華書局, 1962, 188쪽.)

32) 『莊子』 「逍遙遊」 : "若夫乘天地之正, 而御六氣之辯, 以遊無窮者, 彼且惡乎待哉! 故曰 : '至人無己, 神人無功, 聖人無名.'"

진인(眞人)이 있고 난 후에 진지(眞知)가 있다. 무엇을 진인이라고 말하는가? 옛날의 진인은 역경을 억지로 거역하지 않고 성공을 자랑하지 않으며, 아무 일도 도모하지 않았다. 이러한 사람은 잘못을 하여도 후회하지 않고 잘 되어도 자랑하지 않았다. 이러한 사람은 높은 곳에 올라가도 두려워하지 않고 물에 들어가도 젖지 않으며 불에 들어가도 뜨겁지 않았다. 이것은 그 지혜가 도에 도달한 사람이 이렇게 할 수가 있다.[33]

옛날의 진인은 잠을 자면 꿈을 꾸지 않고 깨어나면 근심이 없다. 음식은 맛이 있는 것을 바라지 않고 호흡은 발뒤꿈치로 숨을 쉬고 중인(衆人)의 호흡은 목구멍으로 한다.[34]

옛날의 진인은 태어남을 기뻐하지 않았고 죽음을 미워하지 않았다. 태어나도 기뻐하지 않고 죽어도 거역하지 않았다. 무심히 자연에 따라가고 무심히 자연에 따라올 따름이었다. 그 시작(태어남)을 잊지 않고 그 끝(죽음)을 추구하지도 않았다. 태어나면 기꺼이 받아들이고 죽으면 다시 돌아갔으니 이것을 일러 마음으로 도를 해치지 않고 인위적인 것으로 하늘(자연)을 도우려 하지 않았다. 이것을 일러 진인이라고 한다.[35]

옛날의 진인은 그 모습이 우뚝 높이 솟아 있으면서도 무너지지 않고, 모자란 것 같지만 아주 충실하다. 한가하게 홀로 있어도 완고하지 않고 텅 비어 있으면서도 겉치레를 하지 않는다. 환히 밝게 기뻐하는 듯하고 닥쳐서야 할 수 없이 한다. 덕이 가득 차서 그 얼굴빛은 더욱 돋우고 한가로이 그 덕에 머문다. 넓어서 매우 큰 것 같고 초연하여 얽매이지 않는다. 언제나 입을 다물고 있기를 좋아하는 듯하고 멍하니 말을 잊고

---

33) 같은 책, 「大宗師」: "且有眞人而後有眞知. 何謂眞人? 古之眞人, 不逆寡, 不雄成, 不謀士. 若然者, 過而弗悔, 當而不自得也. 若然者, 登高不慄, 入水不濡, 入火不熱. 是知之能登假於道者也若此." 226쪽.

34) 위와 같음: "古之眞人, 其寢不夢, 其覺無憂, 其食不甘, 其息深深. 眞人之息以踵, 衆人之息以喉." 228쪽.

35) 위와 같음: "古之眞人, 不知說生, 不知惡死; 其出不訢, 其入不距; 翛然而往, 翛然而來而已矣. 不忘其所始, 不求其所終; 受而喜之, 忘而復之, 是之謂不以心損道, 不以人助天. 是之謂眞人." 229쪽.

있다.36)

　장자에 의하면 그가 말하는 진인은 '참된 지혜'(眞知)를 간직한 인물로 발뒤꿈치로 호흡하고, 세속적인 성공과 실패에 관심을 가지지 않을 뿐만 아니라 삶과 죽음을 거부하지 않는 존재이다.

　그렇지만 이 삶과 죽음에 대한 『장자』에 보이는 사생관(死生觀)은 비교적 복잡하다. 우리는 『장자』에서 생사문제에 대한 다양한 관점들을 쉽게 찾아 볼 수 있다. 그 몇 가지 사례를 소개하면 다음과 같다.

　　삶과 죽음은 운명이다. 그것은 밤과 아침이 오고감에 법칙[常]이 있는 것처럼 하늘의 법도[天]이다.37)
　　장자가 초나라에 가는 길에 해골을 발견하였다. 백골이 된 형태였다. 장자가 말채찍으로 해골을 치면서 말하였다. "선생은 삶을 탐하여 도리를 잃고서 이렇게 되었는가? 나라가 망하여 처형당하여 이렇게 되었는가? 착하지 못한 일을 저질러 부모처자에게 부끄러움을 남기는 것이 싫어서 이렇게 되었는가? 추위와 배고픔에 이렇게 되었는가? 나이가 들어 늙어서 이렇게 되었는가?" 장자는 이렇게 말하고서는 해골을 베고 누웠다. 한 밤중에 해골이 꿈에 나타나 말하였다. "그대는 말하는 것이 변사(辯士)와 같군. 그대가 말하는 것은 모두 살아 있는 사람의 괴로움이지. 죽으면 이런 것이 없다. 그대는 죽음의 세계에 대하여 듣고 싶은가?" 장자가 말하였다. "듣고 싶소." 해골이 말하였다. "죽음의 세계에는 위로는 군주가 없고 아래로는 신하가 없다. 또 봄·여름·가을·겨울 사시의 변화가 없다. 편안하게 천지로써 춘추를 삼는다. (천지와 함께 한다.) 비록 인간 세상에서 임금 노릇의 즐거움이라고 하더라도

────────────

36) 위와 같음 : "古之眞人, 其狀義而不朋, 若不足而不承; 與乎其觚而不堅也, 張乎其虛而不華也; 邴邴乎其似喜乎! 崔乎其不得已乎! 滀乎進我色也, 與乎止我德也; 厲乎其似世乎! 謷乎其未可制也; 連乎其似好閉也, 悗乎忘其言也." 234쪽.
37) 위와 같음 : "死生, 命也, 其有夜旦之常, 天也." 241쪽.

이보다 더 좋을 수 없다." 장자가 믿지 못하겠다고 여기고서 말하였다. "내가 생명을 관장하는 자로 하여금 그대의 몸을 다시 생겨나게 하여 당신의 뼈·근육·피부를 되살아나게 하여서 그대의 부모처자, 고향 사람들에게 돌아가게 해준다면 그대는 그렇게 하겠는가?" 해골 심하게 눈살을 찌푸리고 콧대를 실룩거리면서 말하였다. "내가 어찌 (지금과 같은) 임금의 즐거움을 버리고 다시 사람이 되어 괴로움을 겪겠는가!"[38)

다음은 장자의 아내의 죽음과 장자 자신의 죽음에 대한 태도를 나타낸 내용이다.

장자의 아내가 죽자 혜시가 문상을 갔다. 장자는 마침 두 다리를 뻗고 앉아 질동이를 두드리며 노래를 부르고 있었다. 혜자가 말하였다. "함께 살면서 자식을 키우다 늙어 죽은 아내의 죽음에 곡을 하지 않는다는 것은 그럴 수 있겠다고 하겠지만 질동이를 두드리며 노래를 한다는 것은 좀 심하지 않소?" 장자가 말하였다. "그렇지 않소. 아내가 죽었을 때 내가 어찌 슬퍼하지 않았겠소. 그렇지만 삶의 근원을 살펴보니 본래 삶이란 없었던 것이더군요. 단지 삶이 없었던 것뿐만 아니라 본래 형태도 없었소. 형태만 없었던 것이 아니라 본래 기(氣)도 없었소. 흐릿하고 어두운 것 사이에서 뒤섞여서 변화하여 기가 있게 되었고, 기가 변화하여 형태가 있게 되었고, 형태가 변화하여 생명이 있게 되었소. 지금 이제 또 변화하여 죽은 것입니다. 이것은 춘하추동 사계절이 운행

---

38) 같은 책, 「至樂」: "莊子之楚, 見空髑髏, 髐然有形. 撽以馬捶, 因而問之, 曰: '夫子貪生失理, 而爲此乎? 將子有亡國之事, 斧鉞之誅, 爲此乎? 將子有 不善之行, 愧遺父母妻子之醜, 而爲此乎? 將子有凍餒之患, 而爲此乎? 將子之 春秋故, 及此乎?' 于是語卒, 援髑髏, 枕而臥. 夜半, 髑髏見夢, 曰: '子之談者 似辯士, 諸子所言, 皆生人之累也, 死則無此矣. 子欲聞死之說乎?' 莊子曰: '然.' 髑髏曰: '死, 無君于上, 無臣于下, 亦無四時之事, 從然以天地爲春秋, 雖 南面王樂, 不能過也.' 莊子不信, 曰: '吾使司命復生子形, 爲子骨肉肌膚, 反子 父母妻子閭里知識, 子欲之乎?' 髑髏深矉蹙額曰: '吾安能棄南面王樂而復爲 人間之勞乎!'" 617~619쪽.

하는 것과 같지요. 내 아내는 지금 천지라는 커다란 방에 누워있는데, 제가 어찌 소리치고 곡하면서 울겠소. 그렇게 하는 것은 운명에 통달하지 못한 것이라 생각했습니다. 그래서 그쳤습니다.[39]

장자가 장차 곧 죽으려 할 때 제자들이 후하게 장사지내고자 하였다. 장자가 말하였다. "나는 하늘과 땅을 관곽(棺槨)으로 삼고 해와 달을 옥(玉)으로 삼고 별들을 구슬로 삼아 만물이 나의 장례에 보내온 선물로 삼는데 나의 장례에 필요한 도구가 어찌 갖추어지지 않았다고 하겠는가? 어찌 이에 더 보탤 것이 있겠는가?" 제자가 말하였다. "까마귀나 소리개가 선생님 시신을 먹을까 두렵습니다." 장자가 말하였다. "땅 위에 있으면 까마귀와 소리개의 먹이가 될 것이고, 땅 속에 있으면 땅강아지나 개미의 먹이가 될 것인데, 이것을 빼앗아 저것을 준다는 것은 편벽된 것이지 않는가?(…)[40]

일본학자 금곡치(金谷治)의[41] 분석에 의하면 『장자』 전편에 산견하는 다양한 생사관의 입장은 다음과 같이 정리할 수 있다. 첫째, 생명을 소중하게 여기는 것으로, 양생(養生)·귀생(貴生)을 강조한다. 이 관점은 육체적 양생을 소박하게 사고하는 관점과 육체를 초월하여 정신을 위주로 하는 관점으로 나누어진다. 둘째, 불로불사(不老不死)를

---

39) 위와 같음 : "莊子妻死. 惠子弔之. 莊子則方箕踞, 鼓盆而歌. 惠子曰 : '與人居, 長子, 老身死不哭, 亦可矣. 又鼓盆而歌, 不亦甚矣?' 莊子曰 : '不然. 是其始死也, 我獨何能無槪然. 察其始, 而本無生 ; 非徒無生也, 而本無形 ; 非徒無形也, 而本無氣. 雜乎芒芴之間, 變而有氣, 氣變而有形, 形變而有生. 今又變而之死. 是相與爲春秋冬夏四時行也. 人且偃然寢於巨室, 而我噭噭然, 隨而哭之, 自以爲不通乎命. 故止也.'" 614~615쪽.

40) 같은 책, 「列禦寇」 : "莊子將死, 弟子欲厚葬之. 莊子曰 : '吾以天地爲棺槨, 以日月爲連璧, 星晨爲珠璣, 萬物爲齎送, 吾葬具豈不備乎? 何以加此?' 弟子曰 : '吾恐烏鳶之食夫子也.' 莊子曰 : '在上爲烏鳶食, 在下爲螻蟻食, 奪彼與此, 何其偏也?(…)'" 1063쪽.

41) 金谷治, 「莊子的生死觀」, 任繼愈 主編, 『道家文化硏究』(제5집), 上海古籍出版社, 1994, 76~77쪽.

추구한 신선사상과 연관이 있는 관점이다. 셋째, 삶을 고통으로 여기고 죽음을 찬미한다. 넷째, 생사문제를 탐구하지만 문제 그 자체에 속박되지는 않는다. 이것은 다시 3가지로 나누어진다. 1)생사의 변화를 받아들여 어쩔 수 없는 운명으로 보고 이 문제를 극복하고자 한다. 2)생사의 변화를 받아들이면서 자연의 변화 추이로 이해하여 극복하고자 한다. 여기에 기(氣)의 개념을 끌어들인 관점이 있다. 3)삶과 죽음 사이에는 아무런 차이가 없다고 생각하고 변화를 인정하지 않는 입장에서 출발하여 이 문제를 극복하고자 희망한다. 이처럼『장자』철학에 다양한 생사관이 존재하는 것은 생사문제에 대한 장자의 자각이 얼마나 깊은 것인가를 의미한다.

『열자』「양주」(楊朱)편에서도 이 죽음에 대하여 아래와 같이 말하였다.

> 만물이 서로 다른 것은 삶이요, 서로 같은 것은 죽음이다. 살아서는 현명하고 어리석은 것과 귀하고 천한 것이 있으니 이것이 서로 다른 점이다. 죽어서는 썩어서 냄새나며 소멸되어 버리니 이것이 서로 같은 점이다.42)

『노자』와『장자』에서는 자연의 변화에 따라서 살아갈 것을 강조하였다. 그것을 무위자연(無爲自然)이라고 부른다. 그러므로 어떤 사람들은 노장철학을 소극적, 비관적, 수동적이라고 비판하기도 한 것이다. 이러한 비판은 일면 타당성을 갖는다고 할 것이다. 그렇지만 노장철학을 단지 소극적, 비관적, 수동적으로 보는 것은 문제가 있다.「천하」(天下)편에서는 '천지정신'(天地精神)이라는 말로 그 진취적 성격

---

42)『列子』「楊朱」: "萬物所異者, 生也, 所同者, 死也. 生則有賢愚貴賤, 是所異也. 死則有臭腐消滅, 是所同也."

을 다음과 같이 표현하였다.

> 홀로 천지정신(天地精神)과 왕래하면서 만물을 얕보지 않고 시비를
> 가려 꾸짖지 않으며 다만 세속과 더불어 함께하였다.[43]

또 「천하」편에서는 장자를 평가하면서 아래와 같이 말하였다.

> 천하가 (어지러움에) 빠지고 혼탁하여 올바른 말을 할 수가 없다고
> 생각하였다.[44]

위에 인용한 「천하」편의 내용이 장자라는 인물의 정신적 경지 혹은
그가 추구한 세계와 그가 혼란한 현실에서 실존적으로 선택한 길에
관한 내용이라면, 장생불사와 관련하여서는 「재유」(在宥)편에서 광성
자(廣成子)의 입을 빌어 이렇게 말하였다.

> 천지에는 머물 집이 있고 음양에는 깃들 곳이 있다. 당신의 몸을 소
> 중히 지켜 나가면 만물은 저절로 왕성하게 된다. 나는 유일한 도를 잘
> 지키며 만물의 조화에 몸을 맡긴다. 그러니까 내가 몸을 다스려 온 지
> 천이백 년이나 되었어도 나의 몸은 아직 쇠퇴하지 않은 채로 있다.[45]

위에 인용한 글에서와 같이 광성자는 도를 잘 지켜 천이백 세의 나
이를 먹었지만 몸이 전혀 쇠퇴하지 않았다고 말하고 있다. 이러한 내
용은 인간이 도의 원리를 파악하기만 한다면 장생불사할 수 있다는

---

43) 『莊子』「天下」: "獨與天地精神往來, 而不敖倪於萬物, 不譴是非, 以與世俗
　　處."
44) 위와 같음 : "以天下爲沈濁, 不可與莊語."
45) 같은 책, 「在宥」: "天地有官, 陰陽有藏, 愼守汝身, 物將自壯. 我修其一, 以處
　　其和, 故我修身千二百歲矣, 吾形未常衰."

것을 보여준다. 물론 이러한 말을 그대로 믿을 수는 없다. 그렇지만 이러한 대화의 이면에는 우리가 도를 터득하기만 한다면 장생불사도 가능하다는 혹은 적어도 장수할 수 있다는 모종의 관념이 그 바탕에 있음을 알 수 있다.

노장철학의 이러한 소극적, 비관적, 수동적인 형태는 후대로 내려오면서 점차 '비판적 계승'을 하게 된다. 그리하여 이제는 인간의 능동적, 낙관적, 주동적인 철학 사상으로 전환하게 된다. 이러한 특징을 한마디로 포괄하여 나타낸 것이 바로 "나의 운명/생명은 나에게 달려있지 하늘에 달려있는 것이 아니다"(我命在我, 不屬天地)는 명제이다.46) 이와 같이 인간의 능동적, 낙관적, 주동적인 입장을 가장 선명하게 드러낸 것이 바로 신선에 대한 관념의 배경이 되었다고 생각된다. 이것은 노장철학을 중심으로 한 도가철학에서 나타나는 '순자연'의 철학사상과 비교하여 '역자연'(逆自然)의 사유방식이라고 부를 수 있다.

일단의 고대 중국인들은 이 죽음의 문제는 인간에게 결코 숙명이 아니라 우리 자신이 적절한 방법을 찾기만 한다면 죽지 않고 영원한 삶을 살 수 있을 것이라고 생각하였다.

중국학자들의 견해에 의하면, 불로장생을 꿈꾸었던 신선사상은 전국시대 중기에 매우 유행하였다고 한다. 호부침·여석침 교수는 『도학통론 - 도가·도교·선학』에서 다음과 같이 말한다.

　　선학(仙學, 丹道 - 인용자)의 개념은 선진시대의 신선가(神仙家)에서 나온 것이다. 몽문통(蒙文通) 선생의 고증에 의하면 춘추전국시대 때 신선가는 셋으로 나누어진다. 남방의 초(楚)는 행기(行氣)로 왕교(王喬)에서 적송(赤松)이 있다. 진(秦)은 방중(房中)으로 용성(容成)이 있다. 연(燕)과 제(齊)는 복식(服食)으로 선문(羨門)에서 안기(安期)가 있

_____
46) 『西昇經』「我命章」.

다. 도교의 외단황백술(外丹黃百術)과 내단학(內丹學)은 바로 이 세
지파의 선술(仙術)이 서로 섞여서 형성된 것이다.[47]

우리가 신선사상이라고 간단히 말했지만 그것이 포괄하는 개념적
함의는 비교적 복잡하다. 앞의 인용문에서 밝힌 것처럼 방법상으로 행
기(行氣), 방중(房中), 복식(服食) 등의 내용을 포괄하는 개념이다.
「소요유」편에서는 막고야산에 사는 신인의 모습을 그리고 있다.

> 막고야산(邈姑射山)에 신인(神人)이 살고 있다. 그 피부는 얼음이나
> 눈처럼 희고 몸매는 처녀같이 부드러우며 곡식을 먹지 않고 바람과 이
> 슬을 마시며 구름을 타고, 용을 몰아 천지 밖에서 노닌다네. 정신이 한
> 데 집중되면 그것으로 모든 것이 병들지 않고 곡식도 잘 익는다는 거
> 야.[48]

「대종사」(大宗師)편의 기록이다.

> 시위씨(狶韋氏)는 도를 터득하여 천지를 손에 들고 다니고, 복희씨
> (伏戱氏)는 도를 터득하여 만물 생성의 기운 속에 들어갔다. (…) 감배
> (堪坏)는 도를 터득하여 곤륜산(崑崙山)에 들어갔고, 풍이(馮夷)는 도
> 를 터득하여 대천(大川 : 黃河)에서 노닐며, 견오(肩吾)는 도를 터득하
> 여 대산(大山 : 泰山)에 산다. 황제(黃帝)는 도를 터득하여 하늘에 올랐
> 고, 전욱(顓頊)은 도를 터득하여 북쪽의 현궁(玄宮)에 살며, 우강(禺
> 强)은 도를 터득하여 북극(北極)에 서 있다. 서왕모(西王母)는 도를 터
> 득하여 (언제나 젊어) 태어난 때를 알지 못하고 죽을 때를 알지 못한
> 다. 팽조(彭祖)는 도를 터득하여 위로는 유우(有虞) 때부터 아래로는

47) 胡孚琛·呂錫琛, 『道學通論 − 道家·道敎·仙學』, 社會科學文獻出版社, 1999, 7쪽.
48) 『莊子』「逍遙遊」: "藐姑射之山, 有神人居焉, 肌膚若氷雪, (綽)[淖]約若處
　　子. 不食五穀, 吸風飮露. 乘雲氣, 御飛龍, 而遊乎四海之外. 其神凝, 使物不疵
　　癘而年穀熟."

오백(五伯 : 五覇) 때까지 살았고, 부열(傳說)은 도를 터득하여 무정(武丁)을 도와 천하를 차지하고 (죽은 후에 별이 되어) 동유(東維)를 타고 기미(箕尾)에 올라 많은 성신(聖神)들과 나란히 있게 되었다.[49]

감배는 성현영(成玄英)의 소(疏)에 의하면 곤륜산(崑崙山) 신의 이름이다.[50] 풍이는 팔석(八石)의 약을 먹고 선인(仙人)이 되었다. 우강은 인면조신(人面鳥身)의 수신(水神)이다. 그 모습은 청사(靑蛇)를 귀에 달고 적사(赤蛇)를 발로 밟고 있다. 서왕모는 표범의 꼬리에 호랑이의 이빨을 가진 선녀이다. 부열은 은나라 무정의 재상이다.[51] 이러한 설명은 신화와 전설 속의 인물들이 신선의 모습으로 전환되는 과정을 나타낸다.

다음은 『장자』 외·잡편에 보이는 몇 가지 기록이다. 「각의」(刻意)편에 보이는 장생법이다.

숨을 내쉬고 들이쉬고 하여 심호흡을 하며, 곰이 나뭇가지에 매달리듯, 새가 목을 길게 늘이듯 체조를 하는 것은 장수하기 위함이다. 이것은 도인(導引)을 행하는 자(道引之士), 몸을 기르는 자(養形者), 팽조(彭祖)와 같이 장수하고자 하는 자가 좋아하는 것이다.[52]

여기에 보이는 장생법은 몸을 기르는(養形) 방법으로 호흡법(呼吸

---

49) 같은 책, 「大宗師」: "狶韋氏得之, 以挈天地; 伏戱氏得之, 以襲氣母;(…)堪坏得之, 以襲崑崙; 馮夷得之, 以遊大川; 肩吾得之, 以處大山; 黃帝得之, 以登雲天; 顓頊得之, 以處玄宮; 禺强得之, 立乎北極; 西王母得之, 坐乎少廣, 莫知其始, 莫知其終; 彭祖得之, 上及有虞, 下及五伯; 傳說得之, 以相武丁, 奄有天下, 乘東維, 騎箕尾, 而比於列星."

50) 같은 책, 「大宗師」 成玄英 疏: "堪坏, 崑崙山神名也."

51) 안동림, 『장자』, 현암사, 2005, 193쪽.

52) 『莊子』 「刻意」: "吹呴呼吸, 吐故納新, 熊經鳥申, 爲壽而已矣; 此道引之士, 養形之人, 彭祖壽考者之所好也."

法), 오금희(五禽戱), 도인술(導引術)이 보인다. 또 「달생」(達生)편에서는 몸을 기르는 양생법에 대해 비판을 하고 있다.[53]

「천지」(天地)편에서는 기이한 능력을 가진 이러한 인물들에 대하여 다음과 같이 형상화하였다.

> 천 년을 살다가 이 세상에 염증이 나면 (이 세상을 떠나) 하늘로 올라가 신선[仙]이 되는데, 저 흰 구름을 타고서 제향(帝鄕)에 이르면 세가지 근심[三患]이 이르지 못하고, 몸에는 항상 재앙이 없으니 어찌 욕됨이 있겠는가?[54]

여기에서 그려지고 있는 인물은 지선(地仙)에서 천선(天仙)으로 자유롭게 변화할 수 있는 존재이다.

진한시대 역시 이러한 경향은 이어졌고, 어떤 면에서 더욱 유행하였다. 진한시대의 철학적 사유 역시 기, 음양(陰陽)과 오행(五行), 천인감응(天人感應)의 사조가 주류를 형성하였다. 추연(鄒衍)이 제시한 오덕종시설(五德終始說)은 음양오행의 변화라는 측면에서 매우 중요한 의미를 갖는다.

마이클 로이는 『고대중국인의 생사관』에서 당시의 시대적 사조를 다음과 같이 말하였다.

> 한대의 철학자들이 제기한 의문들, 한대의 제단에서 거행했던 의식들, 그리고 한대의 신화에 관류하고 있는 주제들은 당시 중국인의 감정과 정신에 영감을 불러일으킨 어떤 기본적인 태도와 관념의 반영으로

---

53) 같은 책, 「達生」: "悲夫! 世之人以爲養形足以存生; 而養形果不足以存生, 則世奚足爲哉!"

54) 같은 책, 「天地」: "千歲厭世, 去而上仙, 乘彼白雲, 至于帝鄕, 三患莫至, 身常無殃, 則何辱之有?"

서, 부분적으로는 지극히 무상한 세계에서 항구적인 것을 추구하는 것
에서 비롯된 것이기도 하다. 세계를 창조하고 지속적으로 존재케 하는
자연의 순환운행을 영속적으로 유지시켜주는 깊은 관심과 그 순환에
순응하기 위해 인간의 사고와 행동을 규제하려는 요구도 있었으며, 보
이지 않는 힘이 인간의 운명에 영향을 미칠지도 모르며, 축복을 얻기
위해서건 재난을 예방하기 위해서건 그 힘과의 통신이 가능하다는 것
도 공통된 관념이었다. 무엇보다도 우주는 단일한 것으로 간주되었는
데, 성(聖)·속(俗)의 본질적인 구분은 없었으며 천지만물과 인간은 단
일한 세계의 구성원으로 인식되었다. 마찬가지로 서구에서 인정된 식
의 종교와 지성의 엄격한 범주 구분도 없었다. 그러므로 진·한시대 사
람들에게는 감정과 정신은 상호보완적이었으며, 과학적인 관찰이나 철
학적인 사변도 신앙과 소망, 그리고 신화의 공포와 반드시 분리된 것은
아니었다.[55]

　앞장에서 이미 논의한 『사기』 「봉선서」에는 진시황이 동해의 삼신
산으로 사람을 파견하여 신선을 찾고자 하였다는 기록이 보인다.

제2절 신선이 되는 세 가지 방법

　신선이 되는 방법은 ①양생술, ②불로초, ③단약 이 세 가지로 크게
나눌 수 있다.

　송대 정초(鄭樵)의 『통지』(通志)에 의하면 장생 방법으로 토납(吐
納), 태식(胎息), 내시(內視), 도인(導引), 벽곡(辟穀), 내단(內丹), 외
단(外丹), 금석약(金石藥), 복이(服餌), 방중(房中), 수양(修養)이 있
다.[56] 왕충(王充)은 『논형』(論衡) 「도허」(道虛)편에서 양정애기(養

55) 마이클 로이, 『古代中國人의 死生觀』, 이성규 역, 지식산업사, 1987, 21쪽.
56) 鄭樵, 『通志』 「禮文略」 권5 「道家」.

精愛氣), 벽곡, 식기(食氣), 도인, 약물 복용을 말하였다.57) 갈홍 역시 기본적으로 이전의 관점을 계승했지만 "환단과 금액이 주가 된다"(莫不皆以還丹金液爲大要者焉)고 말하였다.58) 마단임(馬端林)은 청정(淸靜), 연양(煉養), 복식, 부록(符籙), 경전과교(經典科敎)로 나눈다.59) 판출상신(坂出祥伸)은 장생술/양생술을 벽곡, 복이, 조식(調息), 도인, 방중 다섯 가지로 구분한다.60)

아래에서는 양생술, 불로초, 단약 세 가지로 나누어 살펴보기로 한다.

1. 양생술

우리는 신선이 되어 장생불사를 할 수 있다고 생각하고, 또 그것을 추구하는 모든 활동, 즉 양생술에 관한 이론을 양생설이라 정의할 수 있다. 이 양생의 방법은 크게 두 가지로 나누어진다. 첫째, 양신설(養神說)로 정신을 기르는 것이다. 둘째, 양형설(養形說)로 몸을 기르는 것이다.

첫째, 양신설이다. 정신을 기르는 양신설은 노장철학에서 그 실마리가 보인다. 노자철학에 대한 주석서 가운데에서 가장 유명한 것으로는 왕필의 주석과 하상공의 주석이 있다.61) 그런데 왕필과 하상공의 『노

57) 王充, 『論衡』 「道虛」.
58) 葛洪, 『抱朴子內篇』 「金丹」.
59) 馬端林, 『文獻通考』 經籍52.
60) 坂出祥伸, 「長生術」, 酒井忠夫 外, 『道敎란 무엇인가』, 최준식 옮김, 民族社, 1991, 205쪽.
61) 왕필의 『노자』 주석 번역본은 임채우의 것(『왕필의 노자』, 한길사, 2005)이 있고, 하상공의 『노자』 주석 번역본은 이석명의 것(『노자도덕경하상공장구』, 소명출판, 2005)이 있다. 이 글에서 『노자』의 원문과 주석에 대한 해석은 모두 이것을 참조하였으며, 필요한 경우 수정하였다.)

자』주석은 서로 다른 특징을 가지고 있다.『노자』철학에서 핵심이
되는 문제는 거칠게 말해서 치국(治國)과 치신(治身)으로 나누어진
다. 그런데 왕필의 주석이 치국에 중점이 있다면 하상공주는 치신에
중점이 있다. 그렇다고 해서 왕필의 주석에서 치신을 가볍게 보고 하
상공주에서 치국을 가볍게 본다는 의미는 아니다. 후대의 도사들 가운
데에서는 왕필의 주석은 노자철학을 왜곡한 것이라고 비난하지만, 필
자가 생각하기에 오히려 그러한 도사들이야말로 바로 노자철학을 왜
곡한 장본인들이다.

먼저『노자』의 기록을 살펴보면 다음과 같다.

> 큰 걱정거리를 제 몸처럼 귀하게 여기라는 것이 무엇을 말하는가? 내
> 게 재앙이 있는 것은 내가 몸을 가지고 있기 때문이다. 내게 몸이 없다
> 면 무슨 근심이 있겠는가! 그러므로 제 몸을 천하와 같이 귀하게 여기
> 면 천하를 맡길 수 있다. 자기 몸을 천하와 같이 아낀다면 천하를 의탁
> 할 수 있다.[62]

이 단락에 대하여 왕필은 이렇게 주석하였다.

> 큰 걱정거리는 영예나 은총과 같은 것에 속하는 것이다. 너무 삶을
> 풍요롭게 하려고 하면 오히려 죽을 곳으로 들어가게 되므로 이를 큰 걱
> 정거리라고 부른다. 사람이 영예나 은총에 미혹되면 제 몸에 되돌아오
> 게 되므로 "큰 걱정거리를 제 몸처럼 귀하게 여기라"고 했다. / (내게
> 큰 걱정거리가 있는 까닭은) 내 몸을 가지고 있기 때문이다. / (내 몸이
> 없다는 것은) 스스로 그러함(自然)으로 돌아가는 것이다. / 어떤 물건
> 이라도 내 몸과 바꿀 수 없으므로 "귀하게 여긴다"(貴)고 했다. 이와 같
> 아야 천하를 맡길 수 있다. / 어떤 물건으로도 내 몸을 손상시키지 않

---

[62]『老子』제13장 : "何謂貴大患若身? 吾所以有大患者, 爲吾有身. 及吾無身, 吾
有何患! 故貴以身爲天下, 若可寄天下."

으므로 "아낀다"(愛)라고 말했으니, 이와 같아야 천하를 맡길 수 있다.
은총이나 모욕, 영예나 근심으로 자기 몸을 손상시키거나 바꾸지 않은
후에야 천하를 맡길 수 있다.[63]

『노자』에서는 통치자가 어떤 마음가짐/몸가짐을 해야 올바른 정치
를 할 수 있게 되는가를 논하고 있다. 그런데 여기에서 내 자신의 몸
을 천하와 같이 귀하게 여길 것을 강조하고 있지만, 다른 한편으로는
왕필의 주석에서와 같이 영예·은총/모욕·근심의 뿌리를 제거할 것을
강조하고 있다. 바꾸어 말해서, 이 세상에서 나의 몸이 가장 소중한 것
이지 세상으로부터 영예·은총/모욕·근심을 받게 되는 것이 더 중요하
지는 않다는 것이다. 그런 까닭에 영예·은총/모욕·근심으로부터 자유
로울 것을 강조한 것이다. 먼저 『노자』의 내용을 살펴보면 다음과
같다.

　　나에게 우환이 있는 것은 나의 몸이 있기 때문이다. 나에게 몸이 없
　다면 무슨 근심이 있겠는가?[64]

여기에 대하여 왕필은 주석하여 "(내게 큰 근심이 있는 것은) 내 몸
을 가지고 있기 때문이다. (몸이 없다는 것은) 스스로 그러함으로 돌
아가는 것이다"고 말하였다.[65] 여기에서 "나에게 몸(내 자신)이 있
다"(吾有身)는 것은 자신의 욕망에 사로잡힌 존재를 의미한다. 자신의

---

63) 같은 책, 제13장 王弼 注 : "大患, 榮寵之屬也. 生之厚必入死之地, 故謂之大患
也. 人迷之於榮寵, 返之於身, 故曰大患若身也. / 出有其身也. / 歸之自然也.
無[物可]以易其身, 故曰貴也, 如此乃可以託天下也. / 無物可以損其身, 故曰
愛也. 如此乃可以寄天下也. 不以寵辱榮患損易其身, 然後乃可以天下付之也."
64) 같은 책, 제13장 : "吾所以有大患者, 爲吾有身, 及吾無身, 吾有何患!"
65) 같은 책, 제13장 王弼 注 : "由有其身也, 歸之自然也."

욕망에 사로잡힌 존재는 오히려 그러한 욕망을 극대화하기 위하여 온 갖 쾌락을 좇게 되고, 또 자신의 쾌락을 위하여 타인을 자신의 마음대로 부리게 된다.

노자는 통치자로 하여금 "나에게 몸(내 자신)이 없다"는 경지에 도달할 것을 요구하였다. 그렇지만 노자의 이러한 말이 몸(자기 자신)을 귀하게 여기지 말라는 의미는 아니다. 노자 역시 자기 자신을 천하와 같이 귀하게 여길 것을 역설하였다. 노자는 오히려 자기 자신을 귀하게 여길 줄 아는 자가 통치자가 되어야 한다는 논리를 펴고 있다. 왜냐하면 자신의 소중함을 모르는 자가 천하를 통치한다면 그는 그러한 마음으로 백성을 대하게 될 것이고, 그 결과 백성들을 함부로 부리게 될 것이기 때문이다. 노자가 나의 몸을 중요하게 여길 것을 강조한 것은 사실이지만, 그렇지만 몸에 대한 집착, 즉 몸을 기르는 것으로써의 양신에 대해서는 부정적이었다. 그 점은 다음과 같은 몇 장의 내용에서 분명해진다.

> ①세상 사람들은 아름다운 것을 아름다운 것이라고만 알지만 이것은 추한 것이다. (세상 사람들은) 착한 것을 착한 것이라고만 알지만 이것은 착하지 않은 것이다.[66]
> ②현명함을 숭상하지 않음으로써 백성들이 다투지 않게 하고, 얻기 어려운 재화를 귀하게 여기지 않음으로써 백성들이 도둑질하지 않게 하고, 욕심을 낼만한 것을 보이지 않음으로써 백성의 마음을 어지럽지 않게 하라.[67]
> ③오색(五色)은 사람의 눈을 멀게 하고, 오음(五音)은 사람의 귀를 멀게 하고, 오미(五味)는 사람의 입맛을 버리게 하고, 말을 달리며 사냥

---

66) 같은 책, 제2장 : "天下皆知美之爲美, 斯惡已; 皆知善之爲善, 斯不善已."
67) 같은 책, 제3장 : "不尙賢, 使民不爭; 不貴難得之貨, 使民不爲盜; 不見可欲, 使民心不亂."

하는 것은 사람의 마음을 미치게 만들고, 얻기 어려운 재화는 사람의
마음을 방황하게 만든다.68)

노자가 위에서 논의한 내용들을 분석해 보면 다음과 같다.

①은 가치판단의 문제이다. 우리는 아름다움과 추함, 선과 불선(또
는 악)을 설정해 놓고서 그것을 가치판단의 기준으로 삼는다. 그렇지
만 '도의 입장에서 말한다면'(以道觀言)69) 본래 이 세계에는 미·추/
선·악의 구분이 있을 수 없다. 있다고 한다면 오직 이 세계 전체가 선
이고 아름다움 그 자체일 뿐이다. 그런 까닭에 노자는 또 "최고의 선
은 물과 같다"(上善若水)고 말한 것이다.70) 이 구절에서 노자가 물
(水)을 도에 대한 메타포로 사용한 까닭은 바로 물은 언제나 깨끗한
것(淸)과 더러운 것(濁)을 가리지 않고 모두 그 자신의 것으로 받아들
이고 궁극적으로는 맑게 만들기 때문이다. 하상공은 다음과 같이 주석
을 하였다.

스스로 자기의 잘난 점을 드러내어 명확히 나타나게 한다. / 그것은
위태로움과 죽음이 있다. / 공(功)과 명예(名)가 있다. / 사람들을 다투
게 하는 것이다.71)

②는 재능을 숭상함(賢), 얻기 어려운 재화(難得之貨), 욕심을 낼만
한 것(可欲)으로, 앞의 하나가 명예에 속하는 것이라면 뒤의 두 가지는
물질적인 것에 속한다. 이 단락에 하상공은 아래와 같이 주석하였다.

---

68) 같은 책, 제12장 : "五色令人目盲, 五音令人耳聾, 五味令人口爽, 馳騁畋獵令
人心發狂, 難得之貨令人行妨."
69) 『莊子』「天地」.
70) 『老子』 제8장.
71) 같은 책, 제2장 河上公 注 : "自揚己美, 使顯彰也. / 有危亡也. / 有功名也. /
人所爭也."

'현'(賢)이란 세속적으로 잘난 사람을 가리킨다. 이런 사람은 말이 유창하고 글이 화려하며, 정도(正道)를 버리고 권도(權道)를 행하며, 질박함을 버리고 화려함을 행한다. '받들지 말라'(不尙者)는 것은 봉록을 줌으로써 귀하게 만들지 말고, 관직을 줌으로써 높이지 말라는 것이다. / 공과 명예를 다투지 않으면 자연스러운 본성으로 돌아가게 된다. / 통치자가 진귀한 보배를 좋아하지 않으면 황금이 산에 버려지고 진주가 연못에 던져지게 된다는 말이다. / 윗사람이 맑고 깨끗한 사람으로 변하면 아랫사람 중 탐욕스러운 사람이 없게 된다. / 정나라 음악을 추방하고 아첨하는 자를 멀리한다. / (그러면) 백성이 사악하거나 음란해지지 않는다.[72]

인간이 살아가는 세계에서 우리가 일반적으로 추구하는 것은 명예와 재물이다. 이것을 부귀영화(富貴榮華)라고 부른다. 그러나 이것으로 인하여 사람들은 자기 자신의 삶을 망치게 되는 경우가 흔히 발생하였고, 심지어는 자신의 생명마저도 잃게 되었다. 그런데 노자가 말하고자 하는 것은, 앞에서 말한 것처럼 이러한 것들이 과연 나의 몸(생명)보다 더 소중하다고 말할 수 있는가 하는 것이다.

③은 오색(五色), 오음(五音), 오미(五味)로 대표되는 외재적 욕망의 유혹이다. 노자는 오색, 오음, 오미로 대표되는 외재적 사물[外物]의 욕망 자극은 우리의 삶을 피폐하게 만들 뿐이라고 한다. 사실 외재적 사물은 우리의 삶에 필요해서 구하는 것일 뿐이다. 그런데 언제부터인가 이러한 외재적 사물이 마치 우리 삶의 본질인 것처럼 되었다. 여기에 말을 달리며 사냥하는 것이 덧붙여져 있고, 다시 얻기 어려운 재화에 대한 문제점을 지적하고 있다. 여기에서 '말을 달리며 사냥을

---

72) 같은 책, 제3장 河上公 注 : "賢, 謂世俗之賢, 辯口明文, 難道行權, 去質爲文. 不尙者, 不貴難得之祿, 不尊之以官也. / 不爭功名, 返自然也. / 言人君不御好珍寶, 則黃金棄於山, 珠玉捐於淵也. / 上化淸淨, 下無貪人. / 放鄭聲, 遠佞人. / 不邪淫也."

하는 것'은 바로 당시 귀족들(통치자 집단)의 사치스런 오락을 비판한 것으로 보인다. 당시 귀족들에 대한 비판을 한 것으로는 또 다음과 같은 것이 있다.

> 백성이 굶주리는 것은 위에서 세금을 많이 거두기 때문이고, 백성을 다스리기 어려운 것은 위에서 쓸 데 없는 일을 벌이기 때문이고, 백성이 함부로 죽게 되는 것은 위에서 너무 잘 살려고 하기 때문이다.[73]

사실 위에서 인용한 것과 유사한 내용은 『노자』에서 매우 일반적이다.

노자철학에서 '몸을 기르는 것'의 의미는 욕망의 극대화를 의미할 뿐이다. 그런 까닭에 노자는 욕망의 극대화는 화를 낳게 되는 원인이라고 하였다. 인간의 욕망 문제에 있어서 장자철학 역시 노자철학과 비슷한 길을 걸었다. 『장자』「소요유」(逍遙遊)편에서 인간의 경지의 다양한 차원을 이렇게 설명하였다.

> 그러므로 그 지식은 한 관직을 맡을 만하고, 그 행위는 한 고을에 알맞고, 그 덕은 한 사람의 임금에게 어울리고, 그 능력은 한 나라에 나타날 정도인 사람은 그가 보는 것도 이와 같다. 그렇지만 송영자(宋榮子, 宋鈃)는 그런 자를 비웃었다. 그는 세상 사람들이 칭찬을 해도 더 힘쓰지 않았고, 세상 사람들이 비난하여도 슬퍼하지 않았으니, (그 마음속에) 내외가 분명하여 영예와 오욕을 분명하게 알았지만, 그는 다만 이러할 따름이다. 그는 세속의 일로 급급해하지 않았다. 그렇지만 아직 분명하게 세워진 것이 없는 것과 같다. 열자(列子)는 바람을 타고 다니는데, 아주 편안하고 자연스러워 보름 동안 다니다가 돌아오고는 하였다. 그는 그것에 연연해하지 않았다. 이것은 비록 걸어서 다니는 수고

---

73) 같은 책, 제75장 : "民之饑, 以其上食稅之多, 是以饑 ; 民之難治, 以其上之有爲, 是以難治 ; 民之輕死, 以其上求生之厚."

로움은 면하였지만 그 의지하는 것은 아직 있는 것이다. 만약 천지의 정도(正道)를 타고 육기(六氣)의 변화를 부리어서 무궁(無窮)에 노닌다면 어찌 의지하는 것이 있겠는가! 그러므로 지인(至人)은 무기(無己)이고, 신인(神人)은 무공(無功)이고, 성인(聖人)은 무명(無名)인 것이다.74)

이 단락에서 인간의 경지 차원은 ①한 관직, 한 고을, 한 군주에 합당한 자로 한 국가에 합당한 인물(徵一國者), ②송영자(宋榮子), ③열자(列子), ④무궁에 노니는 자(以遊無窮者)로 나누어진다.

첫 번째 인물은 우리가 일반적으로 말하는 현인(賢人), 오늘날의 말로 하자면 뛰어난 지식인에 해당한다고 할 것이다. 그런데 이런 인물은 결국 자신의 재능을 어느 하나의 관직(즉 역할)이나 한 지역에서의 기능, 그리고 한 국가에서의 관료만이 될 수 있는 수준에 불과하다. 또 이러한 인물은 명예와 재물, 즉 세속의 부귀영화로부터 아직 자유롭지 못한 자이다. 그러므로 그는 언제나 부귀영화를 좇는 존재에 불과하다. 따라서 세속적 가치로부터 자유롭지 못한 인물이다.

두 번째의 인물 송영자는 첫 번째 인물에 비하여 조금 더 뛰어난 경지에 있는 인물이다. 그는 세상 사람들의 비난과 칭찬으로부터 자유로운 존재이다. 그렇지만 단지 "내외가 분명하였다"(定乎內外之分)는 경지에 서 있는 존재로, 그런 까닭에 "비웃었다"(笑之)고 비판한 것이다. 즉 그가 비록 세속의 부귀영화를 추구하지는 않지만 여전히 세속에

---

74) 『莊子』「逍遙遊」: "故夫知效一官, 行比一鄉, 德合一君, 而徵一國者, 其自視也亦若此矣. 而宋榮子猶然笑之. 且擧世而譽之而不加勸, 擧世而非之而不加沮, 定乎內外之分, 辯乎榮辱之境, 斯已矣. 彼其於世未數數然也. 雖然, 猶有未樹也. 夫列子御風而行, 冷然善也, 旬有五日而後反. 彼於致福者, 未數數然也. 此雖免乎行, 猶有所待者也. 若夫乘天地之正, 而御六氣之辯, 以遊无窮者, 彼且惡乎待哉! 故曰, 至人无己, 神人无功, 聖人无名." 16~17쪽.

대해 '비웃는' 존재로 안팎의 구분에서 자유롭지 못한 존재이다. 흔히 이런 인물들이 빠지기 쉬운 단점은 세상에 대한 혐오/비판이다.

세 번째의 인물은 열자이다. 열자는 "바람을 타고 다닌다"(御風而行)고 하였으므로 앞의 두 인물에 비하여 더 높은 경지에 도달한 자라고 말할 수 있다. 그러므로 그는 세속의 부귀에 관심이 없지만 그렇다고 해서 세상에 대해 비웃지도 않는다. 그렇지만 그는 여전히 "바람을 타고 다닌다"는 한계를 벗어나지 못한 존재이다. 그러므로 장자의 입장에서 볼 때 이들 세 사람의 경지가 비록 다르다고는 하지만 여전히 부귀영화, 비웃음, 바람이라는 것, 즉 "그 의지하는 것이 아직 있는 것이다"(猶有所待者也)고 말한 경지이다. 이러한 경지는 아직 유대(有待)의 상태에서 벗어난 것이 아니다. '유대'가 그들 세 사람의 공통점이다.

네 번째는 장자가 이상적으로 추구하는 "천지의 정도(正道)를 타고 육기(六氣)의 변화를 부리어서 무궁(無窮)에 노닌다"(乘天地之正, 而御六氣之辯, 以遊无窮者)는 '무대'(無待)의 경지를 이룬 인물이다. 즉 장자는 우리가 정신을 기른다는 것은 바로 "지인(至人)은 무기(無己)하고, 신인(神人)은 무공(無功)하며, 성인(聖人)은 무명(無名)한다"(至人无己, 神人无功, 聖人无名)고 말한 무대의 경지이다. 그런 까닭에 장자는 세상 사람들이 몸을 기르는 것에만 매달리는 것을 비판한 것이다.

> 슬픈 일이구나! 세상 사람들은 몸만 기르면 그것으로 생명을 보존할 수 있다고 생각한다. 그러나 아무리 몸을 기른다고 해도 결국 생명을 보존할 수 없는 것이니 (지금) 세상 사람들이 하는 방법이 무슨 소용이 있겠는가!75)

---

75) 같은 책, 「達生」: "悲夫! 世之人以爲養形足以存生; 而養形果不足以存生, 則

그렇지만 노자와 장자가 말한 양신설은 어디까지나 정신적 경지를 의미하는 것으로 육체의 죽음이라는 사실에는 변함이 없다. 그러므로 엄밀하게 말하면 노장철학에서 말하는 양신은 신선의 불로장생과는 관계가 없다. 그러나 노장철학에서 양신설은 뒤에 신선의 불로장생에서 중요한 이론적 기초가 되었다. 이 양신설은 송명시대의 내단으로 이어진다. 간단히 말해서 내단은 신체를 화로로 삼아 단을 만드는 것이다. 그러나 내단은 지금 이 몸을 갖고 영원히 사는 것을 추구한 전통적인 신선과 약간 각도를 달리한다. 여기에서는 자세히 논의하지 않는다.

둘째, 양형설이다. 양형설은 몸을 기르는 것이다. 우리가 신선과 불로장생에 대한 고찰을 할 때 중심이 되는 내용이 바로 이 양형설이다. 양형설은 이 몸을 어떻게 하면 오래도록 늙지도 않고 죽지도 않을 수 있도록 하는가를 그 핵심 목적으로 삼는다.

신선과 관련된 중요한 문헌으로는 유향(劉向, 기원전 77~기원후 7년)의 『열선전』(列仙傳), 갈홍(葛洪, 284~344)의 『신선전』(神仙傳) 등이 있다. 『열선전』에 나타난 성선의 방법으로는 전수(傳受), 승영물(乘靈物), 구체적인 육체 수련(養形) 방법인 복약법(服藥法), 벽곡법(辟穀法), 행기법(行氣法), 도인법(導引法), 방중술(房中術), 정신수련(養神) 방법인 행선적덕(行善積德), 거삼시(去三尸) 등으로 나누어진다.76)

양형설을 살펴보기 위해서는 먼저 전국시대에 유행하였던 방선도(方仙道)를 살펴봐야 한다. 당시의 방선도는 크게 3대 유파로 나눌 수 있다.77) 첫째, 복식파(服食派)로 약물을 복식하여 장생불로(長生不

世奚足爲哉!"

76) 劉向, 『열선전』, 김장환 옮김, 예문서원, 1996, 28쪽.

77) 蒙紹榮·張興强, 『歷史上的煉丹術』, 上海科技教育出版社, 1995, 10쪽.

老)를 구한다. 이 복식파에 속하는 인물들은 '식물로 된 약물을 복식하는 자', '광물로 된 약물을 복식하는 자', '동물로 만든 약을 복식하는 자'로 크게 구분된다. 둘째, 방중파(房中派)로 방중양생(房中養生)을 신선이 되는 방술로 삼는다. 방중술은 '남녀합기의 술'(男女合氣之術)이다. 마왕퇴(馬王堆)에서 출토된 백서(帛書) 가운데에는 『합음양』(合陰陽), 『천하지도담』(天下至道談), 『십문』(十問) 등의 문헌이 있는데, 모두 방중술과 관련된 것이다. 지금 전해지고 있는 『도장』(道藏)에도 『동진태미황서천제군석경금양소경』(洞眞太微黃書天帝君石景金陽素經), 『상청황서과도의』(上淸黃書過度儀), 『동진황서』(洞眞黃書) 등과 같은 방중서가 있다. 또 『한서』(漢書) 「예문지」(藝文志)에 『용성음도』(容成陰道), 『무성자음도』(務成子陰道), 『요순음도』(堯舜陰道), 『탕반경음도』(湯盤庚陰道), 『천로잡자음도』(天老雜子陰道), 『천일음도』(天一陰道), 『황제삼왕양양방』(黃帝三王養陽方), 『삼가내방유자방』(三家內房有子方) 등의 문헌이 기록되어 있다. 『수서』(隋書) 「경적지」(經籍志)에는 『소녀비도경』(素女秘道經), 『현녀경』(玄女經), 『소녀방』(素女方), 『팽조양성』(彭祖養性), 『담자설음양경』(郯子說陰陽經), 『신찬옥방비결』(新撰玉房秘訣) 등과 같은 책의 목록이 있다. 갈홍의 『포박자내편』(抱朴子內篇) 「하람」(遐覽)편에는 『원양자경』(元陽子經), 『현녀경』(玄女經), 『소녀경』(素女經), 『팽조경』(彭祖經), 『진사경』(陳赦經), 『자도경』(子都經), 『장허경』(張虛經), 『천문자경』(天門子經), 『용성경』(容成經) 등이 있다.[78] 이 "방중양생학은 성생활과 관련이 있는 양생학이고, 또한 고대의 성과학이다."[79]

　　중국 고대사회에서는 성에 대한 금기가 매우 엄하였다. 이것은 물

---

78) 胡孚琛·呂錫琛, 『道學通論－道家·道敎·丹道』, 社會科學文獻出版社, 2004,
　　418~421쪽 참조 요약.
79) 같은 책, 417쪽.

론 중국에만 있었던 현상이 아니다. 따라서 성에 대한 은어가 많이 만들어지게 되었다. 도서(道書)에서 방중술을 의미하는 은어로 "현소"(玄素), "용성"(容成), 음도(陰道), 황적지도(黃赤之道), 황서적계지법(黃書赤界之法), 남녀합기지술(男女合氣之術), 희도(戲道), 은희(隱戲), 비희(秘戲), 규희(閨戲), 혼기지법(混氣之法), 합음양(合陰陽), 적기(赤炁), 방실(房室), 방내(房內), 사내(使內), 근내(近內), 어내(御內), 내사(內事), 신명지사(神明之事), 인사(人事), 방사(房事), 욕사(欲事), 춘사(春事), 서사(庶事), 양사(陽事), 방위지사(房幃之事), 행방(行房), 행음(行陰), 인방(人房), 교환(交歡), 환합(歡合), 교합(交合), 교구(交媾), 교접(交接), 접형(接形), 작강(作强), 인도(人道), 돈륜(敦倫), 어부인술(御婦人術) 등이 있다.[80] 방중파에는 팽조(彭祖), 용성공(容成公), 현녀(玄女), 소녀(素女) 등이 있다.

셋째, 토납도인파(吐納導引派)로 도인복기(導引服氣)를 강조하여 장수하고 신선이 되는 것이다. 이 셋 가운데 첫째 복식파는 약물과 관련이 있고, 방중파와 토납도인파는 건신술(健身術)과 관련이 있다. 물론 이것은 절대적인 구분은 아니다.

갈홍은 『포박자내편』 「논선」(論仙)편에서 양생의 방법으로 이렇게 말하였다.

　　예를 들면 선인(仙人)들이 약물(藥物)로써 몸을 기르고, 술수(術數)로 수명을 연장하며, 몸 안에 질병이 생기지 않도록 하고, 외부로부터 해가 되는 것은 몸 안에 들어오지 못하도록 한다면, 언제까지나 죽지 않을 뿐만 아니라 그것도 젊은 그대로이다. 이것은 그 도(道)를 터득한다면 그렇게 어려운 것만은 아니다.[81]

80) 같은 책, 418쪽.
81) 葛洪, 『抱朴子內篇』 「論仙」 : "若夫仙人, 以藥物養身, 以術數延命, 使內疾不生, 外患不入, 雖久視不死, 而舊身不改, 苟有其道, 無以爲難也."

갈홍의 관점에 의하면, 만약 우리가 몸을 기르는 양생을 하여 불로
장생하고자 한다면 ①약물(藥物), ②술수(術數), ③몸 안에 질병이 생
기지 않도록 하는 것, ④외부로부터 해가 되는 것이 몸에 들어오지 못
하도록 하는 것이다. 갈홍은 또 호흡법(呼吸法), 단식법(斷食法), 여러
가지 초근목피의 약을 복용하는 법 등을 말하고 있다.

몸을 기르는 양생술은 크게 불로초와 외단황백술로 구분할 수 있다.

2. 불로초 - 자연에서 얻는 불로장생 약물

자연에서 얻는 불로장생의 약물에는 식물, 광물, 동물 등이 있다. 이
가운데 대표적인 것은 불로초이다. 그런데 불로초를 구하는 방법이 타
당하기 위해서는 당연히 먼저 신선 그리고 그들이 사는 선경(仙境)이
있다는 것을 전제로 한다. 이러한 사상은 앞에서 이미 설명한 것처럼
방사 집단에 의하여 널리 유행하였다. 그와 더불어 기론에 바탕을 둔
형이상학적 사유와 양생설이 그 이론적 배경을 형성하였다.

도교에서는 "신선사상이 중심"이라고 할 수 있다.[82] 그러므로 간단
히 말하자면 도교는 신선사상의 변형 혹은 변주라고 말할 수 있다. 장
생불사를 추구한 신선의 관념이 변화하고 다양화된 형태가 도교라는
종교에 고스란히 반영되어 있다.

『전국책』(戰國策)에 '불사의 약'에 관한 다음과 같은 기록이 보인다.

형왕(荊王)에게 불사의 약을 바치는 자가 있었다. 그가 불사의 약을
들고서 궁궐로 들어가려고 하자 궁궐의 한 관리가 물었다. "먹을 수 있
는가?" "먹을 수 있다"고 대답하였다. 그래서 불사의 약을 빼앗아 먹어
버렸다. 왕은 이 말을 듣고서 매우 노하여 그 관리를 죽이라고 명하였

---

82) 구보 노리타다(窪德忠), 『도교의 신과 신선 이야기』, 63쪽.

다. 그러자 이 관리는 왕에게 이렇게 말하였다. "먹을 수 있는가 물었더니 먹을 수 있다고 해서 먹었으므로 저는 죄가 없고 임금을 알현하고자 한 자에게 죄가 있습니다. 또 불사의 약을 바쳤는데 신이 그것을 먹어서 임금께서 저를 죽이신다면 이것은 불사의 약이 아니라 사약이 됩니다. 따라서 임금님을 알현하고자 한 자는 임금님을 속인 것이 됩니다. 죄가 없는 신하를 죽이시는 것보다는 임금님을 속인 자의 죄를 밝히시는 것이 더 좋다고 생각합니다." 왕은 그를 죽이지 않았다.[83]

형왕과 관리의 대화에서 우리가 알 수 있는 것은 형왕이 불사의 약의 존재를 절대적으로 신뢰한 인물이라면 그의 관리는 그것을 불신한 인물로 보인다. 이와 비슷한 내용이 『열자』 「설부」(說符)편에 보인다.

옛날에 죽지 않는 방법을 안다고 말하는 사람이 있었다. 연(燕)나라 임금이 사람을 보내어 그의 비법을 전수받아 오도록 하였다. 그러나 지름길로 빨리 가지 않아 그 사람은 도착하기 전에 죽어버렸다. 연나라 임금은 매우 화가 나서 그의 사자(使者)도 처벌하려 하였다. 이 때 총애를 받는 신하가 간하여 말했다. "사람들이 근심하는 것 중에 죽음보다 더 절실한 것은 없고 자기가 소중히 여기는 것 중에 삶보다 더한 것은 없습니다. 그 사람은 스스로 그의 삶을 잃었는데 어찌 임금님으로 하여금 돌아가시지 않게 해 드릴 수 있었겠습니까?" 그러자 처벌하지 않았다.[84]

---

83) 『戰國策』 「楚策」: "有獻不死之藥於荊王者, 謁者操以入. 中射之士問曰: '可食乎?' 曰: '可.' 因奪而食之. 王怒, 使人殺中射之士, 中射之士使人說王曰: '臣問謁者, 謁者曰可食, 臣故食之, 是臣無罪, 而罪在謁者也. 且客獻不死之藥, 臣食之而王殺臣, 是死藥也. 王殺無罪之臣, 而明人之欺王.' 王乃不殺."

84) 『列子』 「說符」: "昔人言有知不死之道者, 燕君使人受之. 不捷, 而言者死. 燕君甚怒其使者, 將加誅焉. 幸臣諫曰: '人所憂者, 莫急乎死, 己所重者, 莫過乎生. 彼自喪其生, 安能令君不死也?' 乃不誅."

신선이 되는 것과 관련하여 영산(靈山)에 있다고 전해지는 불로초(不老草)는 매우 매력적인 대상이었다. 만약 사람이 이 불로초를 먹기만 한다면 불로장생, 장생불사할 수 있기 때문이다. 『사기』「봉선서」(封禪書)에도 장생불사의 약에 대한 기록이 있다.

> 진시황은 남쪽으로는 상산(湘山)까지 순유하고, 회계산(會稽山)에 올라 해상으로 가서 삼신산의 장생불사약[奇藥]을 얻기를 희망하였다.85)

이러한 약물(藥物)을 소개한 내용이 『산해경』에 많이 보인다. 몇 가지 예를 살펴보면 다음과 같다.

> 서쪽에 왕모산(王母之山)·학산(壑山)·해산(海山)이 있다. 옥국(沃國)이 있는데 옥민(沃民)이 여기에 산다. 옥야(沃野)에서는 봉새의 알을 먹고 단 이슬을 마신다. (그리고) 원하는 바의 온갖 맛이 다 갖추어져 있다. 여기에는 가화(甘華)·감사(甘柤)·흰 버들(白柳)·시육(視肉)·삼추(三騅)·선괴(璇瑰)·요벽(瑤碧)·백목(白木)·낭간(琅玕)·백단(白丹)·청단(靑丹)이 있고, 은과 철이 많이 난다. 난새가 절로 노래를 부르고 봉새가 절로 춤을 추며 여기에 온갖 짐승이 서로 무리지어 사는데 이곳을 옥야라고 한다.86)
>
> 개유산(蓋猶之山)이라는 곳이 있어 산 위에는 감사(甘柤)가 자라는데 가지와 줄기가 모두 붉고 누런 잎, 흰 꽃, 검은 열매가 맺는다. 동쪽에 또 감화(甘華)가 있는데 가지와 줄기가 모두 붉고 누런 잎이다. 푸

---

85) 『史記』「封禪書」: "後五年, 始皇南至湘山, 遂登會稽, 並海上, 冀遇海中三神山之奇藥."

86) 『山海經』「大荒西經」: "西有王母之山·壑山·海山. 有沃之國, 沃民是處. 沃之野, 鳳鳥之卵是食, 甘露是飮. 凡其所欲, 其味盡存. 爰有甘華·甘柤·白柳·視肉·三騅·璇瑰·瑤碧·白木·琅玕·白丹·靑丹, 多銀鐵. 鸞鳳自歌, 鳳鳥自舞, 爰有百獸, 相羣是處, 是謂沃之野."

른 말이 있고, 이름을 삼추(三騅)라고 하는 붉은 말도 있다. 시육(視肉)
이 있다.[87]

　　남류산(南類之山)이 있는데 여기에서는 유옥(遺玉)·푸른 말(靑馬)·
삼추(三騅)·시육(視肉)·감화(甘華)가 있고, 온갖 곡식이 나는 곳이
다.[88]

이상의 기록에 보이는 것들은 모두 약물에 해당한다. 이러한 약물
은 인간이 장수하는데 도움이 되지만 신선과 같이 불로장생할 수는
없다. 그런 까닭에 신선이 사는 곳을 찾아가 불로장생할 수 있는 불로
초를 구할 수밖에 없었다. 그렇지만 신선이 사는 곳은 인간이 사는 세
상과는 다른 곳으로 사람이 쉽게 접근할 수 없었다. 따라서 불로초를
구하는 일 역시 간단치 않은 일이었다. 그렇다면 다른 방법은? 이 불
로장생의 약을 직접 만드는 것만이 있을 뿐이다.

3. 단약 : 외단황백술 - 인공적으로 만든 불로장생 약물

단약을 인공적으로 만드는 방법을 외단황백술(外丹黃白術)이라 한
다. 역사적으로 연단술(煉丹術)은 주로 외단술(外丹術)인데(煉丹과
煉金을 포함한다), 후에는 또 내단술(內丹術)을 파생하게 되었다. 연
단술은 상고시대의 야금기술과 신선설에서 발전해 나온 것이다. 야금
기술은 연단술에 물질적 기초를 세웠고, 신선설은 그것의 이론적 지주
로 그것을 가능성에서 현실로 바꾸었다.[89] 연단술은 노정(爐鼎 : 화
로)을 이용하여 단사(丹砂), 연(鉛 : 납), 홍(汞 : 수은) 등과 같은 광

---

87) 같은 책, 「大荒南經」 : "有蓋猶之山者, 其上有甘柤, 枝榦皆赤, 黃葉, 白華, 黑
　　實. 東又有甘華, 枝榦皆赤, 黃葉. 有靑馬. 有赤馬, 名曰三騅. 有視肉."

88) 위와 같음 : "有南類之山, 爰有遺玉·靑馬·三騅·視肉·甘華, 百穀所在."

89) 蒙紹榮·張興强, 『歷史上的煉丹術』, 2쪽.

석 약물을 불로 달궈 "장생불사"의 단약을 만드는 것이다. 이것을 또 선단술(仙丹術), 금단술(金丹術), 황백술(黃白術)이라 부르기도 한 다.90) 자율적 규율로서의 중국 연금술은 다음과 같은 요소를 이용하 여 성립한다. 1)전통적인 우주론적 원리, 2)불사의 영약과 불사의 성 인(聖人) 사이의 관계에 관한 신화, 3)장생, 지복, 정신적 자발성을 추 구하는 방술. 이 세 가지 요소(원리, 신화, 방술)는 원사시대의 문화유 산에 속한다.91)

　사람이 단약을 직접 제조하는 것에 관심을 갖게 된 것은 자연에서 얻는 약물로는 불로장생할 수 없고, 또 불로초를 구하기 어렵다는(또 는 구할 수 없다는) 사실에서 출발한다. 「봉선서」의 내용은 단약에 관 한 가장 빠른 기록이다.

> （孝景帝) 천자는 …… 단사 등 각종 약물을 사용하여 황금을 제조하 는 일에 착수하였다.92)

　여기에서 황금을 제조한다는 것은 바로 단약을 만드는 작업이다. 『열 선전』에서는 임광이라는 사람이 단약을 복용했다고 기록하였다.

> 임광 : "임광은 상채(上蔡) 사람이다. **단약**을 복용하는데 뛰어났으며 도성과 시골에서 (그것을) 팔면서 80년을 지냈다. …… 진나라 사람 들은 늘 그(가 만든) 단약을 복용했다."93)

---

90) 徐儀明, 『外丹』, 內蒙古敎育出版社, 1999, 2쪽.
91) 미르치아 엘리아데, 『대장장이와 연금술사』, 이재실 옮김, 문학동네, 2003, 115쪽.
92) 『史記』「封禪書」: "於是天子……而事化丹沙諸藥齊爲黃金矣."
93) 劉向, 『列仙傳』: "任光者, 上蔡人也. 善餌丹, 賣於都市里間. ……晉人常服 其丹也." 149쪽.

연단의 선구자는 안기생(安期生)이다. 유향의 『열선전』의 기록은
이렇다.

> 안기선생은 낭야군(琅邪郡) 부향(阜鄉) 사람이다. 동해 가에서 약을
> 팔았는데 당시 사람들이 모두 [그를] '천세 노인'[千歲翁]이라 불렀
> 다.94)

당시 사람들은 도의 물질화가 가능하다고 생각하였다. 단약(丹藥)
을 만들어 그것을 먹음으로써 도와 마찬가지로 장생불사할 수 있다고
하였다. 이 집단을 후에 단정파(丹鼎派)라고 부른다. 후대의 단정파에
서 유명한 인물로는 위백양(魏伯陽), 갈홍(葛洪) 등이 있다.

(1) 단약과 중국의 고대과학

J. 니담(Joseph Needham, 1900~1995)은 "도가적 사상 체계는 철학과
종교의 유일하고도 매우 흥미 있는 결합이었고, 그것은 또한 원시 과
학과 마술과도 결합하는 것", "도교는 '인류가 경험하였던 것 중에서
가장 본질적으로 반 과학적이 아니었던 유일한 신비주의 체계'"라고
평가하였다.95) 단약을 만드는 것은 고대 의학, 과학, 연금술 등과 관
련이 있다. "중국의학은 철학적 기반을 도교사상에 두고 발전하였고
도교사상은 의학적 연구 성과를 받아들여 양생법을 풍요롭게 보완해
왔다."96) 엘리아데는 "중국에서는 야금술적 신비학과 연금술 사이에
단절이 없었다고 말할 수 있다"고 지적하였다.97) 그는 또 이렇게 말하

---

94) 같은 책 : "安期先生者, 琅邪阜鄉人也. 賣藥於東海邊, 時人皆言'千歲翁'."
95) 조셉 니담, 『中國의 科學과 文明』(2), 李錫浩·李鐵柱·林禎垈 譯, 乙酉文化社,
   1988, 45쪽.
96) 金洛必, 「갈홍의 신선사상과 도교의학」, 『大韓韓醫學原典學會誌』vol. 61 - 1,
   2003, 20쪽.

였다.

연금술의 화덕을 고대 대장간의 유산으로 보는 도교도들에게 불멸성
이란(적어도 후한 왕조 이후에는) 주술적 도구에 의한 용해의 결과(여
기에서 대장간 화덕에 대한 제물 희생이 필요하다)가 아니라, '신성한
진사(辰砂)'를 제조한 사람만이 획득할 수 있는 것이었다. 그때부터, 연
금술사들은 스스로를 신성화하기 위한 새로운 방법에 접하게 되었다.
신들과 같이 되기 위해서는 황금액이나 진사를 복용하는 것으로 충분
했다.98)

엘리아데 역시 중국의 연금술과 오행의 관계 그리고 신체의 오장의
관계를 설명하면서 "연금술사는 중국 사상에서 잘 알려진 소우주와
대우주의 대응이라는 전통적 해석을 받아들인다. 우주의 5원소인 오
행(水 火 木 金 土)은 인체 각 기관에 상응하여, 심장은 화의 본질에,
간은 목의 본질에, 폐는 금의 본질에, 신장은 물의 본질에, 위장은 흙
의 본질에 해당된다"고 말한다.99) 고대 중국의 과학에 대해 니담은 이
렇게 지적하였다.

과학과 마술은 그 초기에는 구별할 수 없는 것이다. 자연에 역점을
두는 도가의 철학자들은 곧바로 순수 관찰적인 것에서 실험적인 것으
로 나아가야 했다. 후에 우리는 이 과정의 최초의 시발점을 완전히 도
가적 원시 과학인 연금술의 역사 속에서 배우게 될 것이다. 또한 약학
과 의학의 시발점도 도교와 매우 밀접하게 연결되어 있다. …… 따라서
도가의 철학자들—노자와 장자의 고도의 추상성에 기초하고 있지만,
불사의 환약을 조제하기 위해 연금술의 용광로를 달구어서 오행(五行)

97) 미르치아 엘리아데, 『대장장이와 연금술사』, 이재실 옮김, 문학동네, 2003, 112쪽.
98) 같은 책, 113쪽.
99) 같은 책, 120쪽.

과 음양(陰陽)의 작용을 묵상함으로써 마음을 안정을 얻었던 사람들 -
과 용신(龍神)을 통어(統御)하기 위해 신비한 주문을 써내거나 혹은 예
배 의식에 종사하는 도가적 마술사를 구별할 수 있는 것은 아무것도 없
다.[100]

먼저 중국의 고대과학과 관련된 내용을 살펴보기로 한다. 고대 중
국의 자연과학과 관련하여 중요한 문헌으로 『묵자』(墨子)와 『고공기』
(考工記)가 있다. 『고공기』는 공학[工科]과 관련된 문헌이고, 『묵자』
는 물리학[理科]과 관련된 문헌이다.[101]

『묵자』에 보이는 과학 내용은 수학, 광학, 역학, 심리학 등과 관련
된 것이다. 그 가운데에서 특히 기하학, 빛, 거울에 비춰진 물상, 지렛
대 원리에 관한 인식은 매우 심오하다.[102] 『묵자』 「경 상」(經 上)에
서 말하였다.

'힘'[力]은 물체를 들어 올리는 것이다.[103]

다음은 「경설 상」(經說 上)의 내용이다.

'힘'은 무게를 말하는 것으로 무거운 것은 반드시 내려가게 되어 있
지만 무거운 것을 들어 위로 올라가게 하는 것이다.[104]
움직임[動]은 구역이 옮겨진다는 뜻이다.[105]

---

100) 조셉 니담, 『中國의 科學과 文明』(2), 46쪽.
101) 譚家健, 『墨子研究』, 貴州敎育出版社, 1996, 283쪽.
102) 張永義, 『墨子 - 墨子與中國文化』, 貴州人民出版社, 2001, 221쪽.
103) 『墨子』 「經 上」: "力, 刑之所奮也." [한글 번역은 박재범, 『묵자』(홍익출판
사, 1999/염정삼 주해, 『묵경』1/2(한길사, 2012) 참조. 필요한 경우 수정을 하
였다. 아래도 같다.]
104) 같은 책, 「經說 上」: "力, 重之謂下, 與重奮也."
105) 같은 책, 「經 上」: "動, 或從也."

멈춤[止]은 외부에서 가해지는 힘 때문에 정지하는 것이다.106)

「경설 하」(經說 下)에서는 이렇게 지적하였다.

일부를 없애더라도 전체에서 본다면 감소는 없다.107)
물질의 총량은 변함없이 이전과 같기 때문이다.108)
여러 힘을 합치거나 중복하여 하나로 만들 수 있기도 하고, 합쳐도 하나로 만들 수 없기도 한 것은 힘과 힘 사이에 저항력이 있기 때문이다.109)

이것은 물체의 운동에 관한 것이다. 광학(光學)과 관련된 내용도 많이 보인다. 몇 가지 소개하면 아래와 같다.

그림자가 이동하는 것이 아니다.110)
단지 물체가 정지하면 빛이 움직이고 빛이 정지하면 물체가 움직이는 등, 이 두 가지가 바뀌고 변화하는 것이기 때문이다.111)

또 『회남자』(淮南子) 「천문」(天文)편에는 사계절의 절기, 사방 방위의 측정 등 과학적 측정과 관련된 기록이 있다. 먼저 사계절의 절기와 관련된 내용이다.

두 개의 유(維) 사이의 각도는 91도 16분 5이다. 북두성의 자루가 하루에 1도씩 운행하여 15일이 지나면 하나의 절기가 되며, 이렇게 하여

---

106) 위와 같음 : "止, 以久也."
107) 같은 책, 「經 下」: "偏去莫加少."
108) 같은 책, 「經說 下」: "偏, 俱一無變."
109) 같은 책, 「經 下」: "合與一, 或復否, 說在拒."
110) 위와 같음 : "景不徙, 說在改爲."
111) 같은 책, 「經說 下」: "景, 光至景亡, 若在, 盡古息."

24절기의 변화가 생긴다.[112]

다음은 동서남북 사방의 방위를 관측하는 방법이다.

정확히 아침 해가 뜰 때와 저녁 해질 때에 먼저 표주(標柱) 하나를 동쪽에 세우고, 이 표주로부터 열 걸음 거리로 물러나 또 다른 표주를 잡고서 (동쪽 표주의) 북쪽 모서리에서 해가 처음 떠오르는 것을 관찰한다. 해가 지자마자 또 하나의 표주를 동쪽에 세운다. 그리고 서쪽의 표주를 통해 해가 바야흐로 북쪽 모서리로 들어가는 것을 관찰해 동쪽을 정한다. 두 표주의 중간과 서쪽의 표주를 연결한 선이 바로 종동(正東)과 정서(正西)의 방향이 된다. 동지에는 해가 동남쪽에서 나와 서남쪽으로 들어간다. 춘분과 추분에 이르면 해는 동쪽 중간에서 떠올라 서쪽 중간으로 진다. 하지에는 해가 동북쪽에서 떠올라 서북쪽으로 지고, 태양이 하지점을 통과할 때는 정남(正南)에 있다.[113]

아래는 동서남북의 길이를 측정하는 방법이다

동서와 남북의 넓이와 길이를 알고자 하면 4개의 표주를 사방 1리(里)의 거리 안에 세워 놓고, 춘분 또는 추분 10여 일 전에 북쪽 표주를 통해 태양이 막 떠서 아침이 될 때까지 바라보면서 태양과 표주가 일치하는지를 관측한다. 일치하는 때가 되면 북쪽 표주와 태양이 일직선상에 놓이게 된다. 이때 남쪽 표주를 통해 태양을 관측하고, 전표 안의 수를 기준으로 삼아, 남쪽 표주 간의 넓이와 전표 안의 길이의 비율을 통해 동서의 길이를 알 수 있다.[114]

---

112) 『淮南子』「天文」: "兩維之間, 九十一度十六分度之五. 而斗日行一度, 十五日爲一節, 以生二十四時之變." [한글 번역은 이석명의 『회남자』(1/2)(소명출판, 2010) 참조. 필요한 경우 수정하였다. 아래도 같다.]

113) 위와 같음: "正朝夕, 先樹一表東方, 操一表卻去前表十步, 以參望日始出北廉, 日直入, 又樹一表於東方, 因西方之表以參望日, 方入北廉則定東方. 兩表之中, 與西方之表, 則東西之正也. 日冬至, 日出東南維, 入西南維. 至春秋分, 日出東中, 入西中, 夏至, 出東北維, 入西北維, 至則正南."

위에 소개한 내용들은 고대 중국사회의 과학적 업적의 수준을 나타
낸다.

중국의 고대의학의 형성에서 중요한 내용 가운데 하나는 인도의학
의 전래이다. 가노우 요시미츠는 "중국에도 불교가 들어오기 이전에
인도의학이 전해졌을 가능성이 크다"고 말한다.[115] 그렇다면 고대 인
도에서 중국으로 전래된 고대 의학의 구체적인 내용은 무엇인가?

『사기』「편작창공열전」(扁鵲倉公列傳)에는 장상군(長桑君)이 편작
에게 신비한 약을 전해줬다고 하는 기록이 있다.

　　편작(扁鵲)은 발해군(渤海郡) 정읍(鄭邑) 사람으로 성은 진(秦)이
고, 이름은 월인(越人)이다. 젊어서 남의 객사(客舍)에서 사장(舍長)을
지냈다. 객사에 장상군(長桑君)이라는 은자가 빈객(賓客)으로 와 있었
는데, 많은 사람들 중 오직 편작만이 장상군을 특출한 사람이라고 여겨
언제나 그를 정중하게 대하였다. 장상군 역시 편작이 보통 사람이 아니
라는 것을 알았다. 장상군은 그가 객사를 드나든 지 10여 년이 되었을
때 은밀히 편작을 불러 둘만이 마주하고는 이렇게 말하였다. "비전(秘
傳)의 의술(醫術)을 알고 있는데, 내가 이미 나이가 들어 그대에게 전
해주려 하네. 절대 남에게 말하지 말게." 이에 편작이 공손히 대답하였
다. "그렇게 하겠습니다." 그래서 장상군은 품속에서 약을 꺼내 편작에
게 주면서 말하였다. "이 약을 깨끗한 연못의 물에 타서 마신 후 30일이
지나면 어떤 물건인지 알게 될 것이네." 그리고 비전의 의서(醫書)를
전부 꺼내어 편작에게 주고 홀연히 모습을 감추었다. 아마도 그는 인간
이 아닌 듯하였다. 장상군의 말대로 약을 복용한 지 30일이 지나자 편
작은 담 너머에 있는 사람들이 보이게 되었다. 이러한 재주로 병자를

---

114) 위와 같음 : "欲知東西南北廣袤之數者, 立四表以爲方一里距, 先春分若秋分
　　十餘日, 從距北表參望日始出及旦, 以候相應, 相應則此與日直也. 輒以南表
　　參望之, 以入前表數爲法, 除擧廣, 除立表袤, 以知從此東西之數也."

115) 가노우 요시미츠, 『중국의학과 철학』, 한국철학사상연구회 기철학분과 옮김, 여
　　강출판사, 1992, 21쪽.

진찰하니 오장(五臟) 속 병근(病根)이 있는 부위를 훤히 볼 수 있었
다.116)

편작이 장상군에게 전해 받은 의학 비방은 무엇일까? 정확한 내용
은 알 수 없지만 투시법(透視法)에 해당한다. 이것은 현대의학의 X-
레이, CT촬영과 비슷하다고 할 것이다. 그렇다면 장상군은 어떤 인물
인가? 그가 편작에게 전해준 의술은 무엇인가? 아직 명확하지 않다.
백조고길(白鳥庫吉)은 이 고사를 "도가 방사(方士)의 한 유파가 자신
의 교리와 신앙을 삽입한 이야기"라고 보았다.117)

그런데 이 글에서는 또 유부(兪跗)라는 인물을 소개하고 있다.

중서자(中庶子)가 말하였다. " …… 내가 듣자하니 옛날 유부(兪跗)
라는 의원이 있었다는데, 그 의원은 병을 고치는데 탕액(湯液), 예쇄
(醴灑), 참석(鑱石), 교인(撟引), 안올(案扤), 독위(毒熨)를 사용하지 않
고 옷을 풀고 한 번 진찰하는 것으로 병의 징후를 보고, 오장에 있는
수혈(腧穴)의 모양에 따라 피부를 가르고 살을 열어 막힌 맥(脈)을 통
하게 하고 끊어진 힘줄을 잇고, 척수(脊髓)와 뇌수(腦髓)를 누르고 고
황(膏肓)과 횡격막(橫膈膜)을 바로 하고, 장(腸)과 위(胃)를 씻어내고,
오장을 씻어내어 정기(精氣)를 다스리고 신체를 바꾸어놓았다고 합니다.
…… "118)

---

116) 『史記』「扁鵲倉公列傳」: "扁鵲者, 渤海郡鄭人也, 姓秦氏, 名越人. 少時爲
人舍長. 舍客長桑君過, 扁鵲獨奇之, 常謹遇之. 長桑君亦知扁鵲非常人也. 出
入十餘年, 乃呼扁鵲私坐, 閒與語曰: '我有禁方, 年老, 欲傳與公, 公無泄.' 扁
鵲曰: '敬諾.' 乃出其懷中藥與扁鵲: '飮是以上池之水, 三十日當知物矣.' 乃
悉取其禁方書盡與扁鵲. 忽然不見, 殆非人也. 扁鵲以其言飮藥三十日, 視見
垣一方人. 以此視病, 盡見五藏癥結, 特以診脈爲名耳."

117) 가노우 요시미츠, 『중국의학과 철학』, 32쪽.

118) 『史記』「扁鵲倉公列傳」: "中庶子曰: '……臣聞上古之時, 醫有兪跗, 治病
不以湯液·醴灑, 鑱石·撟引, 安扤·毒熨, 一撥見病之應, 因五藏之輸, 乃割皮

　여기에서 당시에 병을 치료한 방법으로 탕액(湯液), 예쇄(醴灑), 참석(鑱石), 교인(撟引), 안올(案扤), 독위(毒熨) 등을 나열하였다. 그런데 뒷부분의 내용은 오늘날의 외과수술과 같다. "이는 개복술, 개두술, 개흉술을 포함하는 대수술이며 마치 생체해부와 같은 느낌이 든다."[119] 가노우 요시미츠는 또 유부의 이름이 전적에 따라 일정하지 않은 점을 들어 "외국어의 음역(音譯)이라고 볼 수는 없는 것일까"라고 의문을 제기한다.[120]

　또 화타(華佗)가 개복수술을 했다는 기록이 있다.

　　화타(華佗)는 자가 원화(元化)이고 패국(沛國) 초현(譙縣)사람으로, 일명 부(尃)라고도 한다. …… 만일 몸속에 병이 있는데 침과 약으로는 환부에 미칠 수 없어 반드시 절개를 해야 할 경우에는 환자에게 마취약을 먹여 잠시 취한 듯 죽은 듯 지각하는 바가 없게 하고 환부를 잘라 꺼냈다.[121]

　이처럼 화타는 마비산(麻沸散)을 이용하여 마취수술을 한 인물이다. 그렇다면 고대 중국에서 이 마취술은 어떻게 알려지게 된 것일까? 『삼국지』에는 조조가 화타를 죽였다고 기록하고 있다. 진인각(陳寅恪)은 '화타'를 '아가다'(agada, 藥神)의 번역어라고 생각하였다.[122] 만

解肌, 訣脈結筋, 搦髓腦, 揲荒爪幕, 湔浣腸胃, 漱滌五藏, 練精易形. ……'"

119) 가노우 요시미츠, 『중국의학과 철학』, 28쪽.

120) 같은 책, 29쪽. 가노우 요시미츠는 또 "유부의 요법이 인도의학의 영향을 받았다"(31쪽)고 주장한다.

121) 『三國志』「魏志」「華佗傳」: "華佗字元化, 沛國譙人也, 一名尃. ……若病結積在內, 針藥所不能及, 當須剒割者, 便吟其麻沸散, 須臾便如醉死無所知, 因破取."

122) 陳寅恪, 『陳寅恪文集』, 上海古籍出版社, 1980.(가노우 요시미츠, 『중국의학과 철학』, 91쪽 주 6) 재인용.)

약 진인각의 견해가 옳다면 화타는 어떤 특정한 인물을 지칭하는 것
이 아니다.

(2) 단약의 인공제조 방법

갈홍은 『포박자내편』 「금단」(金丹)편에서 불로장생법으로 환단(還
丹)과 금액(金液)을 제시하였다.

> 나는 장생법에 관한 서적들을 연구하고 불사의 처방들을 수집하였
> 다. 지금까지 읽은 것만도 몇 천 편, 몇 천 권에 이른다. 그 모두가 환단
> 과 금액이 주가 된다. 그렇다면 이 두 가지가 선도(仙道)의 지극한 방
> 법이라 할 것이다. 이것을 복용하고도 신선이 되지 못한다면 옛날부터
> 신선은 없었을 것이다.123)

그는 또 단약 제조 방법에 대해 이렇게 말하였다.

> 대저 단약이란 오랫동안 달이면 달일수록 영묘한 변화가 있다. 황금
> 은 불속에 넣어 몇 번씩 달구어도 결코 소실되는 일이 없다. 땅속에 묻
> 어 놓아도 영원히 녹슬지 않는다. 이 두 가지 물건을 복용하여 인체를
> 단련하는 것이야말로 불로불사할 수 있는 길이다.124)

갈홍은 단약을 합성할 때 주의할 점으로 아래와 같이 지적하였다.

> 단약을 만드는 장소로는 명산 깊숙한 곳, 사람이 없는 곳이 아니면

---

123) 葛洪, 『抱朴子內篇』 「金丹」 : "余考覽養生之書, 鳩集久視之方, 曾所披涉,
篇卷以千數矣, 莫不皆以還丹金液爲大要者焉. 然則此二事蓋仙道之極也. 服
此而不仙, 則古來無仙矣"
124) 위와 같음 : "夫金丹之爲物, 燒之愈久, 變化愈妙. 黃金入火, 百煉不消, 埋之,
畢天不朽. 服此二物, 煉人身體, 故能令人不老不死."

안 된다. 함께 하는 사람이 있다고 하더라도 셋을 넘으면 안 된다. 먼저 100일 동안 재계(齋戒)하고 오향(五香)으로 목욕한다. 이처럼 정결하게 하고 더러운 것과 속인이 왕래하지 못하게 한다. 또 도를 믿지 않는 자가 그것을 알게 해서는 안 된다. 신약을 비방하여 훼방하면 약이 만들어지지 않는다.125)

그는 단약을 제조하는 방법으로 구단(九丹)을 제시하였다.

> 구단(九丹)이야말로 불로장생의 비결로 범인은 보고 들을 수 없다.126)

갈홍은 구단에 대해 각각 이렇게 설명하였다.

제1단 : "단화(丹華)라 이름을 한다. 먼저 현황(玄黃)을 만들어야 하는데 웅황수(雄黃水)·반석수(礬石水)·융염(戎鹽)·노염(鹵鹽)·여석(礜石)·모려(牡蠣)·적석지(赤石脂)·활석(滑石)·호분(胡粉)을 각각 수십 근씩 써서 육일니(六一泥)를 만든다. 이것을 불로 달여 36일이 되면 (단약이) 완성된다. 이것을 7일 동안 복용하면 신선이 된다. 또 현황고(玄黃膏)로 이 단약을 환약으로 만들어 강한 불에 두면 곧 황금이 된다. 또 240주를 수은 100근과 합하여 불로 달구면 역시 황금이 된다. 황금이 되면 단약이 완성된 것이다. 황금이 되지 않으면 다시 약을 밀봉하여 불로 달이는데 날수는 이전과 같고, (이렇게 하면) 반드시 단약이 된다.127)

---

125) 위와 같음 : "合丹當于名山之中·無人之地, 結伴不過三人, 先齋百日, 沐浴五香, 致加精洁, 勿近穢汚及與俗人往來, 又不令不信道者知之, 謗毁神藥, 藥不成矣."
126) 위와 같음 : "九丹者, 長生之要, 非凡人所當見聞也."
127) 위와 같음 : "第一之丹名曰丹華. 當先作玄黃, 用雄黃水·礬石水·戎鹽·鹵鹽·礜石·牡蠣·赤石脂·滑石·胡粉各數十斤, 以爲六一泥, 火之三十六日成. 服之

제2단 : "신단(神丹)이라 하고 또 신부(神符)라고도 한다. 100일 동안 복용하면 신선이 된다. 물과 불 위를 걷거나 건너갈 수 있는데, 이 단약을 발바닥에 바르면 물 위를 걸을 수 있다. 이것을 3도규(刀圭) 복용하면 곧바로 삼시두충(三尸九蟲)이 모두 소멸되고 온갖 병이 모두 치유된다."128)

제3단 : "신단이라 한다. 매일 1도규(刀圭)를 복용하여 100일이 되면 신선이 된다. 이것을 가축[六畜]에게 먹이면 영원히 죽지 않고, 또 오병(五兵)을 피할 수 있다. 100일 동안 복용하면 선인 옥녀(玉女)와 산천의 귀신들이 모두 그를 모시게 되는데 (그들은 모두) 사람의 모습으로 보인다."129)

제4단 : "환단(還丹)이라 한다. 매일 1도규를 복용하여 100일이 되면 신선이 된다. 주조(朱鳥)와 봉황(鳳凰)이 날아와 위를 덮고 선녀가 곁에 와 모신다. 1도규를 수은 1근과 합하여 불로 달이면 곧 황금이 된다. 이 단약을 돈에 발라 사용하면 그날 바로 쓴 돈이 되돌아오고, 범인(凡人)의 눈에 글을 쓰면 온갖 귀신이 달아난다."130)

제5단 : "이단(餌丹)이라 한다. 30일 동안 복용하면 신선이 된다. 귀신이 찾아와 모신다. 옥녀가 앞에 나타난다."131)

七日, 仙. 又以玄膏丸此丹, 置猛火上, 須臾成黃金. 又以二百四十銖合水銀百斤火之, 亦成黃金. 金成者藥成也. 金不成, 更封藥而火之, 日數如前, 無不成也."

128) 위와 같음 : "第二之丹名曰神丹, 亦曰神符. 服之百日, 仙也. 行度水火, 以此丹塗足下, 步行水上. 服之三刀圭, 三尸九蟲皆卽消壞, 百病皆愈也."

129) 위와 같음 : "第三之丹名曰神丹. 服一刀圭, 百日, 仙也. 以與六畜呑之, 亦終不死, 又能辟五兵. 服百日, 仙人玉女, 山川鬼神, 皆來侍之, 見與人形."

130) 위와 같음 : "第四之丹名曰還丹. 服一刀圭, 百日, 仙也. 朱鳥·鳳凰, 翔覆其上, 玉女至傍. 以一刀圭合水銀一斤火之, 立成黃金. 以此丹塗錢物用之, 卽日皆還. 以此丹書凡人目上, 百鬼走避."

131) 위와 같음 : "第五之丹名餌丹. 服之三十日, 仙也. 鬼神來侍. 玉女至前."

제6단 : "연단(煉丹)이라 한다. 10일 동안 복용하면 신선이 된다. 또 홍(汞)과 섞어 불로 달이면 역시 황금이 된다."[132]

제7단 : "유단(柔丹)이라 한다. 1도규를 복용하여 100일이 되면 신선이 된다. 결분자(缺分子) 즙과 섞어 마시면 90세가 되어도 자식을 낳을 수 있다. 금공(金公 : 鉛)과 섞어 불로 달이면 곧바로 황금이 된다."[133]

제8단 : "복단(伏丹)이라 한다. 이것을 복용하면 그날 바로 신선이 된다. 이 단약을 대추씨 정도 가지고 있으면 모든 귀신이 달아난다. 이 단약으로 대문과 지게문에 글씨를 쓰면 모든 온갖 나쁜 귀신[萬邪衆精]이 감히 앞에 나타나지 못하고, 또 도적과 무서운 짐승을 물리칠 수 있다."[134]

제9단 : "한단(寒丹)이라 한다. 1도규를 복용하여 100일이 되면 신선이 된다. 그러면 선동선녀(仙童仙女 : 仙童玉女)가 내려와 시중을 든다. 가볍게 날아다니게 되는데 날개를 사용하지 않는다."[135]

갈홍의 『포박자내편』에 보이는 단약 제조와 관련하여 황금의 제조 및 그러한 변화는 단약과 불로장생의 특징을 잘 보여준다. 왜냐하면 "한편 금의 추구는 정신적 본질의 추구를 함축하기도 했다. 금은 황제와도 같은 특성을 가지고 있었다. 즉, 그것은 대지의 '중심'에 있었으며, 결(缺, 계관석 혹은 유황), 황색 수은 및 내세(來世, 혹은 '黃天')와 신비한 관계를 맺고 있었기"때문이다.[136] 그런데 사실 인간이 영원

---

132) 위와 같음 : "第六之丹名煉丹. 服之十日, 仙也. 又以汞合火之, 亦成黃金."

133) 위와 같음 : "第七之丹名柔丹. 服一刀圭, 百日, 仙也. 以缺分汁和服之, 九十老翁, 亦能有子, 與金公合火之, 卽成黃金."

134) 위와 같음 : "第八之丹名伏丹. 服之, 卽日, 仙也. 以此丹與如棗核許持之, 百鬼避之. 以丹書門戶上, 萬邪衆精不敢前, 又辟盜賊虎狼也."

135) 위와 같음 : "第九之丹名寒丹. 服一刀圭, 百日, 仙也. 仙童仙女來侍, 飛行輕擧, 不用羽翼."

히 살 수 있도록 할 수 있는 단약과 같은 것은 존재하지 않는다. 뿐만 아니라 오히려 이 단약은 수은 중독을 일으킨다. 그 결과 많은 사람들이 단약을 복용하고 죽었다.

제3절 제왕과 죽음의 불안
– 고대 중국의 황제와 불로장생

고대 중국사회에서 이 지상의 최고 권력자는 천자였다. 천자는 어떤 의미에서 신과 동격을 이루었다고 말할 수 있다. 신이 아니면서 신과 같은 역할을 담당한 것이다. 그러나 분명한 사실은 그 역시 한 사람의 인간이었을 뿐이라는 점이다. 군주 역시 언젠가는 죽어야만 하는 존재인 것이다. 앞에서 이미 소개한 에드가 모랭은 이렇게 말하였다.

> 왕, 그는 일반성의 꼭대기에 있다. 그는 모든 개별성, 모든 전문성으로부터 떨어져 있고, 그리고 왕이라는 인간은 그의 도시의 구체적인 보편성을 포함하고, 그의 도시와 일치된다. 그는 "짐이 곧 국가이다"라는 문구의 온전한 의미에서 상징이다. 그런 이유로 왕은 이상적이고 우주적 개체인 신, 개인화된 우주인 신과 닮았다. 그런 이유로 그는 하느님의 복제이다. 그런 이유로, 옛 왕국에서 그는 불멸성 혹은 최소한 행복한 불멸성을 독점하는 경향이 있다. …… 그러므로 절대성을 갖는 것으로 인정받고, 삼위일체의 한 위격(位格)이 되는 신적인 개인으로서의 왕에게는 최고의 불멸성이 있을 뿐 아니라 죽음 앞에서의 최고의 불안도 있다. 왜냐하면 왕은 지극히도 고독한 개인이기 때문이다.[137]

---

136) 미르치아 엘리아데, 『대장장이와 연금술사』, 117쪽.
137) 에드가 모랭, 『인간과 죽음』, 동문선, 2000, 55~56쪽.

중국의 역사에서 제왕이 되어 불로장생에 관심이 많았던 인물로는
진시황(秦始皇), 한(漢)나라 무제(武帝) 등이 유명하다.

1. 진시황

진나라 때에는 명산·대천에 제사를 지냈을 뿐만 아니라 해·달·남
두(南斗)·북두(北斗)·화성·금성·목성 등의 별, 이십팔수(二十八宿),
풍백(風伯), 우사(雨師), 사해(四海) 등에 제사를 지내는 사당을 만들
었다. 별에 대한 신앙에서 수성(壽星), 남극노인성(南極老人星) 등으
로 불리는 카노푸스에 대한 신앙이 주목되는데, 사람들의 장생에 대한
바람이 반영된 것이다.[138]

중국 역사에서 처음으로 천하통일을 이룬 인물은 진시황(秦始皇,
기원전 259년~기원전 210년)이다.[139] 그러나 그 역시 51세라는 나이
에 죽음을 맞이하였다.

> 진왕(秦王) 정(政)은 즉위 26년 만에 처음으로 천하를 통일하여 36
> 군(郡)을 설치하였으며, 칭호를 시황제(始皇帝)라고 하였다. 시황제는
> 51세에 죽었다.[140]

역사적으로 진시황은 불로장생을 추구하였던 인물 가운데 가장 유
명한 사람이다. 진시황은 중국역사에서 최초로 통일왕국을 건설한 인
물이다. 먼저 진시황의 연표를 살펴보면 다음과 같다.

---

138) 구보 노리타다(窪德忠), 『道敎史』, 94~95쪽.
139) 진시황의 생졸연대는 천징의 『진시황평전』(김대환·신창호 옮김, 삶과 빛,
   2006)에 있는 「진시황 소연표」(366쪽)을 따른다.)
140) 『史記』「秦本紀」: "秦王政二十六年, 初幷天下爲三十六郡, 號爲始皇帝. 始
   皇帝五十一年而崩."

기원전 259년 진소왕 48년	정월, 조(趙)나라의 수도 한단(韓鄲)에서 자초(子楚)와 여불위(呂不韋)의 첩이었던 조희(趙姬) 사이에서 출생했다.
267년 진소왕 56년	어머니와 함께 진나라로 돌아오다.
247년 진장양왕 3년	장양왕(莊襄王) 사후 왕으로 즉위하다.
238년 진시황 9년	장신후(長信侯) 노애(嫪毐)의 난을 진압하고 친정(親政)을 시작했다.
237년 진시황 10년	축객령(逐客令)을 폐지하다.
230년 진시황 17년	한(韓)나라 멸망.
228년 진시황 19년	조(趙)나라 멸망.
227년 진시황 20년	연(燕)나라에서 보낸 자객 형가(荊軻)가 암살을 기도했으나 실패하다.
225년 진시황 22년	위(魏)나라 멸망.
224년 진시황 23년	초(楚)나라 멸망.
222년 진시황 25년	연나라 멸망.
221년 진시황 26년	제(齊)나라를 멸망시키고 중국을 통일한 후에 스스로 시황제(始皇帝)라 칭하다. 군현제(郡縣制)를 실시하고 도량형과 화폐, 문자를 하나로 합치는 등 통일국가의 기틀을 다지다.
220년 진시황 27년	제1차 순행을 떠나다.
219년 진시황 28년	제2차 순행을 떠나다. 불로불사(不老不死)의 꿈을 이루기 위해 서불(徐市) 등을 각지에 파견하다.
218년 진시황 29년	제3차 순행을 떠나다. 박랑사(博狼沙)에서 자객의 습격을 받다.
215년 진시황 32년	제4차 순행을 떠나다.
214년 진시황 33년	흉노(匈奴)를 공격하고 만리장성을 완성하다. 이사(李斯)의 건의로 분서령(焚書令)을 단행하다.
212년 진시황 35년	아방궁(阿房宮)을 축조하고 갱유(坑儒)를 단행하다.
210년 진시황 37년	제5차 순행 도중 사구(沙丘)에서 사망하다.

에드가 모랭은 이른바 '제왕의 고독'을 다음과 같이 말하였다.

왕의 전능은 죽음 앞에 선 인간의 가장 큰 약점을 드러낸다. 이 약점을 왕은 자기 자신 안에서 느낀다. 그는 자신의 드넓은 궁궐에서 죽음을 두려워한다.[141]

진시황 역시 이 ‘제왕의 고독’으로부터 자유롭지 못하였을 것이다. 천하통일이라는 대업을 이루었지만, 그 역시 한 사람의 인간일 뿐이었다. 특히 그가 40대 이후에 자객의 암살을 몇 차례 겪게 된 것 역시 이 죽음의 불안을 더 실감하도록 만들었을 것이다.[142] 그런 까닭에 모랭이 말하는 “죽음 앞에서의 최고의 불안”을 마주할 수밖에 없었을 것이다. 만약 그렇지 않았다면 진시황이 그토록 불로장생을 추구하지도 않았을 것이다.

중국이라는 천하를 통일한 진시황은 장생불사에 심취하였다. 다음은 『사기』에 보이는 이와 관련된 내용이다. 먼저 「진시황본기」의 기록이다. 「진시황본기」에서 신선에 관한 기록이 처음 보이는 시기는 바로 기원전 220년 진시황 27년이다. 서불(徐市)이라는 인물이 진시황에게 신선이 산다는 삼신산(三神山)에 대하여 말한 것이다.

---

141) 에드가 모랭, 『인간과 죽음』, 56쪽.

142) 기록에 의하면 진시황은 모두 3차례 암살의 위협을 받았다. 그 기록은 아래와 같다. ①“(기원전 227년 진시황 20년 33세) 연(燕)나라 태자 단(丹)은 진의 군사들이 연나라를 침략해올 것을 근심하여, 두려운 나머지 형가(荊軻)를 시켜서 진왕을 척살(刺殺)하게 하였다. 진왕이 이 사실을 알고 형가의 사지를 찢어 백성들에게 보이고, 왕전(王翦)·신승(辛勝)으로 하여금 연나라를 공격하게 하였다.”(燕太子丹患秦兵至國, 恐, 使荊軻刺秦王. 秦王覺之, 體解軻以徇, 而使王翦·辛勝攻燕.) ②“(기원전 218년 진시황 29년 42세) 29년에 시황제가 동쪽으로 행차했다. 시황제가 양무현(陽武縣)의 박랑사(博狼沙)에 이르렀을 때 강도 때문에 몹시 놀랐다. 자객을 잡으려고 했으나 잡지 못하자 10일간 대규모로 전국을 수색하도록 명령하였다.”(二十九年, 始皇東游. 至陽武博狼沙中, 爲盜所驚. 求弗得, 乃令天下大索十日.) ③“(기원전 216년 진시황 31년 44세) 진시황이 함양(咸陽)을 미행(微行)하려고 무사 네 명과 함께 한밤중에 궁궐을 나왔다가 난지(蘭池)에서 도적을 만나 위험하게 되었으나 무사들이 도적을 물리쳐 죽였다. 이 일로 인해서 대규모로 관중(關中)을 20여 일간이나 수색했다.”(始皇微行咸陽, 與武士四人俱, 夜出逢盜蘭池, 見窘, 武士擊殺盜, 關中大索二十日.)

(진시황 27년 : 기원전 220년) 제(齊)나라 사람 서불(徐市) 등이 상
주하여 말하였다. "바다 가운데에 세 가지의 산이 있는데 봉래(蓬萊),
방장(方丈), 영주(瀛州)라고 하며, 그곳에는 신선들이 살고 있습니다.
재계하고 나서 동남동녀(童男童女)를 데리고 신선을 찾아 나서기를 청
합니다." 서불을 보내 수천 명의 동남동녀를 선발하고서는 바다로 들어
가 신선을 찾도록 하였다.143)

진시황 27년은 즉 기원전 220년으로 진시황이 천하통일을 이룬 후
다음 해이다. 우리가 추측해 볼 수 있는 것으로는, 아마도 천하통일이
라는 대업을 이루고 시황제가 된 인물의 허무감일 수도 있다는 점이
다. 그때 한 인간이 마주하게 되는 것은 역시 실존적 문제, 즉 자신의
죽음의 문제일 것이라고 추측해도 큰 무리는 없다고 생각된다.

진시황 32년에는 이렇게 기록하였다.

(진시황) 32년에 진시황이 갈석산(碣石山)에 가서 연(燕)나라 사람
노생(盧生)을 시켜서 선문(羨門)과 고서(高誓)를 찾도록 하였다.144)

또 이렇게 기록하였다.

한종(韓終), 후공(侯公), 석생(石生)을 시켜 신선들의 장생불사의 약
을 구하도록 하였다. …… 연(燕)나라 사람 노생(盧生)이 파견되어 바
다에 들어갔다.145)

---

143) 『史記』「秦始皇本紀」: "旣已, 齊人徐市等上書, 言 : '渤海中有三神山, 名曰
蓬萊·方丈·瀛洲, 僊人居之. 請得齋戒, 與童男女求之.' 於是遣徐市發童男女
數千人, 入海求僊人."
144) 위와 같음 : "三十二年, 始皇之碣石, 使燕人盧生求羨門·高誓."
145) 위와 같음 : "因使韓終·侯公·石生求仙人不死之藥. ……燕人盧生使入海."

그런데 진시황이 신선을 찾도록 바다로 보냈던 노생은 돌아온 뒤 이렇게 참위의 말을 하였다.

(노생은) 돌아와서 귀신에 관한 일로 인하여 참위(讖緯)의 글을 상주하였다. 그 글에는 "진나라를 망하게 할 자는 호(胡)이다"(亡秦者胡也)고 쓰여 있었다. 이에 진시황은 장군 몽염(蒙恬)으로 하여금 군사 30만 명을 일으켜 북쪽으로 호인(胡人)을 공격하게 하여 하남지역을 점령하였다.146)

진시황은 이 '호'자를 '호인'(胡人)을 가리키는 것으로 오해하여 호인을 쳐서 하남지역을 점령하였지만, 결국 진나라는 그의 아들 호해(胡亥)에 의하여 멸망하고 말았다. 이것은 진시황의 광기(狂氣)를 보여주는 일이다. 진나라의 멸망, 자신의 죽음 등에 대한 공포가 폭력으로 나타난 것이다. 이 사건의 결과에 대한 기록은 아래와 같다.

33년 병역이나 노역을 피해서 도망간 사람, 집이 가난하여 몸을 팔아 노예가 된 사람, 장사하는 사람 등을 징발하여 육량(陸梁) 지역을 공격하게 하여 계림(桂林), 상군(象郡), 남해(南海) 등의 군(郡)을 설치하고, 죄를 지어 유배된 사람들을 보내서 지키도록 하였다. 또한 서북쪽의 흉노를 쫓아버렸다. 유중(楡中)으로부터 황하를 따라서 동쪽으로 음산(陰山)에 이르기까지 44개의 현을 설치했고, 황하 연변에 성곽을 쌓아서 요새로 삼았다. 또 몽염으로 하여금 황하를 건너 고궐(高闕), 양산(陽山), 북가(北假) 일대를 빼앗게 하였고, 요새를 쌓아서 융인(戎人)들을 몰아내게 하였다. 유배된 사람들을 이주시켜서 새로 설치한 현을 충실하게 하였다.147)

---

146) 위와 같음 : "(盧生)還, 以鬼神事, 因奏錄圖書, 曰'亡秦者胡也'. 始皇乃使將軍蒙恬發兵三十萬人北擊胡, 略取河南地."

147) 위와 같음 : "三十三年, 發諸嘗逋亡人·贅壻·賈人略取陸梁地, 爲桂林·象郡·南海, 以適遣戌. 西北斥逐匈奴. 自楡中幷河以東, 屬之陰山, 以爲十四縣, 城

이러한 일련의 조치들은 진시황의 광기가 발동한 결과이다. 그런데 진나라의 멸망은 진시황의 광기와 더불어 나타난 그 내부의 붕괴에서 찾아야 할 것이다. 그 가운데 하나는 바로 승상(丞相) 이사(李斯)의 다음과 같은 상서의 내용에서 보인다.

> (진시황 34년) …… 신(臣)이 청하옵건대 사관에게 명하여 진(秦)의 서적이 아닌 것은 모두 태워버리고, 박사관(博士官)에서 주관하는 서적을 제외하고서 천하에 감히 수장되어 있는 『시』(詩), 『서』(書) 및 제자백가의 저작들을 지방관에게 보내어 모두 태우게 하며, 감히 두 사람이 『시』, 『서』를 이야기하는 자는 저잣거리에서 사형시켜 백성들에게 본보기를 보이며, 옛것으로 지금을 비난하는 자는 모두 멸족시키고, 이와 같은 자들을 보고서도 검거하지 않는 관리는 같은 죄로 다스리소서. 명령이 내려진 지 30일이 되어도 서적을 태우지 않는 자는 경형(黥刑)을 내리어 성단형(城旦刑)에 처하십시오. 다만 불태워 제거하지 않을 서적은 의약, 점복, 종수(種樹)에 관계된 서적뿐이며, 만약 법령을 배우고자 하는 자가 있다면 관리를 스승으로 삼게 하옵소서.[148]

진시황과 이사의 입장은 철저하게 폭력에 의거한 정치라고 말할 수 있다. 이러한 진시황의 광기는 한나라 고조(高祖) 유방(劉邦, 기원전 247~기원전 195)과 대조적이다. 다음은 유방과 육가(陸賈, B.C. 240?~B.C. 170)의 대화이다.

河上爲塞. 又使蒙恬渡河取高闕·[陽]山·北假中, 築亭障以逐戎人. 徙謫, 實之初縣."

148) 위와 같음 : "……臣請史官非秦記皆燒之. 非博士官所職, 天下敢有藏『詩』·『書』·百家語者, 悉詣守·尉雜燒之. 有敢偶語『詩』·『書』者棄市. 以古非今者族. 吏見知不擧者與同罪. 今下三十日不燒, 黥爲城旦. 所不去者, 醫藥卜筮種樹之書. 若欲有學法令, 以吏爲師."

육생(陸生)은 항상 황제 앞에서 진언할 때 『시』(詩), 『서』(書)를 인용하였다. 고조는 그를 꾸짖으며 말하였다. "나는 말 위에서 천하를 얻었소. 어찌 『시』, 『서』따위에 얽매이겠소!" 육생이 말하였다. "말 위에서 천하를 얻을 수는 있지만 어찌 말 위에서 천하를 다스릴 수 있겠습니까? 옛날 은(殷)나라 탕왕(湯王)과 주(周)나라 무왕(武王)은 역도(逆道)로 천하를 얻었지만 민심에 순응하여 나라를 지키셨으니, 이와 같이 문무(文武)를 함께 사용하는 것이 국가를 길이 보존하는 방법입니다. 옛날에 오왕(吳王) 부차(夫差)와 진(晉)나라의 지백(智伯)은 무력을 지나치게 사용하여 멸망하였으며, 진(秦)나라는 가혹한 형법만을 사용하고 바꾸지 않다가 결국 조씨(趙氏)는 멸망하였습니다. 당시에 진나라가 천하를 통일한 뒤 인의(仁義)를 행하고 옛 성인을 본받았다면 폐하께서 어떻게 천하를 차지할 수 있었겠습니까?" 고조는 마음이 불편하였지만 오히려 부끄러워하는 기색을 보이며 육생에게 이렇게 말하였다. "시험 삼아 나를 위하여 진나라가 천하를 잃은 까닭과 내가 천하를 얻은 까닭이 무엇인지, 그리고 옛날에 성공하거나 실패한 나라의 역사 사실을 저술하도록 하시오." 육생은 이에 국가의 존망의 징후에 대하여 약술하여 모두 12편을 지었다. 그가 매 편을 상주할 때마다 고조는 좋다고 칭찬하지 않은 적이 없었으며, 좌우의 사람들도 모두 만세를 외치며, 그 책을 『신어』(新語)라고 하였다.149)

유방 역시 진시황과 마찬가지로 폭력(군대)으로 제왕의 자리를 차지한 인물이다. 그러나 유방은 진시황과는 달리 폭력이 아닌 민심에 따를 것을 주장한 육가의 의견을 받아들였다. 이점이 진시황과 유방의

---

149) 같은 책, 「陸賈列傳」: "陸生時時前說稱詩書. 高帝罵之曰 : '迺公居馬上而得之, 安事詩書!' 陸生曰 : '居馬上得之, 寧可以馬上治之乎? 且湯武逆取而以順守之, 文武並用, 長久之術也. 昔者吳王夫差·智伯極武而亡 ; 秦任刑法不變, 卒滅趙氏. 鄉使秦已幷天下, 行仁義, 法先聖, 陛下安得而有之?' 高帝不懌而有慚色, 迺謂陸生曰 : '試爲我著秦所以失天下, 吾所以得之者何, 及古成敗之國.' 陸生迺粗述存亡之徵, 凡著十二篇. 每奏一篇, 高帝未嘗不稱善, 左右呼萬歲, 號其書曰『新語』."

결정적인 차이이다. 아무튼 천하통일을 이룬 후 진시황은 거대한 토목
공사를 진행하여 백성들을 고통에 빠뜨렸다고 전한다. 역사적 문헌의
기록은 이렇다.

　　35년 도로를 수축하여 구원(九原)을 지나서 운양(雲陽)까지 산을 깎
고 골짜기를 메워서 곧바로 통하게 했다. 이때 진시황은 함양에는 사람
이 많지만 선왕의 궁전은 너무 작다고 여기며 "짐이 듣건대 주나라 문
왕은 풍(豐)에 도읍을 정하고 무왕은 호(鎬)에 도읍하였다고 하니 풍
과 호 두 지역 사이가 제왕의 도읍지이다"라고 하였다. 이에 위수(渭
水)의 남쪽 상림원(上林苑)에 궁전을 지었다. 먼저 아방(阿房)에 전전
(前殿)을 건축했는데, 동서의 넓이가 500보(步)이고 남북의 길이가 50
장(丈)으로 위쪽에는 10,000명이 앉을 수 있고, 아래쪽에는 5장(丈) 높
이의 깃발을 꽂을 수 있었다. 사방으로 구름다리를 만들어 궁전 아래부
터 남산(南山)에 이르기까지 통하게 했으며, 남산 봉우리에 궐루(闕樓)
를 세워서 표지로 삼았다. 또 구름다리를 수축하여 아방에서 위수를 건
너서 함양(咸陽)에까지 이르게 함으로써 북극성, 각도성(閣道星)이 은
하수를 건너서 영실성(營室星)까지 이르는 모양을 상징했다. 아방궁이
완성되지 않았으나 완성된 이후에 좋은 이름으로 명명하려고 하였다.
결국 아방에 궁궐을 지었기 때문에 천하 사람들이 그것을 아방궁이라
고 불렀다. 궁형(宮刑), 도형(徒刑)을 받은 70만여 명을 나누어 아방궁
을 짓게 하거나 여산(驪山)을 조림(造林)하게 하였다. 북산(北山)에서
석재(石材)를 캐내고 촉(蜀), 형(荊) 지역에서 목재를 운반하여 모두
이곳에까지 이르게 했다. 관중(關中)에는 궁전 300채를 지었고, 함곡관
(函谷關) 동쪽에는 400여 채의 궁전을 지었다. 이에 동해(東海) 연변의
구산(朐山)에 비석을 세우고 진나라 국경의 동문(東門)으로 삼았다. 동
시에 30,000가구를 여읍(驪邑)으로 이주시키고 50,000가구를 운양으로
이주시켜서 10년간 부세와 요역을 면제해주었다.150)

────────────

150) 같은 책, 「秦始皇本紀」: "三十五年, 除道, 道九原抵雲陽, 塹山堙谷, 直通之.
　　於是始皇以爲咸陽人多, 先王之宮廷小, 吾聞周文王都豐, 武王都鎬, 豐·鎬之
　　間, 帝王之都也. 乃營作朝宮渭南上林苑中. 先作前殿阿房, 東西五百步, 南北

물론 이러한 역사적 기록을 완전히 믿을 수는 없다. 우리가 흔히 말하듯 역사란 승자의 기록이 아니던가. 그렇지만 이러한 사실들이 완전히 조작된 것이라고만 말할 수도 없다.

그렇다면 진시황은 왜 이처럼 무리한 공사를 강행하여 백성들의 삶을 도탄에 빠지게 만들었고, 결국은 진나라 제국의 멸망을 초래했을까? 그 심리적 바탕은 무엇일까? 우리가 생각하기에 그것은 '불안'이다. 진시황의 '정신적 불안'이 이처럼 어리석은 상황을 낳았다. 그러기에 노생과 같은 방사의 무리가 진시황을 더욱 미혹하게 만들 수 있었을 것이다. 노생은 또 아래와 같은 말로 불로장생의 미혹에 빠진 진시황을 유혹하였다.

(진시황 35년) 노생이 진시황에게 말하였다. "신들이 영지(靈芝), 선약(仙藥), 신선을 찾아다녔으나 매번 만나지 못했는데, 마치 이것을 방해하는 것이 있는 것 같습니다. 저의 소견으로는 황제께서 때때로 미행(微行)하시어 악귀를 물리치시고, 악귀가 물리쳐지면 진인(眞人)이 올 것입니다. 황제께서 머무르시는 장소를 신하들이 알게 되면 신선이 나타나는 것을 방해받게 될 것입니다. 진인은 물에 들어가도 젖지 않고 불에 들어가도 타지 않고 운기(雲氣)를 타고 다니며 천지와 더불어 영원히 존재할 것입니다. 지금 황제께서 천하를 다스리시나 아직은 안정을 이루지 못하셨으니, 원하옵건대 황제께서 거처하는 궁궐을 다른 사람들이 알지 못하게 하신다면 아마 불사의 약을 구하실 수 있을 것입니다." 그러자 진시황은 "짐(朕)이 평소 진인을 흠모했으니 이제부터 스

五十丈, 上可以坐萬人, 下可以建五丈旗. 周馳爲閣道, 自殿下直抵南山. 表南山之顚以爲闕. 爲復道, 自阿房渡渭, 屬之咸陽, 以象天極・閣道絶漢抵營室也. 阿房宮未成; 成, 欲更擇令名名之. 作宮阿房, 故天下謂之阿房宮. 隱宮徒刑者七十餘萬人, 乃分作阿房宮, 或作麗山. 發北山石椁, 乃寫蜀・荊地材皆至. 關中計宮三百, 關外四百餘. 於是立石東海上胸界中, 以爲秦東門. 因徙三萬家麗邑, 五萬家雲陽, 皆復不事十歲."

스로를 진인이라고 부를 것이며 짐이라 부르지 않겠노라"라고 말했
다.151)

상식적인 말이지만 불로장생약이란 존재하지 않는다. 그러므로 노
생의 무리에게 있어서 진시황에게 이 불로장생약을 구해준다는 것은
사실 목숨을 담보한 위태로운 도박이었다. 그런 까닭에 노생의 무리는
이 위험으로부터 탈출한 기회를 엿볼 수밖에 없었다. 거짓말도 한 두
번이지 매번 거짓말이 성공할 수는 없는 것이다. 그리하여 이들은 도
망을 계획하게 된다.

후생(侯生)은 노생과 함께 모의하여 다음과 같이 말하였다.
"진시황은 사람됨은 천성이 고집 세고 사나워 남의 말을 듣지 않고
자기 마음대로 하며, 제후 출신으로 천하를 통일하여 마음먹은 대로 일
을 행하고 옛날부터 지금까지 자기보다 나은 자가 없다고 여기고 있소.
그리고 전문적으로 옥리를 임용하였으니 옥리는 모두 황제의 친애와
총애를 받고 있거늘 박사는 비록 70명이지만 숫자만을 충족시켰을 뿐
중용하지는 않았으며, 승상과 대신들은 모두 이미 결정된 일들을 명령
받으니 황제에 의해서 모든 일이 처리되고 있소. 황제는 형벌과 살육으
로써 자신의 위엄을 세우기를 좋아하니 천하가 죄를 두려워하며 자신
의 봉록만을 유지하려고 할 뿐이며 감히 충성을 다하려고 하지 않소.
황제는 자신의 허물을 듣지 않고 날마다 교만해지며, 아랫사람은 해를
입을까 두려워하여 속이고 기만하며 황제의 비위를 맞추고 있소. 진나
라의 법률에는 두 가지 이상의 방술(方術)을 겸할 수 없게 하여 만약
그 방술에 영험이 없으면 즉시 사형에 처하도록 되어 있소. 그러나 성
상(星象)과 운기(雲氣)를 관측하는 자가 300명에 이르고 모두 뛰어난

---

151) 위와 같음 : "臣等求芝奇藥仙者常弗遇, 類物有害之者. 方中, 人主時爲微行
以辟惡鬼, 惡鬼辟, 眞人至. 人主所居而人臣知之, 則害於神. 眞人者, 入水不
濡, 入火不蒸, 陵雲氣, 與天地久長. 今上治天下, 未能恬惔. 願上所居宮毋令
人知, 然后不死之藥殆可得也.' 於是始皇曰 : '吾慕眞人, 自謂眞人, 不稱朕.'"

선비들이지만 두려워하고 기피하여 감히 황제의 허물을 직언하지 못하고 있으며, 천하의 일은 크고 작은 것을 막론하고 모두 황제에 의해서 결정되니 황제가 읽어야 할 문서의 중량을 저울질해야 할 지경이며 밤낮으로 정량이 있어서 그 정량에 이르지 못하면 휴식을 할 수가 없소. 권세를 탐하는 것이 이 정도에 이르니 그를 위해서 선약을 구해주어서는 안 될 것이오."

그리고는 바로 도망쳤다.152)

후생과 노생의 입장에서 본다면, 이것은 그야말로 목숨을 건 도망이다. 진시황은 후생과 노생이 도망했다는 소식을 듣고 크게 노하였다. 그는 이렇게 말하였다.

내가 전에 천하의 쓸모없는 책들을 거두어 불태우게 하고 문학에 종사하는 선비들과 방술사(方術士)들을 모두 불러 모아 태평성세를 일으키고자 하고 방사들로 하여금 각지를 찾아다니며 선약을 구하게 하였거늘 지금 들으니 한중(韓衆 : 韓終)이 한 번 가더니 소식이 없다고 하고, 서불(徐市) 등은 막대한 금액을 낭비하고서도 결국 선약을 구하지 못한 채 불법으로 이익을 챙기며 서로 고발하고 있다는 소식만을 매일 듣고 있다. 내가 노생 등을 존중하여 그들에게 많은 것을 하사했으나 이제는 나를 비방하면서 나의 부덕(不德)을 가중시키고 있고 내가 사람을 시켜 함양에 있는 이런 자들을 조사해보니 어떤 자는 요망한 말로써 백성들을 혼란시키고 있었다.153)

---

152) 위와 같음 : "侯生盧生相與謀曰 : '始皇爲人, 天性剛戾自用, 起諸侯, 幷天下, 意得欲從, 以爲自古莫及己. 專任獄吏, 獄吏得親幸. 博士雖七十人, 特備員弗用. 丞相諸大臣皆受成事, 倚辨於上. 上樂以刑殺爲威, 天下畏罪持祿, 莫敢盡忠. 上不聞過而日驕, 下懾伏謾欺以取容. 秦法, 不得兼方不驗, 輒死. 然候星氣者至三百人, 皆良士, 畏忌諱諛, 不敢端言其過. 天下之事無小大皆決於上, 上至以衡石量書, 日夜有呈, 不中呈不得休息. 貪於權勢至如此, 未可爲求仙藥.' 於是乃亡去."

153) 위와 같음 : "吾前收天下書不中用者盡去之. 悉召文學方術士甚衆, 欲以興太

전설에 의하면 동남동녀를 거닐고 선약을 구하러 삼신산으로 떠났던 무리는 풍랑을 만나 일본으로 갔다고 한다. 이들이 진나라로 돌아오지 않았을 것이라는 점은 매우 타당한 추론이다. 세상에 없는 불로장생약을 구할 수 없다는 것은 당연한 일이고, 그 일의 실패는 자신의 목숨이 위태롭다는 것을 말하는 것이기 때문이다.

진시황의 허황된 꿈은 날이 갈수록 커져갔다. 그에 맞게 신하들의 속임, 거짓은 더 교묘해지게 되었다. 제왕과 신하 사이에는 서로가 서로를 속이는 속임수가 목숨을 부지하는 유일한 방법이었다. 그러나 이것은 어디까지나 진시황 자신의 어리석음을 보여주는 것에 불과하다.

그런데 진시황 27년(기원전 220년)에 삼신산으로 떠났던 서불 일행이 돌아와 진시황에게 보고하는 내용이 진시황 37년(기원전 210년)의 기록에 보인다. 이 기록에 의하면 서불은 돌아와 진시황에게 이렇게 거짓말을 하고 있다.

(진시황 37년) 방사 서불 등이 바다로 들어가 선약을 구했으나 몇 년 동안 얻지 못하고 비용만 많이 허비하자 그는 문책을 받을 것이 두려워 거짓으로 이렇게 말하였다. "봉래의 선약은 구할 수는 있으나 항상 커다란 상어로 인해서 어려움을 당하는 까닭에 그곳에 도달할 수 없으니, 원하옵건대 활을 잘 쏘는 사람을 청하여 함께 보내주시면 상어를 보는 즉시 연노(連弩)로 그것을 쏠 수 있을 것입니다." 진시황이 꿈에 해신(海神)과 싸웠는데 그 모습이 마치 사람의 형상과 같았다. 점몽가(占夢家)에게 물어보니 박사가 말하였다. "수신(水神)은 원래 볼 수 없는 것이지만 대어(大魚)나 교룡(蛟龍)으로 징후를 삼습니다. 지금 황제께서 완전히 갖추어 정중하게 제사를 지냈지만 이러한 악식(惡神)이 나타났으니 이 악신을 마땅히 제거해야 선신(善神)이 임할 수 있습니

平, 方士欲練以求奇藥. 今聞韓衆去不報, 徐市等費以巨萬計, 終不得藥, 徒姦利相告日聞. 盧生等吾尊賜之甚厚, 今乃誹謗我, 以重吾不德也. 諸生在咸陽者, 吾使人廉問, 或爲訞言以亂黔首."

다."이에 바다에 들어가는 자에게는 대어를 잡는 도구를 휴대하게 하
고, 친히 연노를 가지고 대어를 기다렸다가 쏘려고 하였다. 낭야(瑯邪)
에서 북쪽으로 영성산(榮成山)에 이르렀지만 대어는 보이지 않았다. 지
부(之罘)에 이르러 커다란 물고기가 나타나자 화살을 쏘아 한 마리를
잡았다. 마침내 바다를 따라서 서쪽으로 갔다.154)

기록에 의하면 서불이 삼신산으로 떠나 선약을 구한 기간은 10년이
다. 서불의 무리에게 그 10년 사이에 어떤 일이 발생하였는지는 기록
이 없어서 알 수 없다. 진시황은 이 해(진시황 37년) 7월 병인일(丙寅
日)에 사구평대(沙丘平臺)에서 죽었다. 그리고 그의 죽음은 진나라의
몰락으로 이어졌다. 진나라는 천하통일을 한 후 14년 만에 역사 속으
로 사라지고 말았다. 그 뒤 항우(項羽)와 유방(劉邦)의 등장과 전쟁을
통해 유방의 한나라로 이어졌다.

2. 한나라 무제

진나라를 이어 한나라를 세운 유방 역시 종교적인 행사를 매우 중
시하였다. 한 고조(高祖)는 "즉위하면서 사(社)의 제사를 제도화하는
동시에 수도인 장안(長安)에 양무(梁巫), 진무(晋巫), 진무(秦巫), 형
무(荊巫), 구천무(九天巫)라는 여자 무당, 즉 여성 제관을 두어서 신
에 대한 제사를 나누어 관장하게끔 했다. …… 양무가 천지의 신을,

---

154) 위와 같음 : "方士徐市等入海求神藥, 數歲不得, 費多, 恐譴, 乃詐曰 : '蓬萊
藥可得, 然常爲大鮫魚所苦, 故不得至, 願請善射與俱, 見則以連弩射之.' 始皇
夢與海神戰, 如人狀. 問占夢, 博士曰 : '水神不可見, 以大魚蛟龍爲候. 今上
禱祠備謹, 而有此惡神, 當除去, 而善神可致.' 乃令入海者齎捕巨魚具, 而自以
連弩候大魚出射之. 自琅邪北至榮成山, 弗見. 至之罘, 見巨魚, 射殺一魚. 遂
並海西."

진무가 오제(五帝)나 태양의 신을 제사 드리게끔 하는 것같이 매년 춘
하추동에 궁중에서 각자가 담당한 신에 대해 제사를 드리는데, 이외에
도 임진(臨晋)에서 황하의 신을 제사지내는 하무(河巫)나 남산에서
진(秦)의 두 번째 황제의 영을 제사지내는 남산무(南山巫)도 두었다.
그 뒤 각 군, 국(國), 현마다 농사를 관장한다고 하는 영성(靈星)의 사
당을 건립하고 사직의 제사지내는 법을 정한 것"이다.155) 또 문제(文
帝)는 "망기술(望氣術) - 하늘의 구름이 움직이는 모양으로 여러 가지
길흉의 전조를 판단하는 것 - 에 뛰어났다고 하는 신원평(新垣平)이라
는 인물의 말을 믿고 오제를 제사지내기도 했으며 주대의 세발솥이
나올 조짐이 있다는 소문을 듣고 분음(汾陰) 지방에 사당을 세워 그
솥의 출현을 빌기도 했다"고 한다.156)

한나라 무제(武帝, 기원전 156~기원전 87년 : 재위기간 기원전 141
년~기원전 87년)는 이름이 철(徹)이고 경제(景帝)의 아들이다. 무제
때 유명한 방사로 이소군(李少君)이 있다.

> 이때 이소군도 사조(祠竈), 곡도(穀道)와 불로장생하는 방술로 천자
> 를 알현하였는데, 천자는 그를 매우 정중하게 대접하였다. …… 그는
> 자신의 나이, 경력과 생애를 속였으며, 항상 자신의 나이가 70세이고
> 귀신을 부리고 약물을 사용함에 능숙하다고 했으며, 노화를 방지하고
> 불로장생할 수 있는 방술이 있다고 말했다.157)

이소군은 무제에게 신선이 되는 방법과 불로장생의 비방에 대해 이
렇게 설명하였다.

---

155) 구보 노리타다, 『道教史』, 95~96쪽.
156) 같은 책, 96쪽.
157) 『史記』 「孝武本紀」 : "是時而李少君亦以祠竈·穀道·卻老方見上, 上尊之.
……匿其年及所生長, 常自謂七十, 能使物, 卻老."

이소군이 천자에게 말하였다. "부엌신에게 제사를 지내면 신물(神物)을 얻을 수 있습니다. 신물을 얻으면 단사(丹沙)를 이용하여 황금을 제련할 수 있으며, 황금을 제련한 후에 그것으로 음식을 담는 그릇을 만들어 사용하면 장수할 수 있습니다. 장수하게 되면 바다에 떠 있는 봉래도(蓬萊島)의 선인을 만날 수 있으며, 선인을 만나서 천지에 제사를 지내면 불로장생할 수 있습니다. 황제께서도 이와 같이 하셨습니다. 이전에 신은 바다에서 놀다가 안기생(安期生)을 만났습니다. 그가 신에게 대추를 먹으라고 주었는데, 그 대추의 크기가 참외만큼 컸습니다. 안기생은 선인이어서 봉래산의 선경을 왕래할 수 있는데, 만약 천자께서 그와 마음이 통하면 그가 모습을 나타내겠지만 통하지 않으면 숨어 나타나지 않을 것입니다." 그러자 천자는 몸소 부엌신에게 제사를 지내고 방사를 파견하여 바다로 들어가 안기생과 같은 선인을 찾도록 했고, 또 단사 등 각종 약물을 사용하여 황금을 만드는 일에 착수하였다.[158]

그런데 이어서 "오랜 세월이 흐른 뒤 이소군이 병사하자 천자는 그가 신선이 되어 승천한 것이지 결코 죽은 것이 아니라고 생각했다"(居久之, 李少君病死. 天子以爲化去不死也)고 기록하고 있다.[159] 그렇지만 무제는 포기하지 않고 선인 안기생(安期生)을 찾도록 하였다.

천자는 황현(黃縣), 추현(錘縣)의 문서관 관서(寬舒)로 하여금 이소군의 방술을 계승하도록 하였고, 계속해서 봉래산 선인 안기생을 찾도록 명령했지만 결국 찾아내지 못했다.[160]

---

158) 위와 같음 : "少君言於上曰 : '祠竈卽致物, 致物而丹沙可化爲黃金, 黃金成以爲飮食器則益壽, 益壽而海中蓬萊僊者可見, 見之以封禪則不死, 黃帝是也. 臣嘗游海上, 見安期生, 食臣棗, 大如瓜. 安期生僊者, 通蓬萊中, 合則見人, 不合則隱.' 於是千字始親祠竈, 而遣方士入海求蓬萊安期生之屬, 而事化丹沙諸藥齊爲黃金矣."

159) 위와 같음.

160) 위와 같음 : "而使黃錘史寬舒受其方, 求蓬萊安期生莫能得."

이처럼 무제는 신선과 불로장생에 미혹되어 있었다. 황제가 신선과 불로장생에 미혹되어 있었으므로 많은 사람들이 이소군을 모방하여 신선 이야기를 널리 선전하게 되었다. 그 중의 한 사람이 소옹(少翁)이란 인물이다.

> 그 다음 해 제(齊)나라 사람 소옹(少翁)이 귀신을 불러들이는 방술로 천자를 알현하였다. 천자에게는 총애하는 왕부인(王夫人)이 있었는데 그녀가 죽자 소옹은 방술을 사용하여 밤에 왕부인과 부엌신의 형상을 불러와서 천자는 장막을 통해서 그녀를 만났다. 그래서 소옹은 문성장군(文成將軍)에 봉해졌고 많은 재물을 하사받았으며, 천자는 빈객을 접대하는 예우로 그를 대하였다. 문성장군이 말하였다. "천자께서 신선을 만나고 싶어 하시지만 궁실과 복식 등의 물건들이 신선이 사용하는 것과 다르다면 신선은 오지 않을 것입니다." 천자는 곧 갖가지 색의 구름무늬를 그린 마차를 제작하여 오행(五行)에서 말하는 상극(相克)의 도리에 따라 각기 그날에 맞는 길한 색의 신거(神車)를 골라 타고 악귀를 쫓았다. 또 감천궁(甘泉宮)을 지어 안에 대실(臺室)을 설치하였고, 그 안에는 천신(天神)·지신(地神)·태일신(太一神)의 형상을 그려놓고, 제구(祭具)를 설치하여 천신을 불러들이고자 하였다.161)

그런데 당연히 아무런 효과가 없었다. 무제는 결국 문성장군 소옹을 죽였다.

> 1년이 지나자 문성장군의 방술은 갈수록 영험이 떨어졌고, 신선은 오지 않았다. 그래서 그는 비단 위에 글을 쓴 다음 이것을 소에게 먹인

---

161) 위와 같음 : "其明年, 齊人少翁以鬼神方見上. 上有所幸王夫人, 夫人卒, 少翁以方術蓋夜致王夫人及竈鬼之貌云, 天子自帷中望見焉. 於是乃拜少君爲文成將軍, 賞賜甚多, 以客禮之. 文成言曰 : '上卽欲與神通, 宮室被服不象神, 神物不至.' 乃作畫雲氣車, 及各以勝日駕車辟惡鬼. 又作甘泉宮, 中爲臺室, 畫天·地·太一諸神, 而置祭具以致天神."

뒤에 모른 체하고 이 소의 뱃속에 기이한 물건이 들어 있다고 말하였다. 이에 천자는 소의 배를 가르게 하니 과연 백서(帛書)가 들어 이었는데, 그 들의 내용이 기괴하여 천자는 이 일을 의심하게 되었다. 그런데 누군가 그 글자의 필적을 알고 있어서 물었더니 결국 문성장군이 거짓으로 쓴 것임을 알게 되었다. 그래서 그는 살해되었고, 이 일은 비밀에 부쳐졌다.162)

그렇지만 무제는 신선에 대한 망상을 버리지 않았다. 그와 더불어 또 방사들의 이러한 활동이 사라진 것도 아니다. 몇 년 뒤 난대(欒大)라는 인물이 나타났다.

그해 봄 낙성후(樂成侯)가 글을 올려 난대(欒大)를 소개하였다. …… 난대는 왕에게 허풍을 치며 이렇게 말하였다. "신은 일찍이 바다를 왕래하며 안기생(安期生)·선문고(羨門高) 등의 선인을 만났습니다. 그러나 그들은 신의 신분이 미천하다고 생각했는지 신을 믿으려고 하지 않았으며, 강왕(康王)은 제후에 지나지 않아서 그에게 방술을 전수하기에 부족하다고 생각하였습니다. 신이 여러 차례 이러한 사정을 강왕에게 아뢰었지만 강왕은 신을 중용하지 않았습니다. 신의 스승은 이렇게 말하였습니다. '황금을 연금할 수 있고, 황하의 터진 둑도 막을 수 있으며, 불사약도 구할 수 있고, 신선도 불러올 수 있다.' 하지만 신도 문성장군처럼 될까 두렵습니다. 그렇게 방사들의 입을 틀어막는다면 어찌 방술에 대해 이야기할 수 있겠습니까?"163)

---

162) 위와 같음 : "居歲餘, 其方益衰, 神不至. 乃爲帛書以飯牛, 詳弗知也, 言此牛腹中有奇. 殺而視之, 得書, 書言甚怪, 千字疑之. 有識其手書, 問之人, 果[僞]書. 於是誅文成將軍而隱之."

163) 위와 같음 : "其春, 樂成侯上書言欒大. ……大言曰 : '臣嘗往來海中, 見安期生·羨門之屬, 顧以爲臣賤, 不信臣. 又以爲康王諸侯耳, 不足予方. 臣數言康王, 康王又不用臣. 臣之師曰 : '黃金可成, 而河決可塞, 不死之藥可得, 僊人可致也.' 臣恐效文成, 則方士皆掩口, 惡敢言方哉!'"

난대는 신선이 되는 일은 천자와 같이 귀한 자에게 해당되는 일이
라는 점을 먼저 밝히고 나서 자신도 문성장군 소옹처럼 죽임을 당하
지 않을까 두렵다고 지적한다. 무제는 난대를 오리장군(五利將軍)에
봉하였다. 그 뒤 난대는 무제로부터 다시 "4개의 금인(金印)을 얻었
고, 몸에는 천사장군(天士將軍), 지사장군(地士將軍), 대통장군(大通
將軍)과 천도장군(天道將軍) 등의 인신(印信)을 달게 되었다"(得四金
印, 佩天士將軍·地士將軍·大通將軍·天道將軍印)고 기록하고 있다. 이
것뿐만이 아니다. 난대는 자신의 방사 술수를 이용하여 부와 명예를
모두 누렸다.

> 또한 난대에게 최상급의 제후에게 주는 부제(府第)와 1,000명의 노
> 복을 주었으며, 황제가 쓰지 않는 거마와 궁중의 기물들을 모두 난대에
> 게 주어 그 집안을 가득 채웠다. 또 위황후(衛皇后)가 낳은 장공주(長
> 公主)를 그에게 시집보내고, 황금 10,000근을 주었으며, 아울러 그녀의
> 봉호(封號)를 당리공주(當利公主)로 개명하였다. 천자가 친히 오리장
> 군의 부제를 방문하였고, 또 그를 위문하고 그가 필요로 하는 물품을
> 공급하는 사자의 행렬이 길게 이어졌다.[164]

그렇지만 오리장군 난대 역시 죽음을 피하지 못하였다.

> 신선을 영접하기 위해 파견된 오리장군은 바다로 들어가지 못하여
> 태산에 가서 제사만 지냈다. 천자가 몰래 사람을 보내 그를 조사하게
> 했더니 사실 그는 아무 신선도 만나지 못했다. 그러나 오리장군은 자신
> 의 선사(仙師)를 만났다고 거짓말을 하였고, 그의 방술 또한 쇠하여 영
> 험을 나타내지 못하였으므로 천자는 오리장군을 주살하였다.[165]

---

164) 위와 같음 : "賜列侯甲第, 僮千人, 乘輿斥車馬帷帳器物以充其家. 又以衛長
公主妻之, 齎金萬斤, 更名其邑曰當利公主. 千字親如五利之第. 使者存問所
給, 連屬於道. 自大主將相以下, 皆置酒其家, 獻遺之."

무제 때 방사 이소군, 소옹, 난대의 이야기는 모두 당시 천자가 신선과 불로장생에 얼마나 관심을 기울였는가를 보여주는 사례들이다. 그러나 없는 신선을 구하고 불가능한 불로장생을 추구한다는 것은 너무도 어리석은 일이다. 또 그런 주장을 했던 방사들의 목숨 역시 위태로울 뿐이었다.

3. 당나라 왕조의 제왕들

『진서』(晉書) 「애제기」(哀帝紀)에서 "황제는 특히 황로를 좋아하여 벽곡을 하고 장생약을 복용하였는데 과다하게 복용하여 중독되어서 죽었다"고 하였다.166)

외단은 당나라 때 최고봉에 도달하였다. 조익(趙翼)은 『입이사찰기』(廿二史札記) 권19 '당제제다이단약'(唐諸帝多餌丹藥) 조에서 당나라 왕조의 태종(太宗)·헌종(憲宗)·목종(穆宗)·경종(敬宗)·무종(武宗)·선종(宣宗) 등이 모두 금단을 복용하여 중독되어 죽었다고 기록하고 있다.

　　당 태종 이세민은 본래 진시황, 한 무제가 신선이 되는 약을 구하였던 일을 배척하고 책망하였지만 뒤에 호승(胡僧)이 만든 약을 복용하여 죽었다. 당 헌종(憲宗)은 처음에는 역시 단약에 대하여 회의적이었지만 후에 유비가 제조한 단약을 복용하고는 병이 들었다. 그 아들 목종(穆宗)은 유비를 주살하지만 얼마 지나지 않아 그 역시 단약을 복용하였다. 경종(敬宗), 무종(武宗) 모두 단약을 복용하고 도사 조귀진의

---

165) 위와 같음 : "而五利將軍使不敢入海, 至泰山祠. 上使人微隨驗, 實無所見. 五利妄言見其師, 其方盡, 多不讎. 上乃誅五利."

166) 『晉書』「哀帝紀」:"帝雅好黃老, 斷穀, 餌長生藥, 服食過多, 遂中毒, 不識萬機."

재초의 술을 숭신하였지만 천명을 누리지 못하였다. 당 선종(宣宗)은 조귀진을 주살하고 스스로 "비록 소옹·난대가 다시 살아온다고 하더라도 미혹할 수 없다"(雖少翁·鸞大夏生, 不能相惑)고 말하였지만 뒤에 또 단약을 복용하고 중독되어 죽었다.[167]

그런데 진인각(陳寅恪)은 『순종실록여속현괴록』(順宗實錄與續玄怪錄)에서 헌종은 내궁(內宮)에 의해 피살되었다고 고증하였다.[168]

4. 그 밖의 귀족들

신선과 불로장생이라는 미혹에 빠진 인물들은 단지 제왕들만이 아니었다. 그 무리에는 당시의 귀족 집단이 있었다.

위진시대 때 인물 혜강(嵇康, 223~262)은 「양생을 논함」(養生論)에서 먼저 신선과 불로장생을 불신하는 사람들을 이렇게 비판하였다.

세상 사람들은 혹 신선은 배워서 될 수 있고 불사(不死)는 노력해서 이를 수 있다고 합니다. 또 어떤 이는 사람이 아주 오래 살아야 120살이라는 것은 예나 지금이나 같으니, 이 나이보다 더 산다는 것은 모두 요망한 말이라고 합니다. 그러나 이 두 가지는 모두 사실이 아닙니다.[169]

그는 이어서 신선과 불로장생의 가능성을 아래와 같이 지적하였다.

---

167) 胡孚琛·呂錫琛, 『道學通論－道家·道敎·丹道』, 325쪽.
168) 胡孚琛, 『魏晋神仙道敎－抱朴子內篇研究』, 人民出版社, 1991, 262쪽.
169) 嵇康, 『嵇康集』「養生論」: "世或有謂神仙可以學得, 不死可以力致者; 或云上壽百二十, 古今所同, 過此以往, 莫非妖妄者. 此皆兩失其情."[한글 번역과 원문은 모두 한홍섭의 『혜강집』(소명출판, 2006) 참조. 한글 번역은 필요한 경우 수정하였다. 아래도 같다.]

　　무릇 신선은 비록 직접 눈으로 볼 수는 없지만 서적에는 기록되어
있고, 과거의 역사에 전해져오고 있습니다. 이를 대략 정리해 말하자면
신선이 존재했다는 것은 틀림없는 사실입니다. 그러나 신선은 홀로 특
이한 기[異氣]를 품수받았고, 그것은 자연에서 품부받은 것 같으니 배
움을 쌓아 이를 수 있는 게 아닙니다. 그렇지만 합당하게 양생(養生)하
여 성명(性命)을 다함에 이르게 되면 많게는 천여 살을 살 수 있고 적
어도 수백 살을 살 수 있다는 것은 가능한 일입니다. 그러나 세상 사람
들은 모두 [양생법에] 정통하지 못하기 때문에 그렇게 할 수 없는 것입
니다.170)

　혜강은 이처럼 "특이한 기"(異氣)를 타고나지 않은 사람이 비록 영
원히 사는 불로장생을 할 수는 없지만 양생을 잘 하면 수백 살 혹은
천여 살을 살 수 있다고 생각하였다. 그런데 상수(向秀, 약 227~272)
는 「황문랑 상자기의 양생론 비판」(黃門郞向子期難養生論)에서 혜강
의 입장에 대해 다음과 같이 비판하였다.

　　(상수가) 또 말하였다. "합당하게 양생(養生)하여 성명(性命)을 다하
면 많게는 천 년을 살 수 있고 적어도 수백 년을 살 수 있다고 [혜강
그대가] 말하였습니다. 그러나 이것은 완전히 옳은 게 아닙니다. 만약
진실로 그런 일이 가능하다면 마땅히 그것을 이룬 사람이 있어야 합니
다. 그런데 그런 사람이 어디에 있는지 나는 아직 눈으로 본 적이 없습
니다. 이것은 아마도 전해내려 온 근거가 없는 이야기여서 말할 수는
있지만 이루어질 수는 없는 것입니다. 비록 때때로 장수한 노인이 있을
지라도 이것은 저절로 특이한 기를 특별히 받은 경우로 …… 양생을
통해 도달한 것은 아닙니다. 그렇지 않고 만약 성명(性命)이 [양생의]
숙련과 서투름에 따라 그 장단(長短)이 결정되는 것이라면 성인(聖人)

170) 위와 같음 : "夫神仙雖不目見, 然記籍所載, 前史所傳, 較而論之, 其有必矣!
似特受異氣, 稟之自然, 非積學所能致也. 至於導養得理, 以盡性命, 上獲千餘
歲, 下可數百年, 可有之耳. 而世皆不精, 故莫能得之."

은 천지 만물의 모든 이치와 본성을 다 궁구했으니 의당 장수해야 할 것입니다. …… ”171)

당나라 역시 신선과 불로장생이 유행하였던 왕조였다. 당나라 왕조 때 관료였던 두복위(杜伏威), 이포진(李抱眞), 이허중(李虛中) 등은 모두 단약을 복용하였다가 중독되어 죽은 인물들이다.

당나라 때 유명한 유학자 한유(韓愈, 768~824)의 형님의 장인이었던 태학사(太學士) 이우(李于)는 도사 유필(柳泌)의 단약을 만드는 비법을 사용하였다가 결국 단약 중독으로 사망하였다. 한유는 「고태학박사이군묘지명」(故太學博士李君墓誌銘)에서 수은에 중독된 8명의 사례를 기록하였다. 첫째, 이우는 혈변을 많이 보았는데 4년 동안 병상에서 고생을 하다 장경(長慶) 3년(823년)에 죽었다. 둘째, 귀등(歸登) 역시 수은 중독으로 병을 얻어 수십 년 동안 피를 통하는 등 고생하다 결국 67세 때인 헌종 원화(元和) 15년(820년)에 죽었다. 셋째, 이허중(李虛中)은 수은으로 황금을 만든다는 설을 믿었는데 등에 종양이 나 죽었다. 넷째, 이손(李遜)은 장경 3년(823년) 63세로 죽었는데, 한유에게 자신이 단약 때문에 실수했다고 말했다. 다섯째, 이건(李健)은 이손의 동생으로 형보다 1년 빠른 장경 2년(822년)에 죽었다. 여섯째, 맹간(孟簡)은 장경 3년 자신의 비약(秘藥)을 복용하고 죽었다. 일곱째, 노단(盧坦)은 피오줌을 싸고 근육통을 겪다 죽었다. 여덟째, 이도고(李道古)는 유배지에서 피를 토하고 죽었다.172) 그런데 한유 역시 단약을 복용하여 수은에 중독되었다는 기록이 있는데, 이 문제에

---

171) 같은 책, 「黃門郞向子期難養生論」: “又云: ‘導養得理, 以盡性命, 上獲千餘歲, 下可數百年. 未盡善也. 若信可然, 當有得者. 此人何在, 目未之見. 此殆影響之論, 可言而不可得. 縱時有著壽喬老, 此自特受一氣, ……非導養之所致. 若性命以巧拙爲長短, 則聖人窮理盡性, 宜享遐期. ……’”

172) 村上嘉實, 「鍊金術」, 酒井忠夫 外, 『도교란 무엇인가』, 254쪽.

대한 해석은 엇갈린다.[173]

  결국 외단은 실패하였다. 그 원인은 간단하다. 본래 인간이 죽지 않고 영원히 산다는 것은 불가능한 일이기 때문이다. 그 결과 외단에서 내단으로 방향을 바꾸게 되었다. 내단은 특히 송명시대 이후 널리 유행하였다. 그 영향은 오늘날에도 이어지고 있다.

---

173) 그런데 이렇게 수은중독의 비참함을 기록했던 한유 자신도 수은에 중독되었다는 설이 있다. 왕진(王璡)은 『中國古代金屬化學及金丹術』에서 "仙術은 唐代에 가장 융성했다. 한유와 이비 등과 같은 달인들까지도 말년에 이르러서는 모두 단을 복용하여 일어나지 못했다. 장생학이 인간을 사로잡는 굉장한 것임을 볼 수 있다"(12쪽)라고 기록하고 있다. 또한 한유와 동시대인이었던 白樂天도 <思舊>라는 시에서 한유가 유황을 복용하여 병으로 사망하게 되었다고 읊었다. 그러나 이 점에 대해 佐中은 『證類本草』 石硫黃 항목에 인용된 『海藥本草』, 『圖經本草』, 『本草述義』 등에 근거를 두어 유황이 癇冷(배 속에 뭉치가 있어 늘 차고 아픈 위장병 - 옮긴이)의 치료제와 위독할 때 구급약으로 사용되었음을 밝히고, 또 『中國藥學大辭典』에서, 유황 중에서도 순유황은 독이 없다는 것을 인용하여 한유는 유황을 仙藥이 아닌 치료제로 사용하였으며, 단약의 해독을 통감했던 한유 자신이 그러한 우를 범했을 리가 없다고 주장했다. (村上嘉實,「鍊金術」, 254~255쪽. 참조 요약.)

제5장
현대 과학과 불로장생

　도교의 핵심은 장생불사를 추구하는 것인데 장생불사를 추구하는 것은 원래 종교의 문제였지만(인간의 죽음과 고통이 핵심문제이기 때문이다) 그것을 실현하는 방법은 과학의 문제였다.

　사람들의 정상적인 죽음은 오늘날에도 대부분 질병에 의한 것이다. 그러므로 당시 사람들은 만약 질병을 얻지 않는다면 영원히 죽지 않을 수 있지 않을까 생각하였다.[1] 오늘날 인간의 장수에 관한 과학적 연구는 활발히 이루어지고 있다.

　인간의 장수와 관련하여 먼저 살펴볼 문제는 철학에서 바라보는 인간관이다. 인간이란 무엇인가? 이 문제에 대한 정의는 철학적으로 오랫동안 변화를 겪어왔다. 이 문제와 관련된 핵심 내용은 이원론적 사유와 일원론적 사유로 크게 구분할 수 있다. 즉 인간을 구성하는 요소가 하나인가 둘인가 하는 문제로 귀결된다.

　서양 철학사에서 인간의 죽음 문제는 플라톤의 『소크라테스의 변론』에 나타난 소크라테스의 입장에서 소박하지만 가장 기본적인 형태가 보인다. 그의 죽음에 대한 입장은 만약 영혼이 있으면 옛날의 훌륭한

---

1) 李申, 「略談道敎與古代科技」, 『道敎與傳統文化』, 中華書局, 1997, 167~168쪽.

인물들을 만날 수 있어서 좋고 영혼이 없다면 그대로 쉴 수 있어서 좋다는 것으로 거칠게 정리할 수 있다.

사실 현대를 살아가는 우리에게도 이 두 가지 형식의 대답, 즉 '영혼이 있다'와 '영혼이 없다'고 하는 대립되는 두 가지 해답 이외에 더 나은 결론은 없다. 따라서 어떤 면에서는 질문 자체가 무의미하다. 현재로서는 논증이 불가능한 이론이기 때문이다. 그렇지만 이 무의미하게 보이는 질문을 할 수밖에 없는 것이 인간의 운명이다.

서양 철학사에서 이 이원론적 사유를 철학적으로 전개한 중요한 인물은 플라톤(Platon, 기원전 427~기원전 347)이다. 플라톤은 먼저 "실재하는 것은 무엇인가?"라는 물음을 제기하고 그 해답을 추구하였다. 그는 존재의 여러 가지 양상을 '모상으로서의 존재', '자연적인 것과 예술적인 것의 존재', '이데아적인 존재' 등으로 나눈다.2) 플라톤은 "감관으로써 지각하는 대상들은 실재하지 않는다"고 생각하였다.3) 그렇다면 '감관'과 무관한 그 무엇을 '실재하는 것'으로 상정하는 것이 당연할 것이다. 그는 이 세계를 현상계와 이데아(Idea)계로 구분한다. 이데아는 '사상'(주관적인 이데아)과 '대상'(객관적인 이데아)이라는 두 가지 의미는 가지고 있다.4) 플라톤은 이데아와 현상계에 대해 이렇게 지적하였다.

> 감각의 세계 전체가 이데아의 세계처럼 되려고 애쓰나, 그렇게 될 수는 없고, 항상 여전히 그보다 못한 것으로 남아 있다.(『파이돈』75b)5)

---

2) 요한네스 힐쉬베르거, 『서양철학사』(상권 : 고대와 중세), 강성위 옮김, 以文出版社, 1988, 146쪽.
3) G. C. 필드, 『플라톤의 철학』, 양문흠 옮김, 서광사, 1986, 31~32쪽 참조 요약.
4) 요한네스 힐쉬베르거, 『서양철학사』(상권 : 고대와 중세), 143쪽.
5) 같은 책, 145쪽.

따라서 플라톤 철학에서 이데아의 세계는 본래적인 세계이고 학문과 진리의 세계이다.6)

그런데 사실 이러한 이원론적 사유는 동·서양을 불문하고 모두 보편적으로 나타난 사유 방식이다. 물론 고대 중국철학에서는 인간을 기(氣)로 이루어진 존재로 본다. 따라서 인간의 삶은 기가 모인 것이고 죽음은 기가 흩어진 것에 불과하다. 당시 사람들은 인간을 혼(魂)과 백(魄)으로 이루어졌다고 생각하였다. 인간이 죽으면 혼은 하늘로 올라가고 백은 땅으로 돌아간다고 보았다. 그것을 '귀신'(鬼神)이라 부른다. 그런데 이 '귀신'은 '돌아가 펼쳐지는'(歸伸) 것을 의미한다. 따라서 인간이 죽으면 아무 것도 남지 않는다고 생각하였다. 그렇지만 또 인간의 영혼이 존재한다는 사유 역시 있었다.

제1절 인간의 본성에 대한 여러 가지 담론들

동·서양을 가리지 않고 인간의 본성에 대한 성찰은 오래 전부터 논의되었던 매우 중요한 문제이다. 이러한 논의의 출발점 역시 『성경』에서 찾을 수 있다. 「창세기」에 보이는 이른바 '인간의 타락'이 그것이다. 본래 선악을 몰랐던 인류의 조상 아담과 이브는 뱀의 꼬임에 빠져 선악과를 먹고서 선과 악을 알게 되었다. 이것을 기독교에서는 '원죄'라고 부른다. 인간은 이브라는 여성의 타락으로 이 '원죄'에서 벗어날 수 없게 되었다. 그렇지만 이것은 참으로 끔찍한 이야기이다. 우리는 여기에서도 '잔인한 하느님'을 보게 된다.

인간의 죽음과 관련하여 우리가 고려해야 할 한 가지 문제는 바로

---

6) 같은 책, 148쪽.

인간의 본성이 무엇인가 하는 것이다. 이것은 결국 '인간이란 무엇인가?'라는 궁극적 물음이다.

1. 철학적 담론

철학적 담론에 나타난 인간의 본성에 관한 문제 역시 매우 복잡한 성격을 띠고 있다. 이 인간의 본성에 관한 문제를 철학에서는 인성론이라 부른다. 중국 고대철학에서 인간의 본성에 대한 논의는 성선, 성악, 무선무악, 유선유악으로 나누어진다.

(1) 성선

인간의 본성이 선하다고 주장한 철학자는 맹자가 대표적이다. 그러나 맹자의 관점은 공자에서 유래한다. 공자는 인간의 본성에 대해 본격적인 논의를 하지 않았지만 기본적으로 성선의 입장을 취한다. 먼저 그 내용을 살펴보자.

> 사람의 타고난 본성은 서로 비슷하지만 익힘에 따라 서로 멀어진다.[7]

공자는 인간 본성의 선악에 대해 직접적으로 말하지 않았다. 그 원인은 그가 살았던 시대에는 인간의 본성에 관한 물음이 중요한 문제로 나타나지 않았기 때문일 것이다.

인간의 본성에 대해 선함을 본격적으로 주장한 인물은 전국시대 중기에 살았던 맹자이다. 맹자는 인간의 천부적인 본성을 "도덕적인 본

---

7) 『論語』 「陽貨」 : "性相近也, 習相遠也."

성"과 "감각적인 욕구본능"으로 이해한다.

> 입의 맛에 대한 것, 눈의 색깔에 대한 것, 귀의 소리에 대한 것, 코의
> 냄새에 대한 것, 사지가 편안함에 대한 것은 성이다.8)

맹자는 인간의 감각적 욕구 역시 인간이 태어나면서 지니게 되는
본래적인 성이라고 본다. 맹자가 그러면서도 태어날 때 갖추게 된 자
연적인 소질을 성이라고 하는 입장을 반대하는 것은 생리적인 욕구를
다른 동물과 구별되는 인간의 본성으로 이해하지 않기 때문이다.

그렇다면 인간의 선한 본성에는 무엇을 담고 있는가? 이것이 맹자
가 말한 사단(四端)이다.

> 가엾게 여기는 마음을 사람마다 모두 가졌고, 부끄러워하고 싫어하
> 는 마음을 사람마다 모두 가졌고, 공경하는 마음을 사람마다 모두 가졌
> 으며, 옳고 그름을 분별하는 마음을 사람마다 모두 가졌다.9)

이 네 가지 마음은 하늘이 부여해 준 것이고, 인(仁)·의(義)·예(
禮)·지(智)라는 인간의 본성이 의식의 내면에 존재한다는 사실을 알
려주는 단서라고 본다. 맹자는 이 네 가지의 단서는 우리 인간의 고유한
마음의 실상으로서 외부로부터 억지로 덧붙여진 것이 아니라고 본다.

> 인의예지는 바깥에서 나에게 덧붙여진 것이 아니라 내가 본래 가지
> 고 있는 것이다.10)

---

8)『孟子』「盡心 下」: "口之於味也, 目之於色也, 耳之於聲也, 鼻之於臭也, 四支
  之於安逸也, 性也."
9) 같은 책,「告子 上」: "惻隱之心, 人皆有之, 羞惡之心, 人皆有之, 恭敬之心, 人
  皆有之, 是非之心, 人皆有之."

그런데 맹자는 인간의 마음속에 자리한 성(性)을 직접 확인할 수 없으며, 오직 그 성으로부터 우러나는 이 네 가지 단서를 통해서 그 존재여부를 확인할 수 있다고 말한다.

그렇다면 악은 어디에서 오는가? 맹자는 이렇게 설명한다. 첫째, 귀·눈과 같은 감각기관의 요망에서 나온다. 둘째, 주위의 나쁜 환경에서 온다. 사람에게는 눈과 귀의 욕망이 있고, 좋지 않은 환경에 노출돼 있는 것이 대부분이지만 사람의 본심과 양지는 끝내 소멸되지 않는다. 사람의 본성에 선의 뿌리는 있지만 악의 뿌리는 없으며, 실체가 아니다.[11]

(2) 성악

고대 중국의 전국시대 말기에 살았던 인물 순자는 인간의 본성이 악하다고 주장하였다.

　　　사람의 성은 악하며, 그 선한 것은 인위적으로 된 것이다.[12]

순자에게 성은 단지 자연 생명의 본질로서의 선(善)도 악(惡)도 없으며, 도덕 이성도 선의 근거도 없다. 양경은 '위'(僞)자를 '인위'(人僞)로 해석하는데, "무릇 천성이 아니고 사람이 만들어 낸 것은 모두 위라고 한다"(凡非天性, 而人作爲之者, 皆謂之僞)고 하였다.

순자가 말한 성에는 ①감각 기관의 본능 : 귀·눈·입·코가 소리·색·맛·냄새를 구별하는 것, 몸이 추위·더위·아픔·가려움을 구별하는 것, ②생리적 욕망 : 배고프면 먹으려 하고 추우면 따뜻함을 원하며, 피로

---

10) 위와 같음 : "仁義禮智非外鑠我也, 我固有之也."
11) 채인후, 『맹자의 철학』, 천병돈 옮김, 예문서원, 2000, 52~54쪽.
12) 『荀子』「性惡」: "人性惡, 其善者僞也."

하면 쉬기를 원하는 것 및 눈과 귀의 욕구, ③심리적 반응 : 이익을 좋아하고 그것을 얻으려 하며, 해로움을 싫어하고 악한 것을 싫어하는 감정 등이 있다.13) 그런데 이상의 내용은 모두 인간의 동물적인 특성에 불과하다.

순자의 성론에서 가장 뚜렷한 특징은 '욕구를 성으로 본 것'(以欲爲性)이다. 그러므로 성은 악한 것이 되었다.

서양 근대철학에서 이 입장을 주장한 인물은 토마스 홉스(Thomas Hobbes, 1588~1679)이다. 홉스의 인간관은 "만인의 만인에 대한 투쟁"으로 설명할 수 있다. 그는 인간을 이익을 추구하고 자기의 생계를 유지하면서 가능한 한 많은 자산을 소요하고자 하는 이기주의자로, 인간의 모든 욕구와 행동의 단 하나의 목적은 자기 보존(self-preservation)이라는 것이다.14)

(3) 무선무악

인간의 본성에 선도 악도 없다고 보는 입장이다. 이 관점을 주장한 인물은 고자(告子)이다.

인간이 태어날 때 타고난 것을 성이라 한다.15)

고자는 자신의 관점을 이렇게 비유적으로 설명하였다.

인성에 선과 불선이 존재하지 않는 것은 물이 동쪽으로 흐르는 물과 서쪽으로 흐르는 물로 구분되지 않는 것과 같다.16)

---

13) 채인후, 『순자의 철학』, 천병돈 옮김, 예문서원, 2000, 70~71쪽.
14) 이석호, 『근세·현대 서양윤리사상사』, 철학과 현실사, 2010, 73쪽.
15) 『孟子』「告子 上」: "生之謂性."

고자는 성의 의미를 인성에 한정지우지 않고 인간과 동물이 갖는 감각적인 욕구 혹은 생득적인 본능 등으로 해석한다.

> 식욕과 색욕을 성이라 한다.[17]

고자는 성을 도덕적이고 내면적인 본질로 해석하는 것을 거부하고, 도덕성은 결코 생득적인 인간의 본성이 아니라고 생각한다. 그러므로 인성을 선한 것도 불선한 것도 아니라고 말한다.

(4) 유선유악

인간의 본성에는 본래 선도 악도 있다는 관점이다.

세석(世碩)은 『양성서』(養性書)에서 "사람의 본성에는 선과 악이 있으므로 선한 본성을 배양하여 이끌어주면 선해지고, 악한 본성을 길러 주면 악해진다"고 하였다.[18]

동중서(董仲舒, 기원전 197~기원전 104)는 성(性)과 선(善)을 구분한다.

> 선(善)은 성(性)에서 나오지만 성이 결코 완전한 선은 아니다.[19]

동중서의 성론에서 성과 선은 자연과 사회, 심리와 윤리로 구분되

---

16) 위와 같음 : "人性之無分於善不善, 猶水之無分於東西也."
17) 위와 같음 : "食色性也."
18) 王充, 『論衡』「本性」: "周人世碩以爲人性有善有惡, 擧人之善性, 養而致之則善長 ; 性惡, 養而致之則惡長."[한글 번역은 이주행이 번역한 『논형』(소나무, 1996) 참조. 필요한 경우 수정을 하였다. 아래도 같다. 원전은 袁華忠·方家常 譯注, 『論衡全釋』(上/中/下), 貴州人民出版社, 1993] 참조.]
19) 『春秋繁露』「深察名號」: "善出性中, 而性未可全爲善也."

고, 내재와 외재로 구별된다.[20]

양웅(揚雄, 기원전 53~기원후 18) 역시 혼재설을 주장한다. 그는 성을 논의하면서 '인'(仁)을 인성의 중요한 내용으로 삼는다. 그는 인성론을 음양론으로 설명한다. '양'(陽)과 인의 관계를 이렇게 말하였다.

> 양(陽)이 바로 인애(仁愛)인데 참된 것[眞]을 온전히 하여 돈독하면 만물은 친근하고 화목하게 된다.[21]

이것은 인성의 선한 측면이다. 그러나 인간의 본성에는 또 악한 측면이 있다고 생각하였다.

> 사람의 본성에는 선과 악이 뒤섞여 있다.[22]

따라서 선을 가까이하고 악을 멀리하는 것은 인간의 수양에 달려 있다.

> 그 선을 닦으면 선한 사람이 되고, 그 악을 닦으면 악한 사람이 된다.[23]

왕충(王充, 27~약 97)은 '천도는 자연무위이다'(天道自然無爲)는 관점을 주장하였다. 그는 인성과 관련하여 이렇게 말하였다.

> 사람의 본성을 논하면 선한 사람도 있고 악한 사람이 있다. 선한 사

---

20) 蒙培元, 『中國 心性論』, 李尙鮮 옮김, 法仁文化社, 1996, 281쪽.
21) 揚雄, 『太玄經』「親」: "陽方仁愛, 全眞敦篤, 物成親睦."
22) 같은 책, 「修善」: "人之性也, 善惡混."
23) 위와 같음: "修其善, 則爲善人; 修其惡, 則爲惡人."

람은 자연히 선한 것이며 악한 사람도 교육과 권고, 인도와 노력을 통해서 선하게 할 수 있다.[24]

사람의 본성에는 선이 있고 악이 있다.[25]

왕충은 '기'(氣)로 인성을 설명하는데 자연결정론을 주장하였다. 그는 또 맹자·순자·양웅의 성론을 이렇게 정리하였다.

…… 사람의 선악은 부여받은 기로 말미암아 차이가 생긴다는 것은 아무도 모른다. 그러므로 나는 맹자가 말한 본성이 선한 사람은 보통 사람 이상의 재질에 해당하고, 손경이 말한 인성이 악한 사람이란 보통 사람 이하의 재질을 지닌 자에 해당하며, 양웅이 말한 인성에 선악이 혼재해 있는 사람은 보통 사람이라고 생각한다.[26]

이상의 내용은 철학에서 논의되는 인성론으로 윤리적 담론에 해당한다. 그렇지만 이것은 형이상학적 담론이다. 따라서 객관화하여 논증할 수 없다.

2. 생물학적 담론

오늘날의 인간관은 다윈의 진화론에서 제기된 관념이 지배적이다. 그런데 먼저 논의해 볼 문제는 신의 '창조'라는 신학적 관점과 자연의 '진화'라는 과학적 관점이다.

먼저 신학적 관점이다. 창조론, 창조과학, 지적설계론을 주장하는

---

24) 王充, 『論衡』 「率性」 : "論人之性, 定有善有惡. 其善者, 固自善矣, 其惡者, 故可敎告率勉, 使之爲善."

25) 같은 책, 「本性」 : "人性有善有惡."

26) 위와 같음 : "……至老極死不可變易, 天性然也. 余固以孟軻言人性善者, 中人以上者也; 孫卿言人性惡者, 中人以下者也; 揚雄言人性善惡混者, 中人也."

사람들은 종교적 관념을 마치 과학적 이론인 것처럼 말한다. 장기홍은 "초월자를 반드시 밖으로부터 간섭해야 되겠다고 하는 것은 어린애와 같은 생각이다"고 지적한다.[27] 그는 이어서 우주만물의 변화를 이렇게 설명한다.

> 변화란 무엇인가? 변할 때마다 어떤 초자연적 존재가 변화를 지시해서 되는 것이 아니라 자발적·자동적으로 변화하며 유동적으로 변화하는 것이다. 그러므로 우리는 변화의 원인과 동력이 존재에 내재해 있음을 깨닫게 된다.[28]

인간의 본질과 관련된 사유에서 현재 가장 중요한 이론은 다윈의 진화론이다. 진화론에 의하면 인간의 본성 역시 진화의 산물일 뿐이다. 그러나 여기에도 우리가 주의할 점이 있다. 사실 진화론을 주장한 "근대 다윈적 사고는 경쟁과 호혜적 이타주의를 모두 포괄"하는 것이다.[29] 뿐만 아니라 또 "진화야말로 진정한 창조"라고 말할 수 있다.[30]

인간의 본성에 대한 논의 역시 종교적 관념이 아닌 과학적 관점을 고찰할 필요가 있다. 피터 싱어는 "인간의 본성에 대해 눈감는 것은 정말 위험하다"고 지적한다.[31] 그는 또 "사회를 변화시키려고 하는 사람이라면 인간에 내재한 경향성을 이해해야 한다"고 강조하였다.[32] 피터 싱어의 이러한 관점은 인간 본성과 사회적 관계의 틀을 이해하는데 있어 매우 중요하다는 점을 시사한다.

---

27) 韋基弘, 編著, 『進化論과 創造論』, 한길사, 1991, 22쪽.
28) 같은 책, 23쪽.
29) 피터 싱어, 『다윈의 대답1 – 변하지 않는 인간의 본성은 있는가?』, 최정규 옮김, 이음, 2007, 72쪽.
30) 韋基弘, 編著, 『進化論과 創造論』, 21쪽.
31) 피터 싱어, 『다윈의 대답1 – 변하지 않는 인간의 본성은 있는가?』, 66쪽.
32) 같은 책, 69쪽.

우리가 인간의 본성에 관심을 갖는 이유는 바로 인간 자체 및 인간과 사회의 관계를 이해하는 문제에서 매우 중요한 의미를 갖기 때문이다. 인간으로 구성된 사회 구조를 이해하려면 무엇보다도 인간의 본성을 파악해야 한다.

인간의 본성에 대한 생물학적 탐구에서 핵심 내용은 인간의 본성에 무엇이 있고, 그 본성은 선/악과 어떤 관계를 가지고 있는가 하는 점이다. 피터 싱어는 이렇게 지적한다.

> 우리는 우리의 이익을 더 넓은 차원에서 이해할 수 있도록 노력해야 하며, 우리의 본성이 갖는 개인적이고 경쟁적인 측면에 덧붙여 사회적이고 협조적인 측면 위에서 우리의 이익이 무엇인가를 이해할 수 있도록 노력해야 한다.[33]

이 문제는 거칠게 말하면 이기심과 이타심에 대한 고찰이다. 달리 말하면 '경쟁'과 '협조'의 궁극적 원인이 무엇인가이다.

(1) 이기적 인간

에드워드 윌슨(Edward O. Wilson)은 인간의 이타주의에도 "궁극적으로 이기적인 속성"을 갖고 있다고 주장하였다.[34]

리처드 도킨스(Richard Dawkins)는 『이기적 유전자』라는 책에서 생물학적 관점에서 바라본 인간의 본성 문제를 제기하고 있다. 그는 먼저 찰스 다윈은 "우리가 왜 존재하는지에 대하여 일관성 있고 조리 있는 설명을 매듭지은 사람"이라고 평가한다.[35] 이어서 그는 "사람과 기

---

33) 같은 책, 73쪽.
34) 에드워드 윌슨, 『인간 본성에 대하여』, 이한음 옮김, 사이언스북스, 2002, 215쪽.
35) 리처드 도킨스, 『이기적 유전자』, 홍영남 옮김, 을유문화사, 1993, 19쪽.

타 모든 동물이 유전자에 의해 창조된 기계에 불과하다"고 말한다.36)

> …… 우리의 유전자는 경쟁이 격심한 세계를 때로는 몇 백만 년이나 생을 계속하여 왔다. 이 사실은 우리의 유전자에 무엇인가의 특별한 성질이 있다는 것을 말하고 있다. 내가 이제부터 말하는 것은, 성공한 유전자에게 기대되는 특질 중에 가장 중요한 것은 '무정한 이기주의'라고 하는 것이다. 이러한 유전자의 이기성은 이기적인 개체 행동의 원인이 되는 것이다.37)

도킨스는 '유전자의 이기성은 이기적인 개체 행동의 원인'으로 '무정한 이기주의'라고 한다. 따라서 그는 유전적으로 볼 때 이른바 이타적인 것들은 무의미하다고 결론을 내린다.

> …… 유전자가 동물 한 개체 수준에서 한정된 이타주의를 육성함으로써 자신의 이기적 목표를 가장 잘 수행할 수 있는 특별한 경우들이 있다. 전자의 '한정된'(limited)과 '특별한'(special)이라고 하는 용어는 중요한 말이다.38)

그렇다면 우리의 이른바 '인간다움'이라는 것은 무의미한 것일까? 도킨스는 유전적으로 볼 때 그렇다고 말한다.

> 우리가 믿고 싶다고 하더라도 보편적인 사랑이든가 종 전체의 번영이든가 하는 것은 진화론적으로는 의미가 없는 개념에 지나지 않는다.39)

---

36) 같은 책, 21쪽.
37) 위와 같음.
38) 위와 같음.
39) 위와 같음.

사실 유전적인 측면이 아니더라도 일반적으로 인간의 행동에서 이 기적 측면을 발견하는 것은 어렵지 않다.

이 문제와 관련하여 '공격성'을 살펴보자. 윌슨은 "공격성의 문화적 진화"를 "(1) 공동체가 지닌 특정한 유형의 공격성을 학습하도록 편향된 유전적 성향, (2) 사회와 직접 접촉하고 있는 환경이 부과하는 필연성, (3) 특정한 문화적 혁신을 채택하도록 편향된 그 집단의 역사"로 구분한다.[40] 그는 또 "우리는 공격성의 결정 요인을 세 가지 수준 - 궁극적인 생물학적 성향, 현재 환경의 요구 사항, 문화적 표류에 기여하는 우연한 세부 사항들 - 에서 고찰한 뒤라야만 인간 사회의 진화를 완전히 이해할 수 있을 것"이라고 지적한다.[41] 그런데 리차드 리키와 로저 레윈은 『오리진』에서 "인간은 매우 공격적이라는 설", 즉 "공격성 이론"은 "허구(虛構), 그것도 아주 위험스런 허구"라고 말한다.[42] 그들은 본래 인간이 매우 '협동적'이었음을 이렇게 지적하였다.

> 인간이 동물 왕국의 일부를 구성한다는 사실은 의심의 여지가 없다. 그리고 우리는 진화의 어느 시점에서 대형(大型) 영장류 Large primates 가 지니는 일반적 식습관으로부터 떨어져나와 육식을 꽤나 즐기게 되었음에 틀림없다. 그러나 이런 사실을 근거로, 전인류가 생활의 일부로서 수렵에 열중했기 때문에 선천적으로 살해 본능을 지녔다는 생물학적 결론을 이끌어 낼 수는 없다. 실제로는 그와 정반대, 즉 우리의 조상들이 매우 협동적인 동물이었기 때문에 우리가 이토록 두드러지게 진화해 올 수 있었던 것이다. 사회적인 유인원적 동물 social ape - like creature로부터 고급구조와 조직을 지닌 사회 속에서 생활하는 문화적 동물로의 변천 과정에 있어서 열쇠가 됐던 것은 분배(分配) - 직업 분배 및 식량 분배 - 였다.[43]

---

40) 에드워드 윌슨, 『인간 본성에 대하여』, 164쪽.
41) 같은 책, 166쪽.
42) 리차드 리키·로저 레윈, 『오리진』, 김광억 역, 학원사, 1983, 15~16쪽.

월슨과 도킨스의 입장을 '환원론'(reductionism)의 한 가지 특수한 형태인 '생물학결정론'이라 부른다. 이들의 입장은 "인간의 삶과 활동은 개인을 만드는 세포들의 생화학적 성질에 의한 피할 수 없는 결과"라고 생각한다. 즉 "인간의 본성은 우리 유전자에 의해 고정되었다는 견해"이다.[44]

'생물학결정론'과 대립되는 입장이 '문화결정론'이다. 이 입장은 "환원론자들처럼 사회 안에서 협소한(그리고 배타적인) 인과적 사슬들을 파악"한다.[45] 그러나 "인간성은 그것이 갖는 고유의 생물학적 특성으로부터 떨어져서 정처 없이 표류하는 것도 아니지만 그렇다고 해서 그것에 의해 사슬에 묶이는 것도 아니다."[46] 따라서 '생물학결정론'과 '문화결정론' 어느 일방만을 주장하는 것은 과학적이지 않다. 우리는 "생물학적인 것과 사회적인 것 사이의 관계에 대한 통합된 이해"가 필요하다.[47] '생물학결정론'의 위험성은 이렇다.

생물학결정론자들은 그것이 두 길을 갖도록 시도한다. 그들은 그들의 이론들을 정당화하기 위해 정치적 사건들과 어떠한 연관도 부정하는데, 그들의 이론들은 사회적 관련들과 절연된 과학 안에서의 내적 발전의 성과라는 인상을 준다. 그리고 나서 그들은 정치배우들이 되는데, 신문과 대중잡지에 기고를 하고, 입법에 앞서 증언을 하며, 그들의 객관적인 과학으로부터 흘러나와야만 하는 정치적 결과들과 사회적 결과들을 명백히 하려고 텔레비전에 유명인사로서 나타난다. …… 그들은 결정론의 정치적 역할과 결정론의 진리를 연결시키는 논리적 필연성이

43) 같은 책, 16쪽.
44) 스티븐 로우브·R. C. 르윈틴·레온 J. 카민, 『우리 유전자 안에 없다』, 이상원 옮김, 한울, 1993, 24쪽.
45) 같은 책, 29쪽.
46) 위와 같음.
47) 같은 책, 30쪽.

존재하지 않음에도 불구하고, 과학적 권위자들로서 그들 자신의 정당
성은 정치적으로 공평무사한 당파들로서의 그들의 외적 모양새에 의존
한다고 이해한다.[48]

이것뿐만이 아니다. 요아힘 바우어는 "인간 존재에게 핵심적인 동
기부여는 애정 어린 관심과 성숙한 인간관계"라고 지적한다.[49] 현대
신경생물학에서는 '인간성의 원칙'으로 다음과 같은 내용을 제시한다.

> 인간은 - 신경생물학적인 관점에서 - 사회적인 공감과 협력에 적합
> 한 존재이다. 인간을 움직이게 하는 동기의 핵심은 다양한 관계 속에서
> 인정, 존중, 배려, 애정을 발견하고 주고받는 것이다.[50]

인간은 "새로운 생물학적 성과에서 보면, 사람들은 성공적인 인간
관계"를 우선시한다. 여기에서 중요한 것은 "동기부여 체계"이다.[51]

> 동기부여 체계가 추구하는 본래의 목표는 사회적인 결속이며 성공적
> 인 인간관계였던 것이다. 여기서 인간관계란 사랑과 애정을 주고받는
> 개인적인 관계뿐만 아니라 모든 형태의 사회적인 상호작용을 포함한
> 다. …… 즉 모든 동기의 핵심은 사람들이 서로서로 인정, 존중, 관심,
> 애정을 주고받는 것이다. 신경생물학적 측면에서 우리가 사회적 공감
> 과 협력에 소질이 있다는 뜻이다.[52]

바우어는 "유년기와 청소년기에 좋은 인간관계를 경험하지 못한 사

---

48) 같은 책, 49~50쪽.
49) 요아힘 바우어, 『인간을 인간이게 하는 원칙』, 이미옥 옮김, 에코리브르, 2007,
   8쪽.
50) 같은 책, 21쪽.
51) 같은 책, 22쪽.
52) 같은 책, 32쪽.

람은 훗날 인간관계를 맺는 능력에서 치명적인 결함을 지니게 된다"
고 말한다.[53] 이것은 즉 "'좋은 유전자'를 가지고 태어났다고 해서 건
강하게 자랄 것이라는 보장은 없다. 유전자는 주변 환경과 긴밀히 협
력함으로 그 기능을 발현할 따름이다"는 의미이다.[54] 다시 말해서 "유
전자가 …… 자폐적으로 활동하는 것이 아니라 외부 세계와 대화하고
외부 세계의 신호에 따라 활성화 정도를 변경한다는 것이다."[55] 이러
한 관점은 '생물학결정론'에 대한 결정적인 비판이라 할 수 있다.

(2) 이타적 인간

앞에서 말한 것처럼 인간이란 참으로 신비한 존재이다. 왜냐하면
인간은 타자를 위하여 자신의 생명을 버릴 수 있는 존재이기 때문이
다. 타자의 생명뿐만이 아니라 국가 혹은 어떤 이념을 위하여 죽을 수
있는 존재이다. 물론 리처드 도킨스의 입장에서 보면 이것 역시 이기
적 행위일 뿐이지만 말이다.

에드워드 윌슨은 이렇게 말하였다.

> 인간에 대한 더 참된 정의에 바탕을 둔 새로운 윤리를 탐구하려면
> 인간의 내부를 들여다보고, 정신의 장치를 해부하고, 그것의 진화사를
> 되짚어 볼 필요가 있다.[56]

그런데 미국의 여성학자 린 마굴리스(Lynn Magulis)와 다른 생물학
과 의학 분야 학자들은 진화론에서 사용하는 개념에 대해 비판적인데,

---

53) 같은 책, 48쪽.
54) 같은 책, 50~51쪽.
55) 같은 책, 59쪽.
56) 스티븐 로우브·R. C. 르윈틴·레온 J. 카민, 『우리 유전자 안에 없다』, 28쪽.

"'투쟁'이니 '생존 경쟁'이니 하는 것은 경제학에서 파생되어 생물학에 적용된 인위적인 개념일 뿐이라고 한다."[57]

에드워드 윌슨은 인간의 윤리에 대해 이렇게 말하였다.

> 뇌에는 우리의 윤리적 전제들에 심층적이고도 무의식적으로 영향을 미치는 선천적인 감지기censor와 작동기motivator가 있다. 윤리는 이 근원에서 나와 본능으로 진화했다.[58]

그렇다면 문제는 이렇다. 인간은 왜 이렇게 진화했는가? 윌슨은 인간의 이타주의에 대해 아래와 같이 말하였다.

> 인간의 이타주의는 가장 가까운 친척에게 향할 때면 사실상 맹목적인 것처럼 보인다. …… 우리 이타주의의 나머지 부분들은 본질적으로 목적적이다.[59]

그는 "인간에게 비견될 만한 이타적 자살은 오직 하등 동물, 특히 사회성 곤충한테서만 만나볼 수 있다"고 말하였다.[60] 윌슨에 의하면 "인간의 이타주의도 근거를 따져보면 포유동물적인 양가감정(兩價感情, ambivalence)에 물들어 있는 것"이라고 한다.[61] 윌슨은 인간의 이타주의를 논의할 때 중요한 개념으로 '맹목성 (hardcore) 이타주의'와 '목적성(softcore) 이타주의', '유전적 진화'와 '사회적 진화'를 언급하고 있다. 따라서 우리는 먼저 그가 말하는 이러한 개념의 의미를 살펴볼 필요가 있다. 그는 '맹목성 이타주의'를 설명

57) 요아힘 바우어, 『인간을 인간이게 하는 원칙』, 17쪽.
58) 에드워드 윌슨, 『인간 본성에 대하여』, 28쪽.
59) 같은 책, 222쪽.
60) 같은 책, 212쪽.
61) 같은 책, 210쪽.

하면서 이렇게 지적하였다.

　　먼저 이타적 충동은 타인을 향한 비합리적이고 일방적인 것일 수 있다. 즉 베푸는 자는 똑같은 보답을 바란다는 욕망을 결코 표현하지 않으며, 그런 목적을 성취하기 위한 그 어떤 무의식적 활동도 하지 않는다.[62]

　그는 이 "친족 선택에 바탕을 둔 순수한 맹목성 이타주의는 문명의 적"이라고까지 평가한다.[63]
　다음은 '목적성 이타주의'에 대한 설명이다.

　　그의 선행은 철저하게 의도적으로 계산된 것이고, 그의 전략은 고통스러울 정도로 뒤얽힌 사회의 체계 규범과 요구 사항에 따라 조율된다. …… 그것의 심리적 매개체는 거짓말, 겉치레, 사기 등이다.[64]

　따라서 엄밀히 말하면 '목적성 이타주의'는 '이타주의'가 아니다. 이기적 행위일 뿐이다.
　다음은 '유전적 진화'와 '사회적 진화'에 대한 설명이다. 윌슨은 '유전적 진화'에 대해 이렇게 설명하였다.

　　만일 인류가 다윈의 자연선택을 통해 진화한다면, 생물 종은 신에 의해 창조되는 것이 아니라 유전자의 우연과 환경의 필연에 의해 창조될 것이다.[65]

---

62) 같은 책, 217쪽.
63) 같은 책, 219쪽.
64) 같은 책, 218쪽.
65) 같은 책, 24쪽.

윌슨은 '사회적 진화'에 대해 다음과 같이 설명하였다.

> 인간의 사회적 진화는 분명히 유전적이기보다는 문화적이다. 요점은
> 거의 모든 인간 사회에서 강력하게 표출되는 근원적인 감정들은 유전
> 자를 통해 진화한다는 것이다.[66]

또 이렇게 말하였다.

> 인간의 사회적 행동이 유전적으로 결정되는가 하는 문제는 이제 더
> 이상 질문거리도 되지 않는다. 문제는 어느 정도인가 하는 것이다. 유
> 전자에 관한 수많은 증거들은 대부분의 사람들이 – 나아가 유전학자들
> 이 – 알고 있는 것보다 훨씬 더 상세하고 압도적이다. 나는 좀 더 강력
> 하게 말하겠다. 그것은 이미 결정적이라고.[67]

그는 "개인은 자신의 환경, 특히 문화적 환경과 사회적 행동에 영향
을 미치는 유전자 사이의 상호작용을 통해 형성된다"고 한다.[68] 그렇
다면 '유전적 진화'와 '사회적 진화'의 관계, 차이는 무엇인가? 위에
인용한 윌슨의 글에서 말한 "근원적인 감정들"은 '유전적 진화'인가
'사회적 진화'인가? 아니면 둘 다 관련이 있는가? 또 '사회적 진화'의
원인은 무엇인가? 윌슨은 "유전적이기보다는 문화적"이라고 하였는
데, 여기에서 말하는 '문화적'이라는 말의 의미는 무엇인가? 그는 이
런 문제에 대한 명확한 설명이 없다.

동물 가운데에서도 자신이 낳은 새끼를 위해 자신의 생명을 위험에
빠뜨리는 현상이 있다. 그러나 그것은 자신이 낳은 새끼인 경우이다.

---

66) 같은 책, 25쪽.
67) 같은 책, 46쪽.
68) 위와 같음.

진화생물학자들의 관점에 의하면 이것은 '친족에 대한 맹목성 이타주의'에 해당한다. 그런데 인간만은 자기 자신과 전혀 상관이 없는 이방인, 타인을 위해 자신의 생명을 내던진다. 그런 점에 있어서 자연의 관점에서 볼 때 인간이란 참으로 특이한 존재인 것이다. 그런데 이 점이 바로 '인간의 인간다움'이라고 말할 수 있을 것이다. 그렇지 않았다면 인간과 다른 존재물은 아무런 구분이 없을 것이다.

인간 역시 다른 동물들처럼 먹고, 자고, 성교를 하는 존재이다. 그런데 만약 인간이 이런 점만을 가지고 있는 존재라면 인간을 다른 동물과 구분한다는 것은 불가능하게 된다. 인간과 동물의 차이는 윤리에 있다. 이 문제와 관련하여 우리는 먼저 인간이 만든 '사회'에 대해 생각해 볼 필요가 있다. 인간은 '사회'를 왜 만들었는가?

> 사회는 이성에 의해 고안된 것이 아니다. 그것은 인간 본성의 일부로서 진화되어 왔다. 사회는 인체와 마찬가지로 인간 유전자의 진화적 산물이다. 그것을 이해하기 위해서는 우리의 뇌 속에 자리잡고 있는, 사회적 유대 관계를 창출하고 활용하는 본능에 주목해야 한다.[69]

우리는 인간의 이타적 행위에 관한 사례로 막시밀리안 콜베(1894~1941) 신부를 논의할 수 있다. 콜베 신부는 제2차 세계대전 때 아우슈비츠 수용소에서 죽음에 처한 다른 유대인을 대신하여 스스로 죽음을 선택한 인물이다. 그때의 상황은 이렇다

> 막시밀리안 신부는 소장 앞에 섰다. 아주 침착했다. 미소까지 띤 것 같았다. 신부는 바로 옆의 사람에게만 겨우 들릴 것 같은 낮은 소리로 말했다.
> "저 사형수 중 한 사람 대신 내가 죽겠소."

---

69) 매트 리들리, 『이타적 유전자』, 신좌섭 옮김, 사이언스북스, 2002, 17쪽.

......

"나는 늙었고 아무짝에도 못 쓸 사람입니다. 살아 있어도 아무것도
못 하게 될 것입니다."
"누구를 대신에 죽겠다는 거냐?"
"저 사람, 부인과 아이들을 가진 사람 대신입니다."[70]

콜베 신부는 그 남자를 대신하여 죽음을 선택하였다. 그가 죽음을
선택할 수 있었던 것은 그의 종교적 신앙에서 나온 것이리라. 그런데
사실 여기에 한 가지 의문이 남는다. 만약 그에게 종교적 신앙이 없었
다면 그는 그런 죽음을 선택할 수 있었을까? 콜베 신부의 행위는 종
교적 보상을 위한 것인가? 그런 종교적 보상이 없었다면 그는 그런
죽음을 선택할 수 있었을까? 또 만약 종교적 보상을 전제로 한 선택
이었다면 그의 이러한 죽음은 정당한 것일까? 조건적인가 무조건적인
가? 윤리적 선택인가, 아니면 신의 뜻에 의한 희생인가? 자율적인가
타율적인가? 콜베의 사례를 윌슨의 관점에서 보면 철저하게 이기적
행위일 수 있다. 그는 이렇게 지적하였다.

  인간 이타주의의 진화론은 이타주의의 유형들이 대부분 궁극적으로
  이기적인 속성을 지니고 있다는 점 때문에 한층 더 복잡해진다. 지속성
  을 지니고 있는 유형의 인간 이타주의 중에서 철저하게 자기 파멸적인
  것은 없다. 가장 고귀한 영웅적 삶은 개인의 불멸성이라는 강한 신념이
  커다란 보상을 받을 것이라는 기대 하에 형성된다.[71]

앞에서 이것을 '이기적 행위'라고 말했지만, 그러나 어찌되었든 다
른 사람을 대신하여 그가 선택한 죽음이 일차적으로 이타적 희생이라

---

70) 마리아 비노프스카, 『막시밀리안 콜베』, 김동소 옮김, 성바오로출판사, 1991,
   198~199쪽 요약.
71) 에드워드 윌슨, 『인간 본성에 대하여』, 215쪽.

는 점만은 부정할 수 없다. 왜냐하면 "개체들이 서로에게 헌신적일 수 있다면 그 같은 선행을 일으키는 <동기>를 꼭 따질 필요는 없"는 것이고,72) "행위 그 자체가 중요한 것"이기 때문이다. 73) 문제는 인간에게 본성적으로 무엇이 있기에 그런 '이타적 희생'을 가능하게 하는 것일까? 단순히 이기적 동기에서 나온 행위라고 말하기에는 설명이 부족한 것 같다.

사실 인간은 '타인의 고통'에 대하여 무지하기만 하다. 부처는 인간이 자신의 몸에 가시가 박힌 고통을 감지하지만 타인의 죽을 것만 같은 고통에 대해서는 전혀 무감각하다고 말하였다. 수전 손택(Susan Sontag, 1933~2004)은 『타인의 고통』에서 이렇게 말하고 있다.

> 흔히 사람들은 타인의 고통이 자신과 밀접히 연결되어 있다는 사실을 잘 받아들이지 못한다. …… 관음증적인 향락(그리고 이런 일이 **나에게** 일어나지 않을 거다, 나는 아프지 않다, 나는 아직 죽지 않는다, 나는 전쟁터에 있지 않다 같은 사실을 알고 있다는 그럴싸한 만족감)을 보건대, 흔히 사람들은 타인의 시련, 그것도 쉽사리 자신과의 일체감을 느낄 법한 타인의 시련에 관해서도 생각하지 않으려 하는 듯하다.74)

우리는 '타인의 고통'에 대해 얼마나 이해/공감할 수 있을까? 이 책에는 작자 미상의 <백 조각으로 찢겨 죽는 형벌>(북경, 1905)이라는 사진 한 장이 실려 있다. 이 사진은 중국에서 한 암살자의 생살을 도려내는 형벌을 집행하고 있는 장면을 찍은 것이다. 이 책은 사진 아래에 이렇게 설명하고 있다.

---

72) 매트 리들리, 『이타적 유전자』, 35쪽.
73) 같은 책, 36쪽.
74) 수전 손택, 『타인의 고통』, 이재원 옮김, 이후, 2004, 150쪽.

　　1905년 4월 10일 북경에서 찍힌 이 사진의 주인공 푸추리(Fou-
Tchou-Li, 1887~1905)는 몽고 왕족의 왕자 아오한우안을 암살했다고
알려져 있다. …… 이 형벌은 능지(凌遲)를 말한다. 능지는 죄인의 살
갗이나 살점을 칼로 도려내는 형벌로서, 가능한 한 죄인을 살려둔 채
며칠에 걸쳐 시행함으로써 고통을 극대화하는 형벌이다(능숙한 집행자
는 한 사람에게서 2만 점까지 도려낸다고 한다).[75]

　　그런데 우리 인간이 이토록 야만적인 행위를 하도록 하는 것은 무
엇일까? 우리는 이런 사진 앞에서 과연 인간의 선한 본성을 말할 수
있을까?

　　제2차 세계대전 당시 아우슈비츠라는 악명 높은 유대인 수용소에서
살아남았던 정신과 의사 빅터 E. 프랭클은 자신의 자전적인 글 『죽음
의 수용소에서』(Man's search for meaning)에서 다음과 같은 내용을 소
개하였다.

　　　소맷자락에 아무런 표지도 달지 못한 이 평범한 죄수들이야말로 카
　　포들(Capos)에게서 가장 멸시를 받았다. 이들 보통 죄수들이 먹을 것이
　　없어 굶주리는 동안 카포들은 절대 굶는 일은 없었다. 사실 많은 카포
　　들은 그들 생애의 그 어느 때보다도 수용소에 있을 때 훨씬 더 잘 먹었
　　다. 그들은 수용소 감시병들보다 더 잔인하게 죄수들을 때리는 일이 많
　　았다. 이 카포들도 물론 죄수들 중에서 뽑힌 사람들일 뿐이다.[76]

　　이 '카포들' 역시 다른 사람들과 마찬가지로 똑같은 죄수의 신분으
로 아우슈비츠 수용소에 끌려왔다. 그런데 그들은 이른바 '카포'가 되
면서 다른 동료 죄수들을 학대하는 존재로 변신을 하게 된다. 더군다
나 "수용소 감시병들보다 더 잔인하게" 변한 것이다. 그 원인은 무엇

---

75) 같은 책, 148쪽.
76) 빅터 E. 프랭클, 『죽음의 수용소에서』, 이소민 옮김, 1993, 20쪽.

일까? 프랭클은 이어서 이렇게 말하였다.

> 강제수용소를 경험해 보지 않은 사람은 수용소의 생활에 감상과 연민이 뒤섞인 그릇된 개념을 가지기 쉽다. 그런 사람은 죄수들 사이에 처절하게 벌어지는 힘든 싸움에 대해 거의 모른다. 이것은 그날그날의 먹을 것과 목숨 그 자체, 즉 자기의 목숨이나 친한 친구의 목숨을 구하기 위한 무자비한 몸부림이었다.[77]

프랭클은 "죄수들 사이에 처절하게 벌어지는 힘든 싸움"을 말하고 있다. 이것을 어떻게 이해할 것인가? 인간의 이기성? 아니면 생존본능? 그런데 프랭클은 또 이렇게 말하고 있지 않은가?

> 거기에는 도덕이나 윤리적인 문제 따위를 고려해 볼 시간도 없고 그럴 생각도 전혀 없다. 모두가 하나같이 오직 한 가지 생각에만 매달려 있다. 집에서 자기를 기다리고 있을 가족들을 위해 자신의 목숨을 지키고 친구를 구해주자는 생각뿐이었다.[78]

프랭클이 비록 "거기에는 도덕이나 윤리적인 문제 따위를 고려해볼 시간도 없고 그럴 생각도 전혀 없다"고 말하였지만 그들 역시 "가족들을 위해 자신의 목숨을 지키고 친구를 구해주자는 생각"은 하고 있었다. 그러므로 '가족'이나 '친구'에 대한 최소한의 도덕, 윤리의 문제를 고려하고 있었다고 말할 수 있을 것이다. 물론 이것은 그저 본능적인 것이라고 말할 수도 있다. 그러나 인간의 도덕, 윤리라는 것은 이러한 인간의 본능적인 것에 기초한 것이다.

사실, 만약 인간에게 전적으로 자신의 이익만이 문제가 된다면 아

---

77) 위와 같음.
78) 같은 책, 21쪽.

우슈비츠와 같은 수용소에서 살아남는 것은 어떤 면에서 더 쉬운 문제였을 것이고, 또 다른 측면에서는 오히려 결코 살아남을 수 없었을 것이다. 첫 번째의 경우는 철저하게 비굴한 행위를 하면 가능할 것이고, 두 번째의 경우는 자살이라는 것이 남아있기 때문이다. 프랭클 역시 그런 상황을 그리고 있다.

> 실제로 담배를 피울 수 있는 특권은 매주 일정량의 담배 배급권을 받고 있었던 카포들에게나 보장된 것이었다. 아니면 창고나 작업장의 감독으로 일하는 죄수와 힘든 일을 하는 대가로 담배 두세 개비를 받는 죄수들이나 가능한 일이었다. 한 가지 예외가 있다면 살고자 하는 의지를 상실하고 생애 최후의 며칠간을 '즐기고' 싶어 하는 사람들뿐이었다. 그러므로 어떤 동료 죄수가 자기 담배를 피우는 것을 보면 우리는 그가 계속 버텨 나갈 힘에 대한 믿음을 포기했다는 것을 곧 알게 되었다. 그리고 일단 그 믿음이 상실되면 살고자 하는 의지는 좀처럼 회복되지 않았다.[79]

사실 이처럼 극단적인 상황에 처하게 되면 우리 인간에게 남는 문제는 일반적으로 말해서 '도덕이나 윤리' 따위의 문제가 아니라 '살고자 하는 의지'가 중요한 것이 아닐까? 위에서 그리고 있는 상황은 '의지'의 상실, 즉 살고자하는 의지를 잃은 상황을 그리고 있다. 그런 사람에게는 이미 도덕, 윤리는 무의미할 뿐이다. 도덕, 윤리 이전에 최소한 살고자하는 의지, 살아야만 하는 의미가 더 중요할 것이다. 살고자 하는 의지, 살아야만 하는 의미가 없는 사람에게 도덕, 윤리 따위가 무슨 소용이 있겠는가? 죄수들 사이에 벌어지는 처절한 싸움 역시 살고자하는 본능적인 의지에서 비롯된 것이라고 할 것이다.

그렇지만 우리는 다시 묻지 않을 수 없다. 인간의 이러한 이타성은

---

79) 같은 책, 24쪽.

어디에서 나오는 것일까? 그리고 여기에서 또 한 가지 중요한 것은 우리는 과연 타인의 고통을 이해할 수 있는가? 우리는 어떻게 어떤 '타인'이 '고통'을 '느끼고 있다'는 것을 알 수 있는가? 이 문제는 오늘날 철학적으로도 매우 중요하게 다루어지고 있다. 이것은 인간의 본성의 문제와 더불어 인간이 '타인의 고통'을 인식할 수 있는가 하는 매우 중요한 문제를 제기하게 된다. 노양진은 이렇게 지적한다.

> 우리는 서로의 경험으로부터 완전히 단절되어 있으며, 서로의 경험에 직접적으로 접속할 수 없기 때문이다. 나는 타인의 지각이나 느낌, 사고나 기억에 접속할 수 없으며, 그 반대도 마찬가지다. 이런 의미에서 우리를 포함한 모든 유기체는 각자의 경험 안에 '유폐되어'(incarcerated) 있다.[80]

그렇다면 우리는 어떻게 '소통'을 할 수 있을까? 노양진은 '기호적' '매개체'라고 말한다.

> 경험의 유폐성을 벗어나려는 우리의 모든 노력은 '기호적'으로 이루어진다. 내가 타인의 경험에 접근하기 위한 유일한 통로는 나와 타인 사이의 매개체를 통해 열린다.[81]

노양진은 그것을 '종적 신뢰'(specific commitment)라고 부른다.[82] 그러나 그는 어쨌든 "우리가 자신은 물론 타인에 관해서도 결코 완전한 지식에 이를 수 없다"고 지적한다.[83]

---

80) 노양진, 「몸의 침묵」, 범한철학회, 『범한철학』 제73집, 2014, 226쪽.
81) 같은 논문, 226쪽.
82) 위와 같음.
83) 위와 같음.

내가 내 자신에 대한 확실한 지식에 이를 수 없다는 바로 그 사실 때문에 나의 경험내용을 타인에게 직접적으로 전달할 수 없으며, 타인 또한 자신의 경험내용을 나에게 직접적으로 전달할 수 없다. 나와 타자 사이의 기호적 불투명성은 특정한 이론이 제기하는 가설이 아니라 우리의 종적 조건에서 비롯되는 원초적 사실이다.[84]

침팬지 연구로 유명한 제인 구달(Jane Goodall)은 다음과 같은 사례를 소개하고 있다.

> 1972년, 늙은 플로가 죽었다. …… 플린트에게 있어 어미의 죽음은 결코 회복할 수 없을 정도의 심각한 타격이었다. 엄마를 잃은 그에게는 더 이상 세상을 살아갈 의지조차 없는 것 같았다. 의기소침해지고 비참해진 플린트는 플로의 시체가 있는 냇가의 둑에 앉아 있었다. 때때로 어미를 보려고 아래로 내려가, 필사적으로 살아 있다는 증거를 찾는 것처럼 보였다. 플린트는 플로를 쳐다보고, 이따금 플로의 팔을 당겨서 털을 골라 자신을 편안하게 해 달라고 조르는 것처럼 보였다. 일생 동안 플로가 그에게 해 주었듯이 ……. 그러나 플로는 조금도 움직이지 않았다. 플로의 몸은 조용히, 싸늘하게 식은 채로 뉘어 있었고, 결국 플린트는 떠나버렸다. 플린트는 절망에 빠졌다. 그는 거의 아무것도 먹지 않았고, 언제나 혼자서 지냈다. 이렇게 슬퍼하다가 플린트는 병에 걸리고 말았다. …… 우리는 플린트를 도우려고 애썼다. 먹이를 주고, 플린트가 외로움을 느끼지 않게 하려고 곁에 머물러 주었다. 그러나 아무런 효과가 없었고, 플로가 죽은 지 약 3주일 만에 플린트마저 죽고 말았다.[85]

늙은 어미 침팬지 플로의 죽음과 그로 인해 충격을 받고 죽게 된 아

---

84) 위와 같음.
85) 제인 구달, 『제인 구달 - 침팬지와 함께한 나의 인생』, 박순영 옮김, 사이언스 북스, 2005, 133~134쪽.

들 플린트의 죽음에 관한 보고이다.

존 바우커는 『죽음의 의미』에서 이렇게 말하였다.

> 그러므로 우리는 마르크스나 프로이드의 시사한 일반화를 넘어서서 탐구해야 할 보다 근본적인 토대가 있음을 잊어서는 안 될 것이다. 그 것은 바로 자신의 생명을 내버리면서 총체적인 세계를 획득하는 인간 의 능력이다. 그것은 곧 또 다른 삶을 위해 자신의 삶을 양도하고 또 다른 부분을 위해 자신의 부분을 양도할 줄 아는 인간의 인식 능력이 다. 또한 그것은 산호초 위의 삶의 양식이든 현대 도시적 삶의 양식이 든 간에 총체성의 획득이 어떤 희생을 요구한다는 점, 그때 대개는 자 기 몸을 사리면서 그런 희생을 자처하고 나서려는 사람은 거의 없다는 점, 그럼에도 불구하고 어떤 이는 타인을 위해 스스로의 죽음을 희생 제물로 바치기도 한다는 점에 대한 인식이다.[86]

우리는 이 단락에서 말한 "자신의 생명을 내버리는 총체적인 세계 를 획득하는 인간의 능력"이라는 것에 대하여 새로운 고려가 필요하 다. 그렇다면 우리가 고려해야 할 문제는 바로 '무엇이 인간을 자기희 생을 하도록 만드는 것일까?'이다. 또 이 '자기희생은 무엇을 의미하 는 것일까?'이다.

피터 싱어는 "타인과 협조하려는 태도는 인간 본성의 일부인 듯하 다. 사람들은 협조가 일어나기 가장 힘들어 보이는 상황에서조차도, 협조함으로써 이득을 얻을 수 있다는 것을 보여준다"[87]. "협동하려는 성향, 그것은 우리 인간들 사이에서 발견할 수 있는 진정한 보편성이 다"고 말한다.[88]

우리는 여기에서 인간의 '연민'이란 감정에 대해 다시 생각해볼 필

---

86) 존 바우커, 『죽음의 의미』, 64쪽.
87) 피터 싱어, 『다윈의 대답1 – 변하지 않는 인간의 본성은 있는가?』, 79쪽.
88) 같은 책, 80쪽.

요가 있다. 손택은 이렇게 설명한다.

> 연민은 변하기 쉬운 감정이다. 행동으로 이어지지 않는다면, 이런 감
> 정은 곧 시들해지는 법이다.[89]

그녀는 또 이렇게 지적한다.

> 고통 받고 있는 사람들에게 연민을 느끼는 한, 우리는 우리 자신이
> 그런 고통을 가져온 원인에 연루되어 있지는 않다고 느끼는 것이다. 우
> 리가 보여주는 연민은 우리의 무능력함뿐만 아니라 우리의 무고함도
> 증명해 주는 셈이다. 따라서 (우리의 선한 의도에도 불구하고) 연민은
> 어느 정도 뻔뻔한(그렇지 않다면 부적절한) 반응일지도 모른다.[90]

위에 인용한 손택의 '연민'에 대한 평가 혹은 비판은 실천성이 없는
연민을 지적한 것으로 보인다. 이처럼 실천성이 없는 관심(관심을 가
장한 무관심이다)은 사실 타자에 대한 철저한 외면과 자기기만 또는
자기만족에 빠지기 쉽다.

그렇지만 타자에 대한 '연민'과 같은 인간의 이타주의적 본능이 비
록 '이타적'이라고 말할 수 있다고 하더라도 '연민'은 현실적으로 아무
것도 바꿀 수 없다. 흔히 '연민'은 무관심, 자기회피와 같은 방식으로
나타난다. 따라서 앞에서 손택이 말한 것처럼 '행동'으로 이어져야 한
다. 우리의 이러한 '행동'이 때로 무력감을 주기도 하지만, 우리는 '행
동'을 통해 좀 더 나은 방향으로 나갈 수 있다. 또 우리는 '연민'이 아
닌 이러한 '행동'을 통해 궁극적으로 '참된 자아'를 확인할 수 있다.

---

89) 수전 손택, 『타인의 고통』, 153쪽.
90) 같은 책, 154쪽.

제2절 현대철학에서 죽음의 문제

서양 근대철학은 중세철학의 종교적 억압으로부터 나온 것이라고 말할 수 있다. 서양 근대철학은 크게 합리론과 경험론으로 나누어진 다. 서양 근대철학에서 인간에 관한 이해의 문제에서 중요한 관점은 데카르트의 이원론적 관념이다.

르네 데카르트(René Descartes, 1596~1650)는 새로운 실체 개념을 제시했다. 그는 실체를 "자신이 존재하기 위해 다른 어떤 것도 필요로 하지 않고 독립적으로 존재하는 것"이라 정의한다. 그리고 그는 '무한 실체'(신)와 '유한 실체'(정신과 물체)로 구분한다. 그가 말하는 '무한 실체'는 '신'으로 이 세계를 '무'로부터 창조하여 법칙을 부여하면서도 이 그 자신은 이 세계를 초월해 있다.[91]

데카르트 철학에서 우리의 주제와 관련된 문제는 그의 유한 실체 개념과 정신과 물체의 관계, 그리고 정신의 의미이다. 먼저 이 두 개념 에 대한 데카르트의 생각을 살펴보면 '정신'은 "내가 사고하고 있는 비연장적인 것"으로, "나는 생각한다. 그러므로 존재한다"는 명제를 통해 정당화된다. '물체'는 "연장성을 지니며 사고하지 않는 것"이다. 그는 그 결과 영혼은 육체와 구별되고, 육체가 없이도 현존할 수 있다 고 결론짓는다.[92] 데카르트의 이원론을 '실체 이원론'이라 부른다. 이 입장은 "당신이란 존재의 참된 모습은 당신의 육체가 아니라 비공간 적이며, 사유하는 실체 즉 당신의 육체와는 사뭇 다른 개별적 단위의 마음이란 실체이다. 이 비물질적인 마음은 당신의 신체와 체계적으로 인과적 상관관계를 갖는다"는 것이다.[93] 그런데 길버트 라일(Gilbert

---

91) 박삼열, 「데카르트 실체 개념의 문제점과 후대 합리론자들의 해결방안」, 서강대 학교 철학연구소, 『철학논집』(제20집), 2010, 136쪽.
92) F. 코플스톤, 『합리론』, 김성호 옮김, 서광사, 1998, 183~184쪽.

Ryle)은 이러한 관점에 대해 "기계 속의 유령에 관한 도그마", "범주적 오류"(category-mistake), "철학자의 신화(神話)"라고 비판한다.[94]

오늘날 이 이원론적 사유에는 또 '통속 이원론'(popular dualism), '속성 이원론' 등이 있다. '통속 이원론'에 의하면 "마음은 두뇌와 밀접한 관계를 가지며 머리 속에 있는 것으로", "사람이란 글자 그대로 '기계 속에 놓인 유령'이다."[95] '속성 이원론'은 "물리적인 두뇌 이외에 여기서 다루어져야 할 실체는 없지만 두뇌는 다른 어떤 물리적인 대상이 가지고 있지 않은 특수한 속성들의 집합을 가지고 있다는 것"으로 "두뇌의 이 특수한 속성들이란 비물질적인 것"이라는 것이다.[96] 이 '속성 이원론'이라는 관점에는 '부대 현상론'(epiphenomenalism)이 있다. 이 입장은 "심리적 현상들이 우리의 행위와 행동들을 궁극적으로 결정하는 뇌의 물리적 현상의 일부가 아니라, '물리적 사건 위에' 덤으로 걸터앉아 있는 것"인데, "심리적 현상들은 두뇌의 여러 활동들에 의해 일어나도록 야기되는 것이지만, **그 현상들 자체는 두뇌의 활동에 대해 어떤 인과적인 영향력도 발휘하지 못한다**고 주장한다."[97]

현대철학에서 이 이원론적 사유에 대한 가장 강력하고도 유력한 비판은 경험론, 심신관계, 몸 철학, 체험주의 등의 계열에서 보인다.

1. 경험론

서영 근대철학에서 경험론의 대표적인 학자로는 존 로크(John Locke, 1632~1704), 조지 버클리(George Berkely, 1685~1753), 데이비

---

93) P. M. 처치랜드, 『물질과 의식』, 석봉래 옮김, 서광사, 1992, 26~28쪽 참조.
94) 길버트 라일, 『마음의 개념』, 이한우 옮김, 문예출판사, 1994, 19쪽.
95) P. M. 처치랜드, 『물질과 의식』, 29쪽.
96) 같은 책, 30쪽.
97) 같은 책, 31쪽.

드 흄(Davie Hume, 1711~1776) 등이 있다.

경험론(Empirismus, empiricism)에서 말하는 '경험'(empriria, experientia, experience)이란 "감각기관을 통하여 수용한 것, 곧 감각 - 지각"을 의미한다.[98] 또 경험론을 경험주의/감각주의(sensualism)라고 하는데 "인식의 원천 내지 출발점의 문제에서 그것을 이성이라고 보는 이성론과 반대로 그것이 감각 경험"이라고 주장한다.[99]

> 경험론자는 모든 인식의 질료뿐만 아니라 타당성의 근원도 경험에서 구한다. …… 경험론자들은 인식의 확실성은 경험만이 보증한다고 믿는다. 여기서 더 나아가 공간 시간상에서 감각적으로 경험된 것만이 '사실'이고 '실재'며, 그 이상의 것은 무의미하다는 주장에까지 이르면 경험론은 실증주의(positivism)가 된다.[100]

이석호는 "경험론에서는 감각적인 경험 자체가 모두며 인식의 완성이고 전체다. 이러한 경험이 진리·가치·이상·법률·종교를 홀로 결정짓는다. 세계의 과정은 계속해서 전진하고 있기 때문에, 경험이 완결되는 일은 절대로 있을 수 없다. 그래서 경험론에서는 영원하고 필연적이며 개별적인 것을 초월하여 보편타당한 진리와 가치, 이상 등이 없다"고 지적한다.[101]

로크는 데카르트의 '본유관념'을 부정한다. 이 '본유관념'은 "진리를 인식할 수 있는 능력, 옳고 그름을 판단하는 능력"이다.[102] 그에 의하면 "감각 기관에 의한 경험의 한계는 곧 가능한 인식의 한계"로, "경험

---

98) 백종현, 『서양근대철학』, 철학과 현실사, 2001, 64쪽.
99) 위와 같음.
100) 위와 같음.
101) 이석호, 『근세·현대 서양윤리사상사』, 125쪽.
102) 같은 책, 131쪽.

할 수 없는 없는 것은 인식할 수 없다."103)

　버클리는 '추상적 일반 관념'은 '언어의 속임'에서 오는 것이라 하여 그 존재를 부정한다. 바꾸어 말해서 "언어가 지시하는 것이 반드시 관념으로도 존재한다고 생각할 수 없다"는 것이다.104) 버클리의 입장을 '주관적 관념론'이라 한다. 그는 존재하는 것은 오직 감각된 것 또는 우리의 감각뿐이라고 한다. 따라서 존재는 우리의 정신, 영혼에 관계된 것이므로 모든 물질적인 환상에 불과하다고 주장한다. 그러므로 그는 경험 이외에는 그 무엇도 인정하지 않는 극단적 경험론자이다.105)

　흄은 모든 인식의 근거를 경험에 둔다. 그는 모든 인식을 '지각'(知覺)으로 환원하는데, "정신의 내용은 감관이나 경험에 의해 우리에게 주어진 물질들로 환원될 수 있다는 것"이다.106) 따라서 "물질적 실체의 관념"은 "상상의 산물"이라고 한다. 그는 또 "궁극적인 실재에 대한 인식은 있을 수 없다"고 하였다.107)

　경험론의 관점에 의하면 '정신'/'영혼'의 존재는 무의미한 개념이 된다. 그렇다면 문제는 이렇다. 우리의 정신현상을 어떻게 이해할 것인가?

2. 심신관계

　서양 현대철학에서 이른바 '몸'철학은 '심신관계', 즉 몸과 마음의 관계에 주목한다. 죽음의 문제와 관련하여 살펴보면, 이것은 죽음에 대한 두 가지 태도의 물음/대답과 연관이 있다. 하나는 우리의 죽음은

103) 위와 같음.
104) 같은 책, 149쪽.
105) 같은 책, 152~153쪽.
106) 같은 책, 155쪽.
107) 같은 책, 156쪽.

육신의 죽음에 불과한 것으로 육신이 죽으면 정신은 이 육신을 벗어
나 천국/극락이라는 피안의 세계로 가서 영원히 산다는 관점이다. 다
른 하나는 우리는 육신의 죽음과 함께 이른바 정신이라는 것도 사라진
다는 관점이다. 그러므로 육신의 죽음은 모든 것이 사라짐을 의미한다.

철학적으로 볼 때, 이 문제에서 우리가 고찰할 필요가 있는 핵심 문
제는 우리의 이른바 "정신활동은 어떻게 가능한가?"이다. 또 이 "정신
활동은 신체와 무관한가?"이다.

먼저 데카르트 철학에서 논의된 '심적 실체'를 살펴보자. 김재권은
"비물질적인 심적 실체를 가짐으로써 심성이 있게 된다"는 관점의 문
제점으로 첫째, 비물질적인 것들이 존재한다는 것에 대한 강력한 이유
의 불확실성, 둘째, 있다고 하더라도 애초에 의도된 임무를 수행할지
불확실함을 제기한다.[108]

김재권은 '심적 인과(mental causation)의 문제'를 제기한다. 그는 먼
저 우리는 '마음이라는 것을 가지고 있다'는 것에 이렇게 지적한다.

> 심성에 관한 실명사(實名詞)적인 관점을 거부한다고 해서 우리 각자
> 가 "마음을 가지고 있다"는 것을 부인하는 것은 아니다. 단지 "마음을
> 가지고 있음"을, 우리가 문자 그대로 "가지고" 있는 "마음"이라는 대상
> 이나 실체가 있다는 것으로 생각해서는 안 된다고 주장할 뿐이다.[109]

그렇다면 간단히 말해서 이 '마음'을 어떻게 이해할 것인가? 이 문
제 대해 김재권은 심신 수반, 반(反)데카르트 원리, 심신 의존 세 가지
원리를 제시한다.

첫째, 심신 수반 원리이다.

---

108) 김재권, 『심리철학』, 하종호·김선희 옮김, 철학과 현실사, 2004, 16쪽.
109) 같은 책, 17~18쪽.

[심신 수반] 모든 물리적 속성들이 똑같은 두 사물(대상, 사건, 유기체, 사람 등)들이 심적 속성에서도 다를 수 없다면 심적인 것은 물리적인 것에 수반한다. 즉 물리적 식별 불가능성은 심리적 식별 불가능성을 필함(entail)한다.110)

이것은 "생물이 물리적으로 동일하면서 심리적으로 다를 수는 없다는 것이다."111)

둘째, 반(反)데카르트적 원리이다.

[반(反)데카르트 원리] 순전히 심적인 존재(예컨대 데카르트가 말한 영혼)란 있을 수 없다. 즉 물리적 속성을 갖지 않고서는, 따라서 물체가 되지 않고서는 어떠한 것도 심적 속성을 가질 수 없다.112)

이것은 "임의의 대상이 어떠한 심적 속성들을 갖느냐는 것은 그것이 어떠한 물리적 속성들을 가지고 있느냐에 의존하거나 그것에 의해서 결정된다는 것이다."113)

셋째, 심신 의존이다.

[심신 의존] 임의의 대상이 어떠한 심적 속성들을 갖는지는 그것이 어떠한 물리적인 속성들을 갖느냐에 의존하고 그것에 의해서 결정된다. 즉 한 대상의 심적 성격은 그것의 물리적 성격에 의해서 전적으로 결정된다.114)

---

110) 같은 책, 26쪽.
111) 위와 같음.
112) 같은 책, 27쪽.
113) 위와 같음.
114) 같은 책, 28쪽.

이것은 "심적인 것에 대한 물리적인 것의 **존재론적인** 우월성 내지는 **우선성**을 명시적으로 긍정하고, 그렇게 함으로써 심적인 것을 물리적인 것에 의해서 **설명**할 수 있는 가능성을 열어 놓는다는 점에서 중요하다."115)

위에서 인용한 세 가지 원리는 "최소 물리주의"(minimal physicalism)를 규정한다.116) 이 문제와 관련하여 김재권은 이렇게 결론짓는다.

> 즉 당신이 그 원리들을 받아들이면 물리주의자라고 할 수 있고, 거부하면 물리주의를 거부하는 것으로 간주될 수 있는 것이다. …… 당신이 그 원리들을 받아들인다면, 어떤 대상이 지닌 모든 속성이 물리적 속성이거나 아니면 그 대상의 물리적 속성들에 의해서 결정된다고 보면서 물리적이지 아니한 것이 이 세계에 존재할 수는 없다고 말하는 셈이 되기 때문이다. 반면에 이 원리들 중 하나나 그 이상을 거부한다면, 그것은 곧 시·공간의 세계 안에 물리적이지 아니한 대상, 이를테면 데카르트가 말한 영혼과 같은 것이 있다고 인정하거나, 적어도 이 세계에 있는 일부 대상들은 그것들의 물리적 성질에 의존하지 않는 속성들을 가지고 있다는 것을 인정하는 셈이 된다.117)

그렇다면 남은 문제는 다음과 같다. 이러한 '심적 현상'을 어떻게 이해할 것인가? '심적 현상'은 왜 그리고 어떻게 있게 되었는가? '심적 현상'은 '물리적 현상'이 아니지 않는가?

S. 알렉산더(Samuel Alexander)는 창발론(Emergentism)을 주장한다. 그에 의하면 "생물학적 과정들이 일정한 수준의 복잡성에 도달하면 '창발한' 현상들은 그것들의 창발 근원이 되는 물리적 및 생물학적 현상들

---

115) 위와 같음.
116) 같은 책, 29쪽.
117) 같은 책, 29~30쪽.

에 의해서 설명될 수 없다"는 것이다.[118] 즉 "심적 현상들은 맹목적으
로 창발한 현상들"이라는 의미이다.[119] 그렇다면 우리는 '심적 현상들'
에 대해 아무런 논의를 할 수 없고, 이해할 수 없다는 것인가? 그렇게
생각하는 것으로 만족해야 하는가? 그렇지 않다. 아직 명확한 이해가
불가능하다고 하더라도 우리는 가능한 한 설명을 해야 한다. 그 한계
안에서라도. 그렇지 않다면 그것은 답을 회피하는 것에 불과하다.

그렇다면 지금까지 우리가 알고 있는 지식을 바탕으로 인간의 '심적
현상'과 '물리적 현상'을 어떻게 이해하고 있는가? 먼저 장기홍은 이 문
제를 진화론의 관점에서 이렇게 말한다.

장기홍은 이렇게 지적한다.

사람들은 정신을 존중하고 물질을 얕잡아보기 쉽다. 그러나 물질이
적절히 조직되면 정신현상이 거기서 나오기 때문에 물질 속에 이미 정
신의 소질이 들어 있음을 알 수 있다. 진화도 마찬가지다. 진화적으로
변화할 소질이 이미 물질 속에 장전되어 있고 저장되어 있는 것이다.
그 소질과 분리해서 물질을 따로 생각할 수 없다. 이 우주는 그대로 하
나의 의지(意志)이며 생물이다. …… 사람들은 도자기와 도공을 분리
하여 생각하듯이 창조주와 피조물을 구별하여 생각한다. 그렇게 생각
하는 것이 편리할 때가 많은 것은 사실이다. 그러나 우주적 입장에서
볼 때에는 창조와 피조의 구별은 없고 다만 진화의 큰 흐름이 있을 뿐
이다.[120]

이것은 진화론적 관점에서 말하는 것이다. 그렇지만 우리는 이러한
설명으로 만족할 수 없다. 우리가 더 논의해야 할 점은 이 '정신현상'
이 어떻게 '물질현상'으로부터 나오고, 또 '정신현상'과 '물질현상'의

---

118) 같은 책, 96쪽.
119) 위와 같음.
120) 章基弘 編著, 『進化論과 創造論』, 23쪽.

관계는 어떤 것인가 하는 문제이다.

3. 몸 철학

지난 세기에 인간의 몸에 대한 탐구는 매우 중요한 철학적 담론이 되었다. 그 원인은 서양 근대철학이 보여준 이성, 합리성에 기초한 객관주의에 대한 비판이라고 생각된다. 이것은 서양의 플라톤 이후 나타난 객관주의/정신주의의 폭력에 대한 부정이다.

'몸' 철학은 우리의 몸에 대한 새로운 해석이다. 그런데 이 새로운 해석에는 전통적으로 우리가 정신, 마음이라고 부른 대상에 대해 이전과는 전혀 다른 독특한 관점을 담고 있다. 몸 철학에서는 마음 역시 '신체화된 마음'(embodied mind)으로 이해한다.

> 마음은 독립적인 실체가 아니라 몸의 활동을 통해 창발하는 복합적 국면이라는 것이다. 즉 마음은 몸에 뿌리를 둔 확장적 국면이다.[121]

그렇다면 '마음'도 '몸'으로 이해해야 하는 것일까?

노양진은 우리에게 두 개의 몸이 있는데 "의식에 주어지는 몸"과 "의식에 주어지지 않는 몸"이라고 말한다.[122] 그는 "의식에 주어지지 않는 몸"의 존재의 의미를 이렇게 설명한다.

> 숨겨진 몸의 존재는 나 자신에 대한 지식의 불투명성을 넘어서서 타인에 대한 지식의 문제에서도 매우 다른 국면을 드러낸다. 나와 분리된 몸을 가진 타인은 나에게 근원적으로 미지의 수수께끼다.[123]

---

121) 노양진, 「몸의 개인」, 범한철학회, 『범한철학』 84, 2017, 124쪽.
122) 노양진, 「몸의 침묵」, 범한철학회, 『범한철학』 제73집, 2014, 214쪽.
123) 같은 논문, 225~226쪽.

　그렇다면 우리는 나의 "숨겨진 몸"에 대해 나 자신뿐만 아니라 타자들 역시 알지 못할 것이다. 또 우리는 "타인의 몸(마음)"에 대해서도 알지 못하게 된다. 결국 우리는 서로에 대해 알 수 없다는 결론이 나온다. 이것은 인간의 궁극적 무지를 선언하는 것이다. 그렇다면 그 원인은 무엇인가? 또 우리는 이처럼 나와 타자에 대해 무지하다고 선언하는 것으로 만족할 수 있을까?

　노양진은 "마음은 몸의 확장을 통해 발현되는 복합적 양상"이라고 한다.124) 이제 마음 역시 몸에 덧붙여진 어떤 현상이라는 것이 일반적인 관점이 되었다.

　몸 철학의 관점과는 약간 다르지만 중국의 고대철학에서도 몸에 대한 관심은 매우 높았다. 유가에서 수신·제가·치국·평천하를 말한 것처럼 모든 문제의 출발점에 수신이 놓여있다. 중국 유가를 대표하는 공맹(孔孟)은 "몸이 객관적 규범에 종속됨으로써 비로소 사회적으로 의미있는 주체"가 된다고 생각했다.125) 그 결과가 '성인'이다. "성인은 객관적 규범과 주관적 인식이 혼연일체"가 된 사람이다.126) 그러나 몸과 마음의 문제에서 "마음은 몸의 제어기능이고 몸은 마음의 표현과정"으로 "마음은 몸을 제어하는 주체"가 된다. 그렇지만 또 "마음은 몸의 방식으로만 자신을 표현한다."127) 아무튼 유가철학에서 논의의 핵심은 오히려 마음에 더 중점이 놓여있다. 마음은 내용이고 몸은 형식이라는 것이다.

　도학(道學 : 道家·道敎·丹道)에서 몸은 치국(治國)과 치신(治身)의 문제에서 언제나 중요한 위치를 차지했다. 몸에 대한 다스림에 문제가

---

124) 같은 논문, 225쪽.
125) 김성태, 「몸─주체성의 표현 형식」, 한국철학회, 『철학』 43권, 1995, 40쪽.
126) 같은 논문, 43쪽.
127) 같은 논문, 39쪽.

발생하면 국가의 존망과 개인의 죽음이 있게 된다.

4. 체험주의

'체험주의'(體驗主義, experientialism)란 무엇인가? 체험주의는 "객관주의와 상대주의의 이분법적 사고의 딜렘마 해소"를 위한 것으로 "전통적인 객관주의에 대한 또 하나의 도전"인데 그 특징은 "인간의 신체(body)에 대한 독특한 관심"이다.[128] 체험주의의 특징은 "전통적으로 철학적 논의에서 경시되거나 무시되어 온 신체의 역할에 새로운 관심을 기울임으로써 인간의 이성과 이해에 관해 보다 포괄적이고 적절한 해명을 시도하는 것"이라고 말한다.[129]

> 체험주의는 이러한 관심의 전환 ─ 인식 대상에서 인식 주체로 ─ 에 의해 특징지워질 수 있다. …… 체험주의의 핵심적 주장은 인간이 신체화된 사회적 존재이며, 인간의 전 경험은 기본적으로 신체화된 상상적 구조 ─ 우리의 신체적 경험으로부터 직접 발생하는 ─ 에 근거하고 또 그것에 의해 제약된다는 것이다.[130]

마크 존슨은 '심상 도식'(image ─ schema), '은유적 투사'(metaphorical projection)를 말하는데, '심상 도식'으로 '그릇'(CONTAINMENT), '힘'(FORCE), '균형'(BALANCE), '경로'(PATH), '중심 ─ 주변'(CENTER ─ PERIPHERY) 등을 제시한다. 그는 "심상 도식들이 우리의 신체적 경험으로부터 직접 발생한다"고 주장한다.[131] 그리고 '은유적 투사'는

---

128) 노양진, 「체험주의의 철학적 견해」, 범한철학회, 『범한철학』 10권, 1993, 344쪽.
129) 위와 같음.
130) 같은 논문, 348쪽.
131) 같은 논문, 365쪽.

"심상 도식적 차원의 경험을 추상적 차원의 경험으로 확장하는 중심적 기제로 등장한다"고 한다.[132]

제3절 현대사회와 생명과학

인간의 '영원한 삶'에 대한 추구는 결코 어느 한 시대에 유행하였던 과거의 관념이 아니다. 과거에도 있었고 오늘날에도 여전히 추구하는 인간의 궁극적 희망이다.

제카리아 시친은 서양에서 '신세계'(The New World)를 찾고자 하였던 탐험가들의 그 중요한 목적 가운데 하나가 바로 '영원한 젊음의 샘'(The Fountain of Eternal Youth)의 발견이었다고 말한다.

> 흔히 우리는 이른바 '신세계'(The New World)가 탐험가들이 인도로 향하는 새로운 항로를 찾던 중에 발견된 것이라고 생각한다. 물론 그런 설명이 일부 사실이기는 하지만 잘 알려지지 않은 또 하나의 주요 계기가 있었다. 사건은 스페인을 단일국가로 통일한 페르난도(Fernando Ⅱ)와 이사벨(Isabel Ⅰ)의 욕망에서 시작된다. 그들이 가장 찾고 싶어했던 것은 인도의 새로운 항로가 아닌 '영원한 젊음의 샘'(The Fountain of Eternal Youth)이었다. 그 신비한 샘의 물은 노인을 회춘시키고 젊음을 영원히 유지시켜 준다고 알려져 있었는데, 그 이유는 그것이 낙원에 있는 샘에서 솟아 나오기 때문이라는 것이었다.[133]

'영원한 젊음의 샘'을 찾고자 한 페르난도 2세(1452~1516)와 이사

---

132) 같은 논문, 366쪽.
133) 제카리아 시친, 『틸문, 그리고 하늘에 이르는 계단』(1), 이근영 옮김, 이른아침, 2008, 15~16쪽.

벨 1세(1451~1504)의 욕망은 진시황의 욕망과 전혀 다르지 않다. 2천
2백여 년 전의 진시황과 5백 년 전의 서양의 군주는 영원한 젊음/생명
의 추구라는 욕망에서 만나고 있다. 이 전설의 샘을 찾아 나섰던 인물
가운데 가장 유명한 사람은 군인이자 탐험가인 폰세 데 레온(Juan
Ponce de León)이다.

> 폰세 데 레온이 페르난도 왕에게 보고한 내용은 스페인 왕실의 공실
> 기록에 남아 있다. 그 기록에 의하면 바하마(Bahamas) 군도나 다른 서
> 인도 제도의 원주민들이 '놀라운 효능을 가진 끝없이 흐르는 샘이 있는
> 섬에 대해 말하고 있는데 …… 그 물을 마시면 노인이 다시 젊어진다'
> 고 믿고 있다고 적혀 있다.[134]

도가철학의 창시자라고 말할 수 있는 노자의 철학이 비록 국가를
다스리는 문제를 그 핵심으로 하고는 있지만, 이것 역시 '생명'이라는
열쇳말을 중심으로 이해해야만 한다. 장자를 중심으로 하는 열자, 양
주 등의 입장은 더욱더 그러하다. 이것을 유가에서는 '위아주의'(爲我

---

[134] 같은 책, 17~18쪽. 『폰세 데 레온의 젊음의 샘 : 지리적 신화의 역사 *Ponce
de León's Fountain of Youth : History of a Geographical Myth*』라는 책을 쓴
올시키(Leonardo Olschiki)를 비롯한 많은 학자들은 '젊음의 샘이라야말로 신세
계 정복자들이 가장 찾고자 했던 것'이라고 주장했다."(18쪽) "커틴(J. Curtin)
의 저작 『원시 아메리카의 창조 신화 *Creation Myths of Primitive America*』에
소개된 전설 중의 하나를 보면 '위쪽에 앉은 자'인 올렐비스(Olelbis)가 인간을
창조하면서 지구에 두 명의 사자(使者)를 내려 보내 하늘과 지구를 연결하는
사다리를 만들었다고 한다. 그 사자들은 사다리의 중간쯤에 깨끗한 물이 가득한
웅덩이가 있는 쉴 곳을 만들었으며, 사다리의 맨 꼭대기에는 두 개의 샘을 만들
었는데, 하나는 마시기 위한 것이었고 다른 하나는 목욕을 위한 것이었다. 올렐
비스는 남자나 여자가 나이를 먹어 늙게 되면 그들에게 사다리를 타고 꼭대기로
올라가 샘물의 물을 마시고 목욕을 하도록 시켰고, 그 결과 그들은 다시 젊음을
되찾았다고 한다."(19~20쪽)

主義)라고 폄하하고, 이것을 마치 이기주의(利己主義)인 것처럼 왜곡하고 있지만, 좀 더 정확하게 번역한다면 '개인주의'(個人主義)라고 해석하는 것이 타당하고, 더 정확한 표현은 '개체주의'(個體主義)라고 보는 것이 타당하다. 바꾸어 말하자면, '개체적 생명'에 대한 절대긍정에서 출발한다고 말할 수 있다. 이강수는 유가와 도가를 비교하면서 이렇게 말하였다.

> 전국시대(기원전 475~기원전 222년)는 중국 역사상 처음으로 나타난 격변기였다. …… 이러한 과도기적 혼란기에 살았던 당시 지자(智者)들의 태도는 크게 두 가지로 나누어 볼 수 있다. 하나는 공동생활을 강조하며 무너진 사회제도와 도덕을 재건하려는 학파이다. 다른 하나는 공동생활보다 개인의 중요성을 강조하며 변화에 대처할 수 있는 자기 자신의 정신세계를 가꾸려는 사상가들이다. 전자는 흔히 적극적 구세(救世)주의자들이라고 불리는데, 유가(儒家)·묵가(墨家)가 여기에 속하며, 후자는 흔히 소극적 피세(避世)주의자들이라고 불리는데, 양주(楊朱)·노자(老子)·장자(莊子)가 여기에 속한다.135)

이강수의 글에서와 같이 일반적으로 '적극적 구세'의 유가와 '소극적 피세'의 도가를 대조하면서 도가철학을 폄하하는 것이 관례가 되었다. 그렇지만 여기에서 우리가 고려해 둘 점은 각 개인의 생명을 부정하고서 우리가 무엇을 주장할 수 있는가 하는 점이다. '나'라는 '개인'이 없는데 무슨 가족, 공동체가 있다고 말할 수 있겠는가? 불교의 『말리까경』에도 이런 내용이 있다.

> 꼬살라 왕이 말리까 왕비에게 말하였다.
> "말리까여, 그대 자신에게 더 사랑스런 자가 있습니까?"

---

135) 이강수, 『노자와 장자』, 길, 2002, 21쪽.

"대왕이시여, 제게는 제 자신보다 더 사랑스런 자가 없습니다. 대왕
이시여, 대왕께는 자신보다 더 사랑스런 자가 있습니까?"
"말리까여, 나에게도 나 자신보다 더 사랑스런 자는 없습니다."

이 이야기처럼 '나'라는 존재에 대한 절대긍정을 부정하고서는 아무
것도 말할 수 없다. 도학에서 말하는 이 '개체주의'는 하나의 온전한
생명체 단위로서 '개인'을 긍정하고자 하는 입장이다. 앞에서 이미 인
용한 이강수의 말처럼 이것은 "생명을 그 어떤 것보다 소중하게 생각
하는 것"이다.

우리가 잘 알고 있듯이 고대의 동양사회에서(사실은 인류사회의 모
든 역사가 그러하다) 이 개인을 존재의 가장 기본 단위로 하는 실체가
존재하지 않았다. 개인은 언제나 가족, 마을, 국가, 천하에 예속되는
존재로 파악될 뿐이다. 흔히 말하는 것처럼, 그야말로 '가문의 영광'을
위하여 개인을 희생시키는 것이 비일비재하였다. 이러한 사유의 차이
를 도가는 '신국일리'(身國一理)이고 유가는 '가국일리'(家國一理)라
고 표현한다.

서양은 근대에 천주교(기독교)의 종교적 독단이라는 횡포로부터 벗
어나면서 개인을 발견하게 되었다. 우리가 흔히 말하는 것처럼 서양의
중세사회는 '암흑기'였다. 인간의 의문에 대하여 언제나 종교적 '권위'
로 억압하던 시대였기 때문이다. 오죽하면 "불합리하기 때문에 믿는
다"고 말하였고, "철학은 종교의 시녀이다"라는 말이 있었겠는가?

그런데 근대 이후 합리성, 이성, 과학 등을 강조하면서 또 오히려
그 자체가 비합리성을 띠게 되었다. 에스터 하딩은 『사랑의 이해 – 달
신화와 여성의 신비』에서 이렇게 말한다.

이 19세기의 인간들은 과학과 객관적 진리에 대하여 거의 종교적인

열정을 가지고 있었다. 그들 자신의 이론에도 불구하고, 그들의 내면에는 기계적인 것은 전혀 없었다. 그들은 로봇이 아니었으니까. 과학적 진리에 대한 그들의 열정은 마치 새로운 종교와 같은 것으로 그 모습을 나타냈다.[136)]

하딩의 말처럼 오늘날 "철학은 과학의 시녀이다"라는 말이 비교적 타당한 논평이라고 할 수 있다. '과학적 방법'이라는 말로 자행되는 이른바 과학의 횡포가 너무도 심각하다. 그러나 이 과학이라는 것 역시 그 한계를 인정해야만 한다. 과학이 말할 수 없는 영역에 대해서까지 과학이라는 이름으로 재단하는 것은 문제가 매우 크다.

우리는 이성, 합리성, 주체 등을 강조하던 서구사회에서 지난 19, 20세기에 있었던 서구 열강의 식민지 정책의 폐해를 지금도 극복하지 못하고 있다. 세계는 지난 20세기 초·중반에 제1차 세계대전과 제2차 세계대전이라는 전대미문의 세계사적 불행을 경험하였다. 그 역시 서구의 식민지 정책의 결과일 뿐이다. 이것은 서양의 철학, 과학과 무관한 현상이었을까?

프랑크푸르트 학파의 일원이었던 M. 호르크하이머(Max Horkheimer, 1895~1973)와 Th. W. 아도르노(Theodor W. Adorno, 1903~1969)의 공동저작 『계몽의 변증법』「서문」에서 "왜 인류는 진정한 인간적 상태에 들어서기보다 새로운 종류의 야만 상태에 빠졌는가"라고 문제를 제기한다.[137)] 그들은 "계몽의 지칠 줄 모르는 자기 파괴"에서 그 원인을 찾는다.[138)] 그 결과 "계몽은 신화가 되었다"고 선언한다. 현대사회

---

136) 에스터 하딩, 『사랑의 이해 – 달 신화와 여성의 신비』, 김정란 옮김, 문학동네, 1996, 28쪽.
137) Th. W. 아도르노·M. 호르크하이머, 『계몽의 변증법』, 김유동 옮김, 문학과지성사, 2005, 12쪽.
138) 같은 책, 13쪽.

의 참담한 비극적 상황을 첫머리에서 이렇게 그리고 있다.

진보적 사유라는 가장 포괄적인 의미에서 계몽은 예로부터 인간에게
서 **공포를 몰아내고 인간을 주인으로 세운다**는 목표를 추구해왔다. 그
러나 완전히 계몽된 지구에는 재앙만이 승리를 구가하고 있다. 계몽의
프로그램은 '탈마법화'였다. 계몽은 '신화'를 해체하고 '지식'에 의해 상
상력을 붕괴시키려 한다.139)

이제 계몽된 세계에서 **"인간이 자연으로부터 배우고 싶어 하는 것
은, 자연과 인간을 완전히 지배하기 위해 자연을 이용하는 법이다. 오
직 그것만이 유일한 목적이다."**140) 그 결과 "계산 가능성과 유용성의
척도에 들어맞지 않는 것은 계몽에게는 의심스러운 것으로 여겨진
다."141)

계몽은 통일적으로 파악할 수 없는 것은 아예 존재나 사건으로 인정
하지 않는다. 계몽의 이상(理想)은 세부에 이르기까지 모든 것을 도출
해낼 수 있는 체계다.142)

그러나 그 대가는 '소외', '사물화'와 '지배당함'이다.

신화는 계몽으로 넘어가며 자연은 단순한 객체의 지위로 떨어진다.
인간이 자신의 힘을 증가시키기 위해 치르는 대가는 힘이 행사되는 대
상으로부터의 '소외'다. 계몽이 사물에 대해 취하는 행태는 독재자가 인
간들에 대해 취하는 행태와 같다. 독재자는 인간들을 조종할 수 있는

---

139) 같은 책, 21쪽.
140) 같은 책, 23쪽.
141) 같은 책, 25쪽.
142) 같은 책, 26쪽.

한 인간들을 안다. 과학적인 인간은 그가 사물을 만들 수 있는 한 사물들을 안다. 이를 통해 **즉자적인 사물은 인간을 위한 사물이 된다.** 이러한 변화 속에서도 사물은 언제나 동일한 것, 즉 **지배의 대상**이라는 데에 그 본질이 있는 것이다.[143]

본래 "주술세계에서 각각의 요소들은 다른 것으로 환원될 수 없는 특수자로 받아들여지기에 주술세계에는 다양성이 살아있는" 세계이다.[144] 다시 말해서 "주술에는 특수한 대표 가능성(spezifische Vertertbarkeit)이 있다"는 것이다.[145] 그러나 계몽된 세계에서는 "'교환가능성'이 전일화되는 세계"이다.[146] 따라서 "보편적인 대체 가능성(Fungibilität)" 세계로 전환한다.[147] 그 결과 이제 '질'은 아무런 문제가 되지 않는다. 오직 '양'만이 있을 뿐이다.

우리 현대인은 폴 틸리히의 말처럼 "정신적 불안"이라는 허무에 빠져 있다. 그것은 사실이다. 삶의 의미, 삶의 가치를 이제는 더 이상 물을 수 없게 되었다. 그저 시간의 흐름 속에서 그 흐름에 따라 흘러갈 따름이다. 이제 삶의 의미, 삶의 가치를 묻는 것은 무의미한 일이 되었고, 비판의 대상일 뿐이다. 그렇지만 우리는 진정으로 '삶'을 살아가고 있는 것일까?

우리는 현대 사회의 특징을 다양한 측면에서 고찰할 수 있다. 그런데 인간의 생명 문제, 신선과 불로장생의 추구라는 주제에 맞추어 살펴본다면 아마도 생명복제 문제가 그 핵심이라고 할 수 있다. 현대사회는 '복제'사회이다. 그런데 이처럼 모든 것이 복제 가능한 사회에서

---

143) 같은 책, 30쪽.
144) 노명우, 『계몽의 변증법 – 야만으로 후퇴하는 현대』, 살림, 2005, 122쪽.
145) 위와 같음.
146) 같은 책, 122~123쪽.
147) Th. W. 아도르노·M. 호르크하이머, 『계몽의 변증법』, 32쪽.

우리의 '정신적 빈곤'은 어떻게 해결할 것인가?

1. 인간복제

오늘날 유전공학의 발전은 눈부시다는 말로는 표현이 부족하다. 오히려 두렵다고 하는 것이 더 사실에 가깝다. 특히 '배아줄기세포'의 연구는 인간의 모든 장기들을 복제할 수 있는 가능성을 보여준다. 이제 인간의 '몸'과 '마음' 모두 복제·조작이 가능한 시대가 되었다. '판도라의 상자'가 열린 것이다.

먼저 인간의 '뇌의 이식' 문제이다. 로버트 화이트는 "프랑켄슈타인 전설의 현대판은 모든 복잡한 뇌의 기능들이 그대로 보존된 인간 뇌의 이식일 것"이라고 말한다.148) 이러한 연구의 역사는 짧지 않다. 이미 1908년에 생리학자 겸 약리학자인 미국의 찰스 거트리는 "작은 잡종개의 머리를 같은 종의 더 큰 개의 목에 접하는 실험"을 했고, 1950년대에는 러시아 과학자 블라디미르 데미코프가 "잡종 강아지 상체 — 앞다리를 포함한 — 를 목 혈관에 연결시키는 방법으로 다른 더 큰 개의 목에 접합"하는 실험을 했다. 또 1970년에는 포유동물의 머리를 머리가 제거된 다른 포유류 몸에 이식하는 실험이 성공하기도 하였다. 이 실험에 사용된 원숭이는 8일 동안 살아 있었다고 한다.149) 화이트는 앞으로 있을 이런 실험 방법들에 대해 이렇게 설명하고 있다.

　　이 과정은 특수하게 설계된 수술실에서 진행되는, 이 수술실은 동시

---

148) 로버트 화이트, 「머리 이식, 지상 최대의 수술」, 사이언티픽 아메리카 편, 『맞춤 인간이 오고 있다 — 바이오닉 퓨처, 그 낯선 미래로』, 황현숙 외 옮김, 궁리, 2002, 51쪽.
149) 같은 책, 51~52쪽 참조 요약.

에 별도의 두 수술 팀에 의해서 진행되는 두 건의 수술에 필요한 장비들이 들어갈 정도로 커야 할 것이다. 일단 두 환자가 마취되면, 두 팀은 동시에 작업에 들어가 각 환자의 목둘레를 깊숙이 절개한다. 그리고 조심스럽게 조직과 근육을 분리하여 경동맥, 경정맥과 척추를 노출시킨다. 그리고 피가 엉기는 것을 방지하는 약액인 헤파린을 입힌 도관(導管)을 각 혈관마다 넣어 뇌가 충분한 혈액 공급, 즉 산소를 받도록 한다. 각 환자의 목 척추에서 뼈를 제거한 후에 척수를 분리하고 나면, 한 환자의 머리를 제거하여, 이미 머리가 제거되어 있는 두 번째 환자의 몸에 이 머리를 연결시킬 튜브를 옮긴다.150)

화이트는 "남아 있는 최대의 장애는 몸이 새로운 머리를 거부하거나, 반대로 머리가 새로운 몸을 거부하는 것을 어떻게 막을 것인가 하는 문제이다"고 덧붙이고 있다.151)

인간의 여러 가지 감각과 관련된 연구대상에 '인공감각'이 있다. 이 '인공감각'에는 시각, 청각, 후각, 미각, 촉각 등이 모두 포함된다.

MIT의 기술 공학자 존 와이어트는 전자 망막을 개발하였다. 와이어트와 하버드 의과대학 신경안과 의사 조지프 리초는 자신들이 개발한 망막 이식편을 3명의 환자에게 실험하였는데, 실험에 참가한 한 여성은 4개의 점으로 구성된 형태를 볼 수 있었다.152) "미래에 망막 이식편 수술을 받은 사람은 상(像)을 붙잡는 소형 카메라가 장착된 특수 안경을 끼게 될 것이다."153)

청각상실, 귀먹음과 관련된 25개 이상의 특정 유전자 서열이 이미 발견된 상태이다.154) 뿐만 아니라 "대뇌의 홈이나 표면에다 직접 전

---

150) 같은 책, 53쪽.
151) 같은 책, 54쪽.
152) 캐서린 브라운, 「상상을 뛰어넘는 느낌」, 사이언티픽 아메리카 편, 『맞춤인간이 오고 있다 – 바이오닉 퓨처, 그 낯선 미래로』, 76~77쪽.
153) 같은 책, 87쪽.

극 배열을 이식하여 거기서 전극이 청각을 유발하도록 한다는 생각까지도 나올 정도"이다.155) 또 '인공 코'가 있다. 이 '인공 코'는 '전자코'(electronic nose)이다. "캘리포니아 주 패서디나에 본사를 둔 시라노 사이언스사와 휴렛 팩커드사는 식료품과 같은 소비자 제품의 질을 체크할 수 있도록 고안된 전자코를 내놓았다."156) 1999년 엠브릭스사에서는 후각 수용기 유전자를 발견하였다.157) 1998년 텍사스 주립대학의 화학자 존 맥드비트와 그의 동료들은 '전자 혀'를 개발하였다.158)

1999년 메릴랜드 주 베데스다 소재 국립 치아 및 두개골 연구소의 니콜러스 라이버와 샌디에고 소재 캘리포니아 주립대학의 찰스 쥬크가 이끄는 연구팀은 단맛과 쓴맛을 감지하는 혀의 미각 세포 표면에서 파수병 역할을 하는 두 개의 분자를 발견하였다.159)

미국 유타 대학의 신경과학자 케니스 호츠는 "신경 섬유들을 자극시켜서 엄지손가락이 없는 사람에게도 엄지손가락에 뭔가가 닿은 듯한 느낌을 갖게 해줄 수 있다"고 말한다.160)

배아줄기세포의 연구에서는 더 놀라운 가능성이 제기되고 있다. 최근 기사에 의하면 미국 신시내티 아동병원 메디컬센터(Cincinnati Children's Hospital Medical Center)와 신시내티 대학 의과대학(University of Cincinnati College of Medicine)의 공동 연구진이 줄기세포로 사람의 인공 위장을 제작하는데 성공했다고 한다.161)

---

154) 같은 책, 78쪽.
155) 같은 책, 60쪽.
156) 같은 책, 82쪽.
157) 같은 책, 84쪽.
158) 같은 책, 86쪽.
159) 위와 같음.
160) 이블린 스트라우스, 「미래를 만진다」, 사이언티픽 아메리카 편, 『맞춤인간이 오고 있다 ─ 바이오닉 퓨처, 그 낯선 미래로』, 95쪽.
161) <서울신문> 2014년 11월 1일 나우 뉴스 인터넷 기사.

　텔레파시의 연구 역시 주목을 받을 만한 과학적 과제이다. 최근 "미국 하버드 의과대학 알바로 파스큐얼 레오네 교수는 최근 미국 공공 과학 도서관 온라인 학술지(PLOS ONE)에 실린 논문을 통해 뇌파 등을 이용한 비외과적인 방법으로 8천km 떨어진 두 사람 사이에 정보를 주고받는데 성공했다고 밝혔다."162) 스페인·프랑스·미국의 과학자들이 참여한 국제 연구팀은 뇌파검사(EEG) 헤드셋을 통해 뇌파를 전송하는 실험에 성공했다.163) 그렇다면 인간의 뇌파를 통해 두뇌의 정보를 컴퓨터에 저장할 수도 있다는 의미로 생각된다.

　보도에 의하면 우리의 기억도 조작이 가능하다. 미국 MIT 연구팀은 쥐에 전기 자극을 주어 나쁜 기억을 좋은 기억으로 전환하는데 성공했다고 한다.164) 이와는 반대로 해마(海馬, hippocampus)를 자극하여 기억을 강화하는 연구도 성공하였다. 미국 노스웨스턴 대학 연구팀은 '경두개 자기 자극술'(TMS : transcranial magnetic stimulation)로 특정 부위를 자극함으로써 기억을 향상시켰다고 한다.165)

　상대방의 마음을 읽는 방법도 개발되었다. 독일 드레스덴 프라운호퍼 통합회로 연구소(Fraunhofer Institute for Integrated Circuits)는 상대방의 감정과 속마음을 읽어내는 최신 '구글글래스 용 앱'을 개발했다고 발표하였다. "한 남성이 구글글래스를 쓰고 여성을 바라본다. 화면 속에 재현된 구글글래스 앱은 상대 여성의 나이, 성별은 물론 지금 화가 났는지(Angry), 행복한지(Happy), 슬픈지(Sad), 아니면 놀랐는지(Surprised)를 세부적으로 알려준다"고 한다.166)

　위에 소개한 내용들은 모두 현재 연구가 진행되고 있다. 이제 인간

---

162) <CBS노컷뉴스> 2014년 9월 13일 인터넷 기사.
163) <서울신문> 2014년 8월 30일 인터넷 기사.
164) <YTN> 2014년 9월 8일 인터넷 기사.
165) <서울신문> 2014년 9월 3일 인터넷 기사.
166) <서울신문> 2014년 8월 29일 인터넷 기사.

의 몸과 마음 모두 복제와 통제가 가능하게 된 시대가 온 것이다. 그렇다면 핵심은 정말 인간의 몸과 마음은 어디까지 복제가 가능한가이다. 현재 논의되고 있는 과학이론의 상황으로 볼 때 거의 모든 것들이 가능하다고 할 것이다. 만약 그렇다면 우리는 이제 인간에 대해 전혀 다른 이해가 가능하다.

여기에서 한 가지 중요한 문제는 다음과 같다. 나의 유전자를 가지고 복제한 어떤 사람은 '나'인가? 생물학적으로는 동일한 유전자를 가진 동일한 인간이라고 말할 수 있을 것이다. 그런데 여기에서 발생하는 문제는 '자아'문제이다.

2. '자아'(Identity : 정체성)

우리가 '나'라고 말할 때 그 '나'라는 용어는 무엇을 지칭하는 것일까? 몸? 마음? 아니면 몸과 마음 둘 다? '자아'(Identity : 정체성)의 사전적 정의에 의하면 사고하고, 감정을 가지며, 의지를 나타내고, 체험하며, 행위를 하는 것 등을 주관하는 주체를 의미한다. 그런데 앞에서 이미 소개한 길버트 라일의 관점에 의하면 이러한 것은 모두 '기계 속의 유령'에 불과하다.

우리는 '자아'에 대해 먼저 앞에서 소개한 과학적 연구를 사례로 논의해보자. 먼저 '게놈'(genome)은 "한 개인의 세포에 들어 있는 유전정보의 총체"를 말하고, '표현형'(phenotype)은 "게놈이 발현하는 방법, 즉 각 개인이 가지고 있는 특성"을 의미한다.167) 그런데 이 '표현형'은 단지 유전자에 의해 결정되는 것이 아니다.

---

167) 그레고리 E. 펜스, 『누가 인간복제를 두려워하는가?』, 이용혜 옮김, 양문, 2003, 36쪽.

표현형을 만들어내는 유전자의 발현은 유년기의 초기 환경에 달려 있을 뿐만 아니라 태아 상태에 있을 때 어느 정도 자궁의 환경으로부터 영향을 받았는지에 달려 있을 것이다. 표현형으로 나타나는 유전자의 발현은 대부분 미리 형성되어 고정된 유전자에 의해 야기되는 것이 아니라 오히려 주변 환경의 영향을 받아 변화된 유전자에 의해서 야기된다.[168]

아기가 태어난 이후에도 역시 그렇다. "일단 임신이 되고 아기가 되면 생후 첫 두 달 동안 엄청난 양의 후발 특성이 형성된다. 이런 현상에는 유전자도 일조를 하겠지만, 부모, 영양분, 아이를 둘러싸고 있는 세상의 모든 요소들이 복합적으로 작용할 것이다."[169] 뿐만 아니라 특히 "인간의 가장 중요한 기관이자 개체의 연속성에 가장 필수적인 뇌는 복제될 수도 없고 DNA 청사진으로 복사할 수도 없다. 더 중요한 것은 경험에서 비롯된 뇌의 독특한 성장은 어떤 의미로든 복제할 수 없다는 것이다."[170] 이어서 이렇게 지적한다.

유전자만 가지고서는 우리의 가장 중요한 기관인 '마음'을 복제할 수 없다. 더구나 우리의 경험과 기억을 복제할 수도 없으므로 우리의 독특한 정체성은 보호된다. 따라서 복제된 인간이 원개체의 완벽한 복사일 수는 없다. 인간 복제에 대한 일부 오해는 유전적 결정론으로부터 기인한다고 해도 과언이 아닌 것이다.[171]

우리는 또 앞에서 '뇌 이식'을 말하였다. '뇌 이식'을 받은 사람은 그전의 사람과 동일한가? 이 문제를 제기하는 이유는 앞에서 살펴본 심

---

168) 같은 책, 47쪽.
169) 같은 책, 48쪽.
170) 같은 책, 35쪽.
171) 같은 책, 48쪽.

신관계에 대한 '물리주의' 이론에 대한 의문 때문이다. 스티븐 핑거는 '마음'과 '뇌'의 관계를 이렇게 지적하였다.

> 우리는 뇌의 정보 처리 활동이 마음의 원인이라고 말하거나, 혹은 그것이 바로 마음이라고 말할 수 있다. 어느 경우든 간에 정신 활동의 모든 양상이 뇌 조직 속에서 일어나는 심리적 사건들에 전적으로 좌우된다는 증거는 압도적으로 분명하다.[172]

그것뿐만이 아니라 "인지 신경학에서는 자아 역시 뇌의 체계들로 이루어진 또 하나의 네트워크일 뿐임을 입증하고 있다"고 강조한다.[173] 따라서 핑거는 '자아'에 대해 다음과 같이 단언한다.

> 우리는 누구나 모든 것을 관리하는 단 하나의 '나'가 존재한다고 느낀다. 그러나 그것은 우리의 뇌가 열심히 노력해서 만들어 낸 착각이다.[174]

핑거의 관점에 의하면 우리는 없는 '자아'를 있는 것으로 '착각'하고, 없는 '자아'에 대해 헛된 질문을 하고 있는 것이 된다.

제4절 현대인과 불로장생

현대사회의 과학기술 발전은 인간의 불로장생을 약속하고 있는 것처럼 보인다. 캠벨은 이렇게 말한다.

---

172) 스티븐 핑거, 『빈 서판』, 김한영 옮김, 사이언스 북스, 2010, 89쪽.
173) 같은 책, 90쪽.
174) 위와 같음.

오늘날 우리가 할 일은 온 길을 되돌아가 자연의 지혜와 조화되는 길을 찾는 것입니다. 이로써 짐승과 물과 바다가 사실은 우리와 형제지 간이라는 것을 깨달아야 합니다. 세상 만물에 신이 깃들여 있다고 하면, 만유신론이라고 매도합니다. 하지만 이 만유'신론'이라는 말은 사람을 오도하는 말입니다. 만유신론을 비방하는 사람들의 주장에 따르면, 오로지 인신(人神)만 이 세상에 살아야 합니다. 하지만 신(divinity)이라는 관념은 그게 아닙니다. 이 관념의 진정한 의미는 초'신학적'입니다. 이것은 정의될 수 없고, 헤아릴 수 없이 신비스러운 초신학, 살아 있는 모든 존재의 근원이자 종말이자 살아 있는 모든 것을 떠받치는 힘입니다.[175]

사실 캠벨의 이러한 말에서 '신'이라는 개념을 '도'라는 개념으로 치환하면 바로 도가철학에서 말하는 입장과 큰 차이가 없다. 도가철학에서는 이 천지만물의 존재가 바로 도의 표현이기 때문이다. 그런 까닭에 천지만물은 도를 담고 있는 존재가 된다. 또 캠벨은 다음과 같이 말한다.

스핑크스의 수수께끼는 인간이 사는 한 살이(유아기를 보내고, 성인이 되고, 나이를 먹고는 세상을 떠나는)의 이미지입니다. 우리가 두려워하지 않으면서 죽음을 직면하고 스핑크스의 수수께끼를 받아들일 때, 죽음은 더 이상 우리를 괴롭히지 못할 뿐 아니라 스핑크스의 저주도 풀리는 것입니다. 죽음의 공포를 극복하면 인생은 전처럼 다시 즐거워집니다. 죽음을 받아들여야, 삶의 반대 개념으로서의 죽음을 받아들이는 것이 아니라 삶의 한 측면으로서의 죽음을 받아들여야, 우리는 무조건적인 긍정을 체험할 수 있습니다. 삶이라고 하는 것은 어차피 죽음으로, 죽음의 순간에 끝나는 법입니다. 공포를 정복하면 용기 있는 삶의 길이 열리지요. 모든 영웅들이 경험하는 모험 중 아주 중요한 통과의례는 바로 공포의 극복입니다. 공포가 극복되어야 비로소 영웅적인

---

175) 조셉 캠벨·빌 모이어스 대담, 『신화의 힘』, 이윤기 옮김, 이끌리오, 2003, 76쪽.

업적의 성취가 있는 거지요.176)

앞에서 말한 것처럼 우리의 인생은 삶과 죽음의 이중주이다. 만약 삶만이 있거나 죽음만이 있다면 인생은 너무도 단조로운 음악이 될 것이다.

1. 유한한 삶과 삶의 의미

서양철학은 '영원한 것'의 존재에 대해 질문을 하였다. 그러나 동양철학에서 '영원한 것'은 오히려 죽은 것에 불과하다. 그리고 객관적 사실이 우리에게 보여주고 있는 것처럼, 이 세상에 영원한 것은 없다. 우리의 삶은 유한하다. 우리는 유한한 삶을 살아갈 뿐이다. 그렇기에 삶의 의미를 물을 수 있다. 다시 말해 우리는 자신의 삶이 유한하다는 것을 인식할 때 삶의 의미를 묻게 된다.

삶의 의미를 묻는 것은 가치에 관한 담론이다. 사실 이 '가치'문제는 인간의 정신과 관련된 것이다. 다시 말해 우리가 인간의 정신(또는 마음)을 어떻게 이해할 것인가 하는 문제와 매우 밀접한 관계를 맺고 있다. 만약 인간을 정신과 전혀 무관한 물질적 존재로만 본다면 가치문제를 제기한다는 것은 무의미하게 된다. 또 인간의 삶의 의미에서 가치문제가 중요하게 논의된다면, 여기에서 파생되는 문제는 가치의 중요성이다. 이것은 가치의 서열 문제이다. 간단히 말해서 우리 삶에서 어떤 가치가 더 중요하고 어떤 가치가 덜 중요한가 하는 문제이다.

철학은 기본적으로 존재론, 인식론, 가치론으로 구성된다. 그리고 가치론으로 귀결된다. 20세기 윤리학에서 특히 영미철학계의 윤리학은 '사실문제'와 '도덕 문제'는 다른 것이라고 파악한다. 이 관점의 근

---

176) 같은 책, 278~279쪽.

원은 D. 흄(David Hume)에 있다.[177] 이것은 가치와 사실의 이분법적 사고를 나타낸다.

동양과 서양은 모두 전통적으로 가치를 긍정했다. 특히 절대가치에 대해 긍정적 태도를 유지하였다. 그러나 철학에서 '가치'는 시대적으로 매우 복잡한 변화를 겪어온 분야이다. 따라서 간단히 논의할 수 없다. 그렇지만 오늘날 우리가 가치 아노미 현상 속에서 살아가고 있다는 평가에는 쉽게 동의할 것이다. 우리는 문화 상대주의(cultural relativism), 가치 다원주의(pluralism) 시대에 살고 있다. 그 결과 도덕적 회의, 도덕적 허무주의가 지배하는 시대가 되었다. 그 결과 삶을 어떻게 살아야 하는지에 대해 전혀 해답을 얻지 못하고 있다. 우리는 이런 삶을 얼마나 견딜 수 있을까?

가치에 관한 전통적인 관점을 여기에서는 M. 쉘러(Max Scheler, 1874~1928)의 관점을 중심으로 간략히 서술하는데 그치기로 한다.

막스 쉘러는 실질적 윤리학에서 가치들의 선천적 질서를 분류하였다. 그것은 ①감성적 가치, ②생명가치/활력가치, ③정신적 가치, ④성(聖)/불성(不聖)의 가치이다.[178] 감성적 가치는 "가장 낮은 양태의 가치"로 '유쾌', '불유쾌'를 포괄하는 것으로 "감성적 감정작용"인데 "감성적 쾌락과 고통의 감정상태들"이다.[179] 생명가치/활력가치는 "고상한 것"·"비천한 것", "훌륭한 것"·"조악한 것"이다. 이것은 "감성적 가치들의 양태로 환원될 수 없거니와, 또한 정신적 가치들의 높은 양태로 환원될 수 없다."[180] 정신적 가치는 "정신적 감지작용과 정신

---

177) 길병휘, 『가치와 사실』, 서광사, 1996, 15쪽.
178) 맨프레드 프링스, 『막스 쉘러 철학의 이해』, 금교영 옮김, 이문출판사, 1995, 120~128쪽 참조.
179) 같은 책, 120~121쪽.
180) 같은 책, 122쪽.

적 선호작용, 인격의 사랑과 증오"에 주어진 것이다. 이 정신적 가치에
는 "미와 추의 가치들 혹은 미적 가치들", "正·邪의 가치들", "순수한
진리 인식의 가치들"이 있다.181) 성/불성의 가치는 "절대자에 관계하
는 대상들"에서만 나타나는 것으로 "절대자의 영역에 있는 모든 대상
들"이 가지고 있다.182) 이 4가지 형태의 가치에서 감성적 가치, 생명
가치는 삶에 관계하는 가치이고, 정신적 가치, 성의 가치는 인격의 가
치이다.183) 그런데 이들 사이의 질서에서 "성의 가치들은 정신적 가
치들보다 더 높고, 활력가치들은 감성적 가치들보다 더 높다."184)

우리가 쉘러의 가치체계에 동의하지 않는다고 하더라도 우리는 자
기 자신의 가치체계를 세워야만 한다. 설령 우리가 가치 상대주의와
같이 절대적 가치가 사라진 시대에 살아간다고 하더라도 말이다. 그리
고 우리는 자신이 세운 가치체계를 자신의 삶을 통해 실현하려고 노
력해야 한다. 그러할 때 우리는 삶의 만족을 얻을 수 있을 것이다.

2. 품위 있는 죽음 : 웰 - 다잉(Well - Dying)

현대인들은 언제나 죽음을 배척한다. 그러나 지금까지 우리가 논의
한 것처럼 죽음은 우리에게 언젠가 도래하는 사실이다. 또 죽음이 없
는 삶이란 존재 그 자체가 '무'(無)일뿐이다.

엘리자베스 쿠블러 로스(E. kubler Ross)에 의하면 인간의 죽음을 맞
이하는 전 과정은 5단계로 나누어진다. 로스 여사의 5단계 모형은 ①
부인과 고립(denial and isolation), ② 분노(anger), ③ 거래(bargain), ④

---

181) 같은 책, 123쪽.
182) 위와 같음.
183) 같은 책, 124쪽.
184) 위와 같음.

우울(depression), ⑤ 수용(acceptance)이다.185) 그러나 이러한 단계는 모두 똑같지 않고 사람에 따라 달라질 수 있다.

삶과 죽음은 짝꿍이다. 그렇다면 우리에게 남은 것은 어떻게 하면 이른바 잘 죽을 수 있는가를 생각해보는 일뿐이다. 오늘날 흔히 듣게 되는 말이 '웰-다잉', 즉 '품위 있는 죽음'이다. 이 역시 '품위 있는 삶'과 짝이 되는 말이다.

> 현대인은 한결같이 품위 있는 생활을 갈구하면서도 생활의 품위 속에는 품위 있는 죽음도 포함되어 있다는 사실을 간과하고 있다. 사실 품위 있는 생활과 품위 있는 죽음은 나누어 생각할 수 없다는 표현이 더 정확할 것이다. 늙어서 죽음에 이르는 과정은 각 개인이 생명의 존엄과 죽음의 존엄이라는 이중의 실존적 태도를 배양하는 훈련의 마지막 단계임을 깨달아야 한다.186)

'품위 있는 죽음'의 전제는 '품위 있는 삶'이다. '품위 있는 삶'이 전제가 되지 않은 '품위 있는 죽음'은 있을 수 없다. 우리는 이 '죽음'을 통하여 우리 인생에서 결정적인 가르침을 배우게 된다.

부위훈은 인간의 생명은 10단계를 가져야 한다고 말한다. 그가 말하는 10단계는 ①신체 활동 단계, ②심리 활동 단계, ③정치 사회 단계, ④역사 문화 단계, ⑤지성 탐색 단계, ⑥심미 경험 단계, ⑦인류 도덕 단계, ⑧실존 주체 단계, ⑨궁극적 관심의 단계, ⑩궁극적 진실의 단계이다.187) 그는 이어서 이렇게 말하였다.

> 위의 10가지 단계 중에서 죽음과 그 극복의 문제와 관계되는 단계는

---

185) 傅偉勳, 『죽음, 그 마지막 성장』, 전병술 옮김, 청계, 2001, 86쪽.
186) 같은 책, 46~47쪽.
187) 같은 책, 64쪽.

⑧, ⑨, ⑩단계이다. 모든 실존 주체 각자의 죽음을 대하는 태도는 다른 어느 누구도 대신할 수 없는 독특함과 존엄성을 지닌다. 실존 주체의 죽음의 문제에 관한 성찰이나 극복은 종교적이거나 혹은 고도의 정신적 문제인 궁극적인 관심을 과제로 삼은 것이고, 이 과제의 해결을 위해서는 궁극적 진실의 발견이나 체득을 필요로 한다. 이 세 가지 단계는 종교와 가장 관계가 깊으며, 종교의 독특한 관점에서 죽음에 대해 성찰하고 극복하는 것이 가장 바람직할 것이다.[188]

부위훈의 관점에서 한 가지 논의할 필요가 있는 것은 마지막 구절에 보이는 "종교의 독특한 관점에서 죽음에 대해 성찰하고 극복하는 것이 가장 바람직할 것이다"라는 문장이다. 우리 자신의 죽음의 문제를 꼭 '종교의 독특한 관점'에서 해결해야만 하는 것일까? 물론 먼저 논의해야 할 점은 부위훈이 여기에서 말하는 '종교'라는 의미이다.

틸리히의 말처럼 사실 이 '죽음'은 '궁극적 관심'의 문제이다. 그러나 그렇다고 해서 '종교의 독특한 관점'만으로 해결할 수 있는 문제는 아니라고 생각된다.

헨리 나웬(Henri J. M. Nouwen, 1932~1996)은 죽음에 대해 이렇게 말하였다.

죽음에 감추어진 위대한 은혜의 선물은 곧 모든 사람과 하나가 되는 이것입니다. 아무리 서로 다른 사람들도 예외 없이 힘없는 존재로 태어나 힘없는 존재로 죽습니다. 이 엄청난 진리의 빛 앞에서 생전의 작은 차이들은 희미해지고 맙니다. 이 인간적인 진리가 가끔은 슬픔의 이유로 제시되기도 합니다. '냉정한 진실'이라고 불리는 경우도 드물지 않게 있습니다. 이 진실을 엄청난 기쁨의 원천으로 발견하라는 것은 정말 큰 도전입니다. 이 기쁨은 우리가 죽음을 통해 이 땅의 모든 이들과 결속하여 함께 새로운 삶을 향해 떠난다는 사실을 깨우쳐 줌으로써 우리가

---

188) 같은 책, 64~65쪽.

자유롭게 필멸성을 끌어안을 수 있게 해줄 것입니다.[189)

  그는 또 '좋은 죽음'을 다음과 같이 말하였다.

> 좋은 죽음은 다른 사람들과 결속하는 죽음입니다. 이 좋은 죽음을 준
> 비하기 위해서, 우리는 이 결속감을 키워나가야 하고 심화시켜야 합니
> 다. 죽음을 향해 나아갈 때 그것을 사람들에게서 우리를 분리해내는 사
> 건으로 생각한다면, 죽음은 정말 슬프고 비통한 사건에 그치게 됩니다.
> 하지만 죽음이 무엇보다도 우리를 사람들과 결속시켜 주리라는 생각이
> 더 커진다면, 죽음은 우리와 인류의 하나됨을 축하하는 사건이 될 수
> 있습니다. 죽음은 우리를 다른 사람들과 분리시키는 것이 아니라, 오히
> 려 일치시킬 수 있습니다. 죽음은 우리를 비통하게 만드는 것이 아니라,
> 오히려 새로운 기쁨을 북돋아 줄 수 있습니다. 죽음은 단순히 삶을 마감
> 하는 것이 아니라, 오히려 새로운 것을 시작하는 일일 수 있습니다.[190)

  아무튼 우리는 죽음을 통해 삶을 완성한다. 따라서 죽음은 무가치
한 것이 아니다. 오히려 영원한 삶이 삶 자체를 무가치하게 만든다. 만
약 우리에게 영원한 삶이 주어진다면 우리는 과연 만족할 수 있을까?
이와는 반대로 현실적으로 볼 때 또 한 가지 더 중요한 궁극적인 문제
는 이렇다. 우리는 과연 자신의 삶을 마무리할 때 자신의 삶을 얼마나
만족할 수 있을까?
  현대과학의 연구 추세로 볼 때, 이제 우리는 불로장생이라는 꿈에
한 걸음 더 다가섰다. 이번 세기에 우리는 어쩌면 이 지상에서의 영원
한 삶을 성취할지도 모른다. 그 가능성이 전혀 없지 않다. 이제 판도라
의 상자가 열린 것이다. 따라서 우리는 실존적 결단을 해야만 하는 시
대를 살아가고 있다.

189) 헨리 나웬, 『죽음, 가장 큰 선물』, 홍석현 옮김, 홍성사, 1999, 48~49쪽.
190) 같은 책, 49쪽.

맺는 말

　지금까지 우리는 고대 중국인의 신선과 불로장생에 대해 살펴보았다. 고대 중국인들이 신선을 통하여 영원한 삶을 살고자 했던 것은 당연히 실패로 끝났다. 그것은 너무도 당연한 일이다. 또 매우 다행한 일이기도 하다. 인간이 만약 영원한 삶을 산다면 그것은 너무도 끔찍한 일이 될 것이다. 인간에게 '영원'이란 너무도 아득한 일이다. 그것은 신의 몫이다. 그리고 이 지상에서의 영원한 삶은 곧 괴로움으로 바뀔 것이다.

　그렇다면 인간이 장생불사를 추구하게 된 동기, 즉 내적 원인을 찾아보는 것이 필요할 것이다. 그것은 다음의 몇 가지로 요약할 수 있다.

　첫째, 삶의 불만족이다. 인간이 이 세상에 태어난 것은 우연의 산물일 뿐이다. 우리의 삶은 각자가 자각적으로 선택한 것이 아니다. 단지 우연히 태어난 것에 불과하다. 그렇다고 해서 삶이 무의미하거나 허무해지는 것은 아니다. 그런데 인간에게는 '존재의 불안'이 존재한다. 앞에서 이미 말했지만 바우어는 "인간 존재에게 핵심적인 동기부여는 애정 어린 관심과 성숙한 인간관계"라고 지적한다.[1] '애정 어린 관심'

---

1) 요아힘 바우어, 『인간을 인간이게 하는 원칙』, 이미옥 옮김, 에코리브르, 2007, 8쪽.

과 '성숙한 인간관계'의 실패는 고통이다. 그러나 우리는 여기에서 이 문제의 원인을 살펴볼 필요가 있다. 인간은 일반적으로 문제의 원인을 남에게 두는 경향이 있다. 그러나 사실은 대부분 자기 자신에게 문제가 있는 경우가 더 많다.

둘째, 죽음의 불안이다. 인간은 누구나 죽는다. 생명이 있는 존재는 무엇이 되었든 모두 죽는다. 자신의 삶이 영원할 수 없음을 실감할 때 인간은 죽음의 불안에서 자유로울 수 없게 된다.

우리의 삶은 소풍놀이이다. 푸르른 이파리들이 아름다운 산과 들로 떠나는 어느 따스한 봄날의 소풍, 단풍이 물들어가는 어느 가을날 떠나는 소풍과 같다. 그것도 한 번 뿐인 소풍이다.

시인 천상병(千祥炳, 1930~1993)은 <귀천>(歸天)에서 이렇게 노래했다.

귀천
나 하늘로 돌아가리라
……
아름다운 이 세상 소풍 끝내는 날
가서 아름다웠다고 말하리라.

소풍을 가는 것은 신나는 일이다. 그것이 일상적인 일이 아니기 때문이다. 우리의 삶도 마찬가지이다. 1년에 한두 번 떠날 수 있었던 소풍처럼 매우 귀한 일이다. 우리는 소풍을 가서 즐거운 놀이도 하고 맛있는 음식도 나눠먹으며 수다를 떨고 또 아름다운 사진도 찍는다. 그러나 소풍은 어느 날 하루의 일이다. 1년 12달 365일이 즐거운 소풍가는 날은 아니다. 어느 날 하루의 즐거운 소풍놀이가 끝나면 우리는 각자 가방을 챙겨들고 즐거운 나의 집으로 돌아가야 한다. 우리의 즐거운 나의 집이 영원한 안락이기 때문이다. 그래서 사람이 죽으면 '돌아 간다'고 표현한다. 나의 존재, 내 삶의 영원한 고향으로 돌아가는 것이 다. 우리는 자신의 삶을 끝마칠 때 천상병 시인의 말처럼 "아름다웠다 고 말하리라" 할 수 있을까?

사실 우리는 삶 자체를 삶으로서 온전히 살지 못하고 있다. 어떤 면 에서 관념적으로 삶을 살아가고 있기에 삶 자체를 알지 못하는 것인 지도 모른다. 이거룡(李巨龍)은 『두려워하면 갇혀버린다』에서 이렇게 말한다.

> 신의 존재를 묻는다는 것은 이미 불신을 의미한다. 사는 게 뭐냐고 묻는 사람은 이미 삶을 겉돌고 있다는 증거다. 삶이 무엇이냐는 물음의 끄트머리에는 다만 생명 없는 말장난 나부랭이가 있을 뿐이다. 거기에 삶은 없다. 참으로 사는 사람은 삶을 묻지 않는다. 종교에 대하여, 삶에 대하여 하나의 물음이 추가되고 하나의 대답이 보태질 때마다, 관념이 분화되고 새끼를 칠 때마다, 우리는 본질에 다가가는 듯한 일시적인 허 상에 사로잡힌다. 그러나 사실상 점점 더 본질로부터 멀어져 가고 있 다. 겹겹이 쌓이는 개념의 장막에 갇힐 뿐이다.[2]

이런 논리로 보면 장생불사하는 신선을 추구한 사람들은 삶 자체를 온전히 살지 못한 사람들이라고 할 수 있다. 달리 말하면 '삶에 갇힌 사람들'이라 평가할 수 있다.

신선과 불로장생이라는 것은 현실적으로 불가능한 일이다. 또 어떤 면에서 우리에게 불필요한 일이기도 하다. 사실 이 문제는 우리가 '인 간다움이란 무엇인가'라는 질문을 할 때 분명해진다. 이 '인간다움'이 란 죽음과 불가분의 관계를 맺고 있다. 끝이 없는 삶이란 어떤 평가도 불가능하다. 물론 부분적인 평가는 가능하다. 그러나 종합적, 전면적

---

2) 이거룡, 『두려워하면 갇혀버린다』, 명진, 1998, 37쪽.

인 평가는 불가능하다. 여기에서 말하는 '평가'는 '가치'를 의미한다. '영원한 삶'은 '가치'를 말할 수 없게 된다.

결국 우리에게 남은 것은 유한한 삶을 통해 가치를 실현하는 것이다. 그 가치는 우리 모두에게 열려있다. 자신의 삶은 자신의 결정으로 선택하고 그 결과에 대해 스스로 책임을 져야한다. 이 문제는 우리가 언젠가 만나게 될 죽음을 통해 최종적으로 이루어질 것이다.

장자는 자연(하늘)은 "죽음으로 나를 쉬게 해 준다"(息我以死)고 말하였다.3) 이처럼 죽음은 나를 고단한 삶으로부터 벗어나게 해준다. 뿐만 아니라 우리의 삶은 죽음을 통해 완성된다. 그러므로 어떤 면에서 죽음은 삶의 마지막 희망이기도 한 것이다. 죽음이라는 마지막 희망!

---

3) 『莊子』「大宗師」.

참고문헌

1. 원전, 주석, 번역류

『王弼集校釋』(上/下)(樓宇烈校釋, 中華書局, 1999)

『莊子』[전3책](郭慶藩 撰, 中華書局, 1985)

『淮南子集釋』[전3책](何寧 撰, 中華書局, 1998)

『列子集釋』(楊伯峻 撰, 中華書局, 1996)

『論衡全釋』(上/中/下)(王充, 貴州人民出版社, 1993)

『山海經全譯』(袁珂 譯注, 貴州人民出版社, 1991)

『竹書紀年』

[晉]葛洪, 『抱朴子內篇全譯』(袁珂 譯註, 貴州人民出版社, 1995)

『國語』(來可泓 撰, 復旦大學出版社, 2000)

『墨子』

『荀子』

『史記』

『漢書』

『三國志』

『春秋繁露』

『太玄經』

『列子集釋』(楊伯峻 撰)

『雲笈七籤』(文山遯叟蕭天石 主編, 『道藏精華』(第七集之一), (臺灣：自由出版
　　　社, 民國51)

『國語』(신지영·이정재 옮김, 홍익출판사, 1998)

『왕필의 노자주』(임채우 옮김, 한길사, 2005)

『노자도덕경하상공』(이석명 옮김, 소명출판, 2005)

『장자』(안동림 역주, 현암사, 2005)

『관자』(김필수 외3, 소나무, 2007)

『산해경』(郭璞 撰, 정재서 역, 민음사, 1997)

『열자』(김학주 옮김, 을유문화사, 2000)

『論衡』(王充, 이주행 옮김, 소나무, 1996)

『신선전』(葛洪, 임동석 옮김, 동서문화사, 2009)

『淮南子』(李錫浩 譯, 乙酉文化社, 1974)

『淮南子』(李錫浩 譯, 세계사, 1992)

『회남자』(1/2)(이석명 옮김, 소명출판, 2010)

郭璞 注, 『목천자전』(송정화 譯注)/東方朔, 『신이경』(김지선 譯註)(살림, 1997)

石原台 譯註, 『新譯抱朴子內篇』(1/2)(서림문화사, 1995)

『열선전』(유향, 김장환 옮김, 예문서원, 1996)

『楚辭』(柳晟俊 譯解, 惠園出版社, 1993)

『포박자내편』(1/2)(昔原台 譯註, 서림문화사, 1995)

『태평경 역주』(전5권)(윤찬원 책임역주, 세창출판사, 2012)

『묵자』(박재범 옮김, 홍익출판사, 1999)

『묵경』1/2(염정삼 주해, 한길사, 2012)

『혜강집』(한홍섭, 소명출판, 2006)

2. 단행본류

가노우 요시미츠, 『중국의학과 철학』(한국철학사상연구회 기철학분과 옮김, 여강출판사, 1992)

葛兆光, 『道敎와 中國文化』(심규호 옮김, 東文選, 1993)

게롤트 돔머무트 구드리히, 『신화』(안성찬 옮김, 해냄, 2001)

高麗大學校民族文化研究所, 『韓國文化史大系』(Ⅹ·Ⅺ)宗敎·哲學史(高大民族文化研究所出版部, 1992)

顧頡剛, 『中國 古代의 方士와 儒生』, 이부오 옮김, 온누리, 1991

구보 노리타다(窪德忠), 『道敎史』(최준식 옮김, 분도출판사, 1990)

그레고리 E. 펜스, 『누가 인간복제를 두려워하는가?』(이용혜 옮김, 양문, 2003)

기 베슈텔, 『신의 네 여자』(전혜정 옮김, 여성신문사, 2004)

길버트 라일, 『마음의 개념』(이한우 옮김, 문예출판사, 1994)

길병휘, 『가치와 사실』(서광사, 1996)

金東華, 『俱舍學』(寶蓮閣, 1992)

김열규, 『메멘토 모리, 죽음을 기억하라』(궁리, 2001)

김영구 편역, 『중국의 신화』(고려원, 1987)

김재권, 『심리철학』(하종호·김선희 옮김, 철학과 현실사, 2004)

김화경, 『세계 신화 속의 여성들』(도원미디어, 2003)

김형준 엮음, 『이야기 인도신화』(청아출판사, 1998)

노명우, 『계몽의 변증법 - 야만으로 후퇴하는 현대』, 살림, 2005

다케무라 마키오(竹村牧男), 『유식의 구조』(정승석 옮김, 民族社, 1989)

대한성서공회 발행, 『성경전서』(개역한글판)(대한성서공회, 1991)

로제 카이유와, 『인간과 聖』(권은미 옮김, 문학동네, 1996)

리처드 도킨스, 『이기적 유전자』(홍영남 옮김, 을유문화사, 1993)

리차드 리키·로저 레윈, 『오리진』(김광억 역, 학원사, 1983)

마리아 비노프스카, 『막시밀리안 콜베』(김동소 옮김, 성바오로출판사, 1991)

마이클 로이, 『古代中國人의 死生觀』(이성규 역, 지식산업사, 1987)

멀린 스톤, 『하느님이 여자였던 시절』(정영목 옮김, 뿌리와이파리, 2005)

매트 리들리, 『이타적 유전자』(신좌섭 옮김, 사이언스북스, 2002)

맨프레드 프링스, 『막스 쉘러 철학의 이해』(금교영 옮김, 이문출판사, 1995)

蒙培元, 『中國 心性論』(李尙鮮 옮김, 法仁文化社, 1996)

미르치아 엘리아데, 『대장장이와 연금술사』(이재실 옮김, 문학동네, 2003)

_____, 『성(聖)과 속(俗)』(이은봉 옮김, 한길사, 2000)

미치오 가쿠(Michio Kaku), 『초공간』(최성진·한용진 옮김, 김영사, 1997)

박목월, 『밤에 쓴 인생론』(三中堂, 1979)

백종현, 『서양근대철학』(철학과 현실사, 2001)

베티 본햄 라이스, 『여신들로 본 그리스 로마 신화』(김대웅 옮김, 두레, 2007)

변각성 옮김, 『俱舍論』(1)(東國譯經院, 1997)

뽈 디엘, 『그리스 신화의 상징성 - 인간의 욕망과 그 변형』(안용철 편역, 공동

체, 1994)

傅偉勳,『죽음, 그 마지막 성장』(전병술 옮김, 청계, 2001)

빅터 E. 프랭클,『죽음의 수용소에서』(이소민 옮김, 1993)

사이언티픽 아메리카 편,『맞춤인간이 오고 있다 – 바이오닉 퓨처, 그 낯선 미래로』(황현숙 외 옮김, 궁리, 2002)

섀리 엘 서러,『어머니의 신화』(박미경 옮김, 까치, 1995)

선정규,『중국신화연구』(고려원, 1996)

葉舒憲,『노자와 신화』(노승현 옮김, 문학동네, 2003)

수전 손택,『타인의 고통』(이재원 옮김, 이후, 2004)

스티븐 로우브·R. C. 르윈틴·레온 J. 카민,『우리 유전자 안에 없다』(이상원 옮김, 한울, 1993)

스티븐 핑거,『빈 서판』(김한영 옮김, 사이언스 북스, 2010)

양얼처나무·크리스틴 매튜,『아버지가 없는 나라』(김영사, 2007)

에드가 모랭,『인간과 죽음』(김명숙 옮김, 동문선, 2000)

에드워드 윌슨,『인간 본성에 대하여』(이한음 옮김, 사이언스북스, 2002)

에스터 하딩,『사랑의 이해 – 달 신화와 여성의 신비』(김정란 옮김, 문학동네, 1996)

에피쿠로스,『쾌락』(오유석 옮김, 문학과지성사, 1998)

엘리자베스 쿠블러 로스,『죽음의 시간』(고계영 옮김, 宇石, 1998)

M. 엘리아데,『성(聖)과 속(俗)』(이은봉 옮김, 한길사, 2000)

王治心,『중국종교사상사』(전병용 옮김, 이론과실천, 1988)

요아힘 바우어,『인간을 인간이게 하는 원칙』(이미옥 옮김, 에코리브르, 2007)

劉蔚華·苗潤田,『직하철학』(곽신환 역, 철학과현실사, 1995)

요한네스 힐쉬베르거,『서양철학사』(상권 : 고대와 중세)(강성위 옮김, 以文出版社, 1988)

유호종,『떠남 혹은 없어짐 – 죽음의 철학적 의미』(책세상, 2001)

윤석철,『計量的 세계관과 思考體系』(經文社, 1997)

위앤커,『중국신화전설1』(전인초·김선자 옮김, 민음사, 1999)

이강수,『노자와 장자』(길, 2002)

이거룡,『두려워하면 갇혀버린다』(명진, 1998)

이석호,『근세·현대 서양윤리사상사』(철학과 현실사, 2010)

이용주,『생명과 불사 – 포박자 갈홍의 도교 사상』(이학사, 2009)

이진우,『도덕의 담론』(문예출판사, 2003)

이춘식,『중국 고대사의 전개』(신서원, 1992)

이태하,『종교적 믿음에 대한 몇 가지 철학적 반성』(책세상, 2000)

이화여자대학교 중국여성사연구실 엮음,『중국 여성, 신화에서 혁명까지』(서해문집, 2005)

잔 스츄앙(詹石窓),『여성과 도교』(안동준/김영수 옮김, 여강, 1993)

章基弘 編著,『進化論과 創造論』(한길사, 1991)

재클린 심슨,『유럽신화』(이석연 옮김, 범우사, 2003)

정재서,『이야기 동양신화』(중국편)(황금부엉이, 2004)

_____,『불사의 신화와 사상』(민음사, 1995)

전북대 인문학연구소,『동북아 샤머니즘 문화』(소명출판, 2000)

전봉건,『시와 인생의 뒤안길에서』(培材書館, 1977)

전인초·정재서·김선자·이인택,『중국신화의 이해』(아카넷, 2002)

제인 구달,『제인 구달 – 침팬지와 함께한 나의 인생』(박순영 옮김, 사이언스북스, 2005)

제카리아 시친,『수메르, 혹은 신들의 고향』(1)(이근영 옮김, 이른아침, 2006)

조셉 캠벨·빌 모이어스 대담,『신화의 힘』(이윤기 옮김, 이끌리오, 2003)

조셉 캠벨,『세계의 영웅 신화』(이윤기 옮김, 대원사, 1996)

조지프 캠벨,『신의 가면Ⅲ – 서양신화』(정영목 옮김, 까치, 1999)

조세희,「난장이가 쏘아올린 작은 공」, 김승옥,『서울의 달빛 0장』(1977년 이상문학상 수상작품집, 문학사상사, 1989)

_____,『난장이 마을의 유리 병정』(동서문화사, 1979)

趙一文 編著,『中國說話』(건국대학교출판부, 1995)

조제 카이유와,『인간과 聖』(권은미 옮김, 문학동네, 1996)

존 바우커,『죽음의 의미』(박규태·유기쁨 옮김, 청년사, 2005)

주앙 마게이주(João Magueijo),『빛보다 더 빠른 것』(김성원 옮김, 까치, 2005)

酒井忠夫 外,『道敎란 무엇인가』(최준식 옮김, 民族社, 1991)

중국철학회 지음,『중국철학의 이단자들』(예문서원, 2000)

진 시노다 볼린,『우리 속에 있는 여신들』(조주현·조명덕 옮김, 또 하나의 문화, 2001)

채인후, 『맹자의 철학』(천병돈 옮김, 예문서원, 2000)
_____, 『순자의 철학』(천병돈 옮김, 예문서원, 2000)
콘스탄틴 J. 밤바카스, 『철학의 탄생』(이재영 옮김, 알마, 2008)
콜린 텃지, 『다윈의 대답2 - 왜 인간은 농부가 되었는가?』(김상인 옮김, 이음, 2007)
클로드 레비 스트로스, 『신화와 의미』(임옥희 옮김, 이끌리오, 2000)
티모시 프리크·피터 갠디, 『예수는 神話다』(승영조 옮김, 동아일보사, 2002)
平川彰, 『印度佛敎의 歷史』(上)(李浩根 譯, 民族社, 1991)
폴 틸리히, 『存在에의 勇氣』(玄永學 譯, 1980)
피터 J. 보울러, 『찰스 다윈』(한국동물학회 옮김, 전파과학사, 2007)
피터 싱어, 『다윈의 대답1 - 변하지 않는 인간의 본성은 있는가?』(최정규 옮김, 이음, 2007)
플라톤, 『소크라테스의 변명』(『플라톤전집』(3), 최민홍 譯, 성창출판사, 1986)
한국정신문화연구원 엮음, 『삶 그리고 죽음』(대한교과서(주), 1995)
한홍섭, 『혜강집』(소명출판, 2006)
헨리 나웬, 『죽음, 가장 큰 선물』(홍석현 옮김, 홍성사, 1999)
황준연, 『신편중국철학사』(심산, 2009)
F. 코플스톤, 『합리론』(김성호 옮김, 서광사, 1998)
G. C. 필드, 『플라톤의 철학』(양문흠 옮김, 서광사, 1986)
J. G. 프레이저, 『문명과 야만1』(이양구 옮김, 강천, 1996)
J. F. 비얼레인, 『살아있는 신화』(배경화 옮김, 세종서적, 2000)
K. C. 콜, 『우주의 구멍』(김희봉 옮김, 해냄, 2002)
P. M. 처치랜드, 『물질과 의식』(석봉래 옮김, 서광사, 1992)
Th. W. 아도르노·M. 호르크하이머, 『계몽의 변증법』(김유동 옮김, 문학과지성사, 2005)

卿希泰, 『中國道敎思想史綱(제1권) - 漢魏兩晋南北朝時期』, (四川人民出版社, 1981)
高國藩, 『中國巫術史』(上海三聯書店, 1999)
顧頡剛 主編, 『古史辨』(제5책)(藍燈文化事業公司, 民國76)
羅傳芳 主編, 『道敎文化與現代社會』(沈陽出版社, 2001)

譚家健, 『墨子硏究』, 貴州敎育出版社, 1996

车宗鑒·胡孚琛·王葆玹, 『道敎通論－兼論道家學說』(齊魯書社, 1993)

蒙紹榮·張興强, 『歷史上的煉丹術』(上海科技敎育出版社, 1995)

白 奚, 『稷下學硏究』(三聯書店, 1998)

徐儀明, 『外丹』, 內蒙古敎育出版社, 1999

余敦康, 『中國哲學論集』(遼寧大學出版社, 1998)

吳 光, 『黃老之學通論』(浙江人民出版社, 1985)

王蘧常 主編, 『中國歷代思想家傳記匯詮』(上冊)(復旦大學出版社, 1996)

王國維, 「殷周制度論」, 『王國維全集』(제4권)(中國文史出版社, 1997)

劉笑敢, 『兩種自由的追求－莊子與沙特』(正中書局, 民國86)

李 申, 『道敎洞天福地』(宗敎文化出版社, 2001)

李養正, 『道敎槪說』, 中華書局, 1989

李澤厚, 『中國古代思想史論』(人民出版社, 1986)

任繼愈 主編, 『中國道敎史』(上海人民出版社, 1997)

張永義, 『墨子－墨子與中國文化』(貴州人民出版社, 2001)

張有寯 主編, 『中國養生大全』(上), 天津人民出版社, 1988

張志堅, 『道敎神仙與內丹學』(宗敎文化出版社, 2003)

張智彥, 『老子與中國文化』(貴州人民出版社, 1996)

張振國, 『≪悟眞篇≫導讀』(宗敎文化出版社, 2001)

朱 哲, 『先秦道家哲學硏究』(上海人民出版社, 2000)

朱浩熙 編著, 『彭祖』(作家出版社, 1994)

陳顧應·白奚, 『老子評傳』(南京大學出版社, 2001)

胡孚琛, 『魏晉神仙道敎－抱朴子內篇硏究』(人民出版社, 1991)

胡孚琛·呂錫琛, 『道學通論－道家·道敎·仙學』(社會科學文獻出版社, 1999)

＿＿＿＿＿＿＿, 『道學通論－道家·道敎·丹道』(社會科學文獻出版社, 2004)

洪丕謨 編著, 『中國神仙養生大全』(中國文聯出判公司, 1994)

『莊子哲學討論集』(中華書局, 1962)

『道敎與傳統文化』(中華書局, 1997)

3. 논문류

金洛必, 「갈홍의 신선사상과 도교의학」(『大韓韓醫學原典學會誌』 vol. 61－1,

2003)

김성태, 「몸 – 주체성의 표현 형식」(한국철학회, 『철학』 43권, 1995)

金容燮, 「『회남자』의 구성과 문제의식」(경북대학교 퇴계연구소, 『퇴계학과 유교문화』 제19호, 1991)

김종미, 「곡신(谷神)과 코라(Chora)를 통해 본 탈중심의 여성원리」(한국중어중문학회, 『중국문화』 제34집, 2000)

노양진, 「몸의 침묵」, 범한철학회(『범한철학』 제73집, 2014)

_____, 「체험주의의 철학적 전개」(범한철학회, 『범한철학』 10권, 1993)

_____, 「몸의 개인」(범한철학회, 『범한철학』 84, 2017)

박삼열, 「데카르트 실체 개념의 문제점과 후대 합리론자들의 해결방안」(서강대학교 철학연구소, 『철학논집』(제20집), 2010)

李 元, 「論老子與傳統文化」(中國孔子基金會, 『孔子硏究』, 1989년 제2기)

胡孚琛, 「道家·道教的文化淵源和形成過程」

4. 사전류

胡孚琛 主編, 『中華道教大辭典』(中國社會科學出版社, 1995)

찾아보기

저자 소개

최대우

전남대학교, 동 대학원 철학과 졸업, 충남대학교 철학과 철학박사 학위, 현재 전남대학교 교수
저서 『호남의 유학자들』(전남대학교출판부, 2016, 공저),
     『이제마의 철학』(경인문화사, 2009), 『정다산의 경학』(민음사, 1989, 공저),
     『유학사상』(전남대학교출판부, 광주고전국역총서, 1986, 공저) 등
역서 『중국 현대 신유학의 철학적 탐구』(전남대학교출판부, 2016, 공역),
     『중국 현대 신유학의 자아전환』(전남대학교출판부, 2013, 공역),
     『동의수세보원 역해』(경인문화사, 2012),
     『유학사상(연보집성)』(한국전산출판사, 광주고전국역총서, 1994, 공역) 등

이경환

전남대학교, 동 대학원 철학과 졸업, 중국사회과학원 철학박사 학위, 현재 전남대학교 강의교수
논문 「노자의 도와 덕의 관계에 관한 연구」(석사학위논문, 1993),
     「莊子的自由論」(박사학위논문, 2004) 등
역서 『중국 현대 신유학의 철학적 탐구』(전남대학교출판부, 2016, 공역),
     『중국 현대 신유학의 자아전환』(전남대학교출판부, 2013, 공역) 등

신선과 불로장생 이야기

2017년 11월 01일 초판 인쇄
2017년 11월 07일 초판 발행

지 은 이   최대우·이경환
발 행 인   한정희
발 행 처   경인문화사
총 괄 이 사   김환기
편 집 부   김지선 박수진 한명진 유지혜
마 케 팅   김선규 하재일 유인순
출 판 신 고   제406-1973-000003호
주   소   파주시 회동길 445-1 경인빌딩 B동 4층
대 표 전 화   031-955-9300 팩 스 031-955-9310
홈 페 이 지   http://www.kyunginp.co.kr
이 메 일   kyungin@kyunginp.co.kr

ISBN 978-89-499-4305-3   93910
값 35,000원